Début de bobine

NF Z 43-120-1

R1

Bibli

Philos

France. - Sta
gantiers-pou
Valade, 1772

95859

, histoire, sciences de l'homme

LE SENNE-4240

le la communauté des marchands
s-parfumeurs... de Paris.... - Paris :

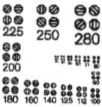

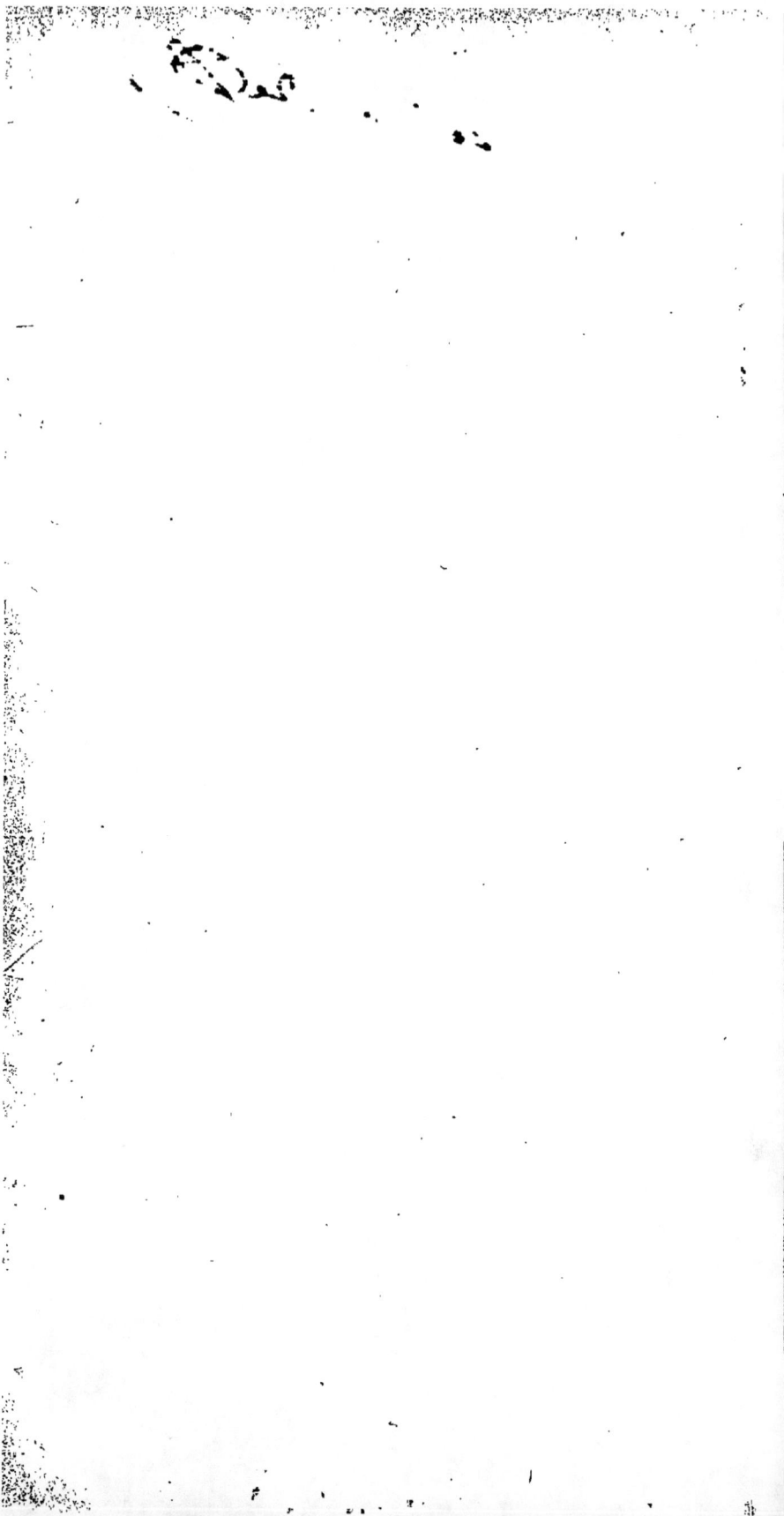

STATUTS

DE

LA COMMUNAUTÉ

DES MARCHANDS

GANTIERS-POUDRIERS-PARFUMEURS

DE LA VILLE, FAUXBOURGS
ET BANLIEUE DE PARIS.

Messire Antoine-Raymond-Jean-Gualbert-Gabriel
DE SARTINE, Chevalier, Conseiller d'Etat, et
Lieutenant général de Police.

L. Figée Pinx.   Ingouf le Jeune Sculp.

Offer. Vahude

STATUTS

DE

LA COMMUNAUTÉ

DES MARCHANDS

GANTIERS-POUDRIERS-PARFUMEURS

DE LA VILLE, FAUXBOURGS ET BAN-
LIEUE DE PARIS,

Auxquels on a joint un Recueil d'Ordonnances, Edits, Lettres-Patentes, Déclarations du Roi, Arrêts du Conseil & du Parlement, Sentences de Police, fervant de Réglement pour les Arts & Métiers : notamment ceux intervenus au profit de ladite Communauté des Gantiers-Parfumeurs contre les autres Communautés, ou Maîtres d'icelles, & les Marchands Forains, avec une Table alphabétique.

A PARIS,

Chez VALADE, Libraire, rue S. Jacques, vis-à-vis les Mathurins.

M. DCC. LXXII.

Les préfens Statuts ont été recueillis, rédigés & imprimés fuivant les ordres de M. DE SARTINE, Confeiller d'Etat, & Lieutenant Général de Police, & par les foins de M. * * *, ancien Juré ;

Et de Mrs. {
THUILLIER, ancien Syndic, auquel l'autorifation a été accordée.

PRUDHOMME, ancien Juré.

Et fous les Syndicat & Jurande

de Mrs. {
PECOUL, ancien Syndic.
TREMBLAY, ancien Juré.
BOCQUILLON, Syndic.
BREMONT,
LE ROY,   } Jurés.
GAZIL,

L'ORIGINE
DES
PARFUMEURS

Décaché Sculp.

EXPLICATION DE LA PLANCHE.

A, Comment l'odeur fe forme, par la chaleur du foleil & l'humidité.

B, Le *benjoin* croît dans les montagnes, & fe forme en pierre.

C, Le *ftorax* croît fur les arbres, & forme une efpcce de gomme.

D, Le *labdanum* croît & fe recueille dans la barbe des boucs.

E, L'*ambre* eft une efpece d'écume que la mer produit.

F, Le *mufc* eft un animal, dont l'excrément forme l'odeur.

G, La *civette* eft un animal, dont l'excrément forme l'odeur.

Reliure serrée

Fautes à corriger.

Page 27, Délibération du 19 Septembre 1718, homologuée par Sentence du 24 Mai 1719, *lisez*, par Sentence du 24 Mars.

Page 27, dix huitiéme ligne, *lisez*, 1718 au lieu de 1178.

Même page, deuxieme ligne, *lisez*, 19 Septembre 1718 au lieu du 24 Mai 1719.

Page 113, au deuxieme extrait, *lisez*, 31 Juillet 1627, au lieu de Juin.

Page 130, date de l'Arrêt du Parlement, *lisez*, 1668 au lieu de 1667.

Page 151, derniere ligne, *lisez*, 8 au lieu de 7.

Page 246, 1720, *lisez* 1721.

Page 253, *lisez*, 25 au lieu de 4.

Page 292, *lisez*, 13 au lieu de 17 Février.

Page 348, à la deuxieme ligne, date 30 au lieu de 0.

Page 473, *lisez*, 20 Janvier au lieu de 28.

AU ROI

ET A NOSSEIGNEURS

DE SON CONSEIL PRIVÉ.

SIRE,

LES Maîtres Jurés Gantiers Parfumeurs
de la Ville de Paris, qui ont accoutumé
de tous tems de faire des gants & des mitaines, tant de velours, satin, taffetas, éta-
mine & de toutes fortes de cuirs tant
blancs que noirs, que chamois, buffetains,
cuirs de chevre, maroquin, & de toutes
les fortes qui fe peuvent commodément
employer & mettre en œuvre, Vous re-
montrent en toutes fortes d'humilité, que
ci-devant leurs prédécesseurs Jurés & Maîtres dudit métier de Gantier-Parfumeur,
dès l'an 1190 au mois d'octobre, ils obtinrent certaines ordonnances & réglemens
de leur métier, felon lefquels ils fe feroient
gouvernés & reglés jufqu'en l'année 1357,
le 20 de décembre, qu'ils obtinrent autres
certaines ordonnances, fur quoi ils fe font

A

gouvernés jufqu'en l'an 1582 le 27 Juillet ; qu'ils fe font conduits & gouvernés jufqu'à préfent, & depuis en l'an préfent, voudroient volontiers, comme étant tous d'un commun accord, renouveller leurs ordonnances, à caufe que leurs ouvrages & façons la plûpart changés & même dérangés par le long ufage, expérience qu'ils font deconi gneus, qu'aux ordonnances premieres il y a obmiffion de plufieurs articles qu'il eft befoin d'y augmenter, joint que les termes des ordonnances foient peu intelligibles, & les noms impropres, à caufe du changement des ouvrages & façons d'iceux, fe feroient depuis n'aguères affemblés, & tous d'un commun accord fait rédiger par écrit les articles qui s'enfuivent, lefquels ils fupplient Votre Majefté leur vouloir autorifer & confirmer.

La préfente requête & titres font renvoyés au Prevôt de Paris ou fon Lieutenant-Civil, pour appeller le Procureur du Roi, & outre que befoin fera, donner ou envoyer fon avis, & pour icelui vu & pourvoir aux Supplians comme il appartiendra par raifon. Fait au Confeil d'Etat tenu à Fontainebleau, le 27 juillet 1582.

Signé DEVILLONTIERS.

Et depuis renouvellés du regne de Louis XIV, le 18 Mars 1656.

LETTRES-PATENTES,

Concernant la Confrairie.

HENRI, par la grace de Dieu, Roi de France & d'Angleterre : SALUT. Sçavoir faisons à tous présens & à venir. Nous avons reçu l'humble supplication des Maîtres Jurés-Bacheliers du métier de Gantiers à Paris, consorts en cette partie, contenue & érigée dès long-tems d'une Confrairie de la benoîte dame sainte Anne, eût été ordonnée & mis sus en l'Eglise des saints Innocens à Paris, par aucunes bonnes gens faiseurs & vendeurs de fer, & autres bonnes personnes, qui par dévotion ont soutenu & maintenu ladite Confrairie, & en ladite Eglise fait faire le service divin à ce appartenant, & de ce eussent eu congé & licence de l'un des prédécesseurs & de notre Prevôt de Paris. Toutefois pour le fait & occasion des guerres, divisions, mortalités & mutations qui depuis vingt ans en-ça ont été en cette notre Ville de Paris, ladite Confrairie est comme du tout annullée & mise au néant ; car plusieurs qui la soutenoient sont trépassés, & les autres l'ont délaissée, tellement que ledit service divin n'y peut & n'y pourroit être fait dorénavant comme il appartient, ni les autres choses à ce nécessaires être soutenues sans l'aide d'aucunes bonnes gens, entre lesquelles lesdits Supplians qui sont ou ont eu intention d'être de ladite Confrairie, ayant bonne volonté & dévotion, faire aumône, maintenir & soutenir ladite Con-

A ij

frairie, avec l'aide d'autres bonnes & dé-
votes perfonnes, qui de leur volonté voudront à ce contribuer & aumôner de leurs
biens, en nous humblement requérant, &
comme ce foit œuvre méritoire pour le falut des ames de foutenir & augmenter le
fervice divin: Et afin que ladite Confrairie
puiffe être foutenue & maintenue pour le
tems à venir, Nous les voulons fur ce pourvoir, de notre grace; pourquoi Nous, ces
chofes confidérées, voulant ladite Confrairie être maintenue & foutenue dorénavant en ladite Eglife des faints Innocens, & ledit fervice divin y être célébré
comme accoutumé a été le tems des fuf-
dits, à iceux Supplians avons donné pouvoir donnons & octroyons de grace fpéciale par ces Préfentes, congré, autorité
& licence, qu'à leur requête foit criée,
publiée en leurs noms ladite Confrairie ès
Eglifes & autres lieux, & par où il appartiendra, pareillement que l'ont fait les autres Confrairies ordonnées d'ancienneté:
Et pour ce qui regarde icelle Confrairie,
puiffent eux affembler en lieu convenable,
toutesfois que métier fera pour le fait
d'icelle Confrairie, & élire aucuns d'eux
pour le gouvernement d'icelle Confrairie:
toutesfois auffi que métier fera pourvu que
par notre Prevôt de Paris en fon tems & fes
fucceffeurs Prevôts, & tous autres aucun
notre Officier qu'ils auront toujours préfent avec eux à chacune de leurs affemblées. Si donnons en mandement par ces
mêmes Préfentes à notre Prevôt de Paris,
& à fes fucceffeurs Prevôts de Paris ou à
leurs Lieutenans, que de notre grace, con-

gré, autorité & licence, faffent, fouffrent & laiffent lefdits Supplians jouir & ufer pleinement & paifiblement, fans leur donner ne fouffrir être fait ou donné aucun détourbier ou empêchement en quelque maniere ; au contraire ains foit fi aucun détourbier ou empêchement leur étoit fur ce fait ou mis, ayent à leur mettre ou faffent mettre fans délai délivrance. Et afin que ce foit chofe ferme & ftable à toujours, Nous avons fait mettre notre Scel à ces préfentes Lettres ; fauf en autre chofe nos droits, & l'autrui en toutes. Données à Paris, le 20 Juillet, l'an de grace 1426, & le 4 de notre Regne. Et fur le dos eft écrit, De par le Roy, à la relation du Confeil, GUERLONT. Et à côté, *Vifa* CONTENTOR, GASAULT. A Paris, ce 12 Août 1668.

LETTRES PATENTES
Concernant la qualité de Parfumeur.

LOUIS, par la Grace de Dieu, Roy de France & de Navarre : A tous préfens & à venir, SALUT. Les Maîtres Jurés Gantiers-Parfumeurs de notre bonne Ville de Paris, Nous ont fait remontrer que par les anciens ftatuts, privileges & inftitutions de leur métier à eux concédés par les Rois nos prédéceffeurs, & par iceux de tems en tems jufqu'à préfent confirmés, il leur eft octroyé permiffion de fe nommer & qualifier, tant Gantier que Maître Parfumeur, lefquels ftatuts & priviléges à eux ainfi en cettedite qualité concédés, ceux qui étoient lors Jurés auroient par inadvertance ob-

mis en la confirmation d'iceux, d'y comprendre, tant ladite qualité de Parfumeurs
à eux de tous tems concédée, & par eux
portée, que d'en faire l'adreſſe auſſi-bien
à notre Cour de Parlement de Paris, comme il auroit fait à notre Prevôt dudit
lieu ou ſon Lieutenant, pour les vérifier :
de laquelle obmiſſion quelques Maîtres &
Gardes & Jurés des autres métiers ſe ſeroient par animoſité, & pour fruſtrer
les Expoſans de ladite qualité à eux de
tout tems concédée, & de tems en tems
confirmée, aviſés de leur faire prohibi-
tions & défenſes de plus porter ladite qualité de Parfumeur, combien qu'elle ſoit de
tout tems attribuée & contenue, tant par
leſdits ſtatuts & Lettres-Patentes de confirmation de noſdits prédéceſſeurs Roys,
que par autres Lettres-particulieres qui leur
ont été octroyées & délivrées pour les
joyeux avenement à la Couronne, mariage
& naiſſance des Enfans de France : Nous
ſuppliant très-humblement leur vouloir
confirmer leurſdits ſtatuts & priviléges,
avec ladite qualité de Parfumeurs en iceux
inſérée, & de tems en tems par noſdits
Prédéceſſeurs confirmée, nonobſtant toutes ſentences, jugemens & arrêts qui pourroient avoir été donnés au contraire. A
ces cauſes, ſçavoir faiſons, que nous in-
clinant à ladite ſupplication, & après avoir
fait voir à notre Conſeil leſdits ſtatuts &
priviléges ci-attachés ſous le contre-ſcel
de notre Chancellerie, deſirant favorablement traiter les Supplians ; avons tous
leſdits ſtatuts & priviléges, avec ladite qualité de Parfumeurs, agréés, confirmés &

autorifés pour en jouir par eux & leurs
fuccefleurs, ainfi que bien & duement ils en
ont toujours joui & ufé, jouiflent & ufent
encore de préfent, fans qu'il y foit contrevenu en aucune forte & maniere que
ce foit, nonobftant toutes fentences, jugemens & arrêts qui pourroient avoir été
donnés au contraire. Si donnons en mandement à nos amés & féaux Confeillers les
Gens tenans notre Cour de Parlement à Paris, Prevôt dudit lieu, ou fon Lieutenant, &
tous autres Officiers & Jufticiers préfens &
à venir & à chacun d'eux, fi comme à eux
appartiendra que nos préfentes Lettres ils
faffent lire, publier & regiftrer, enfemble
tous lefdits articles, ftatuts & priviléges,
garder & obferver de point en point, felon leur forme & teneur, & d'iceux lefdits Supplians, & leurs fuccefleurs jouir
& ufer ainfi qu'ils en ont toujours bien &
duement joui & ufé, jouiflant & ufant encore à préfent, fans qu'il y foit contrevenu
ni innové aucune chofe, nonobftant toutes fentences, jugemens & arrêts qui pourroient avoir été donnés au contraire, con-
traignant à ce faire tous ceux qu'il appartiendra par toutes voies & manieres dûes
& raifonnables, nonobftant oppofitions ou
appellations quelconques, & préjudice d'i-
celle : CAR tel eft notre plaifir. Et afin
que ce foit chofe ferme & ftable à toujours,
nous avons fait mettre notre Scel à cefdites Préfentes. Donné à Paris au mois de
Janvier, l'an de grace 1614, & de notre
Regne le quatrieme. *Signé* LOUIS. *Et
au dos eft écrit,* Par le Roy, la Reine Ré-
gente fa mere préfente, DE LOMENIE.

A iv

STATUTS

D E la Communauté des Maîtres &
Marchands Gantiers , Poudriers &
Parfumeurs de cette Ville, Fauxbourgs
& Banlieue de Paris.

Du 18 Mars 1656.

ARTICLE PREMIER.

Qu'au métier de Gantier-Parfumeur
il y aura quatre Maîtres & Gardes dudit
état, lesquels feront élus deux tous les ans,
qui auront été ci-devant deux ans en la
charge de Maîtres de confrérie d'icelle
communauté, après avoir rendu leurs
comptes aux Maîtres & Gardes & anciens
qui auront passé lesdites charges, sans le
pouvoir être plutôt en la place de ceux
qui auront vaqués deux ans, & les deux
autres demeureront avec les deux nouveaux
élus, laquelle élection sera faite en présence de notre Procureur au Châtelet de
Paris, par la plus grande & saine partie
desdits Maîtres : Et seront élus deux nouveaux Gardes, pourvu qu'ils soient suffisans & capables pour exercer ladite charge;
après ladite élection faite, feront lesdits
élus le serment pardevant notre Procureur
au Châtelet de Paris, de bien & duement
observer lesdites ordonnances qui en sui-
vent.

II. *Item.* Lesdits Maîtres & Gardes du métier seront tenus & sujets d'aller en visitation toutes les fois que besoin en sera, par les maisons & boutiques de tous les Maîtres & Veuves de cette ville, fauxbourgs & banlieue de Paris, sans toutefois que lesdits Maîtres & Gardes puissent prétendre aucuns droits allant en visite ordinaire par les maisons & boutiques desdits anciens Maîtres & leurs veuves. Pourront saisir tous mauvais ouvrages trouvés en la possession desdits Maîtres, Veuves & autres, dont lesdits Gardes feront leur rapport des visitations, de ce qu'ils auront saisi dans vingt-quatre heures, & pardevant notre Procureur au Châtelet de Paris, pour en ordonner, sur peine de six livres d'amende, applicable moitié au Roi & moitié à la boëte de ladite communauté dudit état.

III. *Item.* Que nul ne pourra parvenir à être reçu Maître Gantier, ni tenir boutique en cette ville de Paris, ni exercer icelui métier, si premierement il n'a été quatre ans apprentif & obligé à l'un desdits Maîtres, lesquels seront tenus de bailler copie de l'obligation aux Gardes dudit état, dans quinze jours après la date dudit brevet, pour être enregistrée au registre commun dudit état, lequel registre sera & demeurera entre les mains desdits Maîtres & Gardes : & sera tenu ledit apprentif de payer pour son entrée audit état trois livres tournois, lesquels deniers seront mis en la boëte de ladite communauté pour servir aux choses les plus nécessaires d'icelle, & spécialement pour

A v

aider aux pauvres indigens & malades qui
n'auront dequoi subfister & qui feront du
corps, foit Maîtres ou Veuves, ferviteurs
ou apprentifs : & fi lefdits Maîtres ou
Veuves ne donnent Copie du brevet de
fon apprentif dans le tems convenu ci-
deffus, fera ledit Maître ou Veuve condamné à douze livres tournois d'amende,
& de payer les trois livres pour fon apprentif, pour la faute par eux commife,
applicable le tiers au Roi, le tiers aux
Maîtres & Gardes, & l'autre tiers à la
boëte de la Communauté, applicable comme deffus.

IV. *Item.* Que tous Maîtres dudit état
ne pourront avoir qu'un feul apprentif
durant quatre ans, & fi pourra ledit Maître prendre un autre apprentif, quand le
premier apprentif aura fait trois ans de
fon apprentiffage ; & s'il avenoit que ledit
apprentif s'enfuit & quittât le fervice de
fon Maître, outre fon gré & confentement, & que ledit apprentif ne revint
point au fervice de fondit Maître un mois
après fa fuite & abfence, fans avoir fait
paroître aux Gardes dudit état le fujet de
fón abfence, certifié par fondit Maître,
fera ledit apprentif déchu du tems qu'il
aura fait de fondit apprentiffage, & ne lui
fera aucunement alloué, fauf à lui de re-
commencer, fi bon lui femble ; & en cas
que ledit Maître ou Veuve ne faffe paroître la fuite ou abfence de fondit apprentif
dans le tems d'un mois aux Gardes, payera
ledit Maître l'amende portée ci-deffus applicable comme dit eft.

V. *Item.* S'il avenoit que le Maître Gantier-Parfumeur donnât congé à son apprentif sans causes légitimes & raisonnables ; icelui Maître sera tenu de bailler audit apprentif lettre du tems qu'il aura servi sondit Maître, pour lui servir ainsi qu'il verra bon être, laquelle lettre sera endossée sur son brevet d'apprentissage ; ledit brevet mis ès-mains desdits Maîtres & Gardes, pour être de par eux pourvu audit apprentif d'un autre Maître qui n'en aura point, pour lui faire achever son tems convenu audit brevet ; & qui fera le contraire, sera condamné à trois livres tournois pour l'amende applicable le tiers au Roi, un tiers aux Gardes & l'autre tiers à la boëte de la Communauté dudit état.

VI. *Item.* Que tous serviteurs qui ont fait leur apprentissage en cette ville de Paris seront tenus de servir trois ans les Maîtres ou Veuves de Gantiers-Parfumeurs & les serviront bien & duement avant qu'ils puissent demander chef-d'œuvre, & feront apparoir par leurs Maîtresses ou Veuves, certificateurs voisins de leur bon & fidele service & prud'hommie ; & en ce faisant, seront reçus à faire chef-d'œuvre pour être Maîtres selon les ordonnances : que tous Maîtres & Veuves ne pourront retirer ni louer, ne mettre en besogne un serviteur, que premierement ils n'ayent sçu de son Maître ou Maîtresse derniere, s'ils sont contens de lui, sur peine de l'amende contenue en l'ordonnance, & applicable comme dessus.

VII. *Item.* S'il avenoit que des serviteurs, tant de la ville de Paris que d'ailleurs,

euffent fait quelque faute notable & tor-
tionnaire auxdits Maîtres ou Veuves ou
autres, ledit ferviteur ne pourra être reçu
Maî re.

VIII. *Item.* Que celui qui voudra fe préfenter à la Maîtrife dudit état de Gantier-
Parfumeur en cette Ville de Paris, fera
tenu de faire chef-d'œuvre bien & duement
fait en la prefence des quatre Maîtres &
Gardes, en l'hôtel de l'un d'iceux ou en
leur chambre de communauté & lieu
commode pour ce faire, à la difcrétion
defdits Maîtres & Gardes ; & le lieu convenu, lefdits Maîtres & Gardes feront tenus de mander par leur Clerc douze Maîtres
Bacheliers dudit état ou plus, à la difcrétion defdits Maîtres Gardes, pour voir
faire & parfaire en leur préfence ledit
chef-d'œuvre ; & fi ledit compagnon afpirant a ladite Maîtrife eft trouvé bon ou-
vrier par lefdits Maîtres & Gardes &
Bacheliers, fon chef-d'œuvre bien & duement fait, feront tenus lefdits Gardes,
vingt-quatre heures aprés ledit chef d'œuvre fait, le préfenter à notre Procureur au
Châtelet de Paris, pour le recevoir à la
Maîtrife & pour lui faire faire le ferment
accoutumé : & feront aufli tenus lefdits
Maîtres Gardes & Bacheliers de faire le
ferment en la chambre & pardevant notre
Procureur au Châtelet de Paris, que ledit
préfenté à ladite Maîtrife a fait lui feul
ledit chef-d'œuvre.

IX. *Item.* Que tous autres Bacheliers
dudit état pourront être préfens à voir
faire ledit chef-d'œuvre, fi bon leur femble, pour voir regarder fi ledit chef-d'œu-

vre est bien & duement fait, avant que ledit compagnon qui se présente à la Maîtrise puisse être reçu Maître Gantier Parfumeur à Paris.

X. *Item.* Que celui qui voudra être reçu
& parvenir à la Maîtrise par chef-d'œuvre
en cette ville de Paris, sera tenu de tailler
& couper bien & duement cinq pieces d'ouvrages dudit état de Gantier-Parfumeur,
c'est à sçavoir une paire de mitaines à
cinq doigts de peau de loutre à poil, ou
autres étoffes à poil, tel qu'il plaira auxdits Gardes, laquelle paire de mitaines sera
façonnée de sa garniture, sçavoir le dedans
de la main & dessous le pouce tout d'une
piece de cuir de maroquin & doublée
d'une bonne fourrure, & coudre icelles mitaines comme il appartient; & que les
quatre autres pieces feront un gant à porter l'oiseau, tout d'une piece, sans aucuns
bouts de doigs, ni coutellure, ni effon-
drure, de peau de chien ou autres étoffes;
la troisieme sera une paire échancrée, doublée tout le corps du gant d'une piece :
comme aussi une paire de gants coupés
aux doigts, de chevreau, pour femme ;
& la derniere, une paire de gants de mouton échancrés, pour homme, sans coins
à l'echancrure ; comme aussi sera tenu ledit aspirant de coudre icelle paire de gants
& de la parfumer en bonnes odeurs &
couleurs, & la rendre faite & parfaite
prête à mettre la main dedans, & ce pour
obvier à plus grands frais audit aspirant.

XI. *Item.* Ceux qui seront reçus Maîtres
de chef d'œuvre seront tenus de payer
auxdits Gardes dudit état pour leurs peines

& vacations d'avoir affifté à voir faire ledit chef-d'œuvre, à chacun un écu fol ; enfemble fera tenu de bailler aux douze anciens Bacheliers qui feront mandés pour leur peine d'avoir affifté avec lefdits Gardes à voir faire ledit chef-d'œuvre, à chacun deux jettons d'argent, pefant chacun deux gros ; & feront tenus lefdits Gardes d'y faire appeller à tous les chefs d'œuvre qui fe feront, comme dit eft, douze anciens Bacheliers tour à tour, felon leur rang & réception des Gardes ; & outre, ledit afpirant fera tenu de payer les droits du Roi notre Sire, & un écu fol à la boëte de la communauté applicable comme deffus.

XII. *Item*. Que tous les fils de Maîtres pourront être reçus Maîtres Gantiers & Parfumeurs, en faifant expérience de tailler deux paires de gants, à fon choix & option, ou d'en tailler une paire & la coudre ; & fera tenu ledit fils de Maître de payer aux Gardes pour leurs droits :peines & vacations d'avoir affifté à voir faire ladite expérience, à chacun un tiers d'écu, & de payer auffi les droits du Roi notre Sire, & un tiers d'écu à la boëte.

XIII. *Item*. Nul ne pourra obtenir Lettres de don du Roi pour parvenir à ladite Maîtrife dudit état de Gantier-Parfumeur, s'il n'a été dudit état : & fera tenu de faire expérience de tailler, couper, coudre & parfumer une paire de gants feulement, & la rendre faite & parfaite, prête à mettre la main dedans, pour montrer par lui qu'il eft dudit état, & ce en préfence des Gardes & anciens, & fera tenu de payer les droits du Roi notre Sire, & les droits des Gardes & anciens & boëte.

XIV. *Item.* Que toutes femmes veuves de Maîtres pourront tenir boutique, faire travailler serviteurs en leurs maisons tandis qu'elles feront en viduïté, & pourront seulement faire achever le tems du brevet que feu leurs maris auroient pu faire à leur apprentif, sans que lesdites veuves puissent prendre d'autres apprentifs que celui que son mari aura pu obliger ; & si ladite veuve ne vouloit tenir boutique ou faire travailler dudit état, pourra ladite veuve bailler ledit apprentif à un autre Maître qui n'en auroit point, & en pourront convenir ensemble, en le faisant sçavoir auxdits Gardes, de peur que fraude & abus ne se commettent : & si ladite veuve se remarie à un autre qui ne soit dudit état, elle ne pourra travailler, ne faire travailler dudit état, sur peine de confiscation des marchandises, & de l'amende contenue en l'ordonnance, applicable comme dessus.

XV. *Item.* Les Maîtres Gantiers-Parfumeurs de Paris seront tenus de faire leurs gants de quelqu'étoffe que ce soit, de bon cuir neuf & loyal, sans aucuns bouts de doigts ni effondrures, & seront bien & duement taillés selon la grandeur ou petitesse desdits ouvrages; & seront lesdits gants fournis & garnis tout de même cuir que le corps desdits gants ; & iceux gants sans trous ni effondrures en la main jusqu'à deux doigs au-dessus de l'enlevure où se met le pouce; & iceux gants seront

bien coufus, ainfi que la befogne le requerra, fur peine de demi écu d'amende
pour la premiere fois, le tiers au Roi, le
tiers aux Gardes & l'autre tiers à la boëte
de la communauté pour être employé ainfi
que deffus.

XVI. *Item.* Auffi que toutes fortes de
gants feront doublés de bonne doublure
neuve & loyale ; & feront lefdites doublures bien taillées, felon la grandeur defdits ouvrages, & coufus ainfi que le befoin
le requerra, fous peine de l'amende contenue en l'ordonnance, & applicable comme deffus.

XVII. *Item.* Auffi que toutes fortes de
gants doubles de revêche ou autre doublure entre deux cuirs, feront doublés de
bonnes doublures neuves & loyales, &
auffi la doublure de cuir qu'il conviendra
mettre par deffus ladite revêche fera gar-
nie d'une fourchette bien & duement cou-
fue ; & qui fera le contraire, fera condamné en l'amende fuivant l'ordonnance
pour la premiere fois, & fera confif-
qué pour la deuxieme applicable comme
deffus

XVIII. *Item.* Que tous Maîtres Gantiers-Parfumeurs pourront garnir & étof-
fer de toutes fortes de gants, iceux pourront ouvrager, garnir & enrichir de broderie, de paffement d'or & d'argent, &
le tout de bon or ou de fin argent, ou
le tout faux or ou faux argent, & toutes
autres inventions néceffaires qui feront
données : & qui fera le contraire, fera ladite marchandife confifquée fuivant l'ordonnance ; & les pourront laver, par-

fumer en fenteur, fi bon leur femble.

XIX. *Item.* Tous Maîtres Gantiers-Parfumeurs pourront auffi appliquer, vendre & débiter chacun en leurs boutiques de toutes fortes de parfums, comme mufc, ambre, civette & de toutes autres fortes d'odeurs & fenteurs de quoi ils fe pourront fervir, & ce pour la commodité de leur état & profeffion.

XX. *Item.* Lefdits Maîtres Gantiers pourront faire garnir & enrichir toutes fortes de mitaines & tous autres ouvrages fervans à couvrir la main de telles étoffes qu'ils fe pourroient avifer, comme de panne, de foie, de velours & de toutes autres peaux qu'ils voudront; & feront tenus lefdits Maîtres de doubler bien & fuffifamment lefdites mitaines & ouvrages de bonnes fourrures & doublures neuves, fur peine de confifcation de leurs marchandifes, & de l'amende contenue en la préfente ordonnance, & applicable comme deffus.

XXI. *Item.* Lefdits Maîtres Gantiers & Parfumeurs de Paris pourront auffi vendre & débiter chacun en leur boutique, comme ils ont toujours fait, de toutes fortes de cuirs & comme peaux lavées & parfumées & blanches, femblables à celles fervant pour faire des gants pour la commodité de leur état, & ne pourront lefdits Maîtres vendre lefdits cuirs en gros pour les envoyer hors la ville & fauxbourgs de Paris, & fi ne pourront lefd. Maîtres envoyer lefd. cuirs hors la ville & fauxbourgs de Paris, pour les faire dépecer & mettre en gants, ainfi feront lefdits cuirs dépécés

& mis en œuvre par les Maîtres de Paris, soit ville & bourgs y demeurant, sur peine de confications de leurs marchandifes, & de l'amende contenue en l'ordonnance, applicable comme deffus.

XXII. *Item.* Nul Maître gantier ne pourra tenir & occuper plus d'une boutique ou échope pour débiter fa marchandife, fi ce n'eft qu'il fût contraint par changement de maifon ; en ce cas lui fera permis trois mois feulement d'occuper les deux boutiques pour tout délai, & y vendre fadite marchandife de ganterie, & dont il fe mêle lui & fa femme & fa famille : & quiconque fera le contraire, fera condamné en l'amende fuivant l'ordonnance pour la premiere fois, applicable comme deffus.

XXIII. *Item.* Nul Maître, ni autre, ne pourra aufli contreporter les ouvrages ou marchandifes dudit état de Gantier Parfumeur par la ville & fauxbourgs de Paris, ainfi fe contenteront lefdits Maîtres de vendre leurfdites marchandifes en leurs boutiques ou échopes, fur peine de l'amende contenue en l'ordonnance, & applicable comme deffus.

XXIV. *Item.* Nul Maître Gantier Parfumeur de Paris ne pourra aufli vendre ni expofer en vente de leur marchandife de ganterie les jours de dimanches & fêtes commandées de l'églife, ne pouvant lefdits jours ouvrir aucune fenêtre de leur boutique, fur peine de l'amende comme deffus.

XXV. *Item.* Que tous les Maîtres Gantiers de cette ville de Paris ne pourront

faire mener ni transporter , ni eux-mêmes
les transporter, aucunes marchandises de
ganterie ès foires de hors la ville & fauxbourgs & banlieue de Paris , que premiérement ladite marchandise n'ait été vue &
visitée par lesdits Maîtres & Gardes, sur
peine de trente livres d'amende sur les
contrevenans applicable suivant l'ordonnance , & seront tenus lesdits Gardes de
bien & duement faire rapport de ladite
visitation de la marchandise qu'ils auront
visitées en la Chambre & pardevant notre
Procureur au châtelet de Paris , & ce dans
vingt-quatre heures , sur peine de trente
sols d'amende , applicable comme dessus.

XXVI. *Item.* Si lesdits Maîtres & Gardes dudit état, ou aucun d'eux s'ingerent
d'aller eux-mêmes transporter de la marchandise ès foires de dehors la ville , fauxbourgs & banlieue de Paris , sera leur marchandise auparavant leur transport, vue &
visitée par deux anciens Bacheliers , qui se
trouveront pour lors en ladite ville avec
les gardes qui seront pour lors, sur peine
de trente livres d'amende à l'encontre de
chacun garde contrevenant ou autre s'il y
échet ; seront tenus lesdits gardes & bacheliers faire rapport de la visitation qu'ils auront faite pardevant notre procureur au
châtelet de Paris , dans les vingt-quatre
heures, sur peine du contenu en l'ordonnance.

XXVII. *Item.* Que toutes marchandises étrangeres & foraines dépendant dudit
état de Gantier Parfumeur , venant du dehors de la ville de Paris , par les messagers
& marchands forains , ne pourront être

vendues ni délivrées à aucun dudit état ni
à autres, que premiérement ladite marchandife n'ait été pertée à la chambre ou
autres lieux commodes, pour être vue &
vifitée par les Maîtres gardes ; & après ladite vifitation faite, feront tenus lefdits
Maîtres gardes de faire fçavoir à la communauté defdits Maîtres, par le clerc ou
autre, pour avertir iceux Maîtres & fçavoir s'ils en veulent prendre leurs lots, fi
bon leur femble, fur ceux qui feront trouvés bons par ladite vifitation, en payant
au clerc pour fa journée & vacation trente
fols, qui feront payés par le marchand
forain, & feront tenus lefdits gardes de
faire rapport des mauvaifes marchandifes
qu'ils auront trouvées par ladite vifitation
en la chambre & pardevant notre procureur au châtelet de Paris ; & ce dans vingt-
quatre heures, pour en ordonner fuivant
les ordonnances, fur peine du contenu ci-
deffus.

XXVIII. *Item.* Sera payé auxdits gardes pour leurs peines & vacations des vifitations qu'ils feront fur les marchands *Gan-
tiers-Forains* venant de dehors la ville de
Paris, fix deniers tournois pour chacune
douzaine de paires de gants qu'ils vifite-
ront, & qu'ils auront vifités, qui feront
payés par les forains.

XXIX. *Item.* Tous cuirs blancs de Mé-
gis étant corroyés & paffés en alun, tant
cuir de veau blanc, de chevrotin & autres
cuirs venant de dehors la ville & fauxbourgs de Paris, & qui feront apportés par
les marchands forains, ne pourront être
vendus en ladite ville, que premierement

ils n'ayent été portés en la halle aux cuirs l'espace de vingt-quatre heures, pour être vendus & loüis à la communauté des Gantiers, sur peine de confiscation de leurs marchandises, & de l'amende comme dessus.

XXX. *Item.* Ceux qui ne feront point Maîtres Gantiers en cette ville de Paris, ne pourront tailler, couper, façonner ni laver aucuns gants, ni avoir aucuns outils & uftenfiles, si ce n'est en la maison desdits Maîtres Gantiers à Paris ; & s'il est trouvé aucun faisant le contraire de ladite ordonnance, lesdits gardes pourront saisir & emporter tout ce qu'ils trouveront appartenant & concernant ledit état de Gantier parfumeur ; & feront lesdits gardes rapport bien & duement en la Chambre & pardevant notre procureur au châtelet de Paris, de ce qu'ils auront saisi, & ce dans vingt-quatre heures, pour en ordonner suivant notre ordonnance.

XXXI. *Item.* Ceux qui ne feront point Maîtres Gantiers en cette ville de Paris, ne pourront garnir, enjoliver ni enrichir, laver ni parfumer aucuns gants, s'ils n'ont été faits, taillés & cousus par les Maîtres Gantiers de Paris, sur peine de confiscation de leurs marchandises, & de l'amende suivant l'ordonnance & arrêt de la cour que lesdits Maîtres dudit état ont obtenu le quatrieme jour d'avril 1573, donné au profit de la communauté des Gantiers Parfumeurs, ainsi qu'il est plus à plein déclaré par ledit arrêt.

XXXII. *Item.* Lesdits Maîtres Gantiers Parfumeurs feront tenus de payer tous les

ans au fermier du Roi notre Sire le haut-
ban, c'est à sçavoir trois sols huit deniers
parisis au jour & fête saint André d'hyver ;
& moyennant ce, ils seront quittes de tout
ce qu'ils vendent & achetent dépendant de
leur état ; car le haut-ban les en acquitte.

VUS par nous Dreux d'Aubray, conseiller du roi en ses conseils, & lieutenant
civil en la prévôté & vicomté de Paris, les
nouveaux Statuts présentés au roi par les
Maîtres, Gardes & Jurés Gantiers de la
ville & fauxbourgs de Paris, contenant
trente-deux articles ; ensemble les anciens
Statuts de ladite communauté, & lettres
patentes accordées à ladite communauté par
les rois prédecesseurs de sadite Majesté, &
arrêts intervenus sur icelles.

Notre avis est, sous le bon plaisir du Roi
& de Monseigneur le Chancelier, que lesdits nouveaux articles peuvent être accordés à ladite communauté des Gantiers de la
ville & fauxbourgs de Paris, n'y ayant en
iceux aucunes choses contraires à l'ordre
public & aux réglemens de la police, &
que lesdits Statuts sont utiles & avantageux pour l'art desdits Maîtres Gantiers.
Fait ce 18 mars 1656. Signé DAUBRAY.

Registrés, oui ce consentement le Procureur
général du Roi, pour jouir par les impétrans de
l'effet y contenu selon leur forme & teneur. A
Paris, en Parlement, le 23 mai 1656. Signé
DUTILLET.

LOUIS, par la grace de Dieu Roi de
France & de Navarre ; A tous présens
& à venir, Salut. Les Maîtres & Gardes

de la marchandise de ganterie & de parfum
de cette ville, fauxbourgs & banlieue de
Paris, nous ont fait remontrer que l'éclair-
ciffement de leurs anciens Statuts, & pour
obvier aux abus qui se font glissés de tems
en tems depuis longues années dans cette
sorte de marchandise, lesdits exposants ont
été contraints d'arrêter entr'eux avec les
anciens & plus experts ouvriers & marchands trafiquans de ladite marchandise,
de quelque articles & Statuts néceffaires
pour remettre leur trafic dans cette ancienne
loyauté & bonne manufacture, qui se
trouve aujourd'hui bien éloignée de ce
qu'elle devoit être dans le bon usage, lesquels articles ils ont proposés & fait examiner par le prévôt de notredite ville de
Paris ou son lieutenant civil, premier juge
de ladite police, qui les a trouvés non-
seulement très-utiles pour le public, mais
néceffaires pour retenir les entreprises que
les plus subtils inventent tous les jours,
pour s'instruire dans ce trafic, débiter toutes sortes de cette marchandise, sans vouloir recevoir ni visite ni correction, au
grand préjudice du public ; ce qui auroit
d'autant plus excité lesdits exposans de
poursuivre l'établissement de ces nouveaux
Statuts, & conformément ceux de leurs
actions qui leur peuvent encore aujour-
d'hui servir, afin d'observer & garder
quelques ordres & correspondances entre
tous les Maîtres & Marchands exerçant &
trafiquant de cette sorte de marchandise,
qui ont été à diverses fois assemblés en
leur communauté où lesdits articles ayant
été concertés, ils les ont jugés si utiles &

en quelque façon nécessaires pour le réta-
blissement de leur communauté, la conservation des droits d'icelle, qu'ils auroient
pressé lesdits exposans d'en demander &
poursuivre l'homologation, avec la confirmation de ce qu'ils ont retenu de leurs
anciens Statuts qu'ils ont fait rédiger en un
cahier souscrit dudit sieur Lieutenant civil, pour les avoir trouvés très-utiles, &
remettre l'ancien usage, loyauté de ladite
marchandise, & ne reste plus auxdits exposans, pour les autoriser en ce nouvel
établissement de Statuts, que nos lettres
pour ce nécessaires, qu'ils nous ont très-
humblement fait supplier de leur accorder : à quoi inclinans ; sçavoir faisons,
qu'après avoir fait voir en notre Conseil
les anciens Statuts de ladite Communauté
& les articles nouvellement proposés, jusqu'au nombre de trente-deux, agréés par
ledit Lieutenant civil, pour être observés
par tous particuliers, marchands & maîtres de ladite Communauté, ci attachés
sous le contrescel de notre chancellerie,
nous avons confirmé, approuvé, autorisé,
& de notre grace spéciale, pleine puissance
& autorité royale, par ces présentes confirmons, approuvons & autorisons lesdits
Statuts de cette Communauté des Marchands Gantiers Parfumeurs de cette ville,
fauxbourgs & banlieue de Paris, voulons
& nous plaît que dorénavant ils soient gardés, observés & entretenus de point en
point selon leur forme & teneur, par tous
les Marchands & Maîtres dudit métier,
sans qu'il y soit contrevenu. Si donnons
en mandement à nos amés & féaux Conseillers

feillers les gens tenant nos Cours de Parlement à Paris, Prévôt dudit lieu, ou fon Lieutenant civil, & autres nos officiers qu'il appartiendra ; que ces préfentes & lefdits articles contenus audit cahier ci attachés fous le contre-fcel de notre chancellerie ils faffent regiftrer pour être gardés, obfervés & exécutés par lefdits expofans & autres Marchands & Maîtres de ladite Communauté & leurs fucceffeurs, pleinement, paifiblement & perpétuellement, fans fouffrir qu'il y foit contrevenu ; car tel eft notre plaifir. Et afin que ce foit chofe ferme & ftable pour toujours, nous avons fait mettre notre fcel à ces préfentes, fauf en autre chofe notre droit, & l'autrui en toutes. Donné à Paris au mois de mars l'an de grace mil fix cents cinquante-fix, & de notre regne le treizieme. En marge eft écrit, Regiftré. Et fur le repli, vingt-feptieme mars 1656. Par le Roi, figné LIGNE-RAN. Et à côté,

Regiftré, ouï ce réquérant & confentant le Procureur Général du Roi, pour jouir par les impétrans de l'effet y contenu, & être exécuté felon fa forme & teneur. A Paris, en Parlement, le vingt-troifieme Mai mil fix cents cinquante-fix. Signé, DUTILLET. Vifa, SEGUIER. Et fcellé d'un grand fcel de cire verte à queue pendante.

EXTRAIT des Regiftres du Parlement.

VU par la Cour les Lettres-patentes du Roi, données à Paris au mois de mars 1656, fignées par le Roi, VIGNE-

RON , & scellées du grand sceau de cire
verte sur double lacs de soie verte & rouge,
obtenues par les Maîtres & Gardes de la
marchandise de ganterie & parfums de
cette ville & fauxbourgs de Paris ; par
lesquelles & pour les causes y contenues ,
ledit Seigneur , après avoir fait voir en son
conseil les anciens Statuts de ladite Communauté & les articles nouvellement proposés jusqu'au nombre de trente-deux ;
agréés par le Lieutenant civil , pour être
observés par tous les Particuliers , Marchands & Maîtres de ladite Communauté ,
auroit confirmé , approuvé & autorisé lesdits Statuts , veut & entend que dorénavant ils soient gardés & entretenus de
point en point , selon leur forme & teneur,
par tous les Marchands & Maîtres dudit
métier , sans qu'il y soit contrevenu ; les
anciens Statuts dudit métier , avec les Lettres patentes de confirmation , ensemble
les nouveaux articles y ajoutés , le tout
attachés sous le contre-scel desdites lettres ;
requête desdits Maîtres Gardes de la marchandise de ganterie & Parfumeurs , afin
d'entérinement desdites lettres , conclusions du Procureur-général du Roi ; & tout
considéré , ladite Cour , a ordonné & ordonne , que lesdites lettres seront regiftrées
au Greffe d'icelle , pour jouir par les Impétrans de l'effet & contenu en icelles , &
feront exécutées selon leur forme & teneur. Fait en Parlement le 23 mai 1656.
Signé, DUTILLET.

SENTENCE DE POLICE,

Qui homologue une délibération du 24 Mai 1719.

A TOUS ceux qui ces présentes Lettres verront : Charles-Denis de Bullion, Chevalier, Marquis de Gallardon, Prévôt de Paris, Salut. Sçavoir faisons, que vu par nous Louis-Charles de Machault, Chevalier Seigneur d'Amonville, & autres lieux, Conseiller du Roi en ses Conseils, Maître des Requêtes ordinaires de son Hôtel, & Lieutenant-Général de Police de la ville, prévôté & vicomté de Paris, la requête à nous présentée par les Jurés & Gardes de la Communauté des maîtres & Marchands Gantiers-Parfumeurs à Paris, tendante à l'homologation d'une délibération faite par le plus grand nombre des Jurés & anciens Maîtres de la Communauté assemblée en leur bureau, le 19 septembre 1178, contenant les articles dont il a été convenu entre lesdits Maîtres de ladite Communauté, ladite requête signée, Verdeil, Laruette, Blanchard & Chevalier, & Pottier procureur; notre ordonnance étant au bas, du 28 février dernier portant, soit montrée au Procureur du Roi; conclusions dudit Procureur du Roi étant ensuite, du 6 mars en suivant. Le tout vu & considéré: nous avons ladite délibération, qui est demeurée annexée à la minute de ces présentes, homologuée & homologuons, pour être exécutée selon sa forme & teneur, & en conséquence disons: B ij

I. Qu'il fera fait un état des quittances
de finance & de tous les titres appartenans
à ladite Communauté ; lequel inventaire
fera fait fur un regiſtre, & reconnu par
les Maîtres & Gardes en charge ; lequel
regiſtre fera mis dans un coffre fermant à
deux clefs, dont chacun en aura une ; &
lorſqu'ils fortiront de charge, la Communauté les déchargera, & en fera charger
ceux qui leur fuccéderont d'année en année, afin que rien ne fe puiſſe écarter, &
lorſque quelqu'un aura befoin de quelque
pièce, celui qui s'en chargera, mettra fon
récépiſſé au lieu & place.

II. Il fera pareillement fait un catalogue
de tous les rentiers par lettres alphabéti-
ques, afin de fçavoir ce que la Communauté doit de rentes par année ; lequel
catalogue fera enregiſtré fur le livre de
caiſſe, & il en fera délivré une copie au
Syndic tous les ans.

III. Lorſqu'il y aura des contrats rembourſés, il en fera fait mention fur le regiſtre de caiſſe ; & les quittances de rembourfement feront mifes dans la caiſſe.

IV. Il fera fait un rôle tous les ans de
ceux qui payent le droit royal, poids &
mefures, & droits de vifite, conformément
à l'arrêt du Conſeil d'Etat du 14 août
1696, & 30 mars 1706 ; duquel rôle il
en fera délivré une copie au Syndic, afin
qu'il en faſſe la perception pour payer les
rentes dont il fera chargé ; & en cas de
refus, le rôle fera mis entre les mains de
l'Huiſſier de ladite Communauté pour
faire les pourfuites néceſſaires, comme deniers royaux ; & il remettra lefdits deniers

entre les mains du Syndic à fur & à mesure qu'il les recevra ; & ledit Syndic rendra compte de la recette & dépense qu'il
aura faite, au plûtard trois mois après
qu'il sera sorti de son syndicat

V. Les Maîtres & Gardes sortant, rendront leur compte de même que dessus à
l'article du Syndic, afin que s'il se trouve
de l'argent entre leurs mains & du Syndic,
après les rentes payées, que ladite somme
soit employée conformément à la déclaration du Roi du 12 décembre 1705, pour
acquitter le principal des finances.

VI. Le recouvrement de la capitation
sera fait par les deux Gardes en charge,
& il ne sera donné aucune quittance qu'elle
ne soit signée de deux : & les deniers qui
seront reçus, seront mis dans un coffre
fermant à deux clefs, dont chacun en
aura une ; & lorsque les deniers seront
apportés au préposé, il en sera tiré quittance au nom des deux Gardes en charge.

VII. Il en sera observé de même au sujet de la perception des autres droits.

VIII. Lorsqu'il y aura des avertisse-
mens pour la diminution ou augmentation
des espèces, le Syndic & les Maîtres, &
Gardes en charge, seront obligés d'appeller six anciens par rang du tableau,
qu'ils feront avertir par le clerc, pour se
trouver au bureau, pour prendre communication de l'argent qui se trouvera en
caisse, dont il en sera fait un bordereau
signé des anciens qui auront été appellés ;
& faute de ce, les Syndics ni les Maîtres
& Gardes ne pourront passer en dépense
aucune diminution d'espèces dans leur
compte.

IX. Tous les gants venant des Provinces feront apportés au bureau pour y être visités. Le Clerc ne délivrera aucunes choses qu'après qu'elles auront été enregistrées par un des Maîtres en charge ; lequel registre fera communiqué aux autres Maîtres & Gardes à la premiere réquisition, & toutes les marchandifes venant des Provinces pour le compte defdits Maîtres, tant anciens que nouveaux, les droits feront payés fans aucune diftinction, jufqu'au parfait remboursement des sommes empruntées par ladite communauté ; le tout conformément aux articles I., II & IV de la déclaration du Roi du 12 Décembre 1705 & à l'arrêt du Parlement du 31 Juillet 1627, portant que les lettres d'envoi feront communiquées.

X. Il fera fait un tableau en forme de catalogue lequel fera dans le bureau, fur lequel feront écrits par ordre tous les différens droits accordés à la communauté par les déclarations du Roi.

XI. Les Gardes ne figneront & n'enregiftreront aucunes lettres de maitrife de fils de Maîtres, que la fomme de vingt livres de droit domanial n'ait été payée, & que la quittance du Syndic ne leur foit apparue fur le dos de ladite lettre, laquelle quittance ils pourront écrire & figner en rendant compte defdites fommes audit Syndic, qui paffera ladite recette dans fon compte, & fournira décharge aux Gardes.

XII. Pareillement, les Gardes ne figneront, ni n'enregiftreront aucun brevet d'apprentiffage ou tranfport de brevet, que la quittance de la fomme de vingt-quatre livres ne foit écrite au dos dudit brevet ou transport par ledit Syndic en charge; & pourront lesdits Gardes recevoir lesdites sommes, fournir quittance en remettant les deniers au Syndic, qui leur fournira décharge, & employera ladite recette dans son compte.

XIII. Les Maîtres Gardes en charge & les anciens & nouveaux Maîtres fe porteront honneur & respect réciproquement les uns aux autres dans le bureau, & en cas d'infultes ou paroles injurieufes, feront retranchés de trois livres au profit des pauvres Maîtres de ladite communauté : exécuté fans préjudice de l'appel. En témoin de quoi nous avons fait fceller ces Préfentes, qui furent faites & données par Nous Juge fufdit, le 24 Mars 1719. Collationné, *figné* CUYRET.

Scellé le premier d'Avril 1719. *Signé* DE CHAMBAULT.

EXTRAIT des Regiftres du Confeil d'Etat, du 3 Mai 1701.

VU au Confeil d'Etat du Roi la requête préfentée en icelui par les Jurés, corps & communauté des Maîtres & Marchands Gantiers Parfumeurs de la ville de Paris, au contenu que par arrêt des 8 Mai 1691 & 14 Juin 1695, Sa Majefté ayant donné à ladite communauté les offices de Jurés & Auditeurs des comptes de Jurande d'icelle créés par édit du mois de Mars 1691 & 1694, ils ont emprunté jufqu'à 30200 liv. pour le payement des fommes auxquelles il a plu à Sa Majesté modérer la finance desdits offices, que les droits qui leur ont été accordés des arrérages des rentes qu'ils ont constituées lors desdits emprunts, que les réceptions des Maîtres ne leur produisent presque rien, parce qu'il y a trop peu de sujets ou apprentifs chez les Maîtres, & que d'ailleurs lesdits apprentifs de ville ou fils de Maîtres payent peu de chose pour réception; que l'hôpital de la Trinité fournit nombre de Maîtres qui ne payent rien, & que ceux qui n'ont pas de qualité pour parvenir à la maîtrise se font recevoir Marchands & font ensuite le commerce de Gantiers; de sorte que les Suppliants se trouvent dans l'impuissance de pouvoir jamais acquitter les dettes qu'ils ont été obligés de contracter si Sa Majesté n'a la bonté de leur permettre de recevoir par chacun an certain nombre de Maîtres sans qualités. A ces causes, requéroient les Supplians, qu'il plût à Sa Majesté permettre aux Jurés de ladite communauté de recevoir à l'avenir par chacun an deux Maîtres sans qualité pour la réception desquels il sera payé par chacun d'iceux la somme de 500 liv. & que les deniers provenans des réceptions desdits Maîtres sans qualité seront remis entre les mains des Syndics de ladite communauté pour être employés au rachat & amortissement des rentes dûes par ladite communauté. Vu aussi l'arrêt du Conseil du 3 Mai 1691, portant réunion à ladite communauté des Maîtres & Marchands Gantiers-Parfumeurs des offices de Jurés à titre d'office créés par édit du mois de

Mars de la même année, moyennant la
fomme de 16000 liv. qui a été payée par
ladite communauté. Autre arrêt du Confeil du 14 Août 1696, portant réunion à
ladite communauté des offices d'Auditeurs
& Examinateurs des comptes de ladite
communauté créés par édit du mois de
Mars 1694, moyennant la fomme de
13200 liv. auffi payée par ladite communauté ; l'avis du fieur Procureur de Sa Majefté au Châtelet de Paris, fur le contenu
en ladite requête : & le tout vu & confidéré ; oui le rapport du fieur Chamillard,
Confeiller ordinaire au Confeil Royal,
Contrôleur général des Finances ; Le Roi
en fon Confeil, ayant égard à ladite requête, a permis aux Jurés, Syndic &
anciens de ladite Communauté des Maîtres Gantiers-Parfumeurs de Paris, de recevoir par chacun an deux Maîtres fans
qualité, & fans avoir fatisfait à ce qui
eft porté par les ftatuts de ladite communauté, pour parvenir à la Maîtrife, en faifant néanmoins une expérience de leur capacité pour l'exercice dudit métier, pour
la réception defquels il fera payé pour
toutes chofes par chacun d'iceux la fomme
de 500 liv. au profit de ladite communauté, & les droits ordinaires aux Jurés
& anciens, laquelle fomme de 500 livres
fera remife auffitôt après la réception de
chacun defdits deux Maîtres, entre les
mains du Syndic de ladite communauté,
pour être employée en entier au rachat &
remboursement des principaux des rentes
dues par ladite communauté, fans que,
pour quelque caufe & raifon que ce feroit,

lesdits deniers puissent être employés à
aucune autre dépense, à peine d'être responsables en leurs propres & privés noms.
Fait au Conseil d'Etat du Roi, tenu à Versailles, le troisieme jour de Mai 1701.
Collationné, *signé* DU JARDIN, avec
paraphe.

DÉLIBÉRATION
du 26 Octobre 1723.

LE Mardi 26 Octobree 1723, les sieurs
Roydot & Laroche, Jurés comptables,
ont représenté à l'assemblée, que Mercredi
20 du présent mois entre huit & neuf
heures du matin, le sieur Godefrin, un de
leurs collégues, s'est avisé de son chef & sans
en rien communiquer aux anciens ni auxdits sieurs Roydot & la Roche, Jurés en
charge comptables, d'envoyer quérir un
Serrurier & de faire ajouter une seconde
serrure à la porte du bureau de la communauté où sont déposées les marchandises
foraines dudit état, pour être vendues aux
Maîtres de ladite communauté & a em-
porté la clef chez lui, quoiqu'il sçache
que de tout tems ladite clef doit rester à
la garde du Clerc, concierge dudit bureau, pour y laisser entrer les Maîtres qui
peuvent y avoir affaire, soit pour acheter
les marchandises dont ils ont besoin, ou
pour les affaires concernant le bien de ladite communauté; ledit sieur Godefrin a
pareillement fait mettre dehors dudit bureau les marchandises qui y étoient en
vente en la maniere accoutumée, disant
au Clerc, qu'il ne prétendoit pas qu'au-

cune marchandife dudit état reftât à l'a-
venir plus de vingt-quatre heures dans le
bureau, après que la femonce en auroit
été faite : & comme l'une & l'autre de
ces deux entreprifes font autant de nou-
veautés préjudiciables aux intérêts de la
communauté ; premierement, parce que
le fieur Godefrin a par une double fermeture dont il s'eft emparé de la clef, in-
terrompu la facilité de l'entrée du bureau, qui n'a jamais été interdit à aucun
Maître de la communauté pour y acheter
les marchandifes foraines qui y peuvent
être, & ce qui facilite l'abondance pour le
bien commun, tant defdites forains que
pour les Maîtres de ladite communauté ;
la feconde eft, que fi fa prétention avoit
lieu, il en réfulteroit un préjudice confidérable aux Marchands forains, qui en-
voyent ou qui apportent audit bureau
des marchandifes dépendantes dudit état,
fuivant & conformément aux ftatuts de
ladite communauté, lefquelles marchandifes ont accoutumé d'y refter après la femonce, jufqu'à ce que la vente en foit
faite entierement, fauf néanmoins permis
aux Marchands Forains de retirer leurs marchandifes, fi bon leur femble, après les
vingt quatre heures paffées, lorfque la femonce a été faite & fatisfait aux réglemens de la Communauté, fans qu'ils puiffent les garder chez eux plus de tems que
celui qui a été ordonné par les fentences
& réglemens de police ; & les Maîtres
fouffriroient pareillement auffi que les
Marchands forains, en ce que ce feroit
leur interdire la facilité d'acheter les mar-

chandifes dans le tems & fuivant les occa-
fions dont ils peuvent en avoir befoin, ou
feroient dans la néceffité de les fur-ache-
ter le prix qu'elles fe vendent audit bureau ; pourquoi l'intérêt public fe trouveroit compris dans cette exécution, & ce
qui ne doit pas être fouffert, pourquoi lefdits fieurs Roydot & Laroche ont requis
la Communauté affemblée en la maniere
accoutumée de délibérer.

Ladite Communauté affemblée a délibéré que le bureau reftera fermé en la même maniere qu'il a été pratiqué jufqu'à
préfent, & que la clef reftera à la garde
du Clerc de la communauté, concierge
dudit bureau, pour laiffer l'entrée libre
comme elle a été de tout tems à tous les
Maîtres & Gardes & à tous les anciens,
modernes & jeunes, en ce qui peut convenir au bien de ladite communauté, fans
qu'aucun defdits Maîtres & Gardes en particulier ni autres puiffent s'emparer des
clefs dudit bureau, comme a fait ledit
fieur Godeftin : ladite affemblée eft auffi
d'avis qu'à l'égard des marchandifes foraines, il en fera ufé à l'avenir comme par
le paffé fans qu'aucun defdits maîtres &
gardes, préfens & à venir, puiffent rien
ignorer, & que les marchandifes foraines
demeureront en vente dans ledit bureau,
jufqu'à ce qu'elles foient vendues entiérement, fauf à ladite communauté à prendre des délibérations convenables, s'il en
étoit néceffaire, pour le maintien & con-
fervation du bon ordre & intérêt de ladite
communauté, & confent que la préfente
délibération foit homologuée fous le bon

plaisir de M. le lieutenant-général de Police, pour être exécutée à l'avenir, & que lesdites marchandises foraines pourront rester dans ledit bureau, ainsi qu'il s'est toujours pratiqué, au désir desdits Marchands Forains; & avons signé.

Contrôlé à Paris le 30 Mars 1724 par LECLERE.

SENTENCE

Du 11 Avril 1724, qui homologue la Délibération du 26 Octobre 1723.

A TOUS ceux qui ces présentes Lettres verront, Gabriel Jérome de Bullion, Chevalier, Comte d'Esclimont, Prevôt de Paris; Salut: sçavoir faisons, que vû la requête à nous présentée par les Jurés comptables & anciens, d'autres Maîtres, représentans & composans le corps de la communauté des Marchands Gantiers Parfumeurs de la ville & fauxbourgs de Paris, tendante à ce que pour les causes y portées, il nous plut homologuer la délibération de ladite communauté du 26 Octobre dernier, & ordonner qu'elle sera exécutée selon sa forme & teneur, que les marchandises foraines pourront rester dans le bureau, ainsi qu'il s'est toujours pratiqué avec lesdits Forains, conformément aux statuts de ladite communauté & réglemens de Police; faire défenses à aucuns Maîtres ou Jurés, Gardes ou d'autres d'y contrevenir, sous telle amende,

dommages & intérêts qu'il nous plaira arbitrer : ladite requête signée Duperey,
Procureur, notre ordonnance étant ensuite
du 3 du présent mois, portant, soit communiqué au Procureur du Roi : vû auſſi
la délibération de ladite communauté ci-
deſſus datée, extraite & tirée des Regiſtres des délibérations de ladite communauté, par Duparc & Dupuis Notaires à
Paris : les concluſions du Procureur du Roi
du 10 du préſent mois, portant qu'il n'em-
pêche l'homologation de ladite délibération : le tout vu & conſidéré, nous du
conſentement du Procureur du Roi, avons
la délibération de ladite communauté homologuée, pour être exécutée ſelon ſa
forme & teneur ; en conſéquence ordonnons que le bureau de ladite communauté
demeurera toujours fermé comme par le
paſſé, & que les marchandiſes foraines
reſteront dans ledit bureau, ainſi qu'il s'eſt
toujours pratiqué avec leſdits Forains,
ſuivant & conformément aux ſtatuts de
ladite communauté & réglemens de Police : faiſons défenſes à aucuns maîtres,
ſoit Jurés ou Gardes ou autres d'y contrevenir ſous telles peines qu'il appartiendra ;
ce qui ſera exécuté nonobſtant & ſans
préjudice de l'appel. En témoin de quoi
nous avons fait ſceller ces préſentes qui
furent faites & données par Meſſire Nico-
las-Jean-Baptiſte Ravot, Chevalier, Seigneur d'Ombreval, Conſeiller du Roi en
ſes conſeils, maître des requêtes ordinaire
de ſon Hôtel, Conſeiller d'honneur en ſa
cour des Aydes, Lieutenant-Général de
Police de la ville, prévôté & vicomté de

Paris , le 11 Avril 1724 *signé* CUIRET ,
Collationné. Scellé le 13 Avril 1724, *signé*
BOYARD.

DELIBERATION DE REGLEMENT

Homologuée par Sentence du 31 Juillet
1724.

AUJOURD'HUI dix-septieme jour
de Juillet 1724 , la communauté des
Maîtres & Marchands Gantiers Parfumeurs à Paris , assemblée en la maniere
accoutumée au bureau d'icelle , a été représenté par les Jurés en charge , qu'en
exécution d'une délibération homologuée
sur les conclusions de M. le Procureur
du Roi par sentence de Police du vingt
mars 1719 , a été commencé un état ou
inventaire des titres & papiers de ladite
communauté , sur un registre qui est demeuré dans l'armoire de ladite communauté , mais l'inventaire n'a point été pa-
rachevé ; d'ailleurs , il n'y a eu aucune personne chargée des titres & papiers compris audit état , & depuis il a été retiré
partie à l'occasion des affaires de ladite
communauté , lesquels n'ont point été
rétablis , ce qui cause une confusion préjudiciable aux intérêts de la communauté ;
il ne s'est point trouvé lors de cet état la
Déclaration du Roi du 12 Décembre
1705 , rendue en faveur de la communauté , ni l'arrêt de l'enregistrement d'i-
celle , lequel arrêt est même adiré , quoique très-essentiel.

I. Qu'il est arrivé plusieurs fois que les

fignifications qui font faites au bureau de
la communauté, ont été adirées par la
négligence du Clerc ou des Jurés, & par
ce moyen les affaires de la communauté
ne font point fuivies ; qu'il eft auffi fur-
venu des conteftations entre les Jurés actuellement en charge au fujet du rôle de
la capitation de la préfente année, & qu'il
eft néceffaire de prévenir de pareils inconvéniens à l'avenir & autres répartitions
de deniers.

II. Surquoi ayant été délibéré, la communauté a arrêté & délibéré qu'il fera fait
récollement des titres & papiers dont il
a été dreffé état fur un regiftre en exécution de la fentence du 24 Mars 1719, lequel recollement fera fait fur le même
regiftre par les Jurés en charge, en préfence des fieurs Marie, Chevalier & Prevôt, & que par fuite dudit recollement &
en la même préfence, fera fait inventaire
des titres & papiers de ladite communauté
qui n'ont point été compris dans ledit premier état par inventaire, que l'arrêt de
l'enregiftrement & la déclaration du 12
Décembre 1705, feront inceffamment levés au Greffe du Parlement, à la diligence des Jurés en charge aux frais de la
communauté, pour être compris audit inventaire.

III. Que les papiers qui feront récollés
& inventoriés demeureront ainfi que ledit
inventaire & recollement dans l'armoire
de ladite communauté, & néanmoins les
Jurés en charge feront tenus de s'en charger fur ledit regiftre, & des trois clefs de
ladite armoire, il en reftera deux entre
les

les mains des deux Jurés comptables, & la troisieme sera remise pour la premiere année au sieur Lambert.

IV. Que lors des comptes qui seront rendus par les Jurés en charge à la fin de leur Jurande, les deux Jurés qui seront comptables en leur place seront chargés des titres & papiers de l'inventaire, & à cette fin en sera fait recollement, les deux clefs de l'armoire leur seront remises par les deux Jurés sortans & la troisieme qui sera ès mains du sieur Lambert, sera remise à l'ancien qui se trouvera après lui, suivant l'ordre du tableau, & qu'il continuera d'en être usé de même les années suivantes.

V. Que le rôle de la capitation sera fait & dressé tous les ans au bureau de la communauté par les quatre Jurés en charge, & répartitions de deniers en présence de six anciens Jurés qui seront nommés suivant l'ordre du tableau ; que lorsque les rôles auront été signés de M. le Lieutenant-Général de Police, ils seront renfermés dans l'armoire dont est ci-dessus parlé, à commencer par les premiers rôles qui seront faits à l'avenir, & ne pourront les Jurés recevoir les deniers de la capitation ou autres impositions que dans le bureau de la communauté, ainsi qu'il a toujours été pratiqué & aux jours & heures ordinaires qui seront indiqués par des mandemens, & les deniers qui seront reçus pour la capitation sur les quittances qui seront signées par les deux Jurés comptables, seront à fur & à mesure mis dans l'armoire de ladite communauté, & lorsqu'il y aura

C

une fomme fuffifante pour être portée au
receveur ou prépofés, les Jurés comp
tables, ou l'un d'eux retireront les denier
de ladite armoire, & y laifferont leur ré
cépiffé qu'ils reprendront en rapportant l
quittance ou récépiffé du receveur ou pré
pofé, & qu'ils feront tenus de faire dan
vingt-quatre heures au plus tard, aprè
qu'ils auront été chargés defdits deniers,
& les quittances du prépofé ou receveu
feront remifes par ordre dans ladite ar
moire.

VI. Que pour éviter tout inconvénien
par rapport aux fignifications qui feron
faites & autres lettres d'avis & autres
concernant les affaires de ladite commu
nauté, qu'il y aura dorénavant une boët
dans le bureau de ladite communauté qu
fermera à clef, & qui aura une ouvertur
au-deffus, dans laquelle boëte toutes le
fignifications, lettres ou autres pieces, qu
feront apportées & envoyées concernan
ladite communauté, y feront mifes à l'inf
tant par le Clerc d'icelle, qui en avertir
les Jurés au plus tard dans les vingt-qua
tre heures, à peine de privation de f
commiffion; & de même, s'il eft fait quel
ques fignifications au domicile des Jurés,
ils feront tenus de les remettre dans l
même délai dans ladite boëte, & d'en fair
avertir leurs Jurés, à l'effet d'être pri
communication & avifé ce qu'il convien
dra faire, à peine de demeurer refponfabl
de tous les événemens, la clef de laquel
boëte fera renfermée dans l'armoire à troi
clefs, d'où elle fera retirée à mefure qu'
en fera befoin par les deux Jurés comp

bles, & l'ancien qui sera dépositaire de la troisieme clef de ladite armoire.

VII. A encore été arrêté que les Maîtres de la communauté qui seront en demeure de payer les droits dus à ladite communauté dans les tems prescrits, ne seront point appellés à aucunes élections, assemblées, & demeureront les Jurés en charge autorisés pour faire les diligences nécessaires pour faire homologuer, imprimer, afficher & distribuer la présente délibération & la sentence qui interviendra sur icelle.

VIII. Et à l'instant ladite communauté a pareillement délibéré que pour mettre la tranquillité & le bon ordre, est convenue qu'il sera présentement nommé un Syndic suivant & conformément à la déclaration du Roi portant réunion des Jurés perpétuels en date du 8 Mai 1691 ; lesquels Syndics seront chargés de recevoir les droits attribués à ladite communauté, & seront tenus de se conformer à la délibération du 24 Mars 1719, pour toutes les clauses & conditions portées par icelle au sujet des payemens connus par ladite délibération, comme pareillement pour les autres dus par ladite communauté ; & ce à commencer du premier jour du présent mois & an comme dessus ; & ont signé. Ainsi signé, Roydot, Laroche, Godefrin, Gambier, Marie, Dulac, Marlet, Prevôt, Gouault, Marin, Avelin, Verdeille, Hache, Picard, Regot, Laruette, Delaporte, Jean Lorphévre, Renouard, Besnard, Gobin, Blanchard, Jean Blanchard, Delafosse, Chevalier.

*Délivré fur l'original demeuré joint à la mi-
nute de la Sentence d'homologation du 31 &
dernier Juillet 1724, étant en la possession de
moi Greffier soussigné, LEVAIN.*

SENTENCE

*Du 31 Juillet 1724, qui homologue la
Delibération du 17 dudit mois & an.*

A TOUS ceux qui ces présentes Lettres
verront : Gabriel-Jérôme de Bullion,
Chevalier, Comte d'Esclimont, Meftre-
de Camp du Régiment de Provence, In-
fanterie, Conseiller du Roi en ses Conseils, Prevôté de la Ville, Prevôté & Vicomté de Paris, salut : Sçavoir faisons,
que vu par Nous Nicolas-Jean Baptifte
Ravot, Chevalier, Seigneur d'Ombreval,
Conseiller du Roi en tous ses Conseils,
Maître des Requêtes ordinaire de son Hôtel, Conseiller Honoraire en sa Cour des
Aydes, Lieutenant-Général de Police de
la Ville, Prevôté & Vicomté de Paris, la
requête à Nous présentée par les Jurés &
Gardes en charge de la communauté des
Maîtres & Marchands Gantiers & Parfumeurs à Paris, tendante à ce que pour les
causes y contenues, il nous plût homologuer la délibération arrêtée en l'assemblée faite au bureau de ladite communauté
le 17 Juillet 1724, attachée à ladite requête,
au bas de laquelle requête nous avons mis
notre ordonnance en date du 24 dudit mois
de Juillet, portant, soit montré au Procureur du Roi, les conclusions étant ensuite du

26 desdits mois & an : vu aussi la délibération du 17 Juillet 1724 de ladite communauté assemblée en leur bureau sur la
représentation des Jurés en charge de ladite communauté : Et tout considéré, nous
disons que la susdite délibération est, &
l'avons homologuée pour être exécutée
selon sa forme & teneur : permettons auxdits
dits Jurés de ladite communauté de faire
procéder à la nomination & élection des
Syndics de ladite communauté pour un
an seulement, conformément à la déclaration du Roi du 8 Mai 1691 ; laquelle
élection sera faite tous les ans en la présence du Procureur du Roi, à la pluralité
des voix ; & le Syndic nommé & élu prê-
tera serment pardevant ledit Procureur du
Roi, de bien & fidelement exercer sa commission, dont il lui sera délivré lettres en
la maniere accoutumée ; & permettons
auxdits Jurés de faire imprimer & afficher la présente sentence dans le bureau
de ladite communauté, & partout où besoin sera : ce qui sera exécuté nonobstant
& sans préjudice de l'appel, En témoin
de ce, Nous avons fait sceller ces Présentes, qui furent jugées par nous Juge susdit, le 31 Juillet 1724. Collationné, *signé*
C U I R E T.

Scellé le 3 Août 1724. Signé DOYARD.

DELIBERATION

Des six & dix Décembre 1746. de la Communauté des Maîtres & Marchands Gantiers, Poudriers, Parfumeurs, homologuée par Sentence du 12 Mai 1747, confirmée par Arrêt du 22 Juillet audit an.

L'AN mil sept cens quarante-six, le sixieme jour de Décembre après midi, la Communauté des Maîtres & Marchands Gantiers Parfumeurs de la ville & fauxbourgs de Paris étant assemblée en son bureau, pour délibérer sur ce que les Maîtres & Gardes de présent en charge, ont remontré que leurs prédécesseurs ont jusqu'à cejourd'hui, fait tout ce qui leur avoit été possible pour tâcher de détruire un nombre infini de différents Particuliers, qui ont toujours cherché à entreprendre sur les droits de ladite Communauté ; lesdits Maîtres & Gardes ayant appris qu'il y avoit un nombre de ces Particuliers, qui prétendent enlever partie des droits que tous les Maîtres de la Communauté ont toujours jouis depuis un temps infini, que pour tâcher de détruire l'ambition de ces différents Particuliers, il étoit nécessaire d'avoir recours à l'autorité Souveraine, & que pour y parvenir, il y a des frais & faux frais à faire ; dans cette circonstance, lesdits Maitres & Gardes ont besoin d'être autorisés par une délibération homologuée,

signée de la Communauté ; le tout bien
réfléchi, les anciens ont d'une voix unanime donné & donnent pouvoir ausdits
Maitres & Gardes en charge présents, de
faire tout ce qu'il conviendra & sera nécessaire pour obtenir de l'autorité Souveraine des défenses contre tous ceux qui
veulent entreprendre sur les droits dont
jouit ladite Communauté, promettons
leur tenir compte de leurs frais & faux
frais qu'ils auront besoin de faire ; pour
cet effet, faire homologuer la présente,
& à quoi nous avons tous unanimement
consentis & consentons l'exécution. Faite
en notre Bureau, le jour & an que dessus,
& avons signé. Ainsi signé de la Porte, Bocquillon, Charron, Villou, Coüder, De-
caux, Chollet, Godefrin, de la Porte,
Hache, Orran, Richard, Bouillé,
Blanchard, Huet, de la Porte, Boutry,
du Bois, Compagnon, Morisset, l'Evau-
ché, Leroy, Gaillard, Geslin, Bauny,
François, Gobin, Ferry, Roger, la Batte
& du Lac.

*Contrôlé à Paris, le 19 Décembre 1746. Reçu
douze sols. Signé* BLONDELU.

L'AN mil sept cens quarante-six, le dix
Décembre, Messieurs les modernes &
jeunes Maitres de la Communauté des
Marchands Gantiers - Parfumeurs de la
ville & fauxbourgs de Paris, étant assemblés en leur Bureau, ont consenti & con-
sentent d'une voix unanime à la délibération faite par Messieurs les anciens, le six
présent mois, & être homologuée, faite
en notre Bureau, le jour & an que dessus,

& ont figné. Ainfi figné , de Lifle , Rollet,
Penel , Montagnac, René du Coin , Bo-
hain , Laruette , Baty , Châbry , le Fevre ,
Gaboureau, Papion , Dumay , Godefroy ,
Chandellier , Neple , Gervais , Amabert ,
Langlois , Coulon , Gobert , Deldeuil ,
Coulon , Baudouin , Grandpierre , Martel,
Malivoire, A. Godefrain , Dehoulie , Du-
lac , A. C. Godefrain . Croifnier , du Fort,
Mufard , Guerin , Prevoft , Rufin , Fomont,
Rollet fils , Bocquillon fils le Jeune ,
Mauger , Dumas, L. Aubinau , Marvillis,
Carlevant , Leivecque , B. rtrand fils , L'or-
pheve , C. M. Bidaut , Coiffier , Grand-
Pierre, Charron fils , Gauthé . Bertrand,
Malivoir fils , du Faux , Poille Beaulieu ,
de la Porte & du Troulleau.

Contrôlé à Paris , le 19 Décembre 1746.
Reçu douze fols. Signé BLONDI LU.

EXTRAIT des Regiftres du Confeil d'Etat du 7 Novembre 1724.

VU au Confeil d'Etat du Roi la requête
préfentée en icelui par la Communauté des Marchands Gantiers Parfumeurs
de Paris , tendante à ce qu'il plût à Sa Majefté homologuer les délibérations du premier Juillet 1720 & 18 Mai 1724 , portant qu'elles feroient obfervées , & qu'à
l'avenir elle cefferoit de percevoir les droits
attribués à ladite Communauté , par l'article 4 de la déclaration de Sa Majefté du
12 Décembre 1704 pour les caufes mentionnées fur les marchandifes étrangeres
& foraines qui fe portent au bureau de ladite

dite Communauté ; içavoir , 12 deniers fur chaque douzaine de paires de gants & mitaines, 12 deniers par livre de pommade & huile de fenteur, & 24 deniers par pinte d'eau de fleurs d'oranges & qu'elle fupplie-roit Sa Majefté de l'autorifer à prendre , au lieu dudit droit, la fomme de 800 livres pour chaque réception de deux Maitres fans qualité, qu'elle lui a permis de recevoir par chacun an , par Arrêt du 3 Mai 1701 : au lieu de 500 livres portée par le même Arrêt , la déclaration du Roi de 1705 , verifiée en Parlement le 22 Février 1706, l'Arrêt du 3 Mai 17 1 , qui permet à ladite communauté de recevoir deux Maitres par chacun an fans qualité , & de percevoir pour la réception de chacun d'iceux , la fomme de 800 livres , qui fera appliquée au rembourfement des principaux des rentes contractées par ladite communauté , pour la réunion à elle faite des Jurés Au-diteurs des comptes de jurandes , créés par Edit du mois de Mars 1691 & 1694; la délibération de ladite communauté des Marchands Gantiers Parfumeurs , du 18 Mai 1724, par laquelle il eft repréfenté par les Jurés & Gardes en charge , que les droits ci-deffus ne lui font d'aucune utilité , attendu qu'ils ne pouvoient être perçus que fur les marchandifes que les Maitres font venir à Paris pour leur compte, la plus grande partie d'entr'eux achetant leurs marchandifes chez les Mar-chands qui font exempts de ce droit ; qu'il feroit beaucoup plus utile d'aug-menter de 300 livres les droits de récep-tion de chacun des deux Maitres qui font

D

fans qualité, que l'Arrêt de 1701 leur permet de recevoir par chacun an ; l'avis du fieur Lieutenant Général de Police : oüi le rapport du fieur Dodun, Confeiller ordinaire au Confeil Royal, Contrôleur Général des Finances, le Roi étant en fon Confeil a ordonné & ordonne que, du confentement de la Communauté des Marchands Gantiers-Parfumeurs de Paris, les droits portés par la Déclaration de Sa Majefté du 12 Décembre 1705, art. 4. fur les marchandifes étrangeres & foraines, d'un fol par douzaine de paires de gants & mitaines, d'un fol par livre de pommade & huiles de fenteur, & deux fols par pinte d'eau de fleurs d'orange, feront & demeureront à l'avenir éteints & fupprimés, & qu'au lieu dudit droit, ladite communauté recevra par chacune réception des deux Maitres fans qualité, que l'Arrêt du Confeil du 3 Mai 1701 lui a permis de recevoir par chacun an, la fomme de 800 livres, au lieu de 500 liv. portées par ledit Arrêt, non compris les droits ordinaires des Jurés & anciens, pour être la partie defdites 800 liv. employée au remboursement des principaux des rentes contractées par ladite communauté pour la réunion à elle faite des Jurés Auditeurs des comptes de jurande, ainfi qu'il en eft expliqué par ledit Arret de 1701 ; ordonne pareillement Sa Majefté que les Jurés en charge de ladite communauté feront tenus de rendre compte devant Monfieur le Lieutenant-Général de Police, des droits qu'ils ont reçus en conformité de ladite déclaration de Sa Majefté du 12 Décembre

1705 & des réceptions des Maîtres fans
qualité, autorifées par l'Arrêt du Confeil
du 3 Mai 1701 ; & que toutes Lettres-
Patentes néceffaires feront expédiées fur
le préfent Arrêt. Fait au Confeil du roi,
tenu à Fontainebleau , le fept Novembre
1724. Collationné, *Signé* DELAISTRE,
avec paraphe.

SENTENCE

*Du 12 Mai 1747 , portant homologation
des Délibérations des 6 & 10 Décembre 1746, confirmée par Arrêt du
22 Juillet 1747.*

A TOUS ceux qui ces préfentes Lettres
verront , Gabriel-Jérôme de Bullion,
Chevalier Comte d'Efclimont, Confeiller
du Roi en fes Confeils , Prevôt de Paris,
Salut : Sçavoir faifons que fur la Requête
faite en Jugement devant nous à l'Audience de la Chambre de Police du Châtelet de Paris , par Me. le Méc, Procureur des Jurés Maîtres Gardes de la communauté des Maîtres Gantiers Parfumeurs,
Poudriers de la ville de Paris, pourfuite
& diligence de Louis René de la Porte,
Syndic, Marie-Bénigne Bocquillon, Jean-
Baptifte Charron & Nicolas-Chriftophe
Villou, tous Jurés Maîtres & Gardes de
préfent en charge de ladite communauté,
Demandeurs en confirmation de l'avis de
M. le Procureur du Roi du 3 Mars dernier , fuivant la requête verbale fignifiée le
7 Avril auffi dernier , contre Jean-Michel
D ij

Pol, Procureur de Jean-Julien Bertrand, l'un defdits Maitres-Gantiers Parfumeurs de ladite ville de Paris, Défendeurs & Demandeurs, Parties ouyes, lecture faite des piéces, Nous ordonnons que les Statuts, Arrêts, Réglemens & Sentences concernant la Communauté des Maitres & Marchands Gantiers, Poudriers, Parfumeurs de la ville & fauxbourgs de Paris feront exécutés ; & en conféquence, avons la délibération des 6 & 10 Décembre dernier, homologuée, & en conféquence, difons qu'il ne fera fait élection d'aucun Maitre à la Jurande, qu'il n'ait au-moins dix années de réception & d'établiffement en cette ville, & fix années pour les fils de Maitres, pourvû que les uns & les autres ayent l'âge de 25 ans, & qu'ils ne foient Maitres, Marchands ou Privilégiés d'un autre état ; qu'aucune délibération ne pourra avoir fon effet, qu'elle ne foit fignée des Jurés, Maitres & Gardes en charge, & au moins de trente anciens Jurés Maitres & Gardes : mais à l'égard de celles où il s'agira de quelques réglemens ou impofitions, elles ne pourront avoir lieu que par une affemblée générale, aucun Maitre n'y fera admis qu'il n'ait l'âge de vingt-cinq ans, & qu'il n'ait payé les droits dûs à ladite Communauté, ou moitié à compte d'iceux ; que les marchandifes faifies feront dépofées au bureau de la communauté, & mifes en la garde du Clerc d'icelle, qui s'en chargera comme gardien & dépofitaire de biens de Juftice, en payant par la communauté trois livres par chacune faifie pour tout le temps de la

garde ; & où les faisies feroient déclarées
valables , des effets faisis ou du prix d'iceux
il en appartiendra moitié à la communauté,
& l'autre moitié aux quatre Maîtres &
Gardes Jurés en charge , auxquels fera
paffé & alloué en leur compte les frais
qu'ils auront été obligés de faire à caufe
defdites faifies , fuivant les quittances qu'ils
en rapporteront , ainfi que leurs faux-frais,
lefquels faux-frais pour chacune faifie n'ex-
céderont point la fomme de vingt-cinq
livres pour les inftances au Châtelet ,
quarante livres pour celles portées au Parlement , & foixante livres pour celles qui
feront évoquées au Confeil, lefquels Jurés Maîtres & Gardes feront tenus , trois
mois après leur fortie de charge, de payer
& acquitter tous les frais des Inftances
pourfuivies pendant le temps de leur Jurande , & de rendre leur compte & en payer le
reliquat, fix mois après leur fortie de charge, à peine de toutes pertes, dépens, dommages & intérêts , & d'être exclus de toutes
affemblées & élections , même des droits
d'ancienneté ; & néanmoins ordonnons
qu'aux élections il fera , fuivant l'article
premier des Statuts, appellé la plus grande
& faine partie des Maîtres , & que dans le
nombre des modernes & jeunes qui feront
appellés, il y ait les deux tiers des modernes ; qu'il fera tenu bureau tous les Lun-
dis de chaque femaine à l'effet par les Jurés , Maîtres & Gardes en charge de recevoir les capitations, droits royaux & autres pour les deniers être mis dans le coffre
de la communauté, qui fera fermé à trois
clefs, dont l'une mife ès-mains du plus

ancien Juré, Maître & Garde qui fuivra
immédiatement le Syndic; qu'il fera payé
par les apprentifs à chaque Juré, Maître
& Garde pour la fignature de leur brevet
vingt fols; pareille fomme de vingt fols
au Clerc & fix livres à la boëte, au lieu
de trois pour le foulagement des pauvres,
fuivant la difpofition de l'article III des
Statuts, defquelles fix livres lefdits Jurés,
Maîtres & Gardes rendront compte,
comme des autres deniers de ladite communauté; que ceux qui feront admis à la
Maîtrife donneront à chacun des anciens
Jurés, Maîtres & Gardes, & à chacun de
ceux qui feront en charge, deux jettons
chacun du poids de deux gros, & outre,
fix livres à chacun des Jurés, Maîtres &
Gardes en charge en fignant leur réception; pareille fomme de fix livres au Clerc
de la communauté, & fix livres à la fuf-
dite boëte; à l'exception des fils de Maîtres, qui ne payeront que trois livres à
chacun de ceux qui font en charge; pareille fomme au Clerc & à la boëte, outre les autres droits; que tous Marchands
Forains ou leurs commiffionnaires payeront par chaque femonce & vente de leurs
marchandifes fix livres, dont il en appartiendra vingt fols à la communauté, outre
les droits portés en l'article XXVIII defdits ftatuts, & que toutes affemblées feront convoquées par billets à heure fixe,
& ne fera délibéré que deux heures après
celle indiquée, à peine de nullité defdites
affemblées, dépens compenfés entre les
parties, defquels celle de Lemée fera rem-
bourfée fur les deniers de la communauté;

ce qui fera exécuté nonobſtant & ſans
préjudice de l'appel : En témoin de ce ,
Nous avons fait ſceller ces Préſentes. Ce
fut fait & donné par Meſſire Claude
Henri Feydeau de Marville, Chevalier,
Comte de Gien, Conſeiller du Roi en ſes
Conſeils, Maître des Requêtes ordinaires
de ſon Hôtel, Lieutenant-Général de Police de la ville de Paris, tenant le Siége,
le Vendredi 12 Mai 1747. Collationné
avec paraphe. *Signé* DE BEAUVAIS. Scellé
le 20 Mai 1747. *Signé* SAUVAGE.

ARREST DU PARLEMENT

*Qui confirme la Sentence du 12 Mai
précédent.*

Du 22 Juillet 1747.

LOUIS, par la Grace de Dieu, Roi
de France & de Navarre : au premier
des huiſſiers de notre Cour de Parlement,
ou autre huiſſier ou ſergent ſur ce requis :
Sçavoir faiſons, qu'entre Jean-Julien Bertrand, Maître Gantier-Poudrier-Parfumeur
à Paris, appellant d'une ſentence de la
Chambre de Police du Châtelet de Paris,
du douze Mai dernier & demandeur en requête du quinze du préſent mois de Juillet, à ce qu'il lui fût donné acte de ce
qu'il reſtraignoit ſon appel de ladite ſentence en ce qu'il n'avoit été ordonné par
icelle, ainſi qu'il y avoit conclu au Châtelet le vingt-un Avril dernier, qu'il ſeroit tenu cinq doubles regiſtres, un pour
les délibérations, un concernant la con-

D iv

frairie de la communauté , un pour les comptes , un pour l'enregiſtrement des brevets , un pour la réception à la maîtriſe, pour chacun deſdits cinq regiſtres , demeurer depoſé dans le coffre de ladite communauté , & les doubles deſdits cinq regiſtres être produits où beſoin ſeroit, en ce que les intimés ci-après nommés , n'avoient été condamnés envers lui aux dépens , ou ordonné qu'il en ſeroit rembourſé ſur les deniers de la communauté ; émendant quant à ce , il fut ordonné que leſdits cinq doubles regiſtres ſeroient tenus pour les objets ci-deſſus , & leſdits intimés condamnés envers lui aux dépens , dont il ſeroit en tout cas rembourſé ſur les deniers de ladite communauté, ladite ſentence au réſidu ſortiſſant effet ; & défendeur d'une part & les Jurés Maîtres & Gardes de la communauté des Maîtres & Marchands Gantiers, Poudriers, Parfumeurs de la ville & fauxb. de Paris ; pourſuite & diligence de Louis René de la Porte , Syndic , Marie Benigne Bocquillon , Jean-Baptiſte Charron , & Nicolas-Chriſtophe Villou , tous Jurés Maîtres & Gardes de préſent en charge de leur communauté , intimés & demandeurs en requête du douze dudit préſent mois de Juillet , à ce que ledit Bertrand fût déclaré non-recevable en ſon appel, qu'en tout cas l'appellation fût miſe au néant , & qu'il fût ordonné que ce dont étoit appel ſortiroit ſon plein & entier effet , & ledit Bertrand condamné en l'amende & aux dépens des cauſes d'appel & demande d'autre part. Après que Vouillaume , Avocat de Jean-Julien Bertrand, appellant, Badin Avocat de la communauté des Marchands Gantiers, Poudriers, Parfumeurs de Paris intimés ont été ouis, ensemble Joly de Fleury pour notre Procureur Général. NOTREDITE COUR a mis & met l'appellation & ce dont a été appellé au néant, en ce que par la sentence dont est appel il n'a été ordonné qu'il seroit tenu cinq regiftres doubles au bureau des parties de Badin, un pour les délibérations, un concernant la confrairie de la communauté, un pour les comptes, un pour l'enregistrement des brevets & un pour la réception à la maîtrise, pour chacun desdits cinq regiftres demeurer dans le coffre de ladite communauté, & les doubles desdits cinq regiftres être produits où besoin fera, émendant quant à ce, ordonne que lesdits cinq regiftres feront tenus pour les objets ci-deffus, la sentence au résidu fortiffant effet, sur le surplus des demandes met les parties hors de Cour, dépens compenfés, mandons mettre le préfent arrêt à exécution felon fa forme & teneur, de ce faire te donnons pouvoir. Donné en notredite Cour de Parlement le 22 Juillet l'an de grace 1747, & de notre regne le 32e, Collationné, figné AUBERTIN, par la Chambre figné DUBRANC.

ARREST

DU CONSEIL D'ETAT DU ROI,

Portant Réglement pour l'administration des deniers communs de la Communauté des Gantiers-Parfumeurs, & pour la rendition des comptes de Jurande.

Du 4 Mai 1749.

Extrait des Regiſtres du Conſeil d'Etat.

VU par le Roi en ſon conſeil, l'arrêt rendu en icelui le 24 Juin 1747, par lequel Sa Majeſté auroit ordonné que dans un mois à compter du jour de la notification qui feroit faite dudit arrêt à chacune des communautés d'arts & métiers de la ville & fauxbourgs de Paris en leur bureau, les Syndics, & les Jurés de chacune d'icelle feroient tenus de remettre entre les mains du ſieur Berryer, Procureur-Général de la commiſſion établie pour la liquidation des dettes & la réviſion des comptes deſdites communautés un état, tant de leurs revenus que de leurs dettes & dépenſes annuelles, pour leſdits états vus & examinés être par ſa Majeſté pourvu de tel réglement qu'il appartiendra ; vu auſſi les états de recette & dépenſe produits par les Jurés & anciens de la communauté des Gantiers Parfumeurs, tout conſidéré : oui le rapport du ſieur de Machault, Conſeiller ordinaire au Conſeil royal, Contrôleur-général des Finan-

s, SA MAJESTÉ ÉTANT EN SON
ONSEIL, a ordonné & ordonne :

ARTICLE PREMIER.

Que tous les Jurés, Syndics ou Receveurs comptables entrant en charge dans
a communauté des Gantiers Parfumeurs
era tenu d'avoir un regiftre Journal qui
era cotté & paraphé par premiere &
erniere page, fur lequel il écrira de
uite & fans aucun blanc ni entreligne
es recettes & dépenfes, à fur & à meure qu'elles feront faites, fans aucun dé-
ai ni remifes, mettant d'abord la fomme
eçue ou dépenfée en toutes lettres, & la
tirant enfuite de la colonne des chiffres,
& aura foin à la fin de chaque page de
faire l'addition de tous les articles de
chaque colonne, dont il rapportera le
montant à la tête de la page fuivante.

II. Dans le cas où le Juré Syndic ou
Receveur comptable fortant d'exercice, fe
trouveroit réliquataire envers fa communauté par l'arrêté de fon compte, le Juré
ou Receveur comptable fon fucceffeur fera
tenu de pourfuivre le paiement dudit débet par toutes voies dues & raifonnables
& de juftifier defdites pourfuites par pieces
& procédures, fuppofé qu'il ne puiffe
faire le recouvrement à peine d'en répondre en fon propre & privé nom, & d'être
forcé du montant dudit débet dans la recette de fon compte.

III. Le produit des confifcations &
amendes prononcées au profit de la communauté fera employé dans la recette des
comptes & juftifié par le rapport des fentences & arrêts qui les auront prononcées

& au cas que le recouvrement defdites amendes ne puiffe être fait par l'infolvabilité de ceux qui y feront condamnés, ledit comptable ne fera reprife ; qui lui fera allouée, en juftifiant de fes diligences, n'entendant fa Majefté interdire les voyes d'accommodement à l'amiable entre les parties, pourvu toutes fois que lefdits accommodemens foient autorifés par le fieur Lieutenant Général de Police, auquel cas le comptable fera tenu d'en rapporter la preuve par écrit.

IV. Il ne pourra être employé aucuns deniers de la communauté pour les dépenfes de la confrairie de quelque nature qu'elles puiffent être, au moyen de quoi la recette & la dépenfe concernant la confrairie ne pourra entrer dans les comptes de la communauté : fauf au maître de la confrairie, ou à ceux à qui l'adminiftration en eft confiée, à rendre un compte particulier à la communauté de ce qu'ils auront reçu & dépenfé pour raifon de leur exercice, fans que ledit compte puiffe être cumulé avec celui des deniers de la communauté, ni en faire partie.

V. Ne pourront les Jurés délivrer aucune lettre ou certificat d'apprentiffage ou réception à la maîtrife, qu'au préalable ils n'ayent perçus en deniers comptans les droits attribués à la communauté pour raifon defdits brevets ou réceptions, fans qu'il leur foit permis de faire aucune modération, remife, ni crédit defdits droits, à peine d'en répondre en leur propre & privé nom.

VI. Ne pourront pareillement lefdits

Syndics , Jurés ou Receveurs se charger en recette dans leurs comptes des droits qui leur font pareillement attribués ainsi qu'aux anciens sur les réceptions des Maîtres ou confections de chef-d'œuvres , & les accumuler avec les droits appartenans à la communauté , pour les porter ensuite en dépense ou reprise , mais ils se chargeront seulement en recette des deniers de la communauté.

VII. Il sera fait tous les ans par les Jurés & anciens de la communauté un rôle de tous les Maîtres & Veuves qui tiendront boutiques lors de la confection dudit rôle , & qui seront en état de payer les droits de visite , la seconde les fils de Maîtres reçus à la maîtrise & qui demeurent chez leurs peres ou chez d'autres Maîtres en qualité de garçons de boutique ou compagnons , & la troisieme contenant les noms de ceux qui seront hors d'état de payer lesdits droits , ou à qui il conviendra d'en faire remise d'une partie, lequel rôle sera remis tous les ans entre les mains du Juré comptable qui entrera en charge après avoir été affirmé par tous les Jurés & anciens , & sera tenu ledit comptable de tenir compte à la communauté du montant de la premiere claffe à moins qu'il ne justifie du décès des Maîtres arrivé pendant son année de comptabilité par un état signé de tous les Jurés & de quatre anciens , & de compter pareillement des sommes qu'il aura pu recouvrer sur les Maîtres de la 3e claffe , le montant desquelles sera alloué dans la recette de son compte sur le certificat des Jurés en charge.

VIII. Ne pourront les Jurés faire
cun emprunt même par voie de reco
tution, fans l'approbation par écrit du f
Lieutenant-Général de Police.

IX. Les frais de faifie réelle ne fer
alloués dans la dépenfe des comptes qu
repréfentant les procès-verbaux dreffé
l'occafion defdites faifies, les quittance.
ce qui aura été payé aux officiers de j
tice pour leurs vacations & droits d'af
tances, & en juftifiant par les comptat
de l'événement defdites faifies à peine
radiation ; & dans le cas où lefdits p
cès-verbaux feroient produits dans qu
ques inftances, enforte que le compta
ne put les repréfenter il fera tenu d'y fi
pléer par des copies certifiées de l'Avo
ou du Procureur chargé de l'inftance.

X. Ne pourront les Jurés interje
appel des fentences du Châtelet foit p
fait de faifie ou autres cas tels qu
puiffent être fans s'être fait préalablem
autorifer par une délibération expreffe
la communauté convoquée à cet eff
à peine de radiation de tous les frais qu'
roient occafionné lefdits appels.

XI. Les à-comptes qui pourroient ê
payés aux Procureurs ou autres Offici
de Juftice fur les frais des procès exifta
ne feront alloués que fur le vu des mém
res & quittances détaillées, qui faff
connoître la nature des affaires & les 1
bunaux où elles feront pendantes ; & lc
que lefdits procès feront terminés, le J
comptable qui fera le dernier payem
au Procureur ou autres Officiers de juft
fera tenu de faire énoncer la quitta

finale qui lui fera délivrée , les fommes
qui auront été payées à compte fur lefdits frais avec la date des payemens &
les noms de ceux par qui ils ont été faits,
& de rapporter toutes les pieces dudit
procès : quant aux frais de confultations ,
aux honoraires d'Avocats , à ceux des Se-
cretaires de Rapporteurs & autres de cette
nature , qui ne peuvent être juftifiés par
des quittances, il y fera fuppléé par des
mandemens ou certificats fignés de tous
les Jurés & de fix anciens au moins, à peine
de radiation.

XII. Les frais de bureau confiftans dans
le loyer du bureau d'affemblée , les gages
du Clerc , la fourniture de bois , chan-
delle , papier , plumes , cire , encre , im-
preffion & autres menues dépenfes feront
détaillés & juftifiés par des quittances
ou par des mandemens fignés des Jurés &
de fix anciens , & ne pourront , fous tel
prétexte que ce foit , excéder la fomme de
fept cent vingt-quatre livres.

XIII. Ne pourront les Jurés, conformément à l'article V du préfent Réglement,
porter dans la dépenfe de leurs comptes
aucuns droits, ni attributions fur les réceptions des Maîtres.

XIV. Les frais de carroffes & follicita-
tions ne feront alloués dans la dépenfe des
comptes, que lorfqu'ils auront été faits
dans des cas urgens & indifpenfables , &
qu'ils fe trouveront détaillés & juftifiés
par des mandemens ou certificats fignés de
tous les Jurés & de fix anciens au moins,
& ne pourront excéder la fomme de cent
livres.

XV. Les étrennes & autres faux-frais ne
feront pareillement alloués qu'autant qu'ils
feront détaillés & justifiés par des mandemens ou certificats, tels que ceux énoncés
dans l'article ci-dessus, & ne pourront
excéder la somme de soixante livres.

XVI. Les Jurés fortans de charge feront tenus de représenter leurs comptes à
la fin de leurs exercices aux Jurés en charge
& aux anciens Auditeurs & Examinateurs
nommés suivant l'usage, à l'effet d'être
lesdits comptes par eux vus, examinés &
contredits si le cas y échet, & arrêtés en la
maniere accoutumée, au plus tard trois
mois après l'exercice du Comptable fini, &
ce nonobstant tous usages, dispositions
des statuts & autres réglements à ce contraires, auxquels S. M. a dérogé & déroge
expressément par le présent article, & feront lesdits comptes, ensemble les pieces
justificatives remis aux Jurés en charge, qui
feront tenus de leur part de les remettre dans
un mois au plus tard au greffe du bureau de
la revision, pour être procédé à ladite revision, par laquelle lesdits comptes & pieces
feront rendus auxdits Jurés en charge, pour
les déposer dans leurs archives.

XVII. Dans le cas où le Comptable feroit réputé en avance par l'arrêté de la
communauté, il ne pourra cependant être
remboursé par son successeur qu'après la
revision de son compte, & que lesdites avan-
ces auront été constatées & arrêtées par les
sieurs Commissaires du Conseil à ce député,
à peine contre les Syndic, Jurés ou Receveur qui auroit fait ledit remboursement,
d'en répondre en son propre & privé nom.
XVIII.

XVIII. Et d'autant qu'il pourroit se trouver des Syndics ou Jurés qui ne seroient pas en état de dresser & transcrire eux-mêmes leurs comptes en la forme & maniere qu'ils doivent être, sans le secours de personnes capables, à qui il est juste d'accorder un salaire raisonnable, permet Sa Majesté à chacun desdits Comptables, d'employer chacune année dans la dépense de son compte, la somme de trente-six livres, pour la façon & expédition d'icelui.

XIX. Enjoint Sa Majesté aux sieurs Commissaires du bureau établi pour la liquidation des dettes des corps & communautés & revision de leurs comptes, & au sieur Lieutenant Général de Police, de tenir la main chacun en droit soit, à l'exécution du présent réglement, qui sera enregistré à ladite commission, & transcrit sur le registre de la communauté des Gantiers Parfumeurs, pour être exécuté suivant sa forme & teneur. Fait au Conseil d'Etat du Roi, Sa Majesté y étant, tenu à Marly le quatre Mai mil sept cens quarante-neuf. *Signé* DE VOYER D'ARGENSON.

Enregistré au Greffe, *en exécution du Jugement du* 4 *Juillet* 1749. Signé DE SOUCANYE.

E

EXTRAIT DES REGISTRES

DE PARLEMENT.

Défenses aux Marchands Merciers d'en-
joliver aucun gant qu'il n'ait été fait
& achevé par le Maître Gantier.

Du 4 Avril 1573.

ENTRE Pierre Rabuffeau, Marchand
Mercier, Maître Parfumeur, demeurant à Paris, demandeur & requérant l'en-
thérinement d'une requête à fin d'être reçu
opposant à certaine saisie sur lui faite d'un
gant de toile, d'une part; & Michel Millot, Marguerin, Hue, Charles de Pom-
mers & Jean Damas, Maîtres jurés Gantiers en cette ville, demandeurs en ladite
saisie, d'autre. Vû par la Cour les avertif-
sements & productions & intimations faites à la requête des parties respectivement;
les conclusions du Procureur Général du
Roi, auquel, de l'ordonnance de ladite
Cour, le procès a été communiqué; &
tout considéré, dit a été, que pour le regard de ladite saisie, la Cour a mis & met
les Parties hors de cour & de procès, sans
dépens; & au surplus, leur enjoint respectivement de garder les ordonnances & statuts de leur état & métier : & en ce faisant,
a fait & fait inhibition & défense audit
Rabuffeau & autres Merciers, de coudre
gants, faire ni toucher à la couture d'iceux,
fors en ce qui sera nécessaire pour enjoliver

& enrichir lefdits gants, & fans qu'icelui
Rabuffeau ni autre puiffe ajouter enrichiffement ou enjolivement à aucuns gants,
qu'ils n'ayent premierement été taillés par
les Maîtres Gantiers, coufus & achevés
par lefdits Gantiers ou autres, à leur aveu.
Prononcé le quatre Avril mil cinq cens
foixante-treize.

EDIT DU ROI HENRY III,

*Du mois de Décembre 1581, portant
établissement des arts & métiers en
Maîtrises, Communautés ès Villes &
lieux de son Royaume, avec l'ordre
que Sa Majesté veut être tenu à la
réception des Compagnons à la Maîtrise.*

*Publié en Parlement, le Roi y féant, le septieme
jour de Mars 1583.*

HENRY, par la grace de Dieu, Roi
de France & de Pologne, à tous préfens & à venir ; Salut : les Rois nos prédécesseurs & nous, avons ci-devant faits
plufieurs ftatuts & réglements fur le fait &
Police des Arts & Métiers qui s'exercent
dans notre Royaume, concernant, tant
la nourriture, logis & vêtemens de nos
Sujets qu'entretenement de leur fanté & autres commodités néceffaires, au préjudice
defquelles, comme il n'eft chofe fi bien &
faintement ordonnée, ou coutume fi vertueufe, que l'avarice ne corrompe la plûpart des Artifans de notre Royaume, mé-

E ij

me des Villes , Bourgs & lieux où il n'y a
Maîtrise instituée , ni Jurés pour visiter
leurs manufactures, se sont tellement éman-
cipés , que la plûpart d'icelles se sont à
moitié pris de la bonté & intégrité qu'elles
doivent être , au grand intérêt de nos sujets
de tous états , lesquels font contraints aller
ou envoyer le plus souvent à quinze ou
vingt lieues de leurs demeures , ès villes
où lesdits métiers sont jurés , pour recouvrer la marchandise à eux nécessaire , ce
que connu par les habitans d'aucunes villes
de notre Royaume, & l'utilité qu'apporte
à nosdits sujets ladite Maîtrise & Jurés , en
auroient plusieurs fois & de tems en tems
demandé & obtenu de nosdits prédécesseurs
l'installation en leurs dites villes , même
en l'année mil cinq cens cinquante-six , les
habitans de la ville de Beaujeu , pour tous
les métiers d'icelle ; en mil cinq cens cin-
quante-neuf, les habitans de la ville d'Orléans , pour le métier d'Apoticaire ; en l'année mil cinq cens soixante , ceux de Tours,
pour le métier de Fripiers ; en ladite année ,
ceux de Lodun , pour le métier de Boulangers ; & ès années mil cinq cens cinquante
sept, 58 & 59 , ceux de Notre Bonne Ville
de Paris , en laquelle la plûpart des métiers
font jurés , pour les métiers de Brodeurs ,
Passementiers , Chasubliers , Faiseurs d'a-
leines , poinçons , burins & autres petits
outils , non auparavant jurés ; en icelle
année mil cinq cens cinquante sept , pour
la confirmation du métier de Lingeres ,
autrefois autorisé par le Roi Charles VIII ;
en l'année mil quatre cens quatrevingt ,
comme encore nous sommes en semblable

journellement , suppliés par les habitans de
quelques autres villes & lieux desireux de
voir les abus desdits Artisans corrigés &
amandés; à quoi desirant pouvoir départir,
comme bon pere de famille , égalité & faveur de justice à tous nos Sujets généralement , les relever des frais qu'aucuns d'eux
font souvent contrains de faire à notre suite,
pour obtenir ladite institution de Maîtrise
& Jurés ès lieux de leurs demeures, & de
donner ordre aussi aux excessives dépenses
que les pauvres Artisans des villes jurées
font contraints de faire ordinairement
pour obtenir le degré de Maîtrise , contre
la teneur des anciennes ordonnances , étant
quelquefois un an & davantage à faire
un chef-d'œuvre tel qu'il plaît aux Jurés,
lequel enfin est par eux trouvé mauvais &
rompu ; & s'il n'y est remédié par lesdits
Artisans avec infinis présens & banquets ,
qui reculent beaucoup d'eux de parvenir
au degré , & les contraint à quitter les Maîtres & besogner en chambres , èsquelles
étant trouvés & tourmentés par lesdits Jurés , ils font contraints de rechef besogner
pour lesdites Maîtrises, bien souvent moins
capables qu'eux , n'étant par lesdits Jurés
reçus auxdites Maîtrises , que ceux qui ont
le plus d'argent & de moyen de leur faire
des dons , présens & dépenses, encore qu'ils
soient incapables au regard de beaucoup
d'autres qu'ils ne veulent recevoir , parce
qu'ils n'ont lesdits moyens ; comme en
semblable , pour couper chemin à plusieurs autres abus , qui se font par lesdits
Maîtres & Jurés desdits métiers , & sur-
tout y donner un bon ordre & réglement.

Sçavoir faifons, qu'après avoir fait mettre cette matiere en délibération en notre Confeil, Nous, de l'avis d'icelui, de notre propre mouvement, certaine fcience, grace fpéciale, pleine puiffance & autorité Royale, & par Edit & Statuts perpétuels & irrévocables, Nous avons dit, ftatué & ordonné, difons, ftatuons & ordonnons ce qui s'enfuit, à fçavoir :

Article Premier.

Que tous artifans & gens de métier demeurans & befongnans comme métier ès villes, fauxbourgs, bourgs, bourgades & autres lieux de notredit Royaume, èsquels il n'y a Maîtrife, ni Jurés, foit en boutiques ouvertes, chambres, atteliers, ou autres endroits, qui y font trouvés befongnans lors de la publication du préfent Edit, feront tenus de prêter ferment de Maîtrifes defdits arts & métiers, pardevant le Juge ordinaire du lieu, foit royal ou fubalterne, ou Commiffaires, qui pour ce feront par nous commis & départis dans huitaine après le commandement qu'il leur en fera fait.

II. Et d'autant qu'il n'y a encore efdits lieux aucuns Maîtres ni Jurés pour les recevoir à la Maîtrife avant que prêter ledit ferment, nous les avons tous faits & paffés, faifons & paffons Maîtres de leurdit art & métier, difpenfés, difpenfons de faire aucun chef d'œuvre, fans qu'ils foient pour ce tenus prendre lettre de nous, ains feulement l'acte de leurdit ferment.

III. Et quant aux arts & métiers, tant anciens que nouvellement mis en lumiere, esquels il n'y a jamais eu aucun Maître, soit esdites villes jurées & fauxbourgs d'icelles, bourgs, bourgades ou autres lieux, Nous voulons aussi que tous ceux qui les exerceront comme Maîtres lors de la publication dudit présent Edit, soient tenus de prêter pareils sermens pardevant les Juges ordinaires des lieux, Commissaires ou autres Officiers qui ont accoutumé, & auxquels appartient de recevoir lesdits Maîtres en chacun desdits lieux, dans la huitaine après le commandement qui leur en sera fait; & pour ce, Nous les avons en semblable faits & passés, faisons & passons Maîtres, & avec ce dispensés & dispensons de faire aucun chef-d'œuvre.

IV. Ayant aussi été avertis qu'il n'est permis aux Maîtres des fauxbourgs des villes jurées, comme ceux des fauxbourgs de notre ville de Paris, ores qu'ils ayent été reçus Maîtres avec pareil devoir que ceux desdites villes & quelquefois avec l'assistance des Maîtres d'icelles de tenir boutique ouverte en icelles villes, sans y être de nouveau passés Maîtres, comme en semblable, les Maîtres d'une ville faire leurs exercices en une autre, quelque proximité qu'il y ait de l'une à l'autre : Nous, à ces causes, avons ordonné & ordonnons que tous artisans qui ont été passés Maîtres, tant esdits fauxbourgs de Paris, qu'en ceux des autres bonnes villes où il y a Maîtrise séparée, pourront, lorsque bon leur semblera, aller exercer leursdits métiers dans lesdites villes, tout ainsi que de nouveau, ils avoient été passés Maîtres en icelles, sans être pour ce tenus faire

nouveau chef-d'œuvre, ni fujets à auttes
devoirs que ceux qu'ils ont déjà faits efdits fauxbourgs, dont nous les avons difpenfés & difpenfons, & ordonné que le
chef-d'œuvré qu'ils ont fait à leur réception & maîtrifes-efdits fauxbourgs, leur
fervira d'expérience, & fans que les Maîtres d'icelles villes, les puiffent empêcher
en l'éxercice de leurfdits arts & métiers,
ni d'être en leur rang élus Jurés, ce que
nous leur défendons fur peine de perdition
de leurs maîtrifes & banniffement defdites
villes, & pour le regard de ceux qui feront reçus à l'avenir, nous voulons pour
éviter à toutes fraudes & abus qu'ils y
ayent publiquement exercé leur métier
durant trois années, après y avoir été reçus Maîtres, pour lequel privilege, ceux
qui y befongnent maintenant, prêteront
dès-à-préfent & huit jours après le commandement qu'il leur en fera fait, nouveau ferment pardevant lefdits Juges ordinaires des lieux, Commiffaires ou autres
Officiers, hors qu'ils ne vouluffent aller
en même temps, & fi promptement demeurer efdites villes, & les autres qui y
feront reçus pour l'avenir, huit jours après
ladite réception à peine de perdition de
leurs privileges.

V. Comme en femblable pourront aller
démeurer & exercer leurs métiers dans lefdites villes, ceux des autres fauxbourgs
non Jurés qui feront à préfent paffez Maîtres en vertu de notre préfent édit fans
faire aucun chef-d'œuvre, & pareillement
ceux qui y feront reçus à l'avenir avec
chef-d'œuvre, pourvu qu'ils ayent exercé
leurfdit

leurdit métier pareil tems de trois ans
après leur réception en iceux , & prêter
le ferment pardevant lefdits Juges ordinaires , Officiers , ou Commiffaires , huit
jours après leur réception aufdites Maîtrifes
aufdits fauxbourgs : ce qu'ils feront tenus
de faire à peine de perdition de leurs
privileges , & toutefois ceux defdits
fauxbourgs qui font fous les jurifdictions
ordinaires , royales defdites villes , &
n'ont aucuns Juges particuliers , pourront
quand bon leur femblera , aller demeurer
en icelles, & y exercer lefdits métiers ,
fans prêter de nouveau ferment.

VI. Et afin de régler le fait defdites
Maîtrifes partout notredit royaume , &
obvier aux différends qui pourroient y
furvenir , tant entre les corps des villes
d'icelui , que Maîtres & Jurés defdits
métiers , pour le fait des apprentiffages ,
fervices des compagnons fous les Maîtres
après lefdits apprentiffages achevés , &
réception d'iceux efdites maîtrifes , nous
avons ordonné , & ordonnons que tous
artifans qui auront été reçus Maîtres en
notre ville de Paris , pourront aller demeurer & exercer ledit métier en toutes
les Villes , Fauxbourgs , Bourgs & Bourgades , & autres lieux de notredit royaume , fans être pour ce tenus de faire nouveau ferment efdites villes & lieux , mais
feulement faire apparoir de l'acte de leur
réception à ladite maîtrife , & faire enregiftrer ledit acte au greffe de la Juftice
ordinaire du lieu où ils iront demeurer ,
foit royale ou fubalterne.

VII. Ceux qui feront inftitués ès-villes

F

où font nos Parlemens , pourront fem-
blablement aller demeurer & exercer leurfdits métiers dans toutes les Villes ,
Bourgs & endroits du reffort defdits Parlemens. Ceux qui feront reçus ès villes &
fauxbourgs où font établis les fieges généraux & particuliers des Baillages , Sénéchauffées , faire le femblable dans les
Villes , Bourgs & Bourgades , & autres
lieux étant en l'étendue & reffort defdits Sieges préfidiaux , efquels font refpectivement affis lefdits bailliages , féné-
chauffées , les maîtres des petites villes ,
bourgs & bourgades & autres lieux des ref-
forts defd. fieges préfidiaux efquelles ils font
fitués & affis , des unes aux autres , même
ès fauxbourgs defdites villes où font affis
lefdits Sieges généraux & particuliers ; &
toutesfois , ne pourront aller demeurer
en icelles , ni exercer ledit métier , s'ils
n'ont été Jurés efdits fauxbourgs , fans
que lefdits Maîtres foient pour cet effet
abftraints d'être de nouveau paffés Maîtres , ni à autres devoirs que de repréfenter à faire enregiftrer l'acte de leur
réception au Greffe de la Juftice du lieu
où ils iront demeurer , comme il eft porté
par l'article précédent.

VIII. Et pour ce qu'à caufe de la grande
abondance des Marchands tant regnicoles
qu'étrangers, qui abondent & affluent journellement en notre ville de Lyon , il eft très-
requis & néceffaire que les ouvriers habitans en icelle foient duement expérimentés
ès arts & métiers defquels ils s'entremet-
tent , ce qui ne fe peut faire fans que ceux
qui y voudront à l'avenir exercer lefd. arts
& métiers , ne les ayent pratiqués en plu-

fieurs villes & endroits, tant de notredit
royaume qu'autres lieux circonvoifins,
nous avons ordonné & ordonnons que
les enfans de ceux qui feront reçus à la
Maîtrife par la vertu d'icelui notre préfent Edit, & autres habitans d'icelle ville
de Lyon, pourront aller faire leur apprentiffage, & fervir les Maîtres defdits arts
& métiers en telle ville de notre royaume
& hors d'icelui qu'ils verront bon être,
& s'y faire recevoir Maîtres, ou bien en
ladite ville de Lyon, en vertu des actes
& certification de leurfdits apprentiffages
& fervices, & après demeurer en icelle
ville de Lyon, ou telles autres villes
du reffort du Parlement de Paris, qu'ils
verront bon être, hormis ladite ville de
Paris, s'ils n'y ont fait leur apprentiffage,
comme en pareille occafion feront ceux demeurans en notredite ville de Lyon, qui
feront par vertu du préfent Edit, reçus
à ladite Maîtrife.

IX. Et pour remédier aux abus ci-devant commis pour n'avoir été lefdits Jurés
& fujets à vifitation en la plupart defdites
villes & lieux, nous enjoignons très-expreffément à tous artifans qui y feront reçus
Maîtres par vertu d'icelui notre préfent
Edit, qu'ils ayent refpectivement à procéder à l'élection des Jurés de leur métier,
ainfi que font de tous temps ceux defdits
arts & métiers jurés, & au nombre accoutumé ès villes jurées, & ce dans trois mois
après la réception efdites Maîtrifes; à quoi
nous voulons qu'ils foient contraints par
les Juges des lieux, foit royaux ou fubalternes, par amendes pécuniaires.

X. Et d'autant qu'il y a beaucoup de petites villes, bourgs & bourgades où il y a si peu d'artisans de chaque métier, qu'il ne s'y pourroit élire des Jurés de temps en temps pour faire les visitations nécessaires, nous avons ordonné & ordonnons qu'en ce cas sera seulement élu des Jurés en chacune châtellenie ou justice ordinaire pour toute la châtellenie ou justice, pour être chacun des artisans d'icelles successivement élu Juré, sans que ceux qui seront demeurant ès villes closes puissent être préférés à ceux desdits bourgs & bourgades.

XI. Et pour ce qu'il y a, tant en notre ville de Paris & fauxbourgs d'icelle, qu'autres esquelles il y a eu de tout temps maîtrise, plusieurs artisans non Maîtres, aussi bons ouvriers que les Maîtres, lesquels n'ont pu ci-devant, à faute de moyen, acquérir le dégré de Maîtrise, & sçachant que l'abondance des artisans rend la marchandise à beaucoup meilleur prix, au profit de notre peuple, avons de nouveau fait & passé, faisons & passons Maîtres desdits arts & métiers, tant en notredite ville de Paris & fauxbourgs d'icelle qu'ès autres qualités susdites, à l'instar des Maîtres que nous avons accoutumé faire à nos entrées & mariages, trois artisans de chacun métier, tels qui seront par nous choisis & élus, lesquels nous avons dispensés & dispensons de faire aucun chef-d'œuvre, sans tirer à conséquence pour l'avenir, fors esdits cas d'entrées & mariage.

XII. D'autant aussi qu'en beaucoup desdites villes, fauxbourgs, bourgs, bourgades & autres lieux, il y a aucuns artisans qui exercent deux métiers ensemble, comme Apothicaires & Epiciers, Tailleurs & Chaussetiers, Meuniers, Tonneliers, Boulangers & Patissiers, Rôtisseurs & Patissiers, & autres en semblable, nous voulons que ceux qui exercent, & voudront exercer lesdits deux métiers ensemble ès villes & fauxbourgs où il y a d'ancienneté Maîtrise instituée, le puissent faire, pourvu qu'ils ayent ci-devant fait, ou fassent ci-après chef d'œuvre séparé, pour chacun de ceux desdits métiers qui ont été de tous temps & réputés en icelles pour métiers séparés, avant que les pouvoir excercer, & non pour les autres qui sont conjoints, & n'y sont de tout temps tenus pour un seul métier, comme aussi pourront faire ceux qui en travaillent ès villes, bourgs, bourgades & autres lieux non jurés, sans faire à présent pour iceux aucun chef-d'œuvre, attendu la dispense de faire chef-d'œuvre que nous leur donnons par le présent Edit pour l'institution desdites Maîtrises esdits lieux, ains seulement ceux qui y seront reçus à l'avenir, après que ladite Maîtrise y aura été instituée par pareil réglement pour les métiers qui sont tenus pour séparés & à la charge qu'ils seront tous sujets à la visitation & censure des Jurés de chacun d'iceux métiers séparés, & simple pour ceux qui comme dit est, sont tenus n'y être qu'un seul métier.

XIII. Et pour donner ordre aux dépenses & banquets que les Jurés desdits métiers font faire aux artisans pour acquérir le dégré de Maîtrise, & faire faire leurs

F iij

chef-d'œuvres, dont un pauvre compagnon
du moindre desdits métiers ne pourroit
être quitte en notre ville de Paris pour
soixante écus, & de quelques autres pour
deux cent écus, afin de leur faciliter le
moyen de parvenir audit dégré, nous
avons ordonné & ordonnons que dorénavant tous jeunes hommes qui voudront
apprendre métier & acquérir le dégré de
Maîtrise en icelui, feront tenus de faire
leur apprentissage durant le temps porté
par les Statuts de leurs métiers, sans
que les Maîtres sous lesquels ils feront
leur apprentissage les en puissent dispen-
ser, ou diminuer ledit temps en faveur
des prix extraordinaires & excessifs qu'ils
leur pourroient faire payer pour leursdits
apprentissages, & ce sous un même Maître ou Veuve, sans intermission, si lesdits
Maîtres ou Veuves ne décedent durant
icelui, auquel cas ils acheveront leurdit apprentissage sous un autre Maître, ainsi qu'il
est accoutumé faire, sur peine d'être déclarés déchus du droit de Maîtrise, & d'y pouvoir parvenir en aucune sorte ni maniere,
duquel apprentissage lesdits Maîtres feront
tenus de leur bailler certification passée
pardevant Notaires ou acte public, à la
premiere requête qui en fera faite, sur
peine de dix écus d'amende applicable le
tiers à Nous, le tiers audit apprentif dénonciateur, & le tiers aux pauvres du lieu.

XIV. Après lesquels apprentissages faits,
lesdits apprentifs feront encore tenus fervir lesdits Maîtres, leurs Veuves ou autres
de pareil art ou métier durant trois ans
entiers, sinon que lesdits statuts portassent
Pour ledit service plus ou moins de tems,

auquel cas nous voulons qu'ils fuivent &
obfervent leurfdits ftatuts, duquel fervice
leurfd. Maîtres ou Veuves feront tenus, fur
pareilles peines, leur bailler certification au
vrai, comme deffus, tant en entrant qu'en
fortant, & fans par icelles diminuer ou
augmenter le temps de leurdit fervice, fur
peine dé faux, & de cinquante écus d'a-
mende applicable le tiers à Nous, le tiers au
dénonciateur & le tiers aux pauvres du lieu.

XV. Et pour ne rendre le privilége
donné aux fils des Maîtres de pouvoir parvenir à la Maîtrife fans faire apprentiffage, ne fervir les Maîtres, infructueux
& fruftatoire, & toutefois remédier aux
abus qui fe font commis par ce moyen,
nous avons ordonné & ordonnons que les
fils de ceux qui auront été paffés Maîtres,
foit par chef-d'œuvre ou Lettres de Nous
ou de nos Prédéceffeurs, pourvu qu'ils
foient de pareil métier que leurs peres, feront leur apprentiffage entier, & ferviront
les Maîtres après icelui feulement la moitié de temps préfix aux autres apprentifs,
lequel fervice toutefois ils pourront faire
fous leurfdits peres ou parens, qui leur
en bailleront certification au vrai & fans
déguifement, fur les peines contenues en
l'article précédent, demeurant pour le furplus leurdit privilége en fa force & vertu.

XVI. En vertu defquelles certifications, nous voulons que les Jurés foient
tenus de les recevoir à faire chef-d'œuvre,
& être paffés Maîtres à la premiere fommation qui leur en fera faite; & pour ce
faire, leur défigner chef d'œuvre dans huit
jours après la fommation, lequel ils puif-

fent faire & parachever, pour le plus diffi-
cile métier, en trois mois ou moins fi faire
fe peut, & des autres à l'équipolent, &
ce pour obvier aux longueurs & abus qui
fe font commis par les Jurés, & la ruine
defdits Artifans, & qu'au refus defdits
Jurés, les Juges ordinaires des lieux,
Commiffaires ou autres Officiers auxquels
il appartient de les recevoir, fans remettre
lefdits compagnons, après avoir oüi leurs
caufes dudit refus, députent tels Maîtres
du métier, en nombre pareil que lefdits
Jurés, qu'ils aviferont, pour leur défigner
& fpécifier ledit chef-d'œuvre, & les voir
faire en la maifon de l'un d'eux, afin que
lefdits Compagnons ne puiffent être aidés
d'aucuns autres.

XVII. Lefquels chefs-d'œuvre vifites, en
la préfence defdits Juges, & n'étant trouvés bien faits, que lefdits Juges, Officiers,
ou Commiffaires mendent encore pareil
nombre de Maîtres dud. métier avec trois
ou quatre notables Bourgeois du lieu, de
diverfes qualités, dont il fera par eux convenu avec lefd. Compagnons ; & où ils n'en
pourroient convenir, tels que lefd. Juges,
Officiers ou Commiffaires, aviferont pour
vifiter de nouveau lefdits chefs-d'œuvres ;
& où par ladite feconde vifitation ils feront
trouvés mal faits, & lefd. Compagnons incapables d'être reçus Maîtres, nous voulons
iceux Compagnons être renvoyés (eu fur
ce l'avis des Maitres & Bourgeois), fervir
encore certain temps les Maitres du métier,
& fe rendre capables de la Maitrife ; & où
lefdits chefs-d'œuvres feront trouvés bien
faits, foit par la premiere ou feconde vifitation, & lefd. Compagnons capables d'être

reçus Maitres, nous voulons qu'à l'inſtant
même, & nonobſtant le refus des Jurés,
leſdits Juges, Officiers ou Commiſſaires
reçoivent leſdits Compagnons à ladite Maîtriſe, & les en faſſent jouir purement, tout
ainſi que les autres Maîtres auparavant
reçus du conſentement des Jurés, ſans que
pour ce leſdits Compagnons ſoient tenus
payer aucuns droits ou devoirs, ſinon auxdits Maîtres, leurs aſſiſtance & viſitation
de chefs-d'œuvres, comme il ſera dit ci-
après, faire aucuns banquets pour traiter
leſdits Jurés & Maîtres, ſe faire inſcrire &
payer aucuns droits de confrairies ci-après
par nous & nos prédéceſſeurs interdites &
défendues auxdits Artiſans, ni même donner auxdits Jurés ou Maîtres, au lieu de
ladite dépenſe, le chef-d'œuvre qu'ils auront fait, lequel nous voulons leur être
rendu, pour employer à leur profit : commandons très - expreſſément auxdits Juges, Officiers, Commiſſaires, d'y tenir la
main, ſur-tout qu'ils craignent nous déſobéir.

XVIII. Et toutefois pour éviter à tous
abus, nous voulons qu'aucun deſdits Artiſans quel qu'il ſoit, puiſſe être reçu à
ladite Maîtriſe, qu'il n'ait atteint l'âge de
vingt ans au moins, ou plus grand âge, ſi
leurſdits ſtatuts le portent, leſquels nous
voulons être ſuivis & obſervés, ayant
caſſé & annullé, caſſons & annullons toutes
Maîtriſes qui pourroient avoir été faites
& admiſes depuis deux ans en-çà, pour
perſonnes étant au-deſſous dudit âge, s'ils
n'ont fait chef d'œuvre, & été trouvés
capables d'être Maitres.

XIX. Et pour ce qu'il ne ſuffit aux Artiſans
d'aucun deſd. arts & métiers de faire chef-

d'œuvre pour être reçus Maitres, ains con-
v ent les examiner & interroger, pour connoître leur suffisance & capacité, comme aux
métiers d'Apoticaires, Barbiers & quelqu'autres : nous voulons que les deffus-
dits sujets à l'examen soient seulement in-
terrogés par les Jurés de leurs métiers, ou
deux d'entr'eux, & en leur absence ou empêchement, par deux des Maitres qui seront à ce députés ; à sçavoir, les Apoticaires, en présence de deux Médecins &
douze Maitres seulement, & les Barbiers
aussi en présence de deux Médecins & six
Maitres, sans toutefois que les Maitres
assistans les puissent interroger ni empêcher
leur réception, pour éviter aux monopoles,
longueurs, partialités & vindictes, ains
seulement donner leur avis & opinion auxdits Jurés sur leur capacité ou incapacité.
Commandement aux Juges, Officiers ou
Commissaires qui les recevront, de n'a-
voir aucun égard auxdits empêchemens
& remontrances, ains nonobstant lesdits
empêchemens, les recevoir maitres, si
lesdits Jurés les trouvent capables, ou si
lesdits Jurés les prétendoient incapables,
nous voulons qu'ils soient convenus par
lesdits Juges, Officiers ou Commissaires,
& compagnons, ou à faute d'en pouvoir
convenir, pris par iceux Juges, Officiers
ou Commissaires, pour faire ledit inter-
rogatoire, pareil nombre d'autres maitres
du métier qu'il y aura eu, des Jurés,
pour les interroger ; par lesquels étant
trouvés capables, ils seront à l'instant reçus à ladite Maîtrise par lesdits Juges,
Officiers ou Commissaires, nonobstant le

refus & remontrance d'iceux Jurés ; & s'ils
ne sont trouvés suffisants , ils seront renvoyés servir les autres Maitres , pour certain temps , durant lequel il sera baillé par
lesdits Maitres entrée & assistance à tous
examens & expériences qu'ils feront faire
aux Compagnons de leurs métiers qui se
présenteront pour être reçus Maitres , afin
de se rendre capables de l'être.

XX. Pour lesquels privilèges & Béné-
fices que tous lesdits artisans recevront
par vertu de notre présent Edit , mentionnés ès premier, deux , trois , quatre , cinq,
six , sept , huit & douzieme articles d'icelui , nous voulons que chacun d'eux paye
ès mains de celui qui pour ce sera par nous
commis , ou ses commis & députés , tant
en reconnoissance d'icelui bénéfice , que
d'autant qu'en ce faisant ils demeureront
déchargés des cinq parts. Les six faisant le
tout des frais qu'ils sont accoutumés de faire
pour être passés Maitres , & ce avant que
de prêter ledit serment , à sçavoir , en nos
villes de Paris, Toulouse , Rouen & Lyon,
& fauxbourgs d'icelles , pour le meilleur
desdits métiers , trente écus ; pour le médiocre, ving écus ; pour le moindre , dix
écus ; & pour les autres étant entre lesdits
meilleurs , médiocres & moindres , selon
l'état qui en sera fait en notre Conseil ou
Commissaires pour ce par nous commis &
députés ès villes où il y a Bailliage, Sénéchauffée , pour le meilleur métier vingt
écus, pour le médiocre quatorze écus, pour
le moindre huit écus , & pour les autres
étant entre les susdits , au prorata : ès
villes royales , pour le meilleur métier

quatorze écus , pour le médiocre neuf écus,
pour le moindre , six écus , & des autres à
l'équipolent. Pour les autres petites villes &
bourgs, pour le meilleur, huit écus ; pour le
médiocre , cinq écus ; pour le moindre, trois
écus , & des autres à l'équipolent ; & ès
bourgades, pour le meilleur trois écus; pour
le médiocre , deux écus ; pour le moindre un écu , & des autres à l'équipolent,
selon l'état qui en sera fait en notre Conseil , & les fils de maîtres en tous lesdits
lieux , la moitié desdites taxes seulement,
en considération de leurs susdits privileges,
& au lieu des banquets qu'ils souloient
faire aux jurés à leur réception ; & outre
ce, les frais , tant pour le salaire desdits
Juges & leurs Greffiers que des Jurés ou
Maîtres qui assisteront auxdits chefs-d'œuvres & visitations , lesquels frais lesdits artisans qui seront reçus Maîtres seront tenus
de payer , sans aucune diminution des
sommes ci-dessus spécifiées , selon les taxes
qui en seront faites par lesdits Juges , Officiers ou Commissaires , lesquelles taxes seront modérées , eu égard aux sommes des-
susdites que nous en prenons,& ne pourrons
toutefois excéder le tiers d'icelles sommes
pour chacun desdits lieux ; défendons très-
expressément à tous lesdits Juges , Officiers ou Commissaires, d'en recevoir dorénavant aucuns auxdits serment & maitrises,
qu'il ne leur apparoisse du payement dudit droit d'entrée & réception par les quittances d'icelui Commis.

XXI. Et pour le regard de ceux qui seront de nouveau passés Maîtres dans lesdites villes jurées mentionnées en l'onzieme

article de cedit Edit , & que nous difpenfons de faire chef-d'œuvre , nous voulons
& ordonnons qu'ils nous payent la finance à
laquelle il fera par lefdits Juges, Officiers &
Commiffaires chévy & compofé avec eux
pour lefdites maitrifes , defquelles ils ne
feront tenus prendre aucunes lettres de
nous , ains feulement l'acte du ferment par
eux fait pardevant eux , attaché fous leurs
fignets à la quittance de la finance par eux
payée.

XXII. Et pour faciliter auxdits Juges,
Officiers , Commiffaires, le moyen de fçavoir promptement les Artifans travaillans
comme Maîtres defdits arts & métiers en
chacune defdites Paroiffes étant en &
au - dedans de leurs reflorts , tant des
villes clofes que plat-pays , afin de dreffer
& expédier les rôles d'iceux artifans , des
fommes que chacun d'eux devront payer
pour lefdites Maîtrifes , fuivant les taxes
ci-deffus, nous voulons que tous Affeffeurs,
Greffiers & Collecteurs de nos tailles foient
refpectivement contraints par lefdits Juges,
Officiers ou Commiffaires , de leur fournir promptement des rôles affietes defdites
tailles & collectes , cottés fur chacun nom
du metier , art ou trafic que tous les dénommés en iceux exerceront , & ès lieux exempts
defdites tailles , en être informé du fait ou
fait informé par lefdits Juges , Officiers
ou Commiffaires pour , fur lefdits rôles ,
taxes & informations qui feront par eux
faites , contraindre lefdits Artifans & gens
de métier au payement d'icelles fommes ,
par toutes voyes & manieres dues & raifonnables , & nonobftant oppofitions ou
appellations quelconques.

XXIII. Auſſi, afin que les Compagnons qui ſont ci-devant ſortis d'apprentiſſage en beſognant chez les maîtres, n'ayent occaſion de ſe plaindre de ce que, pour n'avoir pris les certifications d'apprentiſ-ſages & ſervices requiſes, ils ne pourront jouir du bénéfice de cet édit; nous avons auſſi, de noſdites graces, puiſſance & au-torité,, permis, concédé & octroyé, per-mettons, concédons & octroyons à tous leſd. Compagnons qui ſe préſenteront dans trois mois après la publication de cedit Edit ès ſiéges du reſſort deſquels y feront demeu-rans, pour être reçus Maîtres, de pouvoir jouir du bénéfice d'icelui, tout ainſi que les autres qui commenceront leur appren-tiſſage après la publication dudit Edit, ſans qu'ils ſoient pour ce tenus d'apporter leſdits certificats d'apprentiſſage & ſervice, dont nous l'avons diſpenſé & diſpenſons, en payant par chacun d'eux la finance ci-deſſus limitée pour leſdites Maîtriſes, en faiſant chef-d'œuvre, & où dans ledit temps des trois mois ils ne ſe préſenteront pour obtenir d'icelles maîtriſes, ils n'y feront reçus ſans apporter leſdites certifi-cations; ce que nous défendons très-ex-preſſément à tous leſdits Juges, Officiers, Commiſſaires.

XXIV. Voulons au ſurplus que tous les Artiſans des villes, bourgs, bourgades & autres lieux non jurés qui ſont reçus Maî-tres par vertu de ce préſent Edit, ſe re-glent pour le temps des apprentiſſages & ſervice des Maîtres après ledit apprentiſ-ſage, & autres particularités concernant leſdits arts & métiers, à d'inſtar des villes jurées les plus proches defdits lieux, les Maîtres & Jurés defquelles feront tenus de leur bailler copie collationnée de leurs ftatuts & privileges, à la premiere fommation qui leur fera par eux faite, fur peine de cent écus d'amende.

XXV. Auxquels Juges, Officiers & Commiffaires qui feront les rôles de toutes lefdites taxes mentionnés en cedit Edit, & contraintes pour en faire la recette, nous avons ordonné & ordonnons pour leurs falaires & de leurs Greffiers, un fol pour écu de tous lefdits deniers qui ainfi feront levés, & ce fur iceux deniers, à mefure qu'ils feront payés, lefquels rôles nous leur mandons & très-expreffément enjoignons fur tant qu'ils craignent tous nous défobéir, délivrer le plus promptement que faire fe pourra audit Commis à les recevoir, ou fes commis & députés refpectivement, tant pour lui fervir à ladite recette & levée des deniers, qu'à la vérification de la recette & dépenfe de fon compte.

XXVI. Nous voulons auffi que tout le contenu ès anciennes ordonnances & confirmation d'icelles faites par nos prédéceffeurs fur lefdits faits de métiers en général, Gardes, Jurés & Maîtres d'iceux, tant pour l'élection des Jurés, défenfes de feftins & banquets pour paffer Maîtres, exactions d'iceux Jurés fur les Maîtres, pour le droit de vifitation, rapports en Juftice pour lefdites vifitations, confrairies, chef d'œuvres, loyers d'apprentiffages, & à tous autres ftatuts faits pour l'obfervance defdits métiers non contraires au pré-

fent Edit, foient entiérement & de point
en point entretenus, gardés & obfervés
èfdites villes , bourgs & bourgades &
autres lieux, & que lefdits Artifans &
leurs veuves, durant leur viduité, jouiffent auffi des privileges, franchifes & libertés refpectivement attribués par lefdits
ftatuts & ordonnances à chacun defdits
anciens arts & métiers, tant èfdites villes
jurées d'ancienneté qu'ès autres qui le
feront de nouveau par vertu de notre dit
préfent Edit, comme auffi ceux des arts
nouvellement mis en lumieres, des privileges , franchifes & libertés que nous pourrons accorder à l'inftar des autres fur les
requêtes qu'ils nous en feront préfenter,
à toutes lefquelles chofes nous voulons être
tenu la main, par nos Procureurs Généraux & leurs Subftituts, déclarant n'avoir
entendu aucunement préjudicier par cedit
préfent Edit, à nos Officiers ou autres, qui
de toute ancienneté ont accoutumé recevoir les Maîtres defdits métiers & prendre
leur ferment, lefquels nos Officiers & autres
nous voulons maintenir & conferver en
leurs états , dignités & autorités accoutumées.

Si donnons en mandement à nos amés
& féaux les Gens tenans nos Cours de
Parlemens, & chambres des comptes à
Paris, Baillifs, Sénéchaux, Juges Préfidiaux, Prevôt, Vicomtes, leurs Lieutenans, Maires, Echevins, Jurats, Confuls, Capitouls des villes & tous nos
Jufticiers & Officiers qu'il appartiendra, même à tous Juges particuliers &
fubalternes à qui fe pourra toucher que
celui

celui de notre préſent Edit , ils liſent &
publient , faſſent lire , publier & enregiſ-
trer chacun en ſon reſſort & juriſdiction,
ſans ſouffrir y être contrevenu en quelque ſorte & maniere que ce ſoit , faiſant jouir tous leſdits Maîtres par nous
nouvellement créés , & autres auſquels
outre leurs maitriſes anciennes nous attribuons nouveau pouvoir aux apprentifs
& compagnons deſdits métiers pour l'ac-
quiſition du dégré de maîtriſe , indiffé-
remment à leurſdites maîtriſes , nouveaux
pouvoirs , priviléges , des droits & autorités ſpécifiés en ce préſent Edit , ſans leur
faire mettre ou donner ni ſouffrir qu'il leur
ſoit fait , mis ou donné aucun trouble ,
deſtourbier ou empêchement au contraire
& à ce faire & ſouffrir contraignent tous
ceux qu'il appartiendra , & qui pour ce
feront à contraindre , par toutes les voies
& manieres dues & raiſonnables ; mandons en outre & donnons pouvoir à tous
leſdits Juges préſidiaux & Juges ordinaires ſoit royaux ou ſubalternes , Commiſſaires par nous députés , ou autres
qui ont accoutumés de recevoir leſdits
Maîtres & ſerment pour leſdites maîtriſes ès lieux où elles ſont inſtitués d'ancienneté , & chacun d'eux ſur ce premier requis , d'exécuter promptement le
contenu en ce préſent Edit , faire les taxes , rôles , & délivrer les contraintes ſpé-
cifiées en icelui audit Commis à recevoir
leſdits deniers , ou ſes Commis ayant pouvoir de lui , le plus diligemment que
faire ce pourra , en vertu des copies collationnées de notre préſent Edit, leſquelles

G

nous voulons fervir pour ce , & foi y
être ajoutée par lefdits Juges & tous autres comme au préfent original , car tel
eft notre bon plaifir , nonobftant oppofitions ou appellations quelconques , defquelles nous avons retenu & réfervé , re-
tenons & réfervons la connoiffance à nous
& à notre Confeil d'Etat , & icelle interdite & défendue , interdifons & défendons à toutes nofdites Cours . & tous
autres nos Juges quelconques , Edits . Réglemens , coutumes , tant anciennes que
modernes , lettres de Chartre , priviléges,
exemptions , cahiers d'Etats généraux &
particuliers , déclarations , mandemens,
défenfes & autres lettres obtenues ou à
obtenir à ce contraires , aufquelles & à
la dérogatoire y contenue , nous avons
dérogé & dérogeons par cedit Edit , auquel , en témoin de ce , & afin que ce
foit chofe ferme & ftable à toujours ,
nous avons fait mettre notre fcel , donné
à Paris au mois de Décembre , l'an de
grace 1581 , & de notre régne le huitieme,
figné , HENRY , & plus bas LE ROY
DE NEUFVILLE ; & à côté , *vifa* &
fcellé de cire verte fur lacs de foie rouge
& verte , & au-deffous eft écrit.

Lu , Publié & regiftré , oui fur ce le Pro-
cureur Général du Roi , à Paris en Parlement
le Roi y féant le feptieme jour de Mars ,
l'an 1583 figné DUTILLET.

ARREST DU PARLEMENT

Entre les Marchands Merciers & les Marchands Gantiers.

Extrait des Regiſtres du Parlement.

Du 13 Septembre 1586.

ENTRE Jacques Geraudon, bourgeois
de Paris, & les Maîtres & Gardes
des Merciers joints, appellans de deux
ſentences rendues par le Prevôt de Paris,
ou ſon Lieutenant civil, les 2 & 14 Août
1584. & de tout ce qui s'en eſt enſuivi,
d'une part ; & Simon Baudoin, Jean
Morel, Jean Jacob & Nicolas Burgens,
Jurés Gantiers de notre ville de Paris, intimés & conſorts, Claude Fauvel, Marchand Mercier, Bourgeois de Paris, &
les Jurés, Maîtres & Gardes des Marchands de Mercerie joints, avec ledit
Viel joints, appellans d'autre ſentence
donnée par ledit Prevôt de Paris, ou ſon
Lieutenant, du 16 Octobre audit an, &
les Jurés Gantiers intimés d'autre. Vû par
la Cour l'arrêt du 5 Mars 1585. par lequel
elle avoit mis les appellations d'une ſentence du 14 Août, & ce dont auroit été
appel au néant, ordonné que ledit Geraudon auroit main-levée de la marchandiſe
à lui appartenante, & pour faire droit
ſur les réglemens & concluſions du Procureur général du Roi, produiroient les
parties les arrêts & ſtatuts, ou en délibé-
reroit au principal ; autre arrêt du 14

G ij

Mai aud. an, par lequel fur l'appel dud.
Viel de la fentence du 13 Octobre 1584
les parties auroient été appointées au Confeil, & ordonné que les appellans bailleroient caufes d'appel pour y répondre,
que les intimés produiroient, bailleroient
contredits & falvations, & joint ledit appointé au Confeil, du vingt Mars, arrêts & ftatuts, caufes d'appel, réponfes
productions, contredits, falvations des
parties, conclufions du Procureur général
du Roi; & tout confidéré, dit a été : en
tant que touche l'appel intenté par ledit
Viel des fentences du 13 Octobre 1584
la Cour a mis & met les appellations &
ce dont eft appel au néant, fans amende;
en émandant icelles, a fait & fait main-
levée pure & fimple audit Viel des marchandifes fur lui faifies, fans dépens, dommages & intérêts; & pour caufe & avant
y faire droit fur les réglemens & conclufions du Procureur général du Roi, a
ordonné & ordonne que 12 anciens Notables bourgeois de cette ville de Paris,
feront ordonnés d'office fur aucuns faits
concernans les réglemens, pour ce faire,
le rapporter pardevant la Cour, faire droit
aux parties ainfi que de raifon, & cependant par provifion a permis & permet
auxdits Merciers d'acheter des Marchands
forains marchandifes de Gants, & icelles
faire venir des autres villes à leurs frais
& dépens, fans que par les Maîtres Gantiers leur puiffe être donné aucun empêchement, faifant apparoir icelles marchandifes leur appartenir, tant par les lettres
de voitures que par les étiquettes des bal-

lots & paquets écrits & contrefignés de la
marque des Marchands defquels ils auront
acheté lefdites marchandifes de Gants , &
dont iceux Marchands Merciers feront tenus de fe purger par ferment fi befoin eft ,
& en feront requis par-lefdits Jurés Gantiers ; dépens compenfés. Prononcé le treizieme jour de Septembre l'an 1586. Collationné. Signé D U T I L L E T.

ARREST CONTRADICTOIRE

ENTRE les Merciers & les Gantiers,

*Qui déclare la faifie faite fur Gau-
mont & Peʒé bonne & valable.*

EXTRAIT *des Regiftres du Parlement,*
du 26 Novembre 1594.

ENTRE les Maîtres & Gardes de la
Marchandife de Mercerie , Grofferie
& Jouaillerie de cette ville de Paris , appellans de la fentence donnée par le Prevôt de Paris , ou fon lieutenant , le dernier
jour de Mai 1578 , d'une part , & les
Maîtres Gantiers de ladite ville , & la communauté dudit métier , jointe avec eux ,
intimés d'autre.

Vu par la Cour ladite fentence , par laquelle auroit été ordonné que chacun
Mercier ne pourroit à l'avenir avoir en
fon ouvroir & boutique plus de quatre
paires de Gants pendus & accouplés en
étalage , & trois piles fur l'ouvroir
avec Mercerie mêlée , lefquelles piles ne
pourront être que d'une douzaine de paires de Gants , chacune avec Mercerie mê-

lée. Défenses ausdits Merciers d'avoir aucuns ferremens & outils servans au métier de Gantiers, à peine de confiscation & d'amende arbitraire : arrêt du 9 Mars 1579 par lequel, sur l'appel de ladite sentence, les parties auroient été appointées au Conseil, & ordonné qu'auparavant y faire droit, ladite Cour verroit les arrêts donnés entre les Merciers & Gantiers, iceux arrêts donnés entre les y dénommés les premier Septembre 1565, 16 Décembre 1572, 4 Avril 1573, 27 Novembre 1577 & 14 Février 1578. Arrêt du 17 Septembre 1592, entre lesdits Gantiers, demandeurs en saisie & exécution & à l'entérinement de deux requêtes par eux présentées à ladite Cour les 23 Juin & 2 Septembre audit an, & défendeurs à l'entérinement d'autre requête du 12 dudit Juin, d'une part ; & Jean Gomont, & Pierre Pézé, Maîtres Merciers à Paris, & lesdits Maîtres & Gardes de la marchandise de Mercerie joints avec eux, défendeurs & demandeurs à l'entérinement de ladite requête, d'autre ; par lesquels ladite cour auroit évoqué à elle les instances pendantes, tant pardevant le Prévôt de Paris, ou sondit Lieutenant, & pardevant le Bailli du Palais, entre lesdits Maîtres Jurés Gantiers, demandeurs en saisie, & défendeurs d'une part ; & lesdits Gomont & Pézé défendeurs & demandeurs en main-levée d'autre : sur lesquelles instances les parties auroient été appointées en droit à écrire par avertissement, produire, bailler contredits, salvations ; lesdites requêtes

des 12 & 23 Juin, & 2 Septembre. Exploit du 9 Juin 1592, contenant la faifie
faire à la requête defdits Gantiers fur ledit Gomont ; productions & contredits
defdites parties, fuivant ledit arrêt, lefquelles auroient lefdites parties refpecti-
vement-employées pour productions fur
ledit appointé au Confeil. Arrêt du 3
Mai 1593 entre lefdits Jurés Gantiers appellans de la fentence donnée par ledit
Bailli du Palais ou fon Lieutenant le 13
Octobre 1583, d'une part ; lefdits Gomont & Pézé, & lefdits Maîtres & Gardes de la marchandife de Mercerie, joints
avec eux, intimés, d'autre part : par lequel fur ledit appel, les parties auroient
été appointées au confeil, & ordonné
que lefdits appellans bailleroient leurs
caufes d'appel, lefdits intimés leurs réponfes, produiroient les parties, & ledit appointé au Confeil joint aufdites
inftances, fans préjudice des prétendus
fins de non-recevoir defdits intimés, &
défenfes defdits appellans, fur lefquelles
feroit préalablement fait droit, après que
lefdites parties auroient refpectivement
employé pour leurfdites caufes d'appel,
& produit fur ledit appel au confeil, &
fins de non-recevoir, ce qu'elles auroient
écrit & produit defdites inftances ; ladite
fentence donnée par ledit Bailli du Palais ou fondit Lieutenant le 13 Octobre
1583, de laquelle a été appellé. Arrêt
du 8 Mars 1583 entre lefdits Maîtres Jurés Gantiers, appellans de la fentence
donnée par ledit Bailli du Palais, ou fondit Lieutenant, le 15 Février audit an,

en ce qu'elle faifoit contre eux , & anti-
cipés , d'une part ; Pierre Beliffant , Marchand Mercier , anticipant , d'autre ; par
laquelle, fur ledit appel , les parties auroient été appointées au Confeil , ordonné que lefdits appellans bailleroient
leurs caufes d'appel , & ledit anticipant
fes réponfes , produiroient icelles parties
& ledit appointé au Confeil joint auxdites inftances , ladite fentence du 15 Février , par laquelle main levée auroit été
faite audit Belliffant de la paire de Gants
fur lui faifie , pour être par lui baillé à
un Maître de cette ville de Paris , tel
que bon lui fembleroit , pour être recou-
fue , & jufqu'à ce , défenfes de les expofer
en vente , & au furplus , les parties mifes
hors de Cour & de procès , fans dépens ,
dommages & intérêts. Arrêt du 2 Avril
dernier entre lefdits Maîtres Gardes de la
Mercerie joints avec lefdits Gomont &
Pezé , Appellans de l'octroi des Lettres-
Patentes du mois de Septembre 1592 , con-
firmatives des ftatuts du 27 Juillet audit
an ; vérification d'icelles faite par ledit
Prevôt de Paris ou fon Lieutenant le 17
Novembre 1593 , & en tout ce qui s'en
étoit enfuivi , felon le contenu des lettres
royaux en forme de relief d'appel , obtenues le 16 Mars dernier , d'une part ; &
lefdits Maîtres Jurés Gantiers & la communauté des Maîtres dudit métier joints ,
intimés , d'autre ; par lequel fur ledit appel
lefdites Parties auroient été appointées au
Confeil , ordonné que les appellans bailleroient leurs caufes d'appel , & les intimés
leurs défenfes ; produiroient lefdites Parties

ties aux fins dudit appel feulement , &
ledit appointé au Confeil , joint auxdites
inftances & acte que lefdites Parties , pour
caufes d'appel & défenfes , auroient employé ce qui auroit été écrit & produit
efdits Statuts , Lettres-Patentes & vérification des I. XIX, XX, XXII, XXVIII,
XXX , XXXI & XXXII⁰ articles defdits
Statuts , de laquelle vérification a été appellé. Arrêt du 25 Mai dernier entre lefdits Maîtres Jurés Gantiers appellans de
la fentence donnée par le Bailly du Palais
ou fon Lieutenant, le premier Juin 1593,
d'une part ; & André Boutteville , Marchand Mercier , intimé , d'autre ; par lequel fur ledit appel , lefdites Parties auroient été appointées au Confeil, ordonné
que lefdits appellans bailleroient leurs caufes d'appel , & ledit intimé fes défenfes ;
produiroient lefdites Parties , & fur lefdites lettres appointées en droit à écrire par
avertiffement & produire ; joint les pré-
tendues fins de non-recevoir & défenfes
à icelles , & fur lefquelles écriroient par
leurs mêmes griefs & réponfes , & plus
fur icelles préalablement fait droit , & lefdits appointés au Confeil & inftances,
lefdites lettres du 9 Mars pour procéder
au jugement de l'appel interjetté par ledit
Beliffant , fans avoir égard au confentement par lui prêté , mentionné auxdites
lettres, productions defdits Maîtres Jurés
Gantiers & dudit Beliffant fur lefdits appointés au Confeil des 12 Avril & 25
Mars derniers ; forclufions de produire
par ledit Boutteville. Requête préfentée
à ladite Cour par lefdits Maîtres & Gar-

H

des de la marchandife de Mercerie, le **15**
Mai 1593, tendante à fin que défenfes fuffent faites auxdits Gantiers d'entreprendre
fur l'état defdits Merciers, & ne vendre
aucunes chofes que des gants faits & parfaits de leurs mains, fans qu'ils les puiffent enrichir de broderie, foie, or & argent, ou autrement, ni vendre poudre de
violette, de Chypre, pommades, mufc,
ambre, civette, ni acheter & vendre gants
de Vendôme, de Lyon, de Rome, d'Efpagne & autres lieux, ni d'autres marchandifes dépendantes dudit état de Marchand Mercier ; & à cette fin qu'ils euffent
droit de vifitation fur lefdits Gantiers,
ladite requête communiquée auxdits Gantiers & mife au fac par ordonnance de
ladite Cour. Requête préfentée à icelle
Cour par lefdits Merciers, le 11 Juillet
audit an; conclufions du Procureur Général du Roi, & ce par lefdites Parties a
été mis & produit pardevers ladite Cour,
& tout confidéré, dit a été que ladite
Cour faifant droit fur le tout, fans s'arrêter auxdites fins de non-recevoir & requête du 11 Juillet 1593, a ordonné &
ordonne que lefdits appointés au Confeil
& inftances demeureront joints, & y faifant droit pour le regard de l'appel interjetté de ladite fentence du dernier Mai
1578, a mis & met ladite appellation au
néant, fans amende & dépens de la caufe
d'appel : ordonne néanmoins que ladite
fentence fortira fon plein & entier effet;
& en tant que touche l'appel interjetté de
l'octroi defdites Lettres du mois de Septembre 1581, conforme à celle defdits

Maîtres & Jurés Gantiers; & vérification
d'icelles faite par ledit Prevôt de Paris ou
fon Lieutenant, le 17 Septembre 1583,
a mis & met lefdites appellations & ce
dont a été appellé au néant & fans dépens
defdites caufes d'appel, en ce que ledit
Prevôt ou fon Lieutenant auroit homolo-
gué & vérifié les I, XX, XXII &
XXXII articles defdits Statuts; fans s'arrêter à ladite requête du 15 Mai 1593,
a fait & fait inhibitions & défenfes auxdits Merciers & Gantiers de fe dire &
nommer Parfumeurs; pourront néanmoins
lefdits Merciers & Gantiers parfumer,
laver, parer, enjoliver leurs marchandifes,
fans que lefdits Gantiers puiffent vendre
ni débiter féparément parfums ni autres
fenteurs que ceux qu'ils auront faits &
compofés feulement, lefquels Gantiers
pourront avoir toutes fortes de cuirs pour
faire leurs ouvrages, fans qu'il leur foit
loifible de vifiter lefdits Merciers, fauf à
iceux Gantiers à fe pourvoir par faifies &
autres voies dues & raifonnables pour les
contraventions à leurs Statuts, Réglemens, Sentences & Arrêts, ainfi qu'ils verront être à faire : pourront toutesfois lefdits Gantiers vifiter les marchandifes de
gants & autres de leur métier, qui feront
apportées par les Marchands Forains, aux
frais & dépens defdits Forains; a ordonné
& ordonne que le furplus defdits Statuts
fera gardé & obfervé; & quant aux appellations interjettées defdites fentences des
13 Octobre 1583, 15 Février & premier
Juin 1593, faifies & exécutions y mentionnées, a mis & met lefdites appella-

tions & fentences au néant, fans amende;
& en émendant icelles, fans avoir égard
auxdites Lettres du 29 Mars, a déclaré &
déclare lefdites faifies exécutions, enfemble les exécutions faites fur lefdits Gomont
& Pezé, bonnes & valables, & les bâtons & forces faifis fur lefdits Note &
Pezé, douze paires de gants, faifant partie
de feize, faifis fur ledit Gomont, & deux
paires de gants découfus, faifis fur lefdits
Beliffant & Boutteville, acquis & confifqués au Roi : a fait & fait inhibitions &
défenfes auxdits Merciers de tailler, coudre ni recoudre aucuns gants, ni faire
aucune manufacture du métier de Gantiers, ni étaler fur les perches qu'ils auront
au haut de leurs boutiques, échopes &
ouvroirs, plus de quatre paires de gants
accouplés; & à leurs établis en étalage,
plus de trois piles, en chacune defquelles
n'y aura qu'une douzaine de paires de
gants, avec marchandife de Mercerie mêlée entre lefdites trois piles, fans que lefdits Merciers puiffent avoir bâtons, retournois, forces ni autres outils propres
à faire gants & autres ouvrages dudit métier de Gantiers, pour en faire ouvrage
& manufacture, fans dépens. Prononcé
le 26 Novembre 1594. *Signé* G U Y E T.
Collationné.

EDIT DU ROI HENRY IV,

Du mois d'Avril 1597, pour l'exécution
& interprétation de celui de 1581 tou-
chant les Arts & Métiers du Royaume.

HENRY, par la grace de Dieu, Roi
de France & de Navarre, à tous présens & à venir ; Salut : les Royaumes &
Empires n'étant maintenus sous la légitime obéissance de leurs Princes & souve-
rains Seigneurs, que par le moyen des
loix & ordonnances qui sont établies pour
l'ordre, exercice & administration de toutes sortes de fonctions, trafics, négociations, arts & métiers, il a été jugé très-
utile & nécessaire par les Rois nos prédécesseurs (après plusieurs autres belles ins-
titutions) que tous Marchands vendans
par poids ou mesures, quelque sorte de
marchandise que ce fut, & ceux qui exercent quelques arts & métiers que ce soit
en boutiques ouvertes, magasins, chambres, atteliers ou autrement, fussent tenus
& astreints auparavant que de pouvoir entrer auxdits exercices, prendre lettres d'un
par eux établi qui étoit nommé Roi des
Merciers, auquel étoient attribués certains droits pour lesdites lettres, avec autres droits pour les visitations & apprentissages qui se levoient de six mois en six
mois, lequel en cette considération, étoit
tenu de faire observer les ordonnances &
statuts prescrits pour chacunes especes
desdits exercices, ce qu'ayant été supprimé

H iij

par le feu Roi François Premier, & réuni
à la Couronne, pour en jouir par lui &
ses successeurs ; lesdits droits ont été depuis négligés & usurpés par quelques particuliers, lesquels n'ont laissé de prendre
ladite qualité de Roi des Merciers, &
pareillement par les Jurés & Gardes des
Communautés, tant Marchands qu'Artisans, sans en avoir fait à nosdits prédécesseurs & à nous aucune reconnoissance,
commettant sous ce prétexte infinis abus
& malversations auxquels le feu Roi dernier décédé, notre très-honoré Seigneur &
frere, que Dieu absolve, voulant pourvoir, auroit par son Edit du mois de Dé-
bre 1581, fait & ordonné plusieurs beaux
Réglemens sur tous lesdits arts & métiers
pour l'établissement général des Maitrises
en tout cedit Royaume, auquel toutesfois il auroit été obmis l'ordre & police
qui se doit pratiquer en la négociation,
vente, distribution de toutes sortes de
marchandises & perception desdits droits
réunis à cette Couronne, lequel Edit, au
moyen des guerres & troubles survenus
en cedit Royaume, auroit été révoqué,
& partant demeuré infructueux & non
exécuté, qui a fait continuer tous les dé-
bordemens qui s'exercent maintenant parmi les Communautés desdits Marchands
& Artisans, tant des villes & lieux non
jurés, qu'ès villes & lieux jurés de cedit
Royaume, soit en ce qui concerne la nourriture, logis & vêtement de nos sujets,
qu'entretenement de leur santé, cela procédant tant de leur avarice & mauvaise
volonté, que de leur ignorance & inca-

pacité, à la grande perte & dommage de
tous nos fujets, à caufe de quoi & qu'il
ne fe reconnoiffoit auxdits exercices aucunes chofes dignes de leur ancienne fplen-
deur, lors de notre avénement à la Couronne, comme encore récentement en notre ville de Rouen, plufieurs plaintes nous
en auroient été faites, pour à quoi pourvoir & donner ordre qu'il n'y ait dorénavant aucune altercation, divifion & ja-
loufie entre les Marchands Maîtres des
arts & métiers jurés, & ceux qui ne font
encore pourvus defdites maîtrifes jurées &
que notredit Royaume foit réduit & policé
pour le fait defdites négociations, manufactures, trafics, arts & métiers, par un
bon & général réglement au bien & foulagement de notre peuple, éviter aux partialités, monopoles, longueurs exceffives,
dépenfes qui fe pratiquent journellement,
au très-grand intérêt & dommages des
pauvres artifans defirant obtenir le dégré
de Maîtrife, & auffi afin que nous puiffions
à l'avenir recevoir le bien & commodité
qui nous peut provenir de tous lefdits
droits, & nous en fervir en l'extrême néceffité de nos affaires, fpécialement pour
fatisfaire aux très-juftes dettes dont nous
fommes redevables aux Colonels & Ca-
pitaines Suiffes, qui avec leurs vifs moyens
nous ont fecourus & aidés à la confervá-
tion de cet Etat, auxquels nous affec-
tons & deftinons tous les deniers qui en
proviendront : Sçavoir faifons, qu'ayant
eu fur ce l'avis d'aucuns Princes de notre
Sang, Gens de notre Confeil d'Etat, &
de plufieurs notables perfonnages & prin-

H iv

cipaux de nos Officiers convoqués & affemblés en notre ville de Rouen, pour le
bien de ce Royaume; Avons, par icelui
notre préfent Édit perpétuel & irrévocable, dit, ftatué, voulu & ordonné, &
de notre certaine fcience, pleine puiflance
& autorité royale, difons, ftatuons, voulons & ordonnons ce qui enfuit :

ARTICLE PREMIER.

A fçavoir que ledit édit & réglement
général dudit mois de Décembre mil
cinq cent quatre-vingt-un, fur tous &
chacun lefdits arts & métiers, de quelque
qualité & efpece qu'ils foient, ci-attaché
fous le contre-fcel de notre Chancellerie,
fera exécuté, gardé, entretenu & inviola-
blement obfervé de point en point felon fa
forme & teneur, & par tous les lieux &
endroits de celui notredit Royaume, Terres & Seigneuries de notre obéiflance, fans
qu'il y foit ni puifle être par ci-après
contrevenu en quelque forte & maniere
que ce foit, même en ce qui concerne
la création de trois Maîtres de chacun
defdits arts & métiers fans faire aucun chef-
d'œuvre ni expérience, comme il eft mentionné par l'onzieme article dudit édit ;
lequel, pour plufieurs grandes & parti-
culieres confidérations à ce nous mouvans;
Voulons, ordonnons & nous plaît, avoir
lieu, à la charge que ceux qui feront par
nous élus & choifis comme capables pour
être admis & reçus auxdites Maîtrifes,
nous payeront la finance qui fera pour ce
taxée en notre Confeil, eu égard à l'efpece & qualité de l'art ou métier dont

ils prendront Lettres en la forme accoutumée.

II. Et afin de ne rien faire contre les
anciennes inftitutions & ordonnances, au
préjudice de nofdits Sujets & de la chofe
publique , & empêcher plufieurs abus qui
fe pourroient commettre fous la faveur
des termes dudit édit, ftatut & réglement
général, & pour ne rien obmettre de l'ordre
que nous voulons & entendons être fuivi en
l'établiffement d'une réformation & police fi
néceffaire, nous voulons & ordonnons en
interprétant ledit onzieme article, que ceux
aux maîtrifes des arts de l'Apoticairerie,
Chirurgie & Barberie, foient tenus de
fouffrir l'examen & expérience, fommaire
toute-fois, pardevant les Commiffaires qui
en feront par nous commis & députés fuf-
fifans & capables à cet effet, pour éviter
aux animofités , partialités , vindictes ,
longueurs & exceffives dépenfes qui ont
acccoutumé d'être faites & pratiquées en
tel cas, en la préfence & affiftance d'un
Docteur en Médecine & de quatre Maîtres
defdits arts, habitans des lieux, d'autant que
pour l'exercice defdits ceux arts, il eft befoin d'une plus particuliere connoiffance &
expérience , ayant pour ce fujet la difpen-
fation , compofition & adminiftration des
remedes qui reftituent & entretiennent la
fanté du corps humain, pour , fur les certifications qui en feront faites par lefdits
Commiffaires de leur capacité, être reçus
après les droits payés pour ladite Maîtrife
ès mains de celui qui fera par nous commis à la recette générale , que de l'exécution du préfent édit ou de fes commis ,

porteurs de ſes quittances, de laquelle réception leur ſera baillé acte, qui leur ſervira
de toutes lettres avec ladite quittance,
ſuivant & confo:mément audit édit & réglement général, ci comme dit eſt, attaché.

III. Conſéquemment, ſuivant ce qui eſt
porté par les premier & deuxieme articles
deſdits ſtatuts & réglement général, &
& iceux amplifiant, en tant que beſoin eſt
ou ſeroit, ordonnons que tous Marchands
vendant par poids ou meſures, & tous
autres faiſant profeſſion de quelque trafic
de marchandiſes, art ou métier que ce
ſoit, en boutiques ouvertes, magazins,
chambres, atteliers ou autrement, ès villes,
fauxbourgs, bourgs & bourgades, &
autres lieux où leſdites Maîtriſes jurées
ne ſont encore établies, ſeront indiffé-
remment tenus de prêter le ſerment de
Maîtriſe, huit jours après la publication
deſdites préſentes & dudit édit & réglement général, aux jours d'audiences des
Juſtices dont ils ſeront dépendans & reſ-
ſortiſſans pardevant leſdits Juges ordinai-
rés des lieux, duquel ſerment leur ſera
délivré acte, comme il eſt dit par vertu
des quittances qu'ils feront apparoir de la
finance qu'ils auront payée, fors & ex-
cepté ceux qui exercent leſdits arts d'Apoticairerie, Chirurgie & Barberie, leſquels
auparavant de prêter leſdits ſerments, ſeront tenus de ſouffrir l'examen & faire expérience ſommaire pardevant leſdits Commiſſaires ſeulement, pour, ſur les certifi-
cations qui leur ſeront faites de leur capacité par leſdits Commiſſaires, être re-

çus & admis auxdites Maîtrifes, en forme
& maniere qu'il eft ci-devant ordonné, à
quoi fatisfaire & obéir, tous lefdits Marchands & Artifans defdites villes & lieux
non jurés feront contraints par toutes voyes
dues & raifonnables, fur peine de privation, à l'avenir de pouvoir plus jouir,
ufer & exercer lefdits trafics, négociations,
arts & métiers, en quelle forte & maniere
que ce foit; & au payement de la finance
à quoi ils feront taxés chacun en droit foi,
feront contraints, comme pour nos propres deniers & affaires, dont le plus haut
& qualifié defdits Marchands, arts & métiers, ne pourront être taxés à la plus
grande finance que de dix écus, & les autres au-deffous d'icelle.

IV. Et d'autant qu'en la plus grande partie des villes & autres lieux du royaume
il n'y a aucuns Gardes jurés des Marchands, & ne font reçus en la Maîtrife,
policés & difciplinés en leurs états & exercices, que par aucuns defdits prétendus
& fuppofés Rois des Merciers, nous voulons & ordonnons que huit jours après
ladite publication efdites villes jurées, tous
Marchands Merciers & autres qualités,
faffent de nouveau le ferment de Maîtrife
audit état & exercice de marchandife, en
la forme ci-deffus, caffant & annullant
par ces préfentes toutes les lettres & pouvoirs qui pourroient avoir été baillés par
ledit Roi des Merciers, lequel d'abondant
avec fes Lieutenans & Officiers, nous avons
éteints, fupprimés & abolis, éteignons,
fupprimons & aboliffons par cefdites préfentes, avec défenfes très-expreffes à toutes

perſonnes , de ſe dire & qualifier Roi des
Merciers , & par vertu de ce titre & prétention des pouvoirs y attibués , ne s'im-
miſcer de bailler aucunes Lettres de maîtriſe , faire viſitation , recevoir aucuns deniers, ni faire aucuns autres actes dépendans
dudit réglement , ſur peine d'être puni,
comme fauſſaire , & de dix mille écus d'a-
mende , à nous à appliquer ; enjoignant
très-expreſſément à tous les corps & communautés des Marchands . tant des villes
& lieux jurés que non jurés, incontinent
après ladite prétation de ſerment , de faire
aſſembler leurs communautés , & par l'a-
vis d'icelle , nommer & élire un ou deux
Gardes jurés , leſquels feront garder & obſerver les ſtatuts , ordonnances & privileges
faits en faveur deſdits Marchands , ſelon
& en la forme contenue par leurs ſtatuts,
qui demeurent en leur force & vertu , en
ce qu'ils ſeront conformes & ne préjudi-
cieront audit réglement général & à ces
préſentes.

V. Seront ſemblablement tenus & contraints tous les artiſans faiſant profeſſion
de quelqu'art ou métier que ce ſoit , qui ne
ſont encore établis en Maîtriſes jurées, demeurans dedans les villes où il y a quel-
ques-uns deſd. arts & métiers jurés, de faire
& prêter ſerment pour être reçus & admis
auxdites Maîtriſes , aux charges & en la
forme ci-deſſus preſcrite & ordonnée.

VI. Au ſurplus de laquelle exécution ,
ordre de l'établiſſement & forme de l'entretenir à l'avenir , nous voulons & ordonnons y être procédé en tout & par tout ,
ſuivant ce qui eſt dit , ſtatué & ordonné

par ledit Edit & réglement général dudit
mois de Décembre 1581 , en tous les
chefs , circonstances & dépendances d'i-
celui , nonobstant toutes lettres , privileges , attributions & autres quelconques
à ce contraires , que nous voulons avoir
lieu , pour quelque cause & occasion que
ce soit , & lesquelles nous avons cassées ,
révoquées & annullées , cassons , révo-
quons & annulions par cesdites présentes ,
même celles ci-devant expédiées pour le
fait général ou particulier d'aucuns Maîtres & Artisans des fauxbourgs , prétendus
avoir été ruinés pendant les troubles ,
comme préjudiciables à cesdites présentes ,
audit réglement général , comme aussi les
contraintes & commissions contre les Jurés de prendre lettres de maîtrises ; faisant
inhibitions & défenses à tous Particuliers
commis à recevoir aucuns deniers prove-
nus de la nature susdite , & tous autres
qui poursuivent la levée desdits deniers
& réception des Compagnons Artisans auxdites Maîtrises , de plus s'entremettre par
ci-après en aucun exercice, levée, maintenant
& perception desdits deniers , en quelque
sorte & maniere que ce soit, ne rien faire
contre & au préjudice du contenu en cesdites présentes & dudit réglement général,
à peine de faux & d'être punis exemplai-
rement , comme concussionnaires.

VII. Tous lesquels Marchands & Artisans demeurants ès villes , bourgs & autres
lieux de cedit Royaume , jurés & non
jurés , soit à boutiques ouvertes , chambres
ou magazins , afin d'être maintenus & confirmés aux privileges, franchises, libertés &

Immunités qui leur font concédés par ledit
édit, ftatuts & réglement général, & pour
demeurer quittes & déchargés de tout ce
qu'ils nous pourroient devoir pour les droits
ci-deffus déclarés, depuis la réunion faite
d'iceux à cette Couronne par ledit feu Roi
François Premier jufqu'à préfent, feront
tenus de nous payer feulement, chacun
en fon particulier, ès mains dudit Commis à ladite recette générale, ou à fefdits
Commis, porteurs de fefdites quittances
fur les lieux, à fçavoir, pour le plus haut
& qualifié art ou métier un écu fol ; pour
le moyen, deux tiers d'écus, & pour le
moindre, demi écu ès villes principales
de notre Royaume & Métropolitaines d'i-
celui, & aux autres villes, bourgs, bourgades, lieux & endroits non jurés, la moitié defdites taxes, chacun felon fa qualité, eu égard à la différence defdits exercices, arts & métiers, ès lieux de la demeure defdits Marchands & Artifans, &
ce, quinze jours après la publication, autrement & à faute de ce faire, nous voulons & ordonnons qu'ils y foient contraints
par toutes voies dues & accoutumées,
comme pour nos propres deniers & affaires, nonobftant oppofitions ou appellations quelconques, fans préjudice defquelles ne fera différé; ordonnons au furplus
que pour l'avenir nul ne pourra être reçu
ni admis par nos Juges & Officiers Jurés
Gardes à aucune vacation & trafic, ou
reçu à la Maîtrife de quelques arts & métiers que ce foit, fans au préalable avoir
payé nos droits contenus & affez ample-
ment déclarés, tant par celui notre pré-

sent édit , que par ledit réglement général ,
fait apparoir de la quittance dudit payement , ce que nous défendons très-expreffément à nosdits Juges , Officiers & Gardes , fur peine de cinq cens écus d'amende
envers nous , comme auffi fur la même
peine , ne permettre dorénavant aucuns
banquets & feftins efdites réceptions.

VIII. Si donnons en mandement à nos
amés & féaux Confeillers les gens tenans
nos Cours de Parlement , Baillifs , Sénéchaux , Prevôt , Châtelains , Vicomtes ,
leurs Lieutenans, Maires, Echevins, Jurats,
Confuls , Capitouls de villes , & à tous
nos Jufticiers & Officiers qu'il appartiendra , même à tous Juges particuliers ou
fubalternes,à qui ce fait pourra toucher,que
celui notre préfent édit de rétabliffement ,
création,ftatuts, réglement & établiffement
général , & établiffement , ils lifent & publient, faffent lire, publier & regiftrer ,
chacun en fon reffort & jurifdiction , faifant jouir tous lefdits Marchands, Maîtres par nous nouvellement créés & établis
en maîtrifes jurées par vertu d'icelui , des
pouvoirs, privileges, droits & autorités y
fpécifiés, fans leur faire mettre ou donner,
ne fouffrir leur être fait , mis ou donné
aucun trouble ou empêchement au contraire, & à ce faire fouffrir & obéir contraignent tous ceux que befoin fera , &
qui pour ce feront à contraindre par toutes voies dues & raifonnables : car tel eft
notre plaifir, nonobftant oppofitions ou
appellations quelconques , & à tous édits,
réglements, fuppreffions, coutumes, tant
anciennes que modernes, lettres de char-

tre, privileges, exemptions, déclarations, cahiers d'états généraux & particuliers, mandemens, defenses & autres lettres quelconques obtenues & à obtenir à ce contraires, auxquelles & à la dérogatoire de la dérogatoire y contenue, nous avons dérogé & dérogeons par cedit notre édit, & par ce que d'icelui ne pourra avoir affaire en plusieurs & divers lieux & endroits, nous voulons qu'au *vidimus* des présentes fait sous le scel royal, ou collationné par l'un de nos amés & féaux Conseillers Notaires & Secrétaires, foi soit ajoutée, comme au présent original, auquel, en témoin de ce, & afin que ce soit chose ferme & stable à toujours, nous avons fait mettre note scel. Donné à St. Germain-en-Laye, au mois d'Avril, l'an de Grace mil cinq cens quatre-vingt-dix-sept, & de notre regne le huitieme. *Signé* HENRI. Et à côté, visa. Et plus bas, par le Roi étant en son Conseil, FORGET, & scellé du grand scel de cire verte, en lacs de soye rouge & verte.

Regiftré, oui le Procureur-Général du Roi, pour l'urgente nécessité des affaires dud. Seigneur, ordonne la Cour, que copies collationnées feront envoyées par les Bailliages, Sénéchaussées & Sièges de ce ressort, pour y être lues, publiées & regiftrées; enjoint au Substitut dudit Procureur-Général, en faire diligences & certifier la Cour au mois. A Paris, en Parlement, le troisieme Juillet, l'an mil cinq cens quatre-vingt-dix-sept. Signé BODIN.

EXTRAIT

EXTRAIT des Regiſtres de Parlement, du 13 Juillet 1613, entre les Merciers & les Gantiers.

ENTRE les Maîtres Jurés Gantiers de cette ville de Paris , demandeurs en exécution d'arrêt , & demandeurs en requête d'oppoſition du vingt-trois Juin , d'une part ; & les Maîtres Gardes de leurs marchandiſes, Merciers, Groſſiers, Jouailliers , défendeurs d'autre part , ſans que les qualités puiſſent nuire ni préjudicier aux parties, après que Doujart Avocat pour les demandeurs , & Germain pour les défendeurs, ont été d'accord au conſeil , & ouis ſur l'exécution que Doujart cependant a requis des arrêts ; la COUR ſur l'oppoſition formée aux Lettres obtenues par les parties de Germain , appointe les parties à produire dans huitaine ; & cependant ordonne que les arrêts de réglemens ſeront gardés & obſervés , défenſes d'y contrevenir. Fait en Parlement le 13 Juillet 1513. Collationné, *ſigné* GUYET. J. GAUST.

EXTRAIT des Regiſtres de Parlement, du 31 Juin 1627 , entre différens Maîtres Gantiers.

COMME de certaines ſentences données par notre Prevôt de Paris , ou ſon Lieutenant le 6 Septembre 1625, entre les Maîtres Jurés Gantiers de notredite ville demandeurs d'une part ; & Mi-

I

chel Regnault, François Lenoir, Guy le
Brun, Noël Pasquier, Henri Bonnet,
Jean Houdrier, Louis Mestra, Laurent
Bourgeois, & Claude Duvigneau, l'un
des messagers de Vendôme, défendeurs
d'autre part, & encore François Couteux
Jean Despréau, & Jean Servais, Maîtres
& anciens bacheliers dudit métier de Ganterie, demandeurs d'une part ; & lesdits
Jurés, Michel Regnault & consorts, défendeurs d'autre, par laquelle notredit
Prevôt ou son Lieutenant auroit ordonné
que toutes marchandises foraines, dépendantes du métier de Gantiers qui feroient
amenées ou envoyées en cette ville par
les Marchands Forains, pour les débiter
& vendre, même celles qui feroient envoyées par lesdits Forains par la voie des
messagers ou autres, avec adresse d'icelles
aux Maîtres Gantiers de notredite ville
de Paris, sans leur mandement précédent
feroient portées à la chambre de la communauté, pour y être vues, visitées &
lôties à la maniere accoutumée ; les Jurés
payés du droit de visitation suivant l'ordonnance & la défectueuse confisquée,
moitié à nous, moitié aux Jurés, & pour
le regard des marchandises que les Maîtres Gantiers de Paris commanderoient de
faire aux Maîtres de la ville de Vendôme,
qui feroient envoyées à Paris par la voie
du messager, ordonne que lesdits Maîtres Gantiers de Paris pourroient faire
venir de ladite ville de Vendôme, par
les messagers d'icelle, ou autres fur leurs
mandemens & missives, telle quantité de
marchandises qu'il leur plairoit, à leurs
risques, périls & fortunes, laquelle fe-

roit vue & visitée par lesdits Jurés, sans
aucuns frais, & sans qu'icelle marchandise fut sujette à aucun lotissement entre
les autres Maîtres dudit métier ; fait main
levée pure & simple auxdits Regnault,
Lenoir, le Brun , Pasquier , Bonnet ,
Houdrier , Mestra & Bourgeois , des marchandises sur eux saisies , sans dommages
& intérêts : & sur les autres demandes
desdits Jurés contre ledit Vignault , &
lesdits Regnault & consorts , ensemble sur
la demande desdits Couteux , Despréau ,
Gervais , a mis les parties hors de Cour &
de procès , sans dépens. Eût été de la part
desdits Maîtres Jurés appellé à notre Cour
de Parlement , en laquelle les parties ouies
en leurs causes d'appel , & le procès par
écrit conclu & reçu pour juger entre lesdits Jurés appellans , d'une part , & lesdits Regnault & consors , & du Vignault,
intimés d'autre : si bien ou mal auroit été
appellé , joints les griefs hors le procès,
prétendus moyens desdites nullités , &
productions nouvelles desdits appellans ,
qu'ils pourroient bailler dans le temps de
l'ordonnance , auxquels griefs & prétendus moyens desdites nullités , les intimés
pourroient répondre & contre ladite production nouvelle , bailler contredits aux
dépens des appellans , icelui procès , griefs
réponses à iceux ; déclarations desdits appellans que pour production nouvelle , ils
employoient ledit procès , production nouvelle desdits intimés , contredits desdits
appellans , arrêt du 12 Mai 1626 , par
lequel , sur l'appellation verbale par lesdits appellans , interjettée à l'encontre des-

E ij

dits Regnault & conforts , d'autre fentence nonobſtant l'appel du 25 Octobre 1625 & de tout ce qui s'en feroit enfuivi , les parties auroient été appointées au confeil, bailleroient lefdits appellans leurs caufes d'appel dans trois jours , les intimés leurs réponfes trois jours après, produiroient lefdites parties dans lefdits trois jours en-fuivans , déclarations des appellans que pour caufes d'appel , ils employoient leurs griefs ; productions defdites parties fur la-dite appellation verbale. Autre arrêt du 26 Mars dernier , entre lefdits Couteux, Defpréau & Gervais , appellans de ladite fentence du 6 Septembre & demandeurs à l'entérinement d'une requête du 18 Mars dernier , tendante à ce que lefdits Jurés , Regnault & conforts , fuffent con-damnés à leur payer leur falaire & vaca-tion de la vifitation par eux faite , de fix cents vingt-fept groffes , & neuf douzai-nes de gants à raifon de douze fols pour groffe , où un écu pour journée & frais de juftice , d'une part ; & lefdits Jurés Regnault & conforts intimés & défendeurs d'autre part ; par lequel , fur ledit appel, lefdites parties auroient été appointées au Confeil , bailleroient les appellans leurs caufes d'appel dans trois jours , les inti-més leurs réponfes dans le tems de l'or-donnance , produiroient lefdites parties , tant fur ledit appel , que requête , dans trois jours enfuivans , & acte aufdits ap-pellans & Jurés que pour caufes d'appel & productions ils employent ledit procès, joint les fins de non-recevoir defdits Re-gnault & conforts , qui étoient que par

une autre fentence , il auroit été ordonné
que lefdits appellans ne pourroient prétendre aucuns falaires , & défenfes au
contraire , production defdits Regnault,
& confors fuivant ledit arrêt , forclufion
de fournir défenfes aufdites fins de non-
recevoir , vu & diligemment examiné :
NOTREDITE COUR , par fon Juge-
ment & arrêt , fans s'arrêter auxdites fins
de non-recevoir , en tant que touche l'appellation verbale interjettée par lefdits Jurés , a mis & met les parties hors de
Cour & de procès fans dépens ; & faifant droit fur les appellations interjettées
de la fentence du procès par écrit , a
mis & met les appellations de la fentence
de laquelle a été appellé au néant fans
amende , en ce que notredit Prevôt ou
fon Lieutenant , a ordonné que les marchandifes que les Maîtres Gantiers auroient
envoyé quérir à Vendôme fur leurs mandemens & miffives , à leurs rifques , périls & fortunes , feroient vifitées par les
Jurés , fans frais & fans lotiffement , &
fur ces demandes contre ledit Vignault
defdits Couteux , Defpréau , & Gervais
contre lefdits Regnault & confors , a mis
les parties hors de Cour & de procès , en
émendant & corrigeant lad. fentence quant
à ce, a ordonné & ordonne que les XXVII
& XXVIII articles des ftatuts defdits
Gantiers , produits au procès , feront gardés & obfervés ; & ce faifant que les marchandifes apportées de Vendôme par les
meffagers & marchands Forains , même
celles qui en feront apportées , fur les mandemens & miffives des Maîtres Gantiers ,

ne pourront être vendues ni délivrées à aucuns Maîtres Gantiers, que premierement elles n'ayent été portées en la Chambre de la communauté, pour être vues & visitées par les Jurés dudit métier, & le droit de visitation payé à raison de six deniers pour douzaines de paires de Gants, pour après ladite visitation, être lesdites marchandifes, loties suivant lesdits statuts : fait défenfes auxdits Vignault & autres meffagers de délivrer lesdites marchandifes, que premierement ils ne les ayent portées à ladite chambre, & fait apparoir de leurs lettres d'envois ; & ayant aucunement égard à ladite requête du 18 Mars, a condamné & condamne lesdits Regnault & confors, à payer ausdits Couteux, Defpréau & Gervais, le droit de visitation à ladite raifon de six deniers pour douzaine, & ce pour la marchandife par eux vue & visitée ; ladite sentence au réfidu fortiffant son plein & entier effet, fans dépens Prononcé le 31 Juillet 1627. Collation faite. LEVESQUE.

ARREST

DE LA COUR DE PARLEMENT,

Concernant le remboursement des frais d'un procès.

Du 6 Septembre 1636.

LOUIS par la grace de Dieu, Roi de France & de Navarre : au premier des Huiffiers de notre Cour de Parlement

ou autre : Salut. Comme de ce jour &
date des préfentes., comparurent en notredite Cour , Antoine Gaudart , Claude
Lorphevre , Jean Godefroy , & Nicolas
Davoine , Maîtres Gantiers , ci-devant
Jurés dudit métier, demandeurs en exécution d'arrêt du dernier Juillet 1627,
fuivant le contenu en deux Requêtes par
eux préfentées le 15 Juin 1628 & 28
Avril 1629 d'une part , & Julien Robin
Jean Delaunay , Henri Bonne & Pierre
Dauvergne , Maîtres Jurés dudit métier
défendeurs d'autre , ou les Procureurs
defdites parties , & vu par notredite
cour lefdites requêtes , la premiere tendante à ce que les demandeurs fuffent
payés & rembourfés de tous les frais &
dépens par eux faits & fupportés en la
pourfuite du procès ci-devant pendant
tant au Châtelet qu'en notredite Cour ,
jugé par ledit arrêt, & de leurs falaires
& vacations par eux faites en ladite
pourfuite , fuivant la taxe qui en feroit
faite , & ce des deniers qui étoient ou de-
voient être ès mains defdits défendeurs
Jurés ou des Maîtres de la Confrairie du
métier , appartenans à ladite Communauté ; & en cas qu'ils n'euffent des deniers
pour ce faire, ce qui en défaudroit feroit
pris fur le corps de ladite Communauté ;
le fort portant le foible , à la diligence
defdits Jurés ; la deuxieme, à ce que fans
s'arrêter au contrat en forme de tranfac-
tion , paffé entre lefdits Défendeurs , &
autres Maîtres particuliers , le 27 Mars
1629, lefdits Statuts & Arrêts, lequel feroit caffé comme illicite & contraire aux

Statuts & Arrêts fuſſent exécutés; & ce
faiſant, tous les gants que les Maîtres
auroient mandés & fait venir, fuſſent lotis en la maniere accoutumée, ſans que
ceux qui les auroient fait venir en puſſent
retenir aucune quantité outre leur lot;
& défenſes aux défendeurs & autres Jurés
qui ſeroient ci après, de prendre leur droit
de viſite en eſpece de gants, ains en argent, à raiſon de ſix deniers pour chacune
douzaine de paires, conformément aux
Statuts dudit métier, & auxdits Arrêts
du dernier Juillet, & que dorénavant leſdits Jurés ayant viſité leſdits gants en la
Chambre de la Communauté, fuſſent tenus de marquer ceux qui ſeroient trouvés
bons, à fin d'éviter la fraude qu'ils pourroient commettre, & que leſdits Maîtres
ou aucun d'iceux allant à la Chambre ne
puſſent être forcés de prendre, ſinon des
eſpeces de gants dont ils auroient beſoin,
ni plus grande quantité qu'il ne leur en
fallut; que lorſqu'il ſeroit arrivé quelque
marchandiſe en ladite Chambre, leſdits
Jurés fuſſent tenus faire avertir les demandeurs, pour en prendre leur lot, ſi
bon leur ſembloit, ſuivant leſdits Statuts
& Arrêts; le tout aux peines portées par
iceux & autres arbitraires, même de tous
dépens, dommages & intérêts, & à eux
permis d'informer des contraventions.
Procès-verbal du Conſeiller à ce commis
du 27 Août & autres jours ſuivans 1631,
par lequel il auroit appointé leſdites parties à mettre tout ce que bon leur ſem-
bleroit; productions deſdites parties, contredits reſpectivement fournis; ſuivant
l'Arrêt

l'Arrêt du 26 Janvier 1631 : Tout confidéré, NOTREDITE COUR faisant droit sur ces deux requêtes, a condamné & condamne les défendeurs à rembourser. & payer aux demandeurs les frais & vacations par eux faits en la poursuire du procès jugé par ledit Arrêt du dernier Juillet 1627, suivant la taxe qui en sera faite, si mieux n'aiment lesdits défendeurs leur payer la somme de six cents livres tournois, ce qu'ils seront tenus opter dans huitaine après la signification du présent Arrêt faite à personne ou domicile de leur Procureur, autrement déchus ; & sera leur remboursement pris sur les deniers appartenans au Corps dudit métier, si aucuns deniers se trouvent ès-mains des Jurés ou autres ; & en cas qu'ils n'ayent aucuns deniers, sera pris & levé sur les particuliers Maîtres dudit métier, à la diligence desdits Jurés, le fort portant le foible, la part desdits demandeurs confuse ; & sans avoir égard à la transaction du 27 Mars 1629, a ordonné & ordonne que les Statuts dudit métier & les Arrêts donnés sur iceux, seront exécutés selon leur forme & teneur, sur les peines y portées : ce faisant, que les gants que les Maîtres auront mandé faire venir, seront portés en la Chambre de la Communauté, & lotis en la maniere accoutumée, sans qu'ils en puissent retenir aucune quantité outre leur lot : fait défenses aux Jurés de prendre leur droit de visite en espece de gants, ains en argent, à raison de six deniers pour chacune douzaine de paires ; & lorsqu'il arrivera extraordinairement quelque

K

marchandife en ladite Chambre, font lefdits Jurés tenus de faire avertir tous les
Maîtres par le Clerc du métier, pour en
prendre leur lot, fi bon leur femble; &
ne pourront lefdits Maîtres être contraints
prendre autres efpeces de gants ni en plus
grande quantité que celle dont ils auront
befoin; & fur la demande pour la marque
des gants a mis & met les Parties hors
de Cour & de procès, fans dépens. Si te
mandons, qu'à la requête defdits demandeurs, tu mette le préfent Arrêt à exécution. De ce faire te donnons pouvoir &
commiffion. Donné à Paris en notre Parlement, le fix Septembre mil fix cent
trente-fix, & de notre Regne le vingt-
feptieme.

SENTENCE DE POLICE

*Du 26 Juillet 1662, qui ordonne la
main levée d'une faifie, cependant condamne lefdits Lelievre & autres aux
dépens.*

A TOUS ceux qui ces préfentes Lettres
verront: Pierre Séguier, Chevalier,
Marquis de Saint Brifion, Seigneur de
Ruaux & Saint Firmin, des grand & petit
Rancy, l'Etang-la-Ville & autres lieux,
Confeiller du Roi en fes Confeils, Gen-
tilhomme ordinaire de fa Chambre, &
Garde de la Prevôté & Vicomté de Paris;
Salut: Sçavoir faifons, que fur la requê-
te faite en jugement devant Nous en la
Chambre Civile du Châtelet de Paris, par

Me Camus, Procureur de la Communauté des Maîtres Gantiers Parfumeurs à Paris, demandeurs aux fins de l'exploit de saisie faite à leur requête par Granger, Sergent en la présence du Commissaire Manchon, assisté de Me Maurice, leur Avocat, contre Me Nicolas de Longueil, Procureur de Pierre Lelievre, Lebray, Mestayer & Quenot, défendeurs, & même Procureur des Maîtres & Gardes de la marchandise de Mercerie, intervenant. PARTIES OUIES, vu l'Arrêt de la Cour donné entre lesdits Maîtres & Gardes de la marchandise de Mercerie, & lesdits Jurés Gantiers, daté du 26 Novembre 1594, les Statuts desdits Jurés Gantiers vérifiés en Parlement le 23 Mai 1556, ledit exploit de saisie susdaté, l'avis par défaut du Procureur du Roi du 29 Octobre, la requête du 9 Novembre, tendante à fin de confirmation dudit avis, nous avons auxdits Lelievre, Lebray, Mestayer & Quenot, fait & faisons main-levée de ladite saisie, ordonné que ledit Arrêt de la Cour du 26 Novembre 1694 sera exécuté; & néanmoins condamnons lesdits Lelievre, Lebray, Mestayer & Quenot aux dépens. En témoin de ce, nous avons fait sceller ces Présentes. Ce fut fait & donné par Messire Dreux Daubray, Conseiller d'Etat & Lieutenant Civil de ladite Prevôté tenant le Siége le Mercredi vingt-six Juillet mil six cent soixante-deux. Collationnée.

K ij

SENTENCE DE POLICE

Du 26 Janvier 1664, qui déclare bonne
& valable la saisie faite sur Jean Ferret,
Marchand Mercier.

A TOUS ceux qui ces présentes Lettres
verront : Pierre Séguier, Chevalier,
Marquis de Saint-Brisson, Seigneur des
Ruaux & de Saint-Firmin, des grand &
petit Rancy & l'Estang-la-Ville, Conseiller du Roi en ses Conseils, Gentilhomme
ordinaire de sa Chambre, & Garde de la
Prevôté & Vicomté de Paris ; Salut : Sçavoir faisons que sur la Requête faite en
jugement devant Nous en la Chambre Civile du Châtelet de Paris, par Me Camus, Procureur des Jurés de la Communauté des Maîtres Gantiers-Parfumeurs à
Paris, demandeurs en confirmation de l'a-
vis du Procureur du Roi du vingt-un
Novembre, selon l'exploit du vingt-trois,
contre Me Nicolas de Longueil, Procureur de Jean Ferret, Marchand Mercier à
Paris, défendeur. PARTIES OUIES, Nous
avons ledit avis du Procureur du Roi susdaté, confirmé, & suivant icelui, avons
la saisie faite sur lesdits défendeurs de
deux douzaines d'étavillons de cuir de
chevre passé en huile, coupé pour faire des
gants, avec une paire de forces trouvée
dans la maison d'un Compagnon ; le tout
dans la boutique dudit défendeur, par
exploit du 16 Novembre, déclarée bonne
& valable, les gants taillés & les forces
saisies & confisquées au profit desdits Jurés,
& main-levée du surplus des peaux de

chevre faifies, fans tirer à conféquence, faifons défantes audit défendeur d'entreprendre fur le métier defdits Gantiers, faire ni faire faire des gants dans fa boutique, à peine de confifcation & d'amende arbitraire; & pour l'entreprife par lui commife, le condamnons en huit livres parifis d'amende, & aux dépens; ce qui fera exécuté nonobftant oppofitions ou appellations quelconques, & fans préjudice d'icelles. En témoin de ce, Nous avons fait fceller ces Préfentes. Ce fut fait & donné par Meffire Dreux d'Aubray, Confeiller d'Etat & Lieutenant Civil, tenant le fiege le Mardi vingt-fix Janvier mil fix cent foixante-quatre. *Signé* LUCE & fcellé.

EXTRAIT des Regiftres de Parlement, du 16 Septembre 1666, entre les Jurés Gantiers & les Marchands Merciers.

VU par la Chambre des Vacations la Requête à elle préfentée le neuf Août dernier, par les Jurés Gantiers-Parfumeurs de Paris, demandeurs, contre les maîtres & Gardes du corps des Marchands Merciers, Joailliers & Groffiers de la ville de Paris, défendeurs, à ce que les Demandeurs fuffent reçus oppofans à l'exécution de l'arrêt du 8 Février 1666, faifant droit fur ladite oppofition, ordonne que l'arrêt du 26 Novembre 1594 & autres rendus en conféquence, feroient exécutés, & que les défenfes feroient levées & ôtées; fur laquelle requête auroit été ordonné que les

Parties parleroient sommairement à Maître Pierre Pithou, Conseiller. Défenses, répliques, dupliques, appointement à mettre, productions des Parties, conclusions du Procureur-Général du Roi. Oui le rapport dudit Conseiller, & tout consideré: La Chambre a reçu & reçoit les Demandeurs opposans à l'exécution dudit arrêt du huit Février dernier : Faisant droit sur ladite opposition, leve les défenses portées par icelui, & ordonne que suivant l'arrêt du vingt-six Novembre mil cinq cent quatrevingt quatorze, il sera permis ausdits Demandeurs de se pourvoir par saisies & autres voyes dues & raisonnables contre les Défendeurs, qui travailleront & feront travailler par les Garçons & Compagnons à tailler & coudre des gants : condamne lesdits Défendeurs aux dépens liquidés à huit livres parisis. Fait en Vacation, le seize Septembre mil six cent soixante-six. Signé par Collation.

SENTENCE DE POLICE

Du 4 Janvier 1667, qui ordonne l'éxécution de plusieurs Articles des Statuts des Gantiers.

A TOUS ceux qui ces présentes Lettres verront, Pierre Séguier, Chevalier, Marquis de Saint Brisson, Seigneur de Ruau & Saint Firmin, des grand & petit Rancy, Lestang-la-ville & autres lieux, Prevôt de Paris ; Salut : sçavoir faisons que sur la requête faite en Jugement devant nous en la Chambre civile du Châtelet de Paris par Maître Jacques

Robinet , Procureur de Jacques Hardret ,
Joachim Duply , Philippe Larbur , Paul
André , André Maheure , Jacques Halo ,
François Lemaire , Guillaume Baudouin ,
Jean Delaporte , Pierre Godefroy , Jean
Durif , Zacharie Paulets , Jacques Leroy ,
Laurent de Breſt , Philippe Penet , Fran-
çois Mandoſe , Jean Deleſtre , Jean Thi-
beaudeau , Guillaume Boulet , Pantaléon
Boivin , Claude Danjean , Martin Daſtre ,
Antoine Deſtre , Michel Metayer , Jean
Boulonnois , Roch Lagneau , Jacques Jean ,
Jean Grandin & Conſorts , tous Maîtres
Gantiers à Paris , Demandeurs aux fins des
requêtes à nous préſentées les vingt-quatre
& vingt-neuf Juillet dernier , à l'encontre
de Maître Jean Camus , Procureur des
Jurés de la communauté dudit métier ,
Défendeurs ; après qu'il nous eſt apparu
des ordonnances de ladite communauté
vérifiées en Parlement le 23 Mai mil
cinq cent cinquante-ſix , de l'arrêt de ladite
Cour de Parlement rendu entre leſdits
Jurés lors en charge d'une part , & Michel Regnault , François Lenoir , Guy Le-
brun & conſorts , auſſi Maitres Gantiers ,
le trente-un Juillet mil ſix cent vingt-ſept ,
par lequel eſt ordonné que les vingt-ſept
& vingt-huit articles des ſtatuts & ordonnances deſdits Gantiers ſeront gardés
& obſervés ; ce faiſant , que les Marchandiſes apportées , tant par les Meſſagers de
Vendôme , Marchands forains , même
qui ſeront apportées en cette ville , ſur les
mandemens & miſſives des Maîtres Gantiers , ne pourront être vendues ni délivrées à aucuns Maîtres Gantiers , que pre-

K iv

mierement elles n'ayent été portées en la
chambre de la communauté , pour être
vues & vifitées par les Jurés dudit métier,
& le droit de vifitation payé à raifon de
fix deniers par douzaine de paires de gants,
pour, après ladite vifitation , être lefdites
marchandifes loties entre tous lefdits Marchands , fuivant lefdits ftatuts , avec défenfes à toutes perfonnes de délivrer aucune marchandife, qu'elle n'ait été portée
en ladite Chambre , en faire apparoir leurs
lettres d'envoi ou mandement, de l'avis
rendu par le Procureur du Roi de la Cour
de ceans, le quatre Août dernier, portant
que la communauté feroit affemblée, aux
fins d'etre élus quatre petits Jurés en ladite
communauté , à l'inftar des autres communautés , de l'acte d'affemblée ; & le
lendemain cinq Août , autre avis dudit
mois, portant qu'il fera élu quatre petits
Jurés , à l'inftar des autres communautés ,
du renvoi requis par lefdits Jurés Gantiers,
dudit avis portant qu'il fera procédé à l'é-
lection de quatre petits Jurés ; défenfes,
moyens de notre Sentence du 21 Août dernier, rendue fur le renvoi requis par les Jurés dudit métier, dud. avis, portant ladite
fentence exécutée : défenfes de procéder à
l'élection de quatre petits Jurés : moyens
defdits Maîtres Gantiers fignifiés auxdits
Jurés pour être ouis contre icelle fentence ;
autres piéces des parties : oui fur ce
noble homme Maitre Pierre Brigallier ,
Confeiller du Roi en cette Cour, en fes
conclufions : Nous difons que fur l'oppofition formée à l'encontre de notre fentence du vingt-un Août dernier, les parties

feront mifes hors de cour & de procès ;
feront les ftatuts & réglemens dudit métier exécutés , & nommément les articles
vingt-un , vingt-trois , vingt-cinq , vingt-
fept, trente, trente un , même le vingt-
fept, aux termes & exécution portés par
ledit arrêt du trente-un Juillet mil fix
cent vingt-fept , & modification d'icelui , portée par l'arrêt du fix Septembre
mil fix cent trente-fix ; Enjoignons aux
Jurés de veiller & tenir la main à l'exécution & obfervation defdits ftatuts , & faire
en cas de contravention faifir les marchandifes apportées ou vendues contre la teneur defdits ftatuts ; & où il y auroit négligence par eux de faire ladite faifie,
avons permis & permettons à chacun defdits Maîtres dudit métier, faire faire icelles
faifies par Officiers de Juftice , à la charge
de demeurer , par celui qui les aura fait
faire , refponfable en fon nom des dépens ,
dommages & intérêts qui pourroient être
prétendus par celui fur lequel elles auroient
été faites ; & auffi que l'Officier de Juftice
qui les aura faites, établiffe bon & fuffi-
fant gardien , duquel ledit Officier de
Juftice demeurera refponfable , jufqu'à ce
que les chofes faifies ayent été repréfentées ;
& fera tenu celui à la requête duquel ladite faifie aura été faite , de la remettre
ès mains des Jurés, pour être par eux pour-
fuivie la confifcation ou telle autre condamnation qu'il conviendra ; & auffi ne
pourront les Jurés confentir à la main-
levée de ladite faifie , jufqu'à ce qu'elle foit
ordonnée en Juftice , celui à la requête
duquel elle aura été faite préfent ou due-

ment appellé, auquel, fur la condamnation des dépens, fi aucuns font adjugés,
fera rembourfé de fes frais & autres ; ce
qui fera exécuté nonobftant oppofitions
ou appellations quelconques faites ou à
faire, pour lefquelles & fans préjudice
d'icelles ne fera différé. En témoin de ce,
nous avons fait fceller ces préfentes du
fcel de ladite Prevôté de Paris : ce fut fait
& donné par Meffire Antoine Fervant,
Confeiller du Roi en fes Confeils d'état &
privé, & Lieutenant-Particulier, Affeffeur
Civil & Criminel audit Châtelet, tenant
le Siége le mardi quatre Janvier mil fix
cent foixante-fept. *Signé* **L *v* c e. S *a* c o t,**
Greffier.

---

*EXTRAIT des Regiftres de Parlement,
du 19 Juillet 1667, entre les Jurés
Gantiers & plufieurs Maîtres dudit
Etat.*

ENTRE les Jurés Gardes & Anciens
de la communauté des Marchands Gantiers de cette ville de Paris, appellans de
la Sentence rendue au Châtelet de cette
ville, le quatre Janvier mil fix cent foixante-
fept d'une part ; & Jean Durif, Zacharie
Paulet, Jean Delaiftre, Jean Grandin,
Philippe Penel ; Jacques Leroy, Jacques
Hardray, Michel Métayer & Pierre Godefroy, Maîtres Gantiers Parfumeurs de
cette ville de Paris intimés, d'autre ; fans
que les qualités puiffent préjudicier. Après
que Maurice pour les apéllans & Guherry
pour les intimés ont été ouis & font de-

meurés d'accord de l'appointement paraphé de Talon pour le Procureur Général du Roi, qui a été oui : La Cour ordonne que l'appointement sera reçu, & suivant icelui, a mis l'appellation & ce dont a été appellé au néant, en ce que par la sentence, il est permis aux Maîtres particuliers de faire des saisies sur les Maîtres dudit métier, sans assistance des Jurés. Emendant, ordonne que les Maîtres particuliers qui auront connoissance de quelques malversations ou débit de quelques marchandises defectueuses, en avertiront les Jurés par un acte par écrit, lesquels seront tenus de se transporter dans le jour, & faire saisir lesdites Marchandises ; & à faute de ce faire après vingt-quatre heures, permis aux Maîtres particuliers de se retirer pardevant le Lieutenant de Police, pour leur être nommé un Officier, en présence duquel lesdits Maîtres pourront faire lesdites saisies à leurs risques, périls & fortunes ; & néanmoins permis aux Maîtres particuliers de saisir sur les Colporteurs qui ne sont Maîtres dudit métier ; la sentence au résidu sortissant son effet, dépens compensés. Fait en Parlement, le dix-neuf Juillet mil six cent soixante-sept. *Signé* CLEMENT.

ARREST

DU CONSEIL D'ETAT DU ROI,

*Qui ordonne que tous Marchands & Maîtres
Artifans des fauxbourgs de la ville de Paris,
de quelque commerce, art & métier que ce foit,
fans aucuns exceptés, demeureront réunis &
incorporés avec ceux de la ville de Paris,
d'aucune profeſſion, pour ne plus faire à l'avenir qu'un même Corps & Communauté, fous
les Statuts accordés auxdits Maîtres de la
Ville, fans que lefdits Maîtres des fauxbourgs
foient tenus de faire aucuns chefs-d'œuvre,
ni quitter leurs domiciles defdits fauxbourgs ;
ordonne Sa Majefté que chaque Communauté
réunie nommera pardevant le fieur de la Reynie & le Procureur de Sa Majefté au Châtelet, le même nombre de Jurés qu'il y en a dès
à préfent à la Communauté, dans laquelle feront réunis à la nomination les Maîtres des
fauxbourgs, & auront voix active & paſſive ;
fait Sa Majefté défenſes aux Maîtres des
fauxbourgs de travailler, qu'au préalable ils
ne foient réunis & n'ayent payé les fommes
qu'ils font tenus pour jouir de ladite réunion, & jufqu'à ce pourront les Maîtres de
la Ville faire faifir les ouvrages des Maîtres
des Fauxbourgs ; ordonne en outre Sa Majefté
audit fieur de la Reynie & à fes Procureurs
au Châtelet de tenir la main à l'exécution
du préfent Arrêt.*

*Extrait des Regiſtres du Confeil d'Etat, du 31
Mai 1675.*

LE Roi, pour empêcher la licence &
les abus qui s'étoient introduits parmi ceux qui faifoient commerce de mar-

chandife , denrées & profeffion d'arts &
metiers dans toutes les villes du Royaume,
& procurer en même temps la paix entre
les Maîtres, Marchands & Artifans de la
ville & fauxbourgs de Paris par la réunion
de leurs Maîtrifes , auroit fait expédier
fon Edit du mois de Mars 1673 , portant
l'exécution de ceux des mois de Décembre
1581 & Avril 1597, au préjudice defquels
Edits la plûpart defdits Maîtres de la
ville inquiettent fans fondement ceux des
fauxbourgs; à quoi étant néceffaire de pourvoir , & empêcher la continuation des procès intentés, & qui fervent de prétexte aux
Jurés de la ville & fauxbourgs, d'exiger de
leurs Confreres des fommes qui tournent
entiérement à leur profit : Ouï le rapport
du fieur Colbert , Confeiller ordinaire au
Confeil royal, & Contrôleur Général des
finances ; le Roi étant en fon Confeil , a
ordonné & ordonne que tous les Marchands
& Maîtres artifans des fauxbourgs de la ville
de Paris , de quelque commerce , art & métier que ce foit , fans aucun excepter , demeureront unis & incorporés avec ceux de
la ville de Paris de même profeffion, pour
ne faire plus à l'avenir qu'un même corps
de communauté , fous les ftatuts accordés
auxdits Maîtres de la ville, fans que lefdits
Maitres des fauxbourgs foient tenus de
faire aucun chef-d'œuvre ni quitter leurs
domiciles auxdits fauxbourgs , fi bon ne
leur femble; & pour empêcher les conteftations qui pourroient arriver entre lefdits Maîtres de la ville & ceux des fauxbourgs , dans les vifites qui fe feroient
par les Jurés de ladite ville , ordonne

Sa Majefté que chaque communauté réunie nommera pardevant le fieur de la Reynie, Procureur de Sa Majefté au Châtelet, le nombre de Jurés qu'il y en a à préfent à la communauté à laquelle ils feront
réunis, à laquelle nomination les Maîtres
defdits fauxbourgs auront voix active &
paffive : fait Sa Majefté défenfe aux Maîtres des fauxbourgs de travailler dans la
ville de Paris, qu'au préalable ils ne foient
réunis & n'ayent payé entre les mains de
Maître Thomas Vaucigne, chargé de l'exécution de l'Edit du mois de Mars 1673,
les fommes qu'ils font tenus pour jouir de
ladite réunion; & jufques à ce, pourront
les Maîtres jurés de la ville faire faifir les
ouvrages des Maîtres des fauxbourgs qu'ils
trouveront dans la ville, en vertu du préfent
arrêt qui fera publié, affiché & exécuté,
nonobftant oppofitions ou empêchemens
quelconques, dont (fi aucuns interviennent) Sa Majefté s'eft réfervé la connoiffance en fon Confeil, & icelle interdite à
toutes fes autres Cours & juges. Ordonne en
outre Sa Majefté audit fieur de la Reynie &
à fes Procureurs au Châtelet d'y tenir la
main, & feront toutes Lettres néceffaires
expédiées auxdites communautés. Fait au
Confeil d'Etat du Roi tenu à St. Germain-
en-Laye, le trente-un Mai mil fix cent foixante-quinze. *Signé.* FOUCAULT,

Collationné à l'original par nous Confeiller
Secrétaire du Roi, Maifon & Couronne de France
& de fes Finances.

EXTRAIT des Regiſtres du Conſeil
d'Etat, du 12 Juillet 1675, qui ordonne que les Maîtres des Fauxbourgs
ſeront réunis à ceux de la Ville.

SUR ce qui a été repréſenté au Roi en
ſon Conſeil, qu'en exécution des arrêts
qui y ont été rendus pour la réunion des
communautés du fauxbourg St. Germain
& des autres fauxbourgs à celles de la
ville de Paris, la plus grande partie des
Maîtres deſdites communautés des fauxbourgs, pour profiter du bénéfice de cette
réunion, ont déja ſatisfait aux conditions
portées par les arrêts, & en conſéquence
ont été reçus Maîtres à la ville, & par
ce moyen, acquis le repos que Sa Majeſté
a eu intention de procurer à leurs communautés, en faiſant ceſſer tout d'un
coup par cette union, tous les procès qui
étoient entre les communautés des fauxbourgs & celles de la ville; & bien qu'a-
près la réception à la Maîtriſe de la ville
du plus grand nombre des Maîtres des
fauxbourgs, leurs communautés ne ſubſiſtent plus, néanmoins, pour ôter tout
prétexte à ceux qui voudroient continuer
de fomenter les conteſtations que la différence des territoires faiſoit naître tous les
jours entre ces communautés : Oui le rapport du ſieur Colbert, Conſeiller ordinaire
au Conſeil Royal, & Contrôleur Général des
Finances : S. M. en ſon Conſeil a ordonné &
ordonne que les communautés des Maîtres
Tailleurs des fauxbourgs St. Germain, St.
Honoré, St. Victor, St. Denis, St. Marcel,

celles des Menuisiers des fauxbourgs St.
Germain, St. Denis, St. Jacques, St. Victor,
celles des Horlogeurs des fauxbourgs St.
Germain & St Jacques , celles des Serruriers des fauxbourgs St. Germain., St. Denis & St. Victor, celles des Cordonniers des
fauxbourgs St. Denis , St. Jacques , St.
Honoré & St. Marcel, celles des Selliers
des fauxbourgs St. Germain , St. Jacques,
St. Victor & St. Honoré , celles des Peintres des fauxbourgs St. Germain & St.
Victor , celles des Tanneurs du fauxbourg
St. Marcel, celles des Pâtissiers des fauxbourgs St. Germain , St. Jacques , St.
Denis, St. Marcel & St. Victor , celles des Lingeres des fauxbourgs St. Marcel & St. Victor , & celles des Tapissiers,
Fourbisseurs , Potiers d'étain , Tourneurs, Cuisiniers , Chaircutiers , Coffretiers , Arquebusiers, Corroyeurs , Vinaigriers, Peigniers , Tabletiers , Couvreurs , Fripiers , Gantiers , Teinturiers
en fil , laine & soye, Couteliers, Charrons , Bourreliers , Vitriers, Plombiers &
Faiseurs d'Aiguillettes du fauxbourg St.
Germain feront & demeureront unis & incorporés aux communautés de la ville de
même qualité , pour ne faire à l'avenir
qu'un seul corps de communauté ; & en
conséquence , lesdites communautés des
Maîtres Tailleurs des fauxbourgs St. Germain , St. Denis, St. Honoré, St. Victor
& St. Marcel , des Menuisiers des fauxbourgs St. Germain, St. Denis, St. Jacques
St. Victor & St. Honoré , des Horlogeurs
des fauxbourgs St. Germain & St. Jacques, des Serruriers des fauxbourgs St. Germain,

main, St. Denis & St. Victor, des Cordonniers des fauxbourgs St. Denis, St. Jacques, St. Honoré & St. Marcel, des Selliers des fauxbourgs St Germain, St. Jacques, St. Victor & St. Honoré, des Peintres des fauxbourgs St. Germain & St.
Victor, des Tanneurs du fauxbourg St.
Marcel, des Pâtissiers des fauxbourgs St.
Germain, St. Jacques, St. Denis, St.
Marcel & St. Victor, des Lingeres des
fauxbourgs St. Marcel & St. Victor, des
Tapissiers, Fourbisseurs, Potiers d'étain,
Tourneurs, Cuisiniers, Coffretiers, Arquebusiers, Corroyeurs, Vinaigriers, Pei-
gneurs Tabletiers, Couvreurs, Fripiers,
Gantiers, Teinturiers en fil, laine & soye,
Couteliers, Charrons, Bourreliers, Vitriers, Plombiers & Faiseurs d'Aiguillettes
du fauxbourg St. Germain demeureront
éteintes & supprimées ; Ordonne S. M. que
ceux desdites communautés des fauxbourgs
qui ont satisfait aux arrêts du Conseil & ont
été reçus à la Maitrise de la ville par l'un
de nos Procureurs au Châtelet, seront
censés & réputés Maîtres de la ville, &
comme tels, jouiront de tous les droits
qui appartiennent aux autres Maîtres de
la ville, & que les autres Maîtres desdites communautés des fauxbourgs seront
tenus dans le quinze d'Aout prochain,
satisfaire auxdits arrêts, sinon & à faute
de ce faire dans ledit temps & icelui passé,
en vertu du présent arrêt, sera permis aux
Jurés de la ville de les poursuivre en la
maniere accoutumée, comme gens sans
qualité & sans droit de se dire Maîtres ;
& dès à présent jusqu'audit jour quinze

L.

d'Août , pourront aller en visite chez eux ,
comme chez lesdits maîtres des fauxbourgs
qui ont été reçus à la ville , & faire dans
toute l'étendue desdits fauxbourgs leurs
fonctions , & ainsi qu'ils ont fait ci-devant
dans la ville ; ordonne en outre Sa Majesté que les Maîtres des autres communautés des fauxbourgs satisferont aux arrêts
dans pareil délai ; sinon qu'ils y feront
contraints , & sera le présent arrêt lu , publié & exécuté , nonobstant oppositions
& appellations quelconques dont (si aucunes interviennent) Sa Majesté s'en réserve
la connoissance , & icelle interdit à tous
autres Cours & Juges ; enjoint au sieur de
la Reynie , Lieutenant-Général de Police ,
& à ces deux Procureurs aux deux Siéges du
Châtelet d'y tenir la main , & à l'effet de
la réunion & suppression des communautés des fauxbourgs , feront toutes lettres
nécessaires expédiées. Fait au Conseil d'E-
tat du Roi , tenu à St. Germain-en-Laye ,
le douzieme Juillet mil six cens soixante-
quinze. *Signé* RANCHIN.

Collationné à l'original par nous Conseiller
Secrétaire du Roi , Maison & Couronne de
France & de ses Finances.

LETTRES-PATENTES,

Du 6 Septembre 1678, & Arrêt d'enregistrement du 7 du même mois, en
faveur de M. le Grand-Prieur de
France.

*Qui ordonne que tous Ouvriers & Artisans
établis dans l'Enclos & Cours du Temple & de Saint Jean de Latran seront
tenus de souffrir la visite des Marchands Gardes & Jurés de la Ville de
Paris, lesquelles visites ne pourront
être faites qu'en conséquence des Ordonnances de M. le Lieutenant Général de Police, en présence d'un Commissaire au Châtelet par lui nommé.*

*Extrait des Ordonnances Royaux registrées au
Parlement.*

LOUIS, par la grace de Dieu, Roi
de France & de Navarre, à tous ceux
qui ces présentes lettres verront; salut :
Notre cher & bien amé le sieur Bailly de
Hautefeuille, Ambassadeur extraordi-
naire de la Religion de Malthe près notre
personne, nous auroit remontré qu'à cause
de l'union qui a été faite en notre Châtelet de Paris par notre Edit du mois de
Février 1674 les Hautes-Justices de la Commanderie du Temple, de Reuilly & de
St. Jean de Latran, de toute ancienneté
établies sur plusieurs maisons situées en

L ij

Notre bonne Ville de Paris & ès environs,
ledit Ordre de Malthe verroit un notable
préjudice de ladite réunion, en ce qu'au
moyen de fadite   , il avoit droit de
franchife, de police & voierie, de confifcation & de tous autres droits attribués
aux Hautes-Juftices, & même droits de
connoître des crimes de rapt & de meur-
tre, dont les appellations des fentences &
jugemens rendus par leurs Juges reffortif-
foient directement au Parlement, ce qui
donnoit audit Ordre de Malthe un titre
confidérable dans notredite Ville, joint
que lefdites Juftices étoient exercées par
des Officiers particuliers qui payoient
finance & dont le cafuel étoit un grand re-
venu, & pour juftifier plus clairement le
préjudice que l'extinction defdites Juftices
porte à ladite Religion de Malthe, ledit
fieur Bailli de Hautefeuille nous auroit
fourni un état concernant l'étendue defdites Juftices, le nombre d'Officiers qui les
exercent, la valeur de leurs Offices, les
fermes des greffes & des géoles, & généralement de tous les autres droits appartenans audit ordre pour raifon defdites
Juftices, & nous auroit fupplié de vouloir donner des marques de la protection
que nous avons toûjours accordée à ladite
Religion de Malthe, en faifant connoître
que notre intention n'a point été de comprendre les enclos du Temple & de St.
Jean de Latran & de l'Hôtel Lorne ou de
Lourfine, feulement dans l'union que
nous avons faite defdites Juftices en notre Châtelet de Paris par notre Edit du
mois de Février 1674, non plus que la

moyenne & baſſe Juſtice, ſortans les autres vaſſaux de leurs fiefs dans ladite ville,
fauxbourgs & banlieue de Paris, le payement de leurs rentes ou cenſives & autres
droits Seigneuriaux & caſuels, & en outre maintenir ledit Ordre en la jouiſſance
deſdites Juſtices, avec faculté de pourvoir
aux Offices de Judicature, le décharger de
la ſomme de quinze cent livres qu'il étoit
obligé de payer à chacune année à l'Hôpital des Enfans-Trouvés de notre bonne
ville de Paris, dont nous nous chargerons,
& lui accorder la jouiſſance & bénéfice
de nos Edits & Déclarations des 20 Mars
1673. & Février 1674, portant réglement
pour le payement des droits Seigneuriaux
& féodaux pour les contrats d'échange,
d'héritages, contre-héritages, contrats de
conſtitutions de rente & redevance, dont
leſdites Seigneuries pourront jouir, aux
conditions portées par ſon Edit & Déclaration, & au ſurplus, lui accorder une
ſomme conſidérable à la perte cauſée par
la ſuppreſſion de la Juſtice dans les lieux
où ledit Ordre de Malthe avoit droit de
l'exercer : à quoi voulant pourvoir ; A ces
cauſes, nous étant fait repréſenter l'Arrêt
rendu ſur ce le 23 Janvier dernier ci-attaché
ſous le contre-ſcel de notre Chancellerie,
& conformément à icelui, de notre grace
ſpéciale, pleine puiſſance & autorité royale, en interprêtant notre Edit du mois de
Février 1674, avons déclaré & par ces
Préſentes ſignées de notre main, déclarons
n'avoir entendu réunir au Châtelet de notre bonne ville de Paris la haute Juſtice
des Commanderies du Temple & de Saint

Jean de Latran , pour l'enclos & cours
d'icelles seulement , & en conséquence nous
avons maintenu & gardé , maintenons &
gardons ledit Ordre de Malthe en la possession & exercice de la Haute-Justice dans
les enclos & cours du Temple & de la
Commanderie de St. Jean de Latran , pour
être exercée à l'avenir par un Bailly & autres Officiers nécessaires aux mêmes honneurs , pouvoirs , prérogatives , droits &
privileges pour lesdits enclos & cours seulement , que par le passé , comme aussi de
la Justice , pour les cens , rentes & autres
redevances des maisons & biens étant dans
la censive des fiefs dépendans desdits Seigneurs du Temple & de St. Jean de Latran , situés dans la ville , fauxbourgs &
banlieue de Paris , le tout ainsi que ledit
Ordre en a bien & duement joui , sans néanmoins qu'aucuns artisans & ouvriers faisans
commerce ou profession de quelques arts ou
métiers que ce soit , puissent s'établir dans
lesdits enclos & cours du Temple & de St.
Jean de Latran , qu'ils ne soient sujets à la
visite des Marchands & Gardes & Jurés de
ladite ville , lesquelles visites néanmoins
ne pourront être faites qu'en conséquence
des Ordonnances du Lieutenant Général
de Police , qui en donnera la permission ,
& en présence d'un Commissaire au Châtelet qui sera par lui nommé ; faisons défenses aux Grands-Prieurs , Commandeurs ,
Chevaliers & autres Officiers de les y souffrir , à peine d'être déchus de leurs privileges , & à l'égard du dédommagement dû
dudit Ordre de Malthe pour eux , il demeurera réuni & incorporé à la Justice

du Châtelet, en éxecution de notre Edit
du mois de Février 1674, nous avons accordé & accordons audit Ordre de Malthe, par forme d'échange, les droits Seigneuriaux pour les échanges des fiefs &
domaines qui sont de la mouvance desdites
Seigneuries du Temple & de St. Jean de
Latran pour en jouir conformément à nos
Edit & Déclaration des 20 Mars 1673,
& Février 1674, comme aussi déchargeons
ledit Ordre de la contribution de quinze
cens livres qu'il étoit tenu de payer par
chacune année, pour aider à la subsistance
des Enfans trouvés, de laquelle somme
nous demeurerons chargés, du jour de ladite réunion. Si donnons en mandement à
nos amés & féaux Conseillers les gens tenans notre Cour de Parlement à Paris,
qne ces présentes ils ayent à faire regiſtrer,
& du contenu en icelles jouir & user
ladite Religion de Malthe, nonobſtant
tous Edits, Déclarations, Arrêts & autres
choses à ce contraires, car tel eſt notre bon
plaiſir, en témoin de quoi avons fait mettre notre ſcel à ceſdites préſentes. Données
au camp devant Ypres, le vingtieme jour de
Mars l'an de grace mil ſix cent ſoixante-
dix-huit, & de notre regne le trente-cin-
quieme. Signé LOUIS ; & ſur le repli :
Par le Roi, Colbert ; & à côté, eſt écrit :
Regiſtrées, oui le Procureur Général du
Roi, pour jouir par l'impétrant & par
ledit ordre de Malthe & Commandeurs
du Temple & de St. Jean de Latran, de
leur effet & contenu, & être exécuté ſelon ſa forme & teneur, aux charges portées par l'arrêt de ce jour. A Paris, en

Parlement , le 7 Septembre 1678 ; mandons au premier des Huiffiers de notre Cour de Parlement ou autre Huiffier ou Sergent fur ce requis de faire pour raifon de l'exécution des préfentes tous actes requis & néceffaires; de ce faire te donnons pouvoir. Donné en Parlement , le 6 Sept. l'an de grace 1678 , & de notre regne le trente cinquieme. Collationné. *Signé* SIGONGNE, avec avec paraphe. Par la Chambre. *Signé* ISABEAU , avec paraphe.

SENTENCE DE POLICE

Du 12 Mars 1680, qui déclare la faifie faite fur Marconnet , Marchand Mercier, bonne & valable.

A TOUS ceux qui ces préfentes Lettres verront, Achilles de Harlay , Comte de Beaumont , de Beaune , Seigneur de Stamis & autres lieux , Confeiller ordinaire du Roi en fes Confeils d'Etat & privé Procureur-Général de Sa Majefté en fa Cour de Parlement à Paris , & Garde du Scel de la Prevôté & Vicomté de Paris , le Siége vacant ; falut : Sçavoir faifons que fur la Requête faite en Jugment devant nous en la Chambre de Police du Châtelet de Paris , par Maître Jean Euftache Tailbout , Procureur des Jurés de la communauté des Marchands Maîtres Gantiers-Parfumeurs de cette ville , Demandeurs en confifcation de plufieurs paires de gants mouillés en couleur de Franchipanes , lefquelles quatre paires ont été faifies fuivant l'exploit de Dudoit , Sergent a verge en cette Cour , du neuf Février dernier , contrôlé

à Paris par Dubois le même jour, & Défendeurs, affiftés de Maître . . . .
Camus leur Avocat, à l'encontre de Maître
François Millot, Procureur de Jean-
Baptifte Marconnet le jeune, Marchand
Mercier à Paris, Défendeur & Demandeur aux fins de fa Requête verbale du
dix-neuf Février dernier, tendante à ce
que l'avis du Procureur du Roi en cette
Cour, du dix-fept Février dernier fût
déclaré nul, & que main-levée pure
& fimple lui fût faite de ladite faifie des
gants en queftion. Parties ouïes en leurs
plaidoyers & remontrances, lecture faite
defdites pieces & des ftatuts & réglemens
de ladite communauté, avons la faifie defdits gants faite par exploit fufdaté fur ledit Marconnet déclarée bonne & valable ;
ce faifant, lefdits gants confifqués au profit
defdits Jurés, à la repréfentation le Gardien
contraint par corps, quoi faifant déchargé ; faifons défenfes audit Marconnet & à
tous autres Marchands Merciers, de plus
mettre ni faire mettre en couleur, apprêter, laver aucun gant, même de fe fervir
de bâtons ni de forces, à peine de nouvelle confifcation & d'amende, & pour la
faute par lui commife, le condamnons
dès à préfent en trois livres d'amende &
en pareille fomme de dépens, ce qui fera
exécuté nonobftant & fans préjudice de
l'appel, oppofitions ou appellations quelconques. En témoin de ce nous avons
fait fceller ces préfentes. Ce fut fait &
donné par Meffire Louis de Vienne,
Seigneur de Giraudot & autres lieux, Confeiller du Roi en fes Confeils, & Affeffeur
M

Civil & Criminel de la ville, Prevôté &
Vicomté de Paris, tenant le fiége, le
Mardi douze Mars mil fix cent quatre-
-vingt. Collationné. *Signé* Truchot.

SENTENCE DE POLICE

*Du 16 Juillet 1680, contre Melchior Bé-
zieux, Marchand Forain, qui lui défend de refter plus de quinze jours à
Paris, pour y vendre fes marchandifes.*

A TOUS ceux qui ces préfentes Lettres
verront, Achilles de Harlay, Chevalier, Confeiller du Roi en fes Confeils,
fon Procureur Général en fa Cour de Parlement, & Garde de la Prevôté & Vicomté
de Paris, le fiége vacant; falut : Sçavoir faifons, que fur la requête faite en jugement
devant nous en la Chambre de Police de
l'ancien Châtelet de Paris, par Maître Jean
Euftache Tairebout, Procureur des Jurés
de la communauté des Marchands Maîtres
Gantiers-Parfumeurs de cette ville de Paris, Demandeurs aux fins de la plainte par
eux rendue au Commiffaire de la Maire,
le fept Juin dernier, de ce que Melchior
de Bézieux, Marchand Forain de gants de
la ville de Graffe en Provence, au pré u-
dice des Ordonnances & Réglemens de Police depuis plus d'un an, il ne ceffoit de
vendre & débiter des marchandifes, comme les Maîtres de leur communauté, dont
la plûpart n'étoient point portées au Bureau
de leurdite communauté, pour être vifitées,
loties & partagées entr'eux & les autres
Maîtres d'icelle, & encore lefdits Jurés
Demandeurs, aux fins de leur exploit,

fait par Granger , Sergent à Verge en
cette Cour , le huit dudit mois de Juin
dernier , contrôlé à Paris par Bourgui-
gnon le même jour , assistés de Maître
. . . . Camus leur Avocat , contre
Maître Gaston Jean-Baptiste Legerin ,
Procureur dudit Melchior Bezieux , Marchand Forain Défendeur , assisté aussi de
Maître Edme Gondault son Avocat. PAR-
TIES OUIES , lecture faite desdites plaintes
& exploits , de notre sentence du douze
Septembre mil six cens soixante-cinq rendue contre Jean Galimard , Marchand
Forain , par laquelle entr'autres choses ,
défense lui a été faite de plus envoyer ni
vendre aucunes marchandises de gants ,
essences , pommades & autres choses dépendantes dudit métier , qu'elles n'ayent
été portées en la Chambre commune des
Gantiers , & visitées par les Jurés , & les
droits payés , à peine de confiscation , &
pourroit demeurer dans cette ville pendant
quinzaine pour le débit de ses marchandises ; de trois autres de nos sentences rendues au profit de ladite communauté ,
contre Antoine Biscare , Jacques Michel
& Antoine Bezieux , tous Marchands forains, le trente Octobre mil six cens soixante-
quatorze , deux Janvier de la même année , & douze Février mil six cens soixante-
quinze , par lesquelles entr'autres choses
il a été ordonné qu'au cas que lesdits Maîtres Gantiers ne puissent convenir avec
lesdits Marchands forains du prix de leurs
Marchandises foraines , iceux Marchands
forains les pourront vendre en gros &
non autrement & dans leurs maisons pen-

M ij

dant quinzaine feulement , à compter du
jour de la vifite de leurs marchandifes ,
& qu'après ladite quinzaine paffée , ils feroient tenus de les remporter hors la ville ,
fauxbourgs & banlieue de cette ville , à
peine de confifcation & d'amende ; des
moyens & acte des premier & onze de
ce mois , avec lefquels a été donné copie
defdites fentences , de l'acte délivré par
Daubenton , Greffier en cette Cour , du 9
de ce mois , par lequel il paroît avoir été
communiqué audit Legerin des Statuts ,
Réglemens , Ordonnances de ladite Communauté & autres pieces. Oui noble homme M.   Brigalier , Avocat du
Roi en ce Siége , Nous difons que les arrêts & réglemens de ladite Communauté
feront exécutés , & en conféquence d'i-
ceux , ledit Melchior Bezieux condamné à
vendre dans quinzaine toutes les marchandifes qui font dans la chambre , & ce en
gros & non en détail , & la quinzaine
paffée , tenu les remporter hors de cette
ville de Paris , ce qu'il pourra faire pendant trois jours après la quinzaine expirée , après lefquels trois jours , faute d'a-
voir par lui fait porter fes marchandifes
hors de Paris , permettons aux Parties de
Taitbout de faire tranfporter un Commiffaire dans les lieux où lefdites marchandifes font ou feront , pour en fermer les
portes , y appofer fon fcellé , qui y demeurera jufqu'à trois jours avant l'ouverture de la premiere foire. Avons enjoint
audit Melchior Bezieux lorfqu'il lui arrivera des marchandifes nouvelles concernant le négoce des Gantiers , les faire

porter en leur bureau pour y être visitées
& loties entre les Marchands Gantiers,
sinon par lui vendues en gros dans la quinzaine prochainement suivant l'arrivée defdites marchandises, laquelle expirée s'il
ne les a vendues, sera tenu de les emporter hors de cette ville de Paris, ce qu'il
pourra faire pendant trois jours, & les
trois jours passés, sera permis aux Marchands Gantiers de les faire enfermer en
une armoire ou en un lieu commode ; sur
les guichets ou portes desquels lieux ou
armoires sera apposé scellé, qui ne sera levé
que trois jours avant l'ouverture de la
foire qui sera lors prochaine. Enjoint à la
Partie de Legerin de porter honneur &
respect aux Jurés & Anciens de ladite
Communauté; défenses à lui de leur mé-
faire ni médire ; dépens compensés. Ce
qui sera exécuté nonobstant oppositions ou
appellations quelconques, & sans préjudice d'icelles. En témoin de ce, nous avons
fait sceller les Présentes, qui furent faites
& données au Châtelet de Paris par Meffire Michel Ferrand, Conseiller du Roi
en ses Conseils, & Lieutenant particulier
tenant le Siége, le Mardi 16 Juillet 1680.
Collationné, *signé* TRUCHOT.

SENTENCE DE POLICE

Du 23 Juillet 1680, contre le sieur Claude Jacquet, Marchand Forain de Grasse, portant défenses aux Marchands Forains d'être plus de quinze jours à Paris, pour vendre leurs marchandises en gros & non en détail.

A Tous ceux qui ces présentes Lettres verront : Achilles de Harlay, Chevalier, Comte de Beaumont, de Beaune, Seigneur de Stamis & autres lieux, Conseiller ordinaire du Roi en ses Conseils, son Procureur Général en sa Cour de Parlement, & Garde de la Prevôté & Vicomté de Paris, le Siége vacant : salut ; sçavoir faisons, que sur la Requête faite en jugement devant Nous en la Chambre de Police du nouveau Châtelet de Paris, par Me Jean Eustache Taitbout, Procureur de Guillaume Boutet, Jacques Ponsard & Jean Duriffe, Marchands Maîtres Gantiers Parfumeurs à Paris, Jurés de leur Communauté, demandeurs aux fins du procès-verbal & de la plainte par eux rendue au Commissaire Galleran le cinquieme jour de ce mois, de ce qu'au mépris des Sentences de Police & Statuts de leur Communauté, journellement plusieurs Marchands Forains vendent & débitent des marchandises de gants, pommades, huiles, essences & autres marchandises de leurdite Communauté, & encore demandeurs aux fins de leur exploit fait par

Granger, Sergent à verge en cette Cour,
dudit jour cinquieme de ce mois, contrôlé à Paris par Regnier le lendemain,
& défendeurs, affistés de Me   Camus, leur Avocat, contre Me Gaston-
Jean-Baptiste Legerin, Procureur de
Claude Jacquet, Marchand Forain de la
ville de Grasse en Provence, défendeur &
demandeur aux fins de la requête à nous
préfentée le huitieme auffi de ce mois,
par laquelle il a conclu à ce que la faifie
faite fur lui à la requête defdits Jurés,
de cent trente-deux douzaines de paires de
gants, façon de Grasse, de plufieurs façons, couleurs & fenteurs, tant chevreaux,
agneaux & moutons, dix douzaines de paires de cerf blanc, neuf pots de pommades & douze bouteilles d'effence d'huile
de fenteur, fût déclarée injurieufe & dé-
raifonnable, qu'il auroit main-levée d'i-
celle, avec dépens, dommages & intérêts;
qu'il lui feroit permis de faire débit de
fes marchandifes en la maniere accoutumée; ladite requête exploitée le même
jour par Mathas, Sergent à verge en cette
Cour, affifté de Me Edmond Gondault,
fon Avocat; & encore contre Me Nicolas
de Longueil, Procureur des Maîtres &
Gardes des Marchands Merciers, Groffiers & Jouailliers de cette ville de Paris,
demandeurs & intervenans felon leur requête verbale du jour d'hier, tendante à
ce que défenfes fuffent faites audit Jacquet & à tous autres Marchands Forains
de plus contrevenir aux Statuts & Ordonnances de leur Communauté, s'ingérer
de vendre & débiter aucunes marchandifes

M iv

dans la maison où ledit Jacquet demeure,
& pour l'avoir fait, qu'il seroit condamné
en leurs dommages & intérêts & dépens,
assistés de Me Denis Maurice, leur Avocat.
Parties ouies en leurs plaidoyers, lecture
faite desdites pieces, des Statuts, Réglements & Ordonnances desdites deux Communautés, de la Sentence de Police, donnée en cette Cour le seize Juillet présent
mois & an, par laquelle Melchior Bezieux aussi Marchand Forain de gants &
senteurs de ladite ville de Grasse a été condamné à vendre pour lors dans quinzaine
toutes les marchandises qui sont dans sa
Chambre, & ce en gros & non en détail,
& la quinzaine passée, tenu de remporter
hors de cette ville trois jours après la
quinzaine expirée, ainsi qu'il est plus au
long exprimé par ladite Sentence, & autres pieces : oui noble homme Me Jacques Brochard, Avocat du Roi en ce
Siége, Nous avons reçu les Parties de
Maurice Parties intervenantes en la présente instance, & faisant droit sur les contestations des Parties, sans s'arrêter à la
Requête de la Partie de Gondault du huitieme de ce mois ci-dessus énoncée, ayant
égard à la demande des Parties de Camus,
avons déclaré la saisie faite sur ledit Jacquet desdites cent trente-deux douzaines
de paires de gants, neuf pots de pommades, & douze bouteilles d'essences & huile
de senteurs, déclarée bonne & valable,
& pour la contravention, condamne la
Partie de Gondault en la somme de dix
livres de dommages & intérêts envers lesdits Jurés Gantiers, & aux dépens à pa-

reille fomme ; après le payement fait defquelles fommes, lui avons fait main-levée
de ladite faifie, les gardiens déchargés ;
enjoint audit Jacquet d'obferver doréna-
navant les Ordonnances, Arrêts & Sentences de Police, à peine de confifcation
des marchandifes qui feront trouvées en
contravention & d'amende : ce qui fera
exécuté nonobftant oppofitions ou appellations quelconques, & fans préjudice d'i-
celles. En témoin de ce, Nous avons fait
fceller ces Préfentes. Ce fut fait & donné
par Meffire Louis Devienne, Lieutenant
particulier de la Ville, Prévôté & Vicomté de Paris, tenant le Siége, le Mardi
23 Juillet 1680. Collationné, *figné* Truchot.

EXTRAIT *des Regiftres de Parlement, du* 4 *Juillet* 1689, *entre Jean Four-nereau & Jean Furon, Marchands Merciers, & les Jurés Gantiers.*

Entre Jean Fournereau, Marchand
Mercier, Bourgeois de Paris, & Jean
Furon auffi Marchand Mercier, Bourgeois de Paris, appellans d'une Sentence
rendue par le Juge de Police au Châtelet
de Paris le 19 Novembre 1688, d'une
part ; & les Maîtres & Gardes & Jurés
de la Communauté des Maîtres & Marchands Gantiers Parfumeurs de Paris, Intimés d'autres. Vu par la Cour l'avis du
Subftitut du Procureur Général du Roi
au Châtelet de Paris, du 25 Septembre
1688, intervenu entre lefdites Parties, par

lequel les faifies faites fur lefdits Fournereau & Furon à la requête defdits Maîtres
& Gardes & Jurés de la Communauté des
Marchands Gantiers-Parfumeurs, de cinq
paires & un gant trouvés à l'étalage de
la boutique dudit Fournereau, non accou-
-plés l'un fur l'autre, d'un grand mortier
& quatre tamis à battre & paffer la poudre à poudrer les cheveux, un pêtrin
fervant à pêtrir de la pâte de favonnet-
te, une paire de forces, une paire de
cifeaux, une pierre de lierre avec une
mollette fervant à broyer des couleurs,
deux paires de bâtons dits retournois fervant à renformer & redreffer les gants; le
tout auffi trouvé en la boutique dudit
Fournereau & en celle dudit Furon, &
eux travaillans à faire de la poudre & favonnettes, auroient été déclarées bonnes
& valables ; ce faifant, ordonner que les
Sentences, Arrêts & Réglemens feroient
exécutés, & fuivant iceux, défenfes fuffent
faites auxdits Fournereau & Furon. & à
tous autres Merciers d'avoir à l'étalage de
leurs boutiques plus de quatre paires de
gants qui feroient accouplés l'un fur l'autre, ni en leurs boutiques forces, cifeaux,
& bâtons dits retournois, fervans à la
fabrique defdits gants, & au furplus, lefdits Marchands Gantiers Parfumeurs maintenus & gardés dans le droit dans lequel ils
font feuls, privativement à tous autres,
de faire fabriquer, vendre & débiter de
la poudre à poudrer les cheveux, favonnettes, effences, pommades & autres
chofes dépendantes de leur métier, avec
défenfes auxdits Fournereau & Furon, de

plus travailler, fabriquer de leurs mains, ni faire travailler en leurs boutiques à faire de la poudre, favonnettes, ni autres chofes concernant le métier de Gantier-Parfumeur, ni avoir en leurs boutiques mortiers, pilons, tamis, pêtrins, ni autres uftenfiles fervant à fabriquer & faire lefdites chofes, à peine de confifcation & d'amende ; & néanmoins pour cette fois, fans tirer à conféquence, auroit été fait main-levée defdites chofes faifies, iceux condamnés aux dépens de ladite Sentence rendue entre lefdites Parties par le Juge de Police au Châtelet le 19 Novembre audit an 1688, par laquelle ledit avis auroit été confirmé, pour être exécuté de point en point, felon fa forme & teneur, avec dépens, & en outre, ordonné que lefdits Fournereau & Furon feront tenus de fe défaire des outils & uftenfiles dont leur auroit été fait main-levée par ledit avis, & ce dans quinzaine pour tout délai, finon & à faute de ce faire dans ledit temps & icelui paffé, en vertu de ladite Sentence & fans qu'il en fut befoin d'autre, qu'ils demeureroient & auroient été confifqués au profit defdits Jurés Gantiers ; ce qui fera exécuté nonobftant oppofitions ou appellations quelconques, & fans préjudice d'icelle, dont eft appel par lefdits Fournereau & Furon. Arrêt d'appointé au Confeil du 15 Janvier 1689. Requête defdits Fournereau & Furon du quatrieme Février audit an, employée pour caufes d'appel. Requête defdits Jurés Gantiers, du feptieme dudit mois de Février, employée pour réponfes. Productions des Parties,

Requêtes des dix neuf du même mois de
Février & quatrieme Mars enſuivant, employées pour contredits. Production nouvelle deſdits Jurés Gantiers, par Requête
du 21 Mai audit an 1689 ; ſommation de la
contredire par leſdits Tournereau & Furon. Le défaut obtenu au Greffe de la
Cour du 23 Mars 1689, par leſdits Jurés
Gantiers Parfumeurs, demandeurs aux
fins de la requête & exploit du douzieme
deſdits mois & an, à ce que l'Arrêt qui
interviendroit ſur l'appel de ladite Sentence fût déclaré commun avec les Gardes
& Marchands Merciers de cette Ville ;
ce faiſant, que défenſes leur ſeront faites
premierement d'ouvrager ni faire ouvrager en leurs boutiques, maiſons, & par-
tout ailleurs, aucuns gants, & d'avoir aucuns outils propres à faire des gants ; ſe-
condement, d'avoir à l'étalage de leurs
boutiques plus de quatre paires de gants
accouplés l'un ſur l'autre, & enfin d'ouvrager & travailler aucunes poudres à
poudrer les cheveux, ſavonnettes, eſſences, paſtilles, pommades, & généralement
tout ce qui regarde & peut concerner le
parfum, comme l'ambre, muſc & civette, même d'avoir aucuns pilons, mortiers, tamis & autres outils ſervant audit
métier ; & en conſéquence, que leſdits
Jurés Gantiers ſeront maintenus & gardés dans le droit, à l'excluſion de tous
autres Maîtres de quelque métier & profeſſion qu'ils puiſſent être, & leſdits Marchands Merciers condamnés aux dépens
contre leſdits Gardes Marchands Merciers
de cette ville de Paris, défendeurs &

défaillans faute de comparoir. La demande
fur le profit dudit défaut, lettres, titres,
exploits, & autres pieces. Arrêt du 14
Mai 1689, par lequel la Cour auroit déclaré le défaut bien obtenu pour en adjuger le profit, l'auroit joint à ladite inftance. Conclufions du Procureur-Général
du Roi; tout confidéré:

LA COUR a mis l'appellation de la Sentence de laquelle a été appellé, au néant,
en ce que par icelle les Marchands Gantiers-
Parfumeurs font maintenus feuls, privativement à tous autres, dans le droit de vendre
& débiter de la poudre à poudrer les cheveux, favonnettes, effences & pommades &
autres chofes dépendantes de leur métier;
émendant quant à ce, permis auxdits Fournereau & Furon d'en vendre & débiter;
ladite Sentence au réfidu fortiffant effet,
condamne lefdits Fournereau & Furon aux
deux tiers des dépens de la caufe d'appel,
l'autre tiers compenfé, & adjugeant le
profit dudit défaut, déclare l'Arrêt commun avec lefdits Jurés & Communauté
defdits Marchands Merciers de cette ville
de Paris, & les condamne aux dépens de
l'inftance d'appel dudit défaut & de tout
ce qui s'en eft enfuivi. Fait en Parlement,
le quatrieme Juillet mil fix cent quatre-
vingt-neuf. *Signé* DUTILLET.

EDIT DU ROI

Concernant les Arts & Métiers.

Portant création de Jurés dans chaque
Corps d'Arts & Métiers de toutes les
Villes & Bourgs clos du Royaume où
il y a Jurande ; fixation du droit qui
fera payé au Fermier du Domaine par
chaque Aspirant avant fa réception à
la Maîtrife ; & du droit de vifite qui
fera perçu par lefdits Jurés.

Donné à Verfailles au mois de Mars 1691.

Regiftré en Parlement le 14 Mars 1691.

LOUIS, par la grace de Dieu, Roi
de France & de Navarre : A tous préfens & à venir, Salut. Les Rois nos prédéceffeurs connoiffant que les Marchands
& Artifans font une partie confidérable
de l'Etat, & qu'il n'y a point de fujet de
quelque qualité qu'il foit, qui n'ait intérêt
à la fidélité du commerce & à la qualité
des ouvrages aufquels les Artifans travaillent, ont donné dans tous les temps
une attention particuliere aux réglemens
& à la police des corps des Marchands &
des communautés des arts & métiers. C'eft
par ces raifons importantes que Henri III.
& Henri IV. non contens des précautions
que les anciennes Ordonnances du Royaume avoient pris pour conferver les droits
royaux, maintenir l'ordre & la police

dans les arts & métiers, ont fait plusieurs
réglemens par les Edits de 1581, 1533 &
1597, pour prescrire le temps des apprentissages, la forme & la qualité des chefs-
d'œuvre, les formalités de la réception
des Maîtres, des élections des Jurés, des
visites qu'ils pourroient faire chez les
Maîtres, & les sommes qui seroient payées
par les Aspirans, tant au domaine, à
titre de droit royal, qu'aux Jurés & aux
communautés. Mais nonobstant toutes ces
précautions, leurs bonnes intentions ont
été éludées, & le public a été privé de
l'utilité qu'il en devoit recevoir, la longueur, les frais & les incidens des chefs-
d'œuvre ayant souvent rebuté les Aspirans les plus habiles & les mieux instruits
dans leur art, qui ne pouvoient pas fournir aux dépenses excessives des festins &
buvettes ausquelles on vouloit les assujettir.
D'ailleurs les brigues & les cabales qui se
pratiquent dans l'élection des Jurés, trou-
blent les communautés & les consomment
souvent en frais de procès, & ceux qui
sont choisis & préposés pour tenir la main
à l'exécution des Ordonnances, Réglemens & Statuts, ne devant exercer la Jurande que pendant peu de temps, se re-
lâchent de la sévérité de leur devoir, &
se croyent obligés d'avoir pour les autres,
particuliérement pour ceux qu'ils pré-
voyent leur devoir succéder dans la Jurande, la même indulgence dont ils sou-
haitent qu'ils usent dans la suite à leur
égard. Ce relâchement si préjudiciable au
public a donné une telle atteinte à la
police des corps des Marchands & des arts

& métiers, qu'il y a très-peu de regle dans les apprentiſſages, dans les chefs-d'œuvre, dans les réceptions des aſpirans, dans les élections, dans la fonction des Jurés, que même dans la plûpart des communautés il ne ſe tient point de regiſtre de la réception des Maitres ni des Apprentifs, & que dans la multiplication des frais dont les particuliers profitent induement aux dépens des communautés, les droits de la Couronne, fondé ſur ce qu'il n'appartient qu'aux Rois ſeuls de faire des Maîtres des arts & métiers, ſe trouvent négligés & anéantis, & au lieu du droit royal qui nous appartient, & qui avoit été fixé par l'Edit de 1581, & modéré par celui de 1597, il ſe leve par les Receveurs ou Fermiers de nos Domaines pluſieurs petits droits qui ne nous ſont d'aucune utilité, & donnent ſouvent lieu à des procès & différends. Ces raiſons nous ont fait prendre la réſolution de nommer des Commiſſaires de notre Conſeil, pour régler la forme & la qualité des chefs-d'œuvre que les aſpirans a la Maîtriſe ſeront obligés de faire, les frais de réception & autres choſes concernant l'ordre & la police des arts & métiers; & à cette fin ſe faire repréſenter les ſtaruts & réglements deſdits corps, & d'établir au lieu & place des Jurés électifs, des Jurés en titre d'Office, qu'une perpétuelle application & l'intérêt de la conſervation de leurs charges, qui répondroient des abus & malverſations qu'ils pourroient commettre, engageront à veiller avec plus d'exactitude & de ſévérité à l'obſervation des ordonnances, réglemens

&

ftatuts, de fupprimer les divers petits droits
qui fe levent au profit de notre Domaine,
pour la réception des Maîtres ou pour l'ouverture des boutiques , & de rétablir l'ancien droit royal fur un pied fixe & modéré ; enforte que nous puiffions tirer dans
les befoins preffans , tant du produit de ce
droit , que du prix des charges des Maîtres
& Gardes des corps des Marchands & des
Jurés des communautés d'arts & métiers;
quelques fecours pour foutenir les dépenfes de la guerre , & maintenir les
avantages dont Dieu a jufques à préfent
béni la juftice de nos armes. A CES CAUSES
& autres confidérations à ce nous mouvant , & de] l'avis de notre Confeil , &
de notre certaine fcience , pleine puiffance
& autorité royale, nous avons par le préfent Edit perpétuel & irrévocable , dit ,
ftatué & ordonné , difons , ftatuons & ordonnons , voulons & nous plaît , que par
les Commiffaires de notre Confeil qui feront par nous nommés , il foit inceffamment procédé à faire les réglemens qui
feront jugés néceffaires pour maintenir le
bon ordre & la police dans les corps des
Marchands & dans les communautés des
arts & métiers , particuliérement pour le
temps des apprentiffages , l'expédition des
brevets des apprentifs , la forme & la qualité des chefs-d'œuvre , les frais de réception des afpirans , les droits de réception
des Officiers de Juftice pardevant lefquels
ils doivent prêter le ferment , l'abolition
des buvettes , feftins & frais de confrairies , le nombre des vifites que les Jurés
pourront faire chez les Maîtres , ce que

N

chaque aspirant ou chaque maître sera obligé de payer à sa réception ou en toute autre occasion au profit de la communauté, & les autres choses concernant l'ordre & la police desdits corps des Marchands & communautés des arts & métiers ; qu'à cette fin lesdits Commissaires se fassent représenter les statuts & réglemens concernant lesdits corps & communautés, pour y changer, corriger & modifier ce qu'ils jugeront à propos : & cependant voulons & ordonnons par provision que lesdits réglemens & statuts soient observés selon leur forme & teneur, tant pour le temps des apprentissages, que pour la forme des chefs-d'œuvre, & les frais de réception des aspirans. Ordonnons que les chefs-d'œuvre qui leur seront prescrits soient de telle qualité qu'ils puissent être faits & parfaits dans l'espace d'un mois au plus ; qu'ils soient d'usage, ensorte qu'ils ne soient point inutiles à l'aspirant qui les aura faits ; auquel nous ordonnons qu'ils seront rendus, sans que les Jurés ou la communauté les puissent retenir où les faire racheter par les aspirans. Défendons expressément tous repas, festins, buvettes & dépenses de confrairies ; comme aussi de rien exiger des aspirans, sous prétexte de rachat desdits festins, buvettes ou frais de confrairies. Et à l'égard des droits des Officiers de Justice pardevant lesquels lesdits Maîtres doivent prêter serment pour leurs réceptions, voulons & ordonnons qu'ils demeurent réglés par provision sur le pied qu'ils se perçoivent. Et de la même autorité que dessus nous

avons par le préfent Edit fupprimé & fup--
primons les élections des Maîtres & Gardes
des corps des Marchands & Jurés, Syndics
ou Prieurs des arts & métiers, au lieu &
place defquels nous avons créé & érigé,
créons & érigeons en titre d'Offices formés & héréditaires, tant dans notre bonne
Ville de Paris, que dans toutes les autres villes & bourgs clos de notre Royaume, Pays,
Terres & Seigneuries de notre obéiffance,
où il y a préfentement maîtrife & Jurande,
le même nombre de Maîtres & Gardes dans
chaque corps de Marchands, & de Jurés
dans chaque corps d'arts & métiers, pour
exercer lefdits offices de Maîtres & Gardes,
& de Jurés, Syndics ou Prieurs, avec la
même autorité, les mêmes honneurs, prérogatives, privileges & exemptions dont
jouiffent préfentement lefdis Maîtres &
Gardes, & Jurés électifs, & aux droits qui
feront réglés en notre Confeil ; & en outre
les exemptons des charges de collecte,
tutelle & curatelle. Voulons & ordonnons
que dans un mois, à compter du jour de
la publication de notre préfent Edit, les
Lieutenans-Généraux, Baillifs, Sénéchaux
& autres Juges ordinaires qui exercent la
Jurifdiction & police fur les corps des
Marchands & fur les communautés des arts
& métiers, foient tenus de remettre entre
les mains des Intendans & Commiffaires
départis pour l'exécution de nos ordres dans
les Provinces & Généralités de notre
Royaume, des états en bonne forme des
corps des Marchands & communautés
d'arts & métiers qui exercent le commerce, la marchandife & les arts dans

N ij

chacune ville & bourgs clos de leur reffort où il y a Maitrife & Jurande, contenant le nombre des Marchands, Maîtres
& Apprentifs qui compofent lefdits corps
& communautés, le nombre des Maîtres
& Gardes ou Jurés qui exercent la fonction
de Maîtres & Gardes & la Jurande, & des
droits que reçoivent préfentement les Jurés
électifs pour la réception des maîtres & des
apprentifs ; enfemble les frais ordinaires
qui fe font à la réception defdits maîtres,
pour être enfuite, fur les états qui feront
envoyés à notre Confeil par lefdits Intendans & Commiffaires départis , avec
leurs avis , procédé en notredit Confeil
à la confection des rôles de la taxe defdits
Offices de Maîtres & Gardes des corps
des Marchands & de Jurés des communautés des arts & métiers, & au réglement des droits qu'ils percevront. Et d'autant qu'il feroit à craindre que lefdits Offices venant à être levés par des Maîtres
peu expérimentés dans la marchandife ou
dans l'art où ils feroient profeffion, ce que
nous nous propofons de faire pour le bien
& l'avantage du commerce & des arts &
métiers ne tournât au contraire à leur préjudice & à celui du public, nous voulons
& ordonnons que lefdits Offices de Maîtres & Gardes & de Jurés ne puiffent être
levés & exercés, tant dans notre bonne
Ville de Paris, que dans les villes où il
y aura Parlement, Chambre des comptes,
Cour des Aides, Bureau des Finances, &
autres principales villes de notre Royaume, que par les Marchands & Artifans
qui auront acquis l'expérience & capacité

néceſſaires pour s'en bien acquitter , par
dix années au moins de Maitriſe & de profeſſion actuelle ; & dans les autres villes
où il y aura Préſidial , Bailliage , Sénéchauſſée , par ſix années ſeulement de
maîtriſe & de profeſſion actuelle. Et néanmoins en faveur des fils de Maîtres , nous
ordonnons qu'ils pourront lever & exercer
leſdits Offices , pourvû qu'ils ayent au
moins ſix années de maitriſe & de profeſſion actuelle de la marchandiſe ou des
arts & métiers dans les villes du premier
ordre , & quatre ans ſeulement dans celles
du ſecond ordre ci-deſſus marqué , leſquels
Maîtres & Gardes des corps de Marchands
Jurés des communautés des arts & métiers,
feront pour le maintien de la diſcipline ,
& pour l'obſervation des ſtatuts & réglemens deſdits corps & communautés , la
viſite dans les maiſons , magaſins , boutiques , ouvroirs & atteliers des Marchands
& Artiſans , aſſiſteront aux chefs-d'œuvre
& réceptions des Maîtres , & feront généralement toutes les mêmes fonctions que
font & exercent préſentement les Maîtres
& Gardes , Jurés , Syndics & Prieurs électifs. Et pour établir quelque regle & maintenir la diſcipline dans leſdits corps &
communautés , en attendant les réglemens
généraux & particuliers qui ſeront faits
par les Commiſſaires de notre Conſeil ,
Voulons & ordonnons que leſdits Maîtres
& Gardes & Jurés en titre d'Office faſſent
au moins quatre viſites par an chez chacun des Marchands & Maîtres de leurs
corps & communauté ; pour chacune deſ-
quelles quatre viſites ſeulement , ils rece-

vront pour leur droit, sçavoir, dans les
plus gros corps des Marchands & communautés des arts & métiers de la premiere
claffe, 1 liv. 10 fols pour chacune defdites
quatre vifites; dans ceux de la deuxieme
claffe, 20 fols; dans ceux de la troifieme
10 fols, & dans ceux de la quatrieme &
derniere claffe 5 fols, fuivant la divifion
des arts & métiers en quatre claffes, qui
fera faite pour la fixation du droit royal,
fans que lefdits Maîtres & Gardes & Jurés
puiffent recevoir plus grande fomme pour
chacune defdites quatre vifites, ni exiger
aucuns droits pour les autres vifites qu'ils
feront chez les Marchands, outre les quatre ci-deffus ordonnées. Et pour toutes les
autres fonctions pour lefquelles lefdits
Maîtres & Gardes & Jurés électifs pren-
nent & perçoivent préfentement des droits,
les Maîtres & Gardes & Jurés en titre
d'Office pourront, par provifion, & jufqu'à ce qu'il y ait été autrement pourvu,
prendre & percevoir les mêmes droits, à
l'exception de ce qui fe payoit à titre &
fous prétexte de rachat, de feftins, buvettes & dépenfes de confrairies, que nous
leur défendons expreffément de recevoir,
à peine de concuffion. Et parce que l'un
des plus grands abus & des plus ordinaires
qui fe pratiquent dans lefdits corps &
communautés procede du grand nombre d'anciens Maîtres qui prétendent devoir affifter à la confection, examen &
réception des chefs-d'œuvre des Afpirans, & de recevoir pour cela des droits,
ce qui tourne à la foule & charge defdits
Afpirans, en attendant qu'il y ait été pourvu

par les réglemens qui feront dreffés par les
Commiffaires de notre Confeil , voulons
& nous plaît qu'il ne puiffe affifter à la
confection, examen & réception des chefs-
d'œuvre , outre les Jurés en titre d'Office , qu'un pareil nombre d'anciens Maîtres , ou tout au plus le tiers en fus ; en
forte que s'il y a quatre Jurés, il n'y puiffe
affifter au plus que fix anciens ; & qu'en
cas que , fuivant l'ufage defdits arts &
métiers , lefdits anciens Maitres ayent
coutume de recevoir des droits , ils ne
puiffent excéder la moitié de ceux que
perçoivent les Jurés. Seront tenus les Maîtres & Gardes , & Jurés créés par le préfent Edit, de tenir de bons & fideles regiftres , contenant le nom & la demeure
de chaque Maitre defdits corps & communautés, le temps de fa réception , le
nombre des Apprentifs, le temps de leur
apprentiffage , & fous quels Maîtres ; &
en cas de mort defdits Maîtres & Apprentifs , ou qu'ils quittent métier dont ils
faifoient profeffion, lefdits Maîtres & Gardes & Jurés feront tenus d'en faire mention à la marge dudit regiftre. Voulons
que l'un defdits Maîtres & Gardes ou Jurés alternativement d'année en année , faffe
la recette des deniers appartenans à la
communauté, provenans de la réception
des Maîtres , des droits de Confrérie, des
levées qui fe font fur les Maîtres , ou fur
les marchandifes qui fervent au métier ,
& autres deniers qui fe payent au profit
de la communauté , qu'il en faffe la dépenfe , tant au payement des dettes , que
des autres charges légitimes de la commu-

nauté, & qu'à la fin de chaque année,
& au plus tard un mois après qu'elle sera
expirée, il soit tenu d'en rendre compte
en notre bonne ville de Paris, pardevant
le Subſtitut de notre Procureur Général
au Châtelet, & dans les autres Villes du
Royaume, pardevant le Juge ordinaire de
Police, en préſence des autres Gardes &
Jurés & de quatre des anciens Maîtres,
& qu'il remette les deniers reſtans en ſes
mains, en celles du Garde ou Juré qui lui
doit ſuccéder dans ladite recette : & pour
faciliter la levée deſdits Offices à ceux
qui ſeront capables de les exercer ; voulons que ceux qui auront prêté les deniers
pour en payer le prix en nos revenus caſuels, ayent un privilége ſpécial ſur leſdits
Offices, & qu'à cet effet il ſoit fait mention dans la quittance du Tréſorier de nos
revenus caſuels, que le prix en a été payé
de leurs deniers. Voulons pareillement que
les droits de Marc-d'or deſdits Offices
ſoient fixés pour la premiere fois ; ſçavoir, des Offices de Maîtres & Gardes,
& Jurés des Corps de Marchands & Communautés d'arts & métiers de notre bonne
ville de Paris, de la premiere claſſe à 30
livres, de la ſeconde à 24 livres, de la troiſieme à 18 livres & de la quatrieme à 12 livres,
& pour les Offices de Maîtres & Gardes &
Jurés des Corps de Marchands & Communautés d'arts & métiers de toutes les autres
Villes de notre Royaume, à un tiers moins.
Les droits du Sceau des Proviſions deſdits
Offices pour la premiere fois à pareille
ſomme pour les Maîtres & Gardes & Jurés de notre bonne ville de Paris, & à un
tiers

tiers moins pour lefdits Maîtres & Gardes
& Jurés des autres Villes de notre Royaume, suivant la diftinction des claffes ci-
deffus marquées, & le droit du Garde des
Rolles à une livre 10 fols. Et à l'égard des
droits de réception des Maîtres & Gardes
& Jurés en titre d'office de notre bonne
ville de Paris, voulons & ordonnons que
lefdits Maîtres & Gardes & Jurés foient
reçus au Châtelet en la maniere accoutumée par le Subftitut de notre Procureur-
Général, & qu'ils payent pour la premiere
fois à leur réception les mêmes droits
qu'ont coutume de payer les Maîtres &
Gardes & Jurés électifs; & pour ce qui
eft des Maîtres & Gardes & Jurés des
Communautés de toutes les autres Villes
de notre Royaume où il y a Maîtrife &
Jurande, voulons & ordonnons qu'ils
payent pour tous droits pour leur réception, la premiere fois; fçavoir, ceux de
la premiere claffe 15 livres, ceux de la
feconde 12 livres, ceux de la troifieme 9 livres & ceux de la quatrieme 5 livres; le
tout fuivant la divifion des claffes qui fera
faite pour le payement du droit royal.
Et voulant rétablir l'ancien droit royal qui
nous doit être payé par tous les Marchands & Maitres de tous arts & métiers,
fuivant les anciennes Ordonnances, & les
anciens Statuts & Réglemens des arts &
métiers, Nous avons fupprimé & fupprimons le droit domanial de trois livres,
& autres petits de pareille nature que chaque Maître eft obligé de payer aux Fermiers de nos Domaines: au lieu defquels,
de la même autorité que deffus, voulons

O

& nous plaît que tous ceux qui feront à
l'avenir reçus Maîtres dans quelques Corps
des Marchands, ou dans quelque Communauté d'arts & métiers que ce puiſſe
être, tant dans notre bonne ville de Paris,
que dans toutes les autres Villes & Bourgs
clos de notre Royaume où il y a Maîtriſe
& Jurande, ſoient tenus de payer aux
Fermiers ou Receveurs de notre Domaine,
ſçavoir les Marchands & Maîtres des
Corps & Communautés de la premiere
claſſe de notre bonne ville de Paris, la
ſomme de 40 livres chacun, ceux de la
ſeconde 30 livres, ceux de la troiſieme 20
livres & ceux de la quatrieme 10 livres
ſeulement; le tout ſuivant les rolles deſdites quatre claſſes, qui feront arrêtés en
notre Conſeil. Les Marchands & Maîtres
des Communautés de la premiere claſſe
des Villes où il y a Parlement, Chambre
des Comptes, Cour des Aydes ou Bureau
des Finances, & autres principales Villes
de notre Royaume, 30 livres chacun,
ceux de la ſeconde claſſe 20 livres, ceux
de la troiſieme 12 livres & ceux de la quatrieme 6 livres. Les Marchands & Maîtres
des Corps & Communautés de la premiere
claſſe des Villes où il y a Préſidial, Bailliage ou Sénéchauſſée, 20 livres chacun,
ceux de la ſeconde claſſe 12 livres, ceux
de la troiſieme 8 livres & ceux de la quatrieme 4 livre. Les Marchands & Maîtres
des Corps & Communautés de la premiere
claſſe des autres moindres Villes & Bourgs
clos où il y aura Maîtriſe & Jurande,
15 livres chacun, ceux de la ſeconde claſſe
10 livres, de la troiſieme 6 livres & ceux

de la quatrieme 3 livres ; le tout fuivant
les rôles de diftribution defdites Villes,
qui feront arrêtés en notre Confeil : &
voulant favorifer les fils de Maîtres, &
faciliter leur réception à la Maîtrife, voulons qu'ils puiffent être reçus en payant
pour le droit royal un tiers moins que les
autres. Voulons pareillement que les petites Fruitieres, autrement dites Regratie-
res, de notre bonne ville de Paris, qui
vendent en boutiques, échopes ou étalages
en place fixe, payent feulement 30 fols
chacune pour le droit royal , fans qu'il
puiffe être rien exigé de celles qui mar-
chent par les rues, ou vendent debout
dans les marchés fur un panier qu'elles
portent devant elles, vulgairement appellé
inventaire. Faifons très-expreffes inhibitions & défenfes aux Maîtres & Gardes
des Corps des Marchands, & aux Jurés
des Communautés des arts & métiers, de
recevoir un Afpirant à la Maîtrife,qu'il n'ait
juftifié du payement du droit royal , par
la repréfentation de la quittance des Fermiers & Receveurs de nos Domaines ou
de leurs Commis, à peine de trois cents
livres d'amende contre chacun defdits
Maîtres & Gardes ou Jurés pour chaque
contravention. Et pour empêcher les recherches qui pourroient être faites fous
prétexte du défaut de payement du droit
royal pour le paffé, Nous en avons fait
& faifons don & remife aux Marchands
& Maîtres qui ont été reçus jufqu'au jour
de la date de notre préfent Edit. Défendons à toutes perfonnes de faire aucune
recherche ou pourfuite pour raifon de ce.

O ij

Sı donnons en mandement à nos amés &
féaux Conseillers les Gens tenant notre
Cour de Parlement, Chambre des Comptes, Cour des Aydes à Paris, que ces
Présentes ils ayent à faire lire, publier &
registrer, & le contenu en icelles garder
& observer selon leur forme & teneur,
cessant & faisant cesser tous troubles &
empêchemens qui pourroient être mis ou
donnés, nonobstant tous Edits, Déclarations, Réglemens & autres choses à ce
contraires, auxquels Nous avons dérogé
& dérogeons par cesdites Présentes, aux
copies desquelles collationnées par l'un de
nos amés & féaux Conseillers & Secrétaires, voulons que foi soit ajoutée comme
à l'original : Car tel est notre plaisir ; &
afin que ce soit chose ferme & stable à
toujours, Nous y avons fait mettre notre
Scel. Donné à Versailles au mois de Mars,
l'an de grace mil six cent quatre-vingt-
onze, & de notre Regne le quarante-
huitieme. *Signé* LOUIS. *Et plus bas*,
Par le Roi PHELYPEAUX. *Visa* BOUCHE-
RAT. Et scellé du grand sceau de cire verte.

Registré, oui & ce requérant le Procureur-
Général du Roi, pour être exécutées selon leur
forme & teneur, & copies collationnées envoyées
dans les Siéges, Bailliages & Sénéchauffées du
ressort, pour y être pareillement lues, publiées
& registrées ; enjoint aux Substituts du Pro-
cureur-Général du Roi d'y tenir la main, & d'en
certifier la Cour dans un mois, suivant l'Arrêt de
ce jour. A Paris, en Parlement, le 14 Mars
1691.

Collationné à l'original par Nous Ecuyer,
Conseiller-Secrétaire du Roi, Maison, Couronne de France & de ses Finances.

ETAT

Des Corps des Marchands & Communautés d'Arts & Métiers de la Ville & Fauxbourgs de Paris, divisé en quatre Classes ;

Suivant & en exécution de l'Edit du mois de Mars 1691, portant création des Maîtres & Gardes & Jurés en titre d'Office.

Arrêté le 10 Avril 1691.

PREMIERE CLASSE.

SIX CORPS DES MARCHANDS.

Apoticaires-Epiciers.
Bonnetiers.
Drapiers.
Merciers-Grossiers-Jouailliers.
Orfévres.
Pelletiers-Foureurs.

ARTS ET METIERS.

Affineurs-Départeurs d'or & d'argent.
Bouchers.
Batteurs d'or.
Barbiers-Perruquiers.
Boulangers de la Ville.
Brasseurs de Bierre.
Chirurgiens.
Chapeliers.
Charpentiers.

Libraires.
Marchands de vin.
Maçons.
Maîtres en fait d'armes & d'escrime.
Paveurs.
Peintres-Sculpteurs.
Tireurs d'or & d'argent.
Tapissiers.
Teinturiers du grand teint.
Tanneurs.

DEUXIEME CLASSE.

Armuriers-Heaumiers.
Boulangers de Fauxbourgs.
Bourreliers.
Corroyeurs.
Ceinturiers.
Chaircuitiers.
Chartons.
Chandeliers.
Cartiers.
Chaudronniers.
Couvreurs de Maisons.
Ecrivains.
Fourbisseurs.
Fondeurs.
Fripiers.
Gantiers-Parfumeurs.
Horlogers.
Lingeres.
Lapidaires.
Limonadiers.
Maréchaux.
Menuisiers.
Ouvriers en draps d'or.
Ouvriers en bas de soie.
Plumassiers.

Pâtissiers.
Potiers d'étain.
Peaussiers.
Parcheminiers.
Paumiers.
Plombiers.
Poissonniers d'eau douce.
Rotisseurs.
Selliers.
Serruriers.
Teinturiers en laine, fil & soie.
Tonneliers.
Verriers-Fayanciers.
Vinaigriers.

TROISIEME CLASSE.

Arquebusiers.
Balanciers.
Boisseliers.
Boursiers-Gibeciers.
Crieurs de vieux fers & drapeaux.
Cordonniers.
Couteliers.
Couturiers.
Coffretiers-Malletiers.
Cuisiniers.
Doreurs.
Eventaillistes.
Eperonniers.
Faiseurs d'instrum. de Mathématique.
Fruitiers-Orangers.
Foulons.
Graveurs.
Gaîniers.
Grainiers-Grainieres.
Joueurs d'instrumens. Maîtres à danser.
Jardiniers.

Miroitiers-Lunettiers.
Megissiers.
Pain d'Epiciers.
Potiers de terre.
Peigniers-Tablettiers;
Sages-Femmes.
Tailleurs.
Taillandiers.
Teinturiers du petit teint.
Tondeurs.
Tourneurs.
Vaniers.
Vitriers.

QUATRIEME CLASSE.

Aiguillers,
Bateliers-Passeurs-d'eau.
Boutonniers.
Bouquetieres.
Brodeurs.
Bonnetiers-Ouvriers;
Chaînetiers.
Cloutiers.
Cardeurs.
Cordiers-Criniers.
Découpeurs.
Emailleurs-Fayanciers.
Epingliers.
Emouleurs de grandes forces;
Filassiers-Liniers.
Ferreurs-d'aiguillettes.
Faiseurs de cordes à boyaux.
Layetiers.
Natiers.
Oiseliers.
Patenôtriers en bois & en corne.
Patenôtriers en jay, ambre & corail.

Pêcheurs à verges.
Pêcheurs à engins.
Papetiers.
Savetiers.
Tisserands.
Tissutiers-Rubanniers.
Vergetiers-Brossiers.
Vuidangeurs.

Fait & arrêté au Conseil d'Etat du Roi, tenu pour ses Finances, à Paris le 10 Avril 1691.

TARIF

Arrêté au Conseil en exécution de l'Edit du mois de Mars 1691, concernant le Droit dû à la réception des Marchands & des Maîtres des différens Arts & Métiers du Royaume.

NOMS DES MAITRES.	Droit dû dans les Villes où il y a Cour Supérieure.	Droit dû dans les Villes où il y a Présidial, Bailliage ou Sénéchaussée.	Droit dû dans les autres moindres Villes & Bourgs clos.
PREMIERE CLASSE. Six Corps des Mds. Apoticaires - Epi-ciers. Bonnetiers. Drapiers. Merciers. Orfévres. Pelletiers - Fou-reurs.	30 liv.	20 liv.	15 liv.

NOMS DES MAITRES.	Droit dû dans les Villes où il y a Cour Supérieure.	Droit dû dans les Villes où il y a Présidial, Bailliage ou Sénéchaussée.	Droit dû dans les Villes où il y a Présidial, Bailliage ou Sénéchaussée.	Droit dû dans les autres moindres Villes & Bourgs clos.
PREMIÈRE CLASSE.				
Arts & Métiers.				
Affineurs, &c.				
Batteurs d'or & d'argent.				
Bouchers.				
Barbiers & Perruquiers.				
Boulangers.				
Braffeurs.				
Chirurgiens.				
Chapeliers.				
Charpentiers.				
Libraires.				
Marchands de vin.	30 *liv.*	20 *liv.*		15 *liv.*
Maçons.				
Maîtres en fait d'armes.				
Paveurs.				
Peintres - Sculpteurs.				
Tireurs d'or & d'argent.				
Tapiffiers.				
Teinturiers.				
Tanneurs.				

NOMS DES MAITRES.	Droit dû dans les Villes où il y a Cour Supérieure.	Droit dû dans les Villes où il y a Présidial, Bailliage ou Sénéchaussée.	Droit dû dans les autres moindres Villes & Bourgs clos.
SECONDE CLASSE.			
Armuriers. Boulangers des Fauxbourgs. Bourreliers. Corroyeurs. Ceinturiers. Chaircuitiers. Charrons. Chandelliers. Cartiers. Chaudronniers. Couvreurs. Ecrivains. Fourbisseurs. Fondeurs. Fripiers. Gantiers. Horlogeurs. Lingeres. Lapidaires. Limonadiers. Maréchaux. Menuisiers. Ouvr. en dr. d'or. Ouvriers en bas de soie. Plumassiers. Pâtissiers. Potiers d'Etain.	20 liv.	12 liv.	10 liv.

NOMS DES MAITRES.	Droit dû dans les Villes où il y a Cour Supérieure.	Droit dû dans les Villes où il y a Présidial, Bailliage ou Sénéchaussée.	Droit dû dans les autres moindres Villes & Bourgs clos.
Suite de la 2e. classe.			
Peaussiers. Parcheminiers. Paulmiers. Plombiers. Poissonniers. Rotisseurs. Selliers. Serruriers. Teinturiers en laines, &c. Tonnelliers. Verriers - Fayanciers. Vinaigriers.	20 *liv.*	12 *liv.*	10 *liv.*
TROISIEME CLASSE.			
Arquebusiers. Balanciers. Boisseliers. Boursiers. Crieurs de fer. Cordonniers. Coutelliers. Couturieres. Coffretiers. Cuisiniers. Doreurs. Eventaillistes. Eperonniers.	12 *liv.*	8 *liv.*	6 *liv.*

NOMS DES MAITRES.	Droit dû dans les Villes où il y a Cour Supérieure.	Droit dû dans les Villes où il y a Présidial, Bailliage ou Sénéchaussée.	Droit dû dans les autres moindres Villes & Bourgs clos.
Suite de la 3e. classe.			
Faiseurs d'instr. de Mathémat.			
Fruitiers-Orang.			
Foulons.			
Graveurs.			
Gaîniers.			
Grenetiers & Grenetieres.			
Joueurs d'instr.			
Jardiniers.			
Miroitiers-Lunet.			
Mégissiers.			
Pain-d'Epiciers.	12 liv.	8 liv.	6 liv.
Potiers de terre.			
Peigniers-Tablet.			
Sages-Femmes.			
Tailleurs.			
Taillandiers.			
Teinturiers du petit teint.			
Tondeurs.			
Tourneurs.			
Vaniers.			
Vitriers.			
QUATRIEME CLASSE.			
Aiguilliers.			
Batel. Pass. d'eau.			
Boutonniers.	6 liv.	4 liv.	3 liv.
Bouquetiers.			
Brodeurs.			

NOMS DES MAITRES.	Droit dû dans les Villes où il y a Cour Supérieure.	Droit dû dans les Villes où il y a Présidial, Bailliage ou Sénéchaussée.	Droit dû dans les autres moindres Villes & Bourgs clos.
Suite de la 3e. classe.			
Bonnetiers-Ouvr.			
Chaînetiers.			
Cloutiers.			
Cardeurs.			
Cordiers-Criniers.			
Découpeurs.			
Epingliers.			
Emouleurs de gr. forces.			
Filassiers - Ligniers.			
Ferreurs d'aiguillettes.			
Faiseurs de cordes à boyau.			
Layetiers.	6 liv.	4 liv.	3 liv.
Nattiers.			
Oiseliers.			
Patenôtriers en bois & corne.			
Patenôtriers en jay, &c.			
Pêcheurs à verges.			
Pêcheurs à engins.			
Papetiers.			
Rubaniers.			
Saveriers.			
Tisserans.			
Verjettiers.			
Vuidangeurs.			

DÉCLARATION DU ROI

*Qui réunit à la Communauté des Maîtres
& Marchands Gantiers-Parfumeurs de
la Ville & Fauxbourgs de Paris les
Offices de Jurés héréditaires créés par
Edit du mois de Mars 1691.*

Du 8 Mai 1691.

LOUIS par la grace de Dieu, Roi
de France & de Navarre, à tous ceux
qui ces présentes Lettres verront; Salut : Les
Gardes & Jurés du corps & communauté
des Maîtres Gantiers-Parfumeurs de notre
bonne ville & fauxbourgs de Paris, nous
ont très-humblement fait remontrer que
ayant par notre Edit du mois de Mars
dernier, érigé en titre d'Offices héréditaires les Gardes des corps des Marchands & les Maîtres jurés des arts &
métiers, ils ont un notable intérêt non-
seulement que ces charges soient exercées
par des personnes de probité & d'expérience dans leurs métiers, & que ceux qui
en abuseront puissent être dépossédés, mais
que ceux de leurs corps qui peuvent bien
s'en acquitter puissent y parvenir à leur
tour, au lieu qu'ils en seroient exclus, si
ceux que nous en aurions pourvus n'en
pouvoient être dépossédés. Par ces consi-
dérations, & par le desir de nous marquer leur zele pour notre service & soumission à nos volontés, ils nous ont fait
offrir de payer au Trésorier de nos reve=

nus casuels, la somme de seize mille livres , s'il nous plaisoit d'unir à leur communauté les Offices de Jurés nouvellement
créés , pour être exercés par ceux qui nous
seront par eux présentés , pour autant de
temps qu'ils aviseront entr'eux , en conséquence des provisions que nous leur en
ferons expédier , & leur laisser à l'avenir ,
lorsque le temps de l'exercice de ceux que
nous aurons pourvus sera expiré, la faculté
de nous présenter de nouveaux Officiers ,
pour prendre de nous la confirmation de
leur nomination , comme aussi de leur
permettre, pour la facilité du payement
de ladite somme de seize mille livres,
de l'emprunter à constitution de rentes ;
& pour le payement des arrérages & acquittement du capital desdites rentes , de
lever les sommes portées par la délibération de ladite communauté, du 24 Avril
dernier : & voulant favorablement traiter
ladite communauté des Maîtres Gantiers-
Parfumeurs, & lui donner des marques
de notre protection ; A CES CAUSES,
de l'avis de notre Conseil , qui a vu la délibération de ladite communauté passée pardevant Le Beuf & Douet , Notaires au
Châtelet, le 24 Avril dernier , & de notre
certaine science , pleine puissance & autorité royale , nous avons par ces présentes
signées de notre main , uni & incorporé,
unissons & incorporons au corps & communauté des Maîtres Gantiers-Parfumeurs
de notre bonne Ville & Fauxbourgs de
Paris, les Offices de Jurés de leur communauté, créés par notre édit du mois de
Mars dernier, en payant par eux , suivant

leurs

leurs offres, au Tréforier de nos revenus
cafuels en exercice, la fomme de 16 mille
livres en deux payements ; le premier
comptant, & le fecond dans le mois de
Juin fuivant ; ce faifant , voulons que
lefdits offices foient exercés, en conféquence des provifions que nous ferons expédier à ceux qui feront nommés par ladite communauté , le temps qui fera par
elle avifé , après l'expiration duquel ladite
communauté pourra nous préfenter de
nouveaux Officiers, afin d'obtenir de nous
la confirmation de leur nomination, & continuer à l'avenir toutes les mutations d'Officiers que voudra faire ladite communauté ; & afin de donner à ceux qui prêteront ladite fomme de feize mille livres ou
partie , la fûreté qui nous eft demandée ,
ordonnons que dans la quittance de finance
qui fera délivrée à ladite communauté par
le Tréforier de nos revenus cafuels , il
fera fait mention de ceux qui feront ledit
prêt; lefquels, outre l'hypoteque qu'ils
auront fur les biens & effets appartenans
& qui appartiendront à l'avenir à ladite
communauté , auront un privilege fur
les deniers qui en proviendront des droits
& émoluments attribués par notre édit ,
& d'autres droits ci-après exprimés , que
nous permettons à ladite communauté de
recevoir , pour les employer au payement
du principal & arrérages des rentes qui
feront conftituées pour ladite fomme de
feize mille livres , fçavoir , deux cens liv.
de chaque Maître qui fera reçu par chef-
d'œuvres , outre les droits ordinaires &
accoutumés , cent cinquante livres de cha-

P

que Maitre qui fera élu Juré ; pour chaque brevet d'apprentiffage ou tranfport
d'icelui, douze livres, qui feront payées
par le Maître, fauf fon recours côntre
l'apprentif ; pour chaque ouverture de
boutiques, douze livres ; pour chaque fois
qu'un Maître ira aux foires vendre fes
marchandifes, fix livres, outre les quarante fols qui fe payent aux Jurés pour le
droit de vente defdites marchandifes, &
trois livres de chaque Maître fans aucune
exception, pour les quatre vifités qui fe
feront chez eux par chacun an, outre
les cinq fols qui fe payent pour chacune
defdites vifites aux Jurés dudit métier,
auxquels le payement continuera d'en être
fait à l'avenir, les Maitres qui n'auront
point encore été admis aux charges de
la communauté. Ordonnons, conformément à la dite délibération du 24 Avril,
que tous lefdits droits feront reçus par un
Syndic qui fera élu d'année en année par
les anciens Jurés, dans le nombre de ceux
qui auront contribué au prêt de ladite
fomme de feize mille livres, pour être par
lui employées au payement des arrérages
des rentes qui feront conftituées pour ladite fomme de feize mille livres, fans que
les deniers puiffent être divertis ailleurs,
ni même faifis par d'autres Créanciers de
la communauté, pour quelque caufe &
fous quelque prétexte que ce puiffe être,
à la charge que ce qui en reftera entre les
mains dudit Syndic à la fin de chacune
année (après les arrérages payés). fera employé au rachat de quelque portion du
capital defdites rentes, à commencer par

les Veuves & Héritiers des Créanciers de
ladite somme de 16000 livres , si aucun
est décédé ; & après l'acquittement entier
desdites rentes en principal & arrérages , la levée & perception des droits ci-
dessus mentionnés ne pourra plus être
continuée. Si donnons en mandement à
nos amés féaux Conseillers , les Gens tenans notre Cour de Parlement , que ces
présentes ils ayent à faire lire , publier &
regiftrer , & du contenu en icelles faire
jouir & user les Gardes & Jurés du corps &
communauté des Gantiers-Parfumeurs de
Notre bonne Ville & Fauxbourgs de Paris,
selon sa forme & teneur ; car tel est notre
plaisir , en témoin de quoi nous avons
fait mettre notre scel à cesdites présentes.
Donné à Versailles le huitieme jour de
Mai , l'an de grace mil six cent quatre-
vingt onze , & de notre regne le quarante-
huitieme. *Signé* LOUIS. *Par le Roi* ,
PHELIPPEAUX. *Vû au Conseil* , PHELIP-
PEAUX.

*Regiftré , oui & ce requérant le Procureur-
Général du Roi , pour être exécutées selon leur
forme & teneur , & copies collationnées envoyées
au Châtelet de cette Ville pour y être lues ,
publiées & enregiftrées ; Enjoint au Subftitut
du Procureur Général du Roi audit Siége , d'y
tenir la main , & d'en certifier la Cour dans
huitaine , suivant l'Arrêt de ce jour. A Paris,
en Parlement , le* 18 *Mai* 1691. *Signé* DU-
TILLET.

P ij

ARREST

DE LA COUR DE PARLEMENT,

Rendu en faveur des Maîtres Gantiers contre les Eventaillistes, &c.

Du 7 Février 1692.

LOUIS par la grace de Dieu Roi de France & de Navarre , au premier Huissier ou Sergent sur ce requis, sçavoir faisons, que le jour & date des présentes, entre la communauté des Maitres Eventaillistes de Paris, Appellans d'une Sentence rendue par le Prevôt de Paris ou son. Lieutenant de Police , les 18 Mai 1685 & 28 Mai 1688 d'une part , & la communauté des Maitres & Jurés Gantiers intimés, d'autre ; & entre les Maitres & Gardes du corps des Marchands Merciers - Grossiers - Jouailliers de Paris, demandeurs en requête à fin d'intervention du 31 Janvier 1689 d'une part , & lesdits Jurés & communauté des Eventaillistes, & lesdits Jurés de la communauté desdits Gantiers , défendeurs , d'autre part. Vû par la Cour lesdites sentences du Lieutenant-Général de Police de Paris , du 18 Mai 1685 & 28 Mai 1688 dont est appel, la premiere, rendue entre Etienne Foreau, Marchand Gantier & Parfumeur à Paris , défendeur à la saisie sur lui faite à la requête des Jurés Eventaillistes & la communauté des Gantiers-Parfumeurs intervenans & prenant le fait & cause dudit Foreau contre les Jurés de la communauté des Eventaillistes , demandeurs , par la-

quelle , après que l'Avocat du Roi auroit
été oui en ſes concluſions , l'avis auroit
été infirmé , la ſaiſie valable , & néanmoins les choſes ſaiſies rendues , & à l'avenir leſdits Gantiers pourroient apprêter
les peaux des Eventails, pour être par
eux données aux Eventailliſtes pour les
mouiller , enjoliver , & enſuite être rendues auxdits Gantiers pour les vendre
& débiter , après qu'elles auront été
marquées par les Eventailliſtes , & appor-
tant par leſdits Gantiers quittance deſdits
Eventailliſtes ; pour l'exécution de ladite
Sentence, leſdits Eventailliſtes pourroient
faire viſite chez leſdits Gantiers , aſſiſtés
toutefois d'un des Jurés de la communauté des Gantiers , dépens compenſés ,
ce qui ſeroit exécuté ſans préjudice de
l'appel : la ſeconde entre Pierre Gaboureau,
Nicolas Defrance, Jean Gerveau dit Gaillard , Claude Girault & Laurent Peruſot,
tous Gantiers Parfumeurs à Paris , défendeurs aux ſaiſies faites en leurs maiſons de
pluſieurs Eventails tant de papier, taffetas,
peaux & autres façons , & leſquels Maîtres
& Gardes de la communauté deſdits Marchands Gantiers-Parfumeurs de Paris , intervenans & demandeurs en exécution de
la ſentence du 18 Mai 1685 , & en confirmation de l'avis du Procureur du Roi
du 29 Août 1687 , contre leſdits Jurés
de la Communauté deſdits Eventailliſtes,
demandeurs ſaiſiſſans , & défendeurs à
l'intervention , par laquelle , Parties
ouies , auroit été ordonné que la ſentence
dudit jour 18 Mai 1685 ſeroit exécutée
ſelon ſa forme & teneur , & en conſé-

quence les faifies faites fur lefdits Gantiers à la requête defdits Eventailliftes,
auroient été déclarées nulles ; ce faifant , main - levée auroit été faite auxdits Gantiers de Paris de tous les Eventails faifis ; défenfes auxdits Jurés Eventailliftes de plus aller en vifite chez lefdits Maîtres Gantiers , fans être affiftés
d'un des Jurés de la communauté des
Gantiers , à peine de nullité : Au furplus,
lefdits Jurés Eventailliftes feroient tenus
d'avoir une marque pour marquer les
Eventails , dépens compenfés ; ce qui feroit exécuté nonobftant oppofitions ou
appellations quelconques , & fans préjudice d'icelles. Arrêt d'appointement au
Confeil , du 25 Juin 1688 , Requête du
23 Juillet audit an , defdits Jurés &
communauté defdits Eventailliftes , employée pour caufe d'appel. Réponfes defdits Gantiers ; Productions des Parties ;
Requête du 2 Août 1589 de la communauté defdits Eventailliftes, employée pour
contredits ; contredits defdits Eventailliftes : la Requête du 31 Janvier 1689 defdits Maîtres & Gardes du corps des Marchands Merciers - Groffiers - Jouailliers de
Paris , à ce qu'ils fuffent reçus Parties intervenantes en l'inftance d'entre lefdits Jurés & communauté defdits Eventailliftes
& Gantiers ; faifant droit fur leur intervention , en infirmant les Sentences des
18 Mai 1685 & 28 Mai 1688 , défenfes
fuffent faites aux Eventailliftes de faire
venir des Indes des éventails ni d'en acheter
pour les revendre & en vendre d'autres que
ceux par eux fabriqués & par leurs domefti-

ques, apprentifs en leurs maisons & boutiques, à peine d'amende commune ;
aussi que défenses fussent faites auxdits
Gantiers de revendre aucuns éventails,
ni en avoir dans leurs maisons & boutiques, à peine de confiscation & de
telle amende qu'il plairoit à la Cour arbitrer ; & en cas de contestation, les con-
testans fussent condamnés aux depens ; &
acte de ce que pour moyens d'intervention lesdits Merciers employoient le contenu en leur Requête. Arrêt du 3 Février
1689, par lequel lesdits Merciers auroient
été reçus Parties intervenantes ; & pour
faire droit sur leur intervention, les Parties
auroient été appointées en droit, & acte
auxdits Merciers de ce que pour moyen
d'intervention, ils employoient le contenu
en leur Requête, ordonné que les défendeurs fourniroient des réponses, écriroient,
produiroient, & joint à l'instance distri-
buée à Maître Jean-François Le Cocq,
Conseiller : productions desdits Merciers,
Requête du 2 Mars 1689. & 10 Décembre
1690 desdites communautés des Eventaillistes & Gantiers, employées pour réponses
à moyens d'intervention, défenses, écritures & productions, celle desdits Gantiers employée pour contredits contre la
production desdits Merciers : requête du
17 Juin 1690 desdits Merciers, employée
pour contredits contre les productions desdits Gantiers & Eventaillistes, ladite Requête du 20 Décembre 1690 desdits Gantiers, servant de salvations contre la Requête de contredits desdits Merciers : production nouvelle desdits Eventaillistes, par

requête du 17 Janvier 1690, fervant auffi
de contredits contre la production defdits
Merciers : Requête defdits Merciers du 19
Juin audit an, employée pour falvations
contre la Réquête des contredits defdits
Eventailliftes, & pour contredits contre
leur production nouvelle dudit jour 17
Janvier, même pour contredits contre
l'emploi de production defdits Eventailliftes, fur l'intervention ; fommations de
contredire ladite production nouvelle defdits Eventailliftes par lefdits Gantiers, du
17 Janvier 1690. Autre production nouvelle defdits Eventailliftes, par requête du
27 Août 1689 : fommation dudit jour de
la contredire par lefdits Gantiers : production nouvelle defdits Gantiers par requête
du 28 Février 1690. Requête du 8 Mars
1691 defdits Eventailliftes, employée pour
contredits contr'icelle, même pour falva-
tion contre la requête defdits Merciers des
17 & 19 Juin 1690. Autre production nouvelle defdits Gantiers par requête du 13
Mars 1691 ; fommation de la contredire
par lefdits Merciers ; Conclufions de notre
Procureur-Général ; acte de diftribution
du 5 Décembre 1691, de l'inftance à Maître Louis-Marie de Maulnory, Confeiller,
au lieu dudit fieur Le Cocq. Le tout joint
& confidéré, NOTREDITE COUR
ayant égard à l'intervention defdits Merciers, a mis les appellations & ce dont a
été appellé au néant : Emendant, fait main-
levée auxdits Gantiers des faifies des éventails fur eux faites à la requête defdits
Eventailliftes, & en conféquence, permet
auxdits Gantiers de préparer les cuirs, papiers

piers & taffetas des éventails, pour iceux
préparés, être par eux donnés à tel des Maîtres Eventaillistes qu'ils voudront choisir pour les mouler, enjoliver & marquer,
pour ensuite être par eux vendus & débi-
tés; leur fait défenses d'en vendre d'autres
que ceux dont ils auront préparé les peaux,
papiers & taffetas, & qu'ils auront fait
mouler, enjoliver & marquer par lesdits
Maîtres Eventaillistes, à peine de confiscation & de dix livres d'amende, & pour
l'exécution du présent Arrêt, permet auxdits Jurés Eventaillistes de faire la visite
des maisons & boutiques desdits Gantiers,
en se faisant assister d'un Juré Gantier,
lequel sera tenu de les accompagner à la
premiere réquisition qui en sera faite; fait
défenses auxdits Gantiers & Eventaillistes
d'acheter aucuns éventails pour les revendre, & d'en vendre d'autres que ceux qu'ils
auront fabriqués ou fait fabriquer, & com-
posés de toutes les parties nécessaires, conformément à l'Article premier des Statuts
desdits Eventaillistes. Condamne lesdits
Evantaillistes au quart des dépens de la
cause d'appel envers lesdits Gantiers, & lesdits Evantaillistes & Gantiers aux dépens de
l'intervention envers lesdits Merciers chacun à leur égard, les trois autres quarts
compensés entre les Gantiers & Eventaillistes. Si te mandons de mettre le
présent Arrêt à exécution selon sa forme
& teneur, de ce faire te donnons pouvoir.
Donné à Paris en notre Cour de Parlement, le septieme jour de Février l'an de
grace 1692. Collationné par la Chambre
Signé. DU TILLET.

Q

AVIS de M. le Procureur du Roi du 17 Juin 1692.

ENTRE Nicolas Leger, Charles Soyer, Nicolas Denis, François Bienfait, Luc Olivier, Pierre Bonny, Simon Le-Févre, Louis Mayeux, Laurent & Philippe Debray, Nicolas Oudin & consorts, tous Marchands Gantiers modernes & jeunes de la communauté des Marchands Gantiers Parfumeurs à Paris, demandeurs aux fins de l'exploit de Janson, Huissier en la Cour des Monnoyes, du 16 Mai dernier, contrôlé à Paris par Pernet ledit jour, à ce qu'il fût ordonné que les Statuts & Réglemens de la communauté, & la Déclaration du Roi de réunion des charges de Jurés de ladite communauté, du 8 Mai 1691 feront exécutés ; que défenses leur seroient faites d'y contrevenir : Et faisant droit sur l'opposition formée par les demandeurs à la réception du nommé Rousselot, n'ayant été que quinze mois Apprentif & servi les Maîtres ; au lieu que par les Statuts on est obligé, Articles III, & VI. pour parvenir à la Maîtrise, d'être quatre ans Apprentif & servir encore trois ans les Maîtres, déclarer la réception dudit Rousselot nulle ; défenses à lui de faire fonction de Maître, & à tous autres qui se trouveroient avoir été reçus sans avoir les qualités requises ; que les Jurés, Maîtres & anciens de ladite communauté qui ont reçu & reçoivent les droits & revenus de ladite communauté, tant en vertu des

Réglements que de la Déclaration de réunion, feroient tenus d'en rendre compte
en préfence des demandeurs, pour des
reliquats, fi aucuns y a, être employés
au rachat & rembourfement de 16000 liv.
empruntées pour la réunion des charges :
& pour avoir par les Jurés de préfent en
charge, contrevenu aux réglemens de ladite communauté, qu'ils feroient perfonnel-
lement condamnés en telle amende, peine,
dépens, dommages & intérêts que de raifon, & aux dépens, affiftés de Malvilain
leur Procureur, d'une part, & les Jurés
de la communauté des Maîtres Gantiers-
Parfumeurs à Paris, défendeurs, d'autre,
affiftés de Me. Pubert leur Procureur. Vû
les piéces des parties ; Nous, en conféquence de ce que par la quittance donnée
par Charles Cirier le trois du préfent mois,
reçue par Lebeuf, Notaire, il paroît que
les nommés Berondeau, Rouffelot, & Teffier, ont été reçus Maîtres fans avoir achevé leurs apprentiffages & fans avoir les
qualités requifes par les Statuts, avons
icelles réceptions déclarées nulles, & faifons défenfes auxdits Berondeau, Rouffelot & Teffier de fe dire Maîtres ni d'en
faire la profeffion : Ordonnons que leurs
boutiques, fi elles ont été par eux ouvertes, feront fermées ; faifons défenfes
aux Jurés de plus faire pareilles réceptions, fous telles peines qu'il appartiendra,
fauf à eux de fe pourvoir par-devers le
Roi pour obtenir la permiffion de recevoir
des Maîtres fans qualité, afin de pouvoir
racheter les principaux des rentes dûes
par ladite communauté. Ordonnons que

fuivant l'Edit du mois de Mars 1691,
les Jurés & Syndics rendront compte pardevant nous, en préfence des Maîtres qui
doivent affifter auxdits comptes, tant des
deniers qu'ils ont reçus en exécution de
ladite Déclaration, que des autres deniers
de la communauté, condamnons les Jurés
aux dépens liquidés à trois livres, lefquels ils ne pourront employer, non plus
que ceux faits en la préfente inftance, en
la dépenfe de leur communauté. Fait &
donné par Meffire Claude Robert, Confeiller du Roi en fes Confeils, & fon Procureur en cette Cour, les an & jour que
deffus. Signé.

SENTENCE DE POLICE

Du 16 Janvier 1693, qui confirme l'Avis du Procureur du Roi.

A TOUS ceux qui ces préfentes Lettres
verront; Charles-Denis de Bullion,
Chevalier, Marquis de Gallardon, Confeiller du Roi en tous fes Confeils, &
Garde de la Prévôté & Vicomté de Paris;
Salut : Sçavoir faifons, &c. PARTIES
OUIES, lecture faite des Statuts de ladite communauté, l'Edit & Déclaration
du Roi ci-deffus datés, de notre fentence
du 8 Août dernier, portant que les piéces
des Parties feront mifes en nos mains
pour en être délibéré; enfemble dudit
avis du Procureur du Roi auffi fufdaté :
Nous, après qu'il en a été délibéré, avons
l'avis dudit Procureur du Roi confirmé,

avec dépens, ordonné que les Statuts de
la communauté & réglements de Police
feront exécutés , & la préfente fentence déclarée commune avec lefdits Rouffelot ,
Berondeau & Teffier : & fur les autres demandes defdits Leger & conforts contre
lefdits Jurés , les Parties hors de cour , &
exécuté fans préjudice de l'appel. En témoin de ce nous avons fait fceller ces préfentes. Données par Meffire Gabriel-Nico-
las de la Reynie , Confeiller d'Etat ordinaire , & Lieutenant-Général de Police tenant le Siége le Vendredi 16 Janvier
1693. Signé OUDINOT. Collationné , fcellé
le 12 Février 1693. Signé LEHOUX. Signifié & baillé copie auxdits Hubert & De-
larue à domicile , le 16 Février 1693. Signé
BAILLET , Huiffier.

EDIT DU ROI

Du mois de Mars 1694,

Portant création de deux Offices d'Audi-
teurs-Examinateurs des Comptes pour
chaque Corps de Marchands & pour
chacune Communauté d'Arts & Métiers
de la ville de Paris & d'autres Villes &
Bourgs du Royaume; avec attribution
du Droit royal appartenant à Sa Ma-
jefté fur chaque Afpirant , &c.

Regiftré en Parlement le 5 Avril audit an.

LOUIS par la grace de Dieu Roi de
France & de Navarre, à tous préfens
& à venir ; Salut , &c. A CES CAUSES &

autres à ce nous mouvans , de notre certaine science , pleine puiffance & autorité
royale , Nous avons par le préfent Edit
perpétuel & irrévocable , créé & érigé ,
créons & érigeons en titre d'offices formés
& héréditaires , deux Auditeurs-Examina-
teurs des comptes pour chaque corps des
Marchands , & pour chacune communauté d'arts & métiers dans notre bonne
Ville & fauxbourgs de Paris & dans les
autres Bourgs clos de notre Royaume ,
Pays , Terres & Seigneuries de notre
obéiffance , voulons & nous plaît que les
Jurés , Maîtres & Gardes ; Prieurs , Syndics & autres qui reçoivent les revenus
defdits corps & communautés , foient tenus de préfenter tous les ans les comptes
de leur geftion , après les avoir affirmés
véritables , pour être par eux examinés , &
fur leur rapport être clos & arrêtés , fçavoir , dans notre bonne Ville de Paris ,
pardevant notre Lieutenant Général de
Police & le Subftitut de notre Procureur
au Châtelet , en la maniere accoutumée , &
dans les autres Villes & Bourgs clos de notre
Royaume , pardevant le Juge ordinaire
de Police , ou celui qui a coutume d'entendre & arrêter lefdit comptes , auxquels
Offices il fera par nous pourvu de perfonnes capables , moyennant la finance
qui fera réglée par les rôles que nous en
ferons arrêter en notre Confeil , & les
deux fols pour livres d'icelles , les Auditeurs créés par le préfent Edit pourront
contraindre d'office lefdits Maîtres & Gardes , Jurés , Prieurs , Syndics & autres
qui ont été employés ou nommés par les

corps des Marchands & communautés d'arts & métiers, pour faire la recette des deniers & revenus defdits corps & communauté; de leur remettre entre les mains les comptes de leur maniement depuis l'année 1680. qui ne font encore clos ni arrêtés. Enfemble les piéces juftificatives fervant à l'examen & vérification d'iceux, leur permettons d'exercer lefdits Offices fur les plus fimples quittances du Receveur de nos revenus cafuels, & d'en pofféder plufieurs dans une ou en différentes communautés, conjointement avec d'autres Chargés & Offices fans incompatibilité, & fans être tenus d'obtenir des Provifions ni autres Lettres, dont nous les avons relevés & difpenfés, leur fera même loifible de commettre à l'exercice d'iceux des perfonnes capables, dont ils demeureront refponfables; leur attribuons les mêmes droits dont jouit chacun des anciens qui affiftent à l'examen des comptes, & en outre cent cinquante livres de gages effectifs qui leur feront répartis par les états que nous en ferons arrêter en notre Confeil, le tout fuivant les Mémoires & avis des fieurs Intendans & Commiffaires départis dans les Provinces, & dont le fonds fera annuellement dans nos états de recette générale des finances, à commencer du premier jour de Mai prochain, pour être diftribués & payés auxdits Auditeurs par les Receveurs des tailles de chaque Election en exercice, fur leur fimple quittance; leur attribuons auffi les communautés dont ils entendront que le compte du droit royal à nous appartenant fur cha-

Q iv

que Aspirant , sur le pied réglé par notre
Édit du mois de Mars 1691 , pour dudit
droit user , jouir & disposer en pleine
propriété , comme de choses à eux ap-
partenantes , sans qu'ils en puissent être
évincés , sous quelque prétexte que ce
puisse être , si ce n'est en remboursant le
prix de l'aliénation sur le pied qu'il sera
employé dans les quittances des finances ;
voulons que ceux qui auront prêté leurs
deniers pour acquérir lesdits Offices , ayent
hypotheque & privilege spécial sur iceux,
sans qu'il soit besoin d'en faire mention dans
la quittance de finance , mais seulement
dans le contrat d'emprunt : que les Acquéreurs desdits Offices jouissent des privileges attribués aux Jurés des arts & métiers
par Edit du mois de Mars 1691. SI DON-
NONS EN MANDEMENT à nos amés & féaux
Conseillers, les Gens tenans notre Cour
de Parlement, Chambre des Comptes &
Cour des Aydes à Paris , que notre présent
Edit ils ayent à faire lire , publier & régistrer , & le contenu en icelui garder &
exécuter selon sa forme & teneur , nonobstant tous Edits , Déclarations , Réglemens
& autres choses à ce contraires , auxquels
nous avons dérogé & dérogeons par le
présent Edit , aux copies duquel , collationnées par l'un de nos amés & féaux
Conseillers & Secrétaires , voulons que foi
soit ajoutée comme à l'original ; Car tel
est notre plaisir ; & afin que ce soit chose
ferme & stable à toujours , nous y avons
fait mettre notre scel. Donné à Compiegne , au mois de Mars , l'an de grace mil
six cent quatre-vingt-quatorze , & de notre

regne le cinquante unieme. *Signé* LOUIS.
Et plus bas, Par le Roi, PHELIPPEAUX.
Visa. BOUCHERAT. Et scellé du grand
Sceau de cire verte.

Regiſtré , oui & ce requérant le Procureur-
Général du Roi , pour être exécuté ſelon ſa
forme & teneur , & copies collationnées en-
voyées dans les Bailliages & Sénéchauſſées du
reſſort , pour y être lues , publiées & regiſtrées.
Enjoint au Subſtitut du Procureur - Général
du Roi d'y tenir la main & d'en certifier la
Cour dans un mois , ſuivant l'Arrêt de ce jour.
A Paris , en Parlement , le 5 Avril 1694.
Signé DUTILLET.

Collationné à l'original par nous Conſeiller
Secrétaire du Roi , Maiſon & Couronne de
France & de ſes Financs.

EDIT DU ROI

Du mois d'Août 1701,

Portant confirmation des droits d'héré-
dité & de ſurvivance.

LOUIS par la grace de Dieu Roi de
France & de Navarre, à tous préſens
& à venir; ſalut, &c. A CES CAUSES &
autres à ce nous mouvans, & de notre
certaine ſcience, pleine puiſſance & autorité royale, nous avons par le préſent Edit
dit, ſtatué & ordonné, diſons & ordonnons, voulons & nous plaît que tous les
Officiers de notre Royaume dont les Offices
héréditaires ou en ſurvivance, ſoient &
demeurent maintenus & confirmés, com-

me par notre préfent Edit nous les maintenons & confirmons dans lefdits droits
d'hérédité & de furvivance, pour en jouir à
perpétuité, comme ils ont bien & duement
fait jufqu'à préfent, à la charge de nous
payer par chacun d'eux les fommes pour
lefquelles ils feront compris dans les rôles
que nous ferons pour cet effet arrêter en
notre Confeil, & les deux fols pour livres
d'icelui, lefquelles fommes leur tiendront
lieu d'augmentation de finances ; n'entendons comprendre dans l'exécution de notre
préfent Edit, les Gardes de notre tréfor
royal, les Tréforiers de nos revenus cafuels, & autres nos Officiers qu'il nous
plaira ci-après en excepter, & à l'égard
defquels il en fera ufé ainfi qu'il en fera
ci après par nous ordonné ; exceptons pareillement tous ceux qui depuis vingt ans
nous ont payé quelques finances pour la
confirmation defdits droits d'hérédité ou
de furvivance, & attendu que depuis que
nous avons permis aux communautés de
notre Royaume, de rembourfer les Offices
de Maîtres & Affeffeurs, il ne s'en eft
trouvé qu'un très-petit nombre qui ait
ufé de cette faculté, foit par impuiffance
ou autrement ; voulons que ceux qui
font actuellement pourvus defdits Offices de Maîtres & Affeffeurs, au moyen
du payement des fommes auxquelles ils
feront taxés pour la confirmation d'hérédité, demeurent maintenus & confirmés, leur vie durant, dans la jouiffance &
poffeffion de leurs Offices, fans qu'ils en
puiffent être dépoffédés ni rembourfés par
les communautés, auxquelles nous réfer-

vons feulement là faculté de rembourfer
leurs héritiers dans le temps & efpace de
trois mois, date du jour de leur décès,
à condition de leur rembourfer, outre la
finance principale de leurs Offices, celles
qu'ils nous auront payées en exécution de
notre préfent Edit, fans qu'après ledit
temps elles y puiffent être reçues; Voulons
pareillement que les Receveurs & Commis de nos Fermes, qui font actuellement
en titre d'Offices, foient & demeurent
maintenus dans la jouiffance d'iceux, au
moyen du payement des fommes aufquelles ils feront taxés pour la confirmation
de l'hérédité, & ce, pendant le temps
qui refte à expirer du bail de Maître Thomas Templier, Fermier Général de nos
fermes unies, nonobftant la claufe du
bail, par laquelle nous lui avions permis
de rembourfer defdits Offices, jufqu'à
concurrence de la fomme de 400000 liv.
par chacune des fix années du bail, & ne
pourront après l'expiration d'icelui, lefdits Receveurs & Commis en titre être
dépoffédés qu'en leur rembourfant outre la
finance principale, celles qu'ils nous auront payées en exécution de notre préfent
Edit, & feront les fommes pour lefquelles
tous les pourvus defdits Offices héréditaires ou en furvivance auront été compris dans les rôles que nous ferons arrêter
en notre Confeil, payées; fçavoir, le principal fur les quittances du Tréforier de nos
revenus cafuels, & les 2 fols pour liv. fur les
quittances de celui qui fera par nous chargé
de l'exécution de notre préfent Edit, & le
tout moitié deux mois après la fignifica-

tion defdits rôles , & l'autre moitié trois
mois après , à quoi faire les redevables
feront contraints , ainfi qu'il eft accoutumé pour nos deniers & affaires. SI DON-
NONS EN MANDEMENT à nos amés &
féaux Confeillers , les Gens tenans notre
Cour de Parlement , Chambre des Comptes & Cour des Aydes de Paris , que notre
préfent Edit ils faffent lire , publier &
regiftrer , & le contenu en icelui fuivre,
garder & obferver felon fa forme & teneur , ceffant & faifant ceffer tout trouble
& empêchements qui pourroient être mis
ou donnés , nonobftant tous Edits , Déclarations , Réglemens & autres chofes à
ce contraires , aufquels nous avons dérogé & dérogeons par le préfent Edit , aux
copies duquel collationnées par l'un de
nos amés & féaux Confeillers Secrétaires , voulons que foi foit ajoutée , comme à l'original ; Car tel eft notre bon
plaifir , & afin que ce foit chofe ferme
& ftable à toujours , nous y avons fait
mettre notre fcel. Donné à Verfailles au
mois d'Août , l'an de grace mil fept-cent
un , & de notre regne le cinquante-neu-
vieme. *Signé* LOUIS. Et plus bas : Par le
Roi, PHELIPPEAUX, *Vifa* PHELIPPEAUX.
VU au Confeil. *Signé* CHAMILLART. Et
fcellé du grand Sceau de cire verte , en
lacs de foye rouge & verte.

*Regiftré , oui ce requérant le Procureur Gé-
néral du Roi , pour être exécuté felon fa forme
& teneur , & copies collationnées envoyées dans
les Siéges , Bailliages , Sénéchauffées du reffort,
pour y être lues , publiées & regiftrées ; Enjoint*

aux *Subſtituts* du *Procureur Général* du *Roï*
d'y tenir la main & d'en certifier la Cour dans
un mois, ſuivant l'*Arrêt* de ce jour. *A Paris,*
en *Parlement*, le premier Septembre 1701. Signé DONGOIS.

EDIT DU ROI

Du mois de Juillet 1702.

*Portant création pour chacun des Corps
& Communautés d'Arts & Métiers,
tant dans les Ville & Fauxbourgs de
Paris, que dans toutes les autres
Villes & Bourgs clos du Royaume,
d'un Tréſorier-Receveur & Payeur de
leurs deniers communs.*

L O U I S par la grace de Dieu, Roi
de France & de Navarre : A tous préſens & à venir ; Salut, &c. A CES CAUSES
& autres conſidérations à ce Nous mouvans, de notre certaine ſcience, pleine puiſ-
fance & autorité royale, Nous avons par
le préſent Edit perpétuel & irrévocable,
dit, ſtatué & ordonné, diſons, ſtatuons
& ordonnons, voulons & nous plaît, que
dans deux mois du jour de la publication
qui en ſera faire, les Maîtres & Gardes
des Corps des Marchands & les Syndics,
Jurés ou Prieurs des Communautés d'arts
& métiers, tant dans la ville & fauxbourgs de Paris, que des autres Villes &
Bourgs clos de notre Royaume, pays,
terres & ſeigneuries de notre obéiſſance,

foient tenus de remettre, fçavoir ceux de
notre bonne ville & fauxbourgs de Paris,
au fieur Fleuriot d'Armenonville, Confeiller ordinaire en notre Confeil Royal
& Directeur de nos Finances, & ceux de
la Généralité de Paris & du refte du
Royaume ès-mains des Intendans & Commiffaires par Nous départis dans les Provinces, leurs ftatuts & réglemens & les
regiftres de la recette & de la dépenfe
qu'ils ont fait des deniers payés tant pour
la réception des Marchands, Maîtres &
Apprentifs, que pour les droits de vifite
& tous autres droits & revenus defdits
Corps & Communautés, avec l'état des
Marchands & Maîtres qui le compofent,
contenant les jours & date de leurs réceptions, comme auffi de l'état des Apprentifs & celui de leurs dettes communes ; le
tout par eux certifié véritable, enfemble
les mémoires de ce qu'ils jugeront néceffaires pour établir & maintenir la difcipline qui doit être obfervée dans lefdits
Corps & Communautés: permettons auffi
aux Anciens fortis de Jurande & à tous
Marchands & Maîtres des mêmes Corps
& Communautés de fournir de leur part
des mémoires féparés, pour fur le tout &
de l'avis des Commiffaires qui feront par
Nous nommés pour cet effet, être procédé
à la confection des réglemens ordonnés
par notre Edit du mois de Mars 1691, &
de la même autorité que deffus, nous
avons par le préfent Edit créé & érigé,
créons & érigeons en titre d'Office formé
& héréditaire pour chacun defdits Corps
& Communautés, tant dans notre bonne

ville & fauxbourgs de Paris, que dans
toutes les autres Villes & Bourgs clos de
notre Royaume, pays, terres & seigneuries de notre obéissance, un Tréforier-Re-
ceveur & Payeur de leurs deniers communs
ès-mains duquel feront remis à tous chacun les deniers qui avoient coutume d'ê-
tre reçus, foit par lefdits Maîtres & Gardes, Syndics, Jurés ou Prieurs, foit
par autres nommés par eux ou par lefdites
Communautés, des Apprentifs & des Marchands & Maîtres pour droit de réception, vifite ou autrement, & généralement tous les autres deniers que lefdits
Corps & Communautés pourroient lever
fur eux par capitation, ou emprunter pour
l'acquittement de leurs dettes & charges
ordinaires ou extraordinaires; voulons que
les Jurés, Maîtres & Gardes, & autres
qui ont eu l'adminiftration des deniers
defdites Communautés depuis vingt années, foient tenus d'en rendre compte pardevant les fieurs Lieutenans-Généraux de
Police des lieux de leur établiffement, &
de remettre entre les mains defdits Tréforiers tous les deniers dont ils fe trouveront reliquataires, & fera à l'avenir l'adminiftration de tous les deniers faite par
lefdits Tréforiers, fuivant les réglemens
qui en feront faits par lefdits Commiffaires, & cê qui fera par eux ordonné fur
l'examen defdits comptes, fera exécuté
nonobftant oppofition ou appellation quelconques; ne feront lefdits Tréforiers tenus
de donner caution de leur maniement,
attendu la finance qu'ils nous auront payée
pour lefdits Offices, & feront exempts

de tutelle, curatelle, nomination à icelle, séqueftre, milice, guet & garde, collecte de taille & fel, & autres charges publiques, auront dans toutes les affemblées qui fe feront defdits corps & communautés, entrée, rang, féance & voix délibérative, immédiatement après les Maîtres & Gardes, Syndics, Jurés & Prieurs actuellement en charge, affifteront à tous les chef-d'œuvres & réception des Marchands, Maîtres & Apprentifs aux mêmes honneurs, droits que lefdits Maîtres & Gardes, Syndics, Jurés & Prieurs; le tout à peine de nullité de toutes les délibérations qui feroient prifes ci-après dans defdits corps & communauté fans la participation defdits Tréforiers; leur attribuons pour taxations dix-huit deniers pour livres de leur maniement à retenir par leurs mains, & vingt mille livres de gages actuels & effectifs à répartir entr'eux, fuivant les états qui en feront arrêtés en nôtre Confeil, & dont le fonds fera fait actuellement dans les états des recettes générales de nos finances, à commencer du premier du préfent mois de Juillet, pour leur être payé par les Receveurs des tailles de chaque élection en exercice, fur leurs fimples quittances, fans aucun retranchement; pourront lefdits Offices être poffédés conjointement avec tous autres Offices, fans aucune incompatibilité, & ne feront les pourvus defdits Offices fujets à aucune taxe, foit pour confirmation d'hérédité ou autrement, en quelque forte & maniere que ce foit, ni tenus de compter de leur maniement ailleurs que pardevant

vant les Maîtres & Gardes, Syndics, Prieurs ou Jurés desdits corps & communautés en la maniere qui sera prescrite par lesdits reglemens, & pourront les acquéreurs desdits Offices exercer les professions de Marchands ou Maîtrises des corps & communautés dont ils seront Tréforiers, sans faire aucun apprentissage ni chef-d'œuvre, & sans payer aucun droit de réception, dont nous les dispensons expressément; voulons que lesdits Officiers soient reçus & installés dans les fonctions de leurs Offices par les Lieutenants Généraux de Police des Villes & lieux de leur établissement. Si DONNONS EN MANDEMENT à nos amés & féaux Conseillers, les Gens tenant notre Cour de Parlement, Chambre des Comptes & Cour des Aydes à Paris, que le présent Edit ils fassent lire, publier & regiftrer, & le contenu en icelui garder & obferver de point en point selon sa forme & teneur, sans y contrevenir, ni permettre qu'il y soit contrevenu en quelque sorte & maniere que ce soit, nonobstant tous Edits, Déclarations, Réglemens & autres choses à ce contraires, auxquels nous avons dérogé & dérogeons par le présent Edit, aux copies duquel collationnées par l'un de nos amés & féaux Conseillers Secrétaires, voulons que foi soit ajoutée comme à l'original. CAR tel est notre plaisir; & afin que ce soit chose ferme & stable à toujours, Nous y avons fait mettre notre scel. Donné à Versailles au mois de Juillet l'an de grace mil sept cent deux, & de notre Regne le soixantieme. *Signé* LOUIS, *Et plus bas*, par le R.

Roi PHELYPEAUX. *Vifa* PHELYPEAUX. Vu au Confeil, CHAMILLARD. Et fcellé du grand Sceau de cire verte en lacs de foie rouge & verte.

Regiftré oüi & ce requérant le Procureur Général du Roi, pour être exécuté felon fa forme teneur, & copies collationnées envoyées aux Bailliages & Sénéchauffees du reffort pour y être lues, publiées & regiftrées. Enjoint aux Subftituts du Procureur Général du Roi d'y tenir la main ou d'en certifier la Cour, fuivant l'Arrêt de ce jour. A Paris en Parlement, le 23 Août 1702. Signé DONGOIS.

SENTENCE DE POLICE

Du 17 Avril 1703, contre Bottereau, Marchand Mercier, & Lorraine, Marchand Forain de la Ville de Graffe.

A Tous ceux qui ces préfentes Lettres verront : Charles-Denis de Bullion, Marquis de Gallardon, Prevôt de Paris, falut : Scavoir faifons, &c. PARTIES OUIES, Nous avons la faifie faite à la requête des Parties d'Hubert, des fept ballots ou caiffes, dont il y en a cinq remplies de gants & les deux autres remplies d'effences, fur ledit Bottereau, qui ont été trouvées chez lui, déclarée bonne & valable; ce faifant, difons que les chofes faifies feront portées au Bureau des Jurés Gantiers pour y être par eux vifitées & les droits de vifite payés, & enfuite lotties

& vendues en la maniere accoutumée entre les Marchands Gantiers, & les deniers rendus audit Lorraine, auquel lefdits gants & effences appartiennent; & au furplus, les Statuts & Réglemens exécutés, & fuivant iceux, faifons défenfes audit Lorraine & à tous autres Marchands Forains de plus faire décharger de pareilles marchandifes foraines ailleurs qu'audit Bureau de la communauté, & audit Bottereau & à tous autres Merciers d'en recevoir chez eux, qu'elles n'ayent été pareillement portées audit Bureau pour y être vifitées fans frais, fous telles peines qu'il appartiendra; ledit Lorraine condamné aux dépens faits tant contre lui que contre ledit Bottereau, qui feront pris fur le prix defdites marchandifes; ce qui fera exécuté fans préjudice de l'appel. En témoin de ce, Nous avons fait fceller ces Préfentes, faites & données par Meffire Marc-René de Voyer de Paulmy d'Argenfon, Chevalier, Confeiller du Roi en fes Confeils, Lieutenant-Général de Police, tenant le Siége, le Mardi dix-fept Avril mil fept cent trois. Collationné.

ARREST

DU CONSEIL D'ETAT DU ROI

Du 3 Juillet 1703,

Qui oblige les Syndics & Jurés des Com-
munautés d'Arts & Métiers de la ville
de Paris & autres Villes du Royaume
à rendre compte à Maître Jean Gar-
nier des deniers provenans de leur ad-
ministration jusqu'à actuel payement
du prix des Offices de Trésorier des-
dites Communautés, soit qu'ils ayent
été réunis ou non.

Extrait des Regiſtres du Conſeil d'Etat.

SUR la Requête préſentée au Roi en ſon
Conſeil par Jean Garnier chargé du recouvrement de la finance des Offices de
Tréſoriers des bourſes communes des corps
des Marchands & des communautés d'arts
& métiers du Royaume, en exécution de
l'Edit du mois de Juillet 1702, &c. A CES
CAUSES, attendu que juſqu'audit payement il eſt en droit de prendre connoiſſance de l'état des communautés, ce qu'on
affecte de lui cacher en lui refuſant la
communication des comptes qui lui indi-
queroient, non-ſeulement ce qui eſt dû par
les comptables, mais encore quels ſont
les biens des communautés qui lui ſont
affectés, requéroit qu'il plût à Sa Majeſté
lui permettre de pourſuivre à ſa requête

l'exécution dudit Arrêt du 21 Octobre
1702, contre les Maîtres & Gardes, Syndics & Jurés de chaque corps & communautés, nonobstant & sans préjudicier aux
arrêts qui leur ont été accordés pour la réunion desdits Offices, du moins jusqu'à ce
que ledit Suppliant ait été payé du prix
réglé par lesdits arrêts de réunion. Vu ladite Requête, ledit Edit & ledit Arrêt
du 21 Octobre 1702; oui le rapport du
sieur Fleuriau d'Armenonville, Conseiller
d'Etat ordinaire au Conseil Royal, Directeur des Finances, LE ROI EN SON
CONSEIL, en interprêtant ledit Arrêt du
21 Octobre 1702, a ordonné & ordonne
que les deniers qui sont ès-mains des Maîtres & Gardes, Syndics & Jurés des corps
des Marchands & communautés d'arts &
métiers du Royaume provenans de l'administration, seront baillés & délivrés
audit Garnier sur & tant moins, ou jusqu'à
parfait payement du prix des Offices de
leurs Trésoriers, soit qu'ils ayent été réunis ou non, à l'effet de quoi veut S. M. qu'à
la diligence dudit Suppliant, ses commis &
préposés, lesdits Maîtres & Gardes, Syndics
& Jurés soient poursuivis pour la rendition
de leurs comptes à rendre, & pour la représentation de ceux qui ont été rendus &
pieces justificatives d'iceux, & ce pardevant
ledit sieur d'Argenson, Maître des Requêtes
& Lieutenant-Général de Police pour la ville
& fauxbourgs de Paris, & dans les Provinces, pardevant les sieurs Intendans & Commissaires départis, & que ce qui sera par
lesdits sieurs Commissaires ordonné à l'occasion desdits comptes soit exécuté nonob-

ſtant oppoſitions ou autres empéchemens quelconques, dont ſi aucuns interviennent, elle a réſervé la connoiſſance à ſon Conſeil, & icelle interdit à ſes Cours & autres Juges, ſauf apiès que le prix deſdits Offices aura été entierement payé, à être procédé ſur la reddition des comptes deſdits corps & communautés en la maniere accoutumée & comme auparavant ledit Arrêt du 21 Octobre 1702. Fait au Conſeil d'Etat du Roi tenu à Marly, le troiſieme jour de Juillet mil ſept cent trois. Signé par collation RANCHIN.

EDIT DU ROI,

Portant qu'il ſera établi dans chacune Villes du Royaume où il y a Maîtriſes ou Jurande, un Greffe pour inſinuer & regiſtrer tous les Brevets d'apprentiſſage, Lettres de Maîtriſe, Actes de réception des Maîtres des Communautés d'arts & métiers, enſemble les Actes d'élection des Syndics & Jurés dans leſdites Communautés, avec leurs réceptions en ces qualités.

Donné à Verſailles au mois d'Août 1704.

Regiſtré en Parlement.

LOUIS, par la grace de Dieu, Roi de France & de Navarre: A tous préſens & à venir, Salut, &c. A CES CAUSES & autres à ce nous mouvans, de notre

certaine science, pleine puiſſance & autorité royale, nous avons par le préſent
Edit perpétuel & irrévocable, dit & ordonné, diſons & ordonnons, voulons &
nous plaît qu'il ſoit établi dans chacune
des Villes de notre Royaume où il y a
Maîtriſe ou Jurande, un Greffe pour
inſinuer & regiſtrer tous les brevets d'apprentiſſages, Lettres de maîtriſe, Actes
de réception de Maîtres, enſemble les
Actes d'élection des Syndics & Jurés dans
leſdites Communautés, avec leurs réceptions en ces qualités, ſeront leſdits actes
nuls, à moins qu'ils n'ayent été inſinués eſdits Greffes, & ne pourront ceux
au profit deſquels ils auront été expédiés
s'en ſervir, à peine de cent livres d'a-
mende; faiſons défenſes, ſous peine de
pareille amende aux Syndics & Jurés des
Communautés de procéder à la réception
des Maîtres, élection ou réception des
nouveaux Syndics ou Jurés, que tous leſdits actes mentionnés ci-deſſus n'ayent été
regiſtrés & inſinués, auquel enregiſtrement ſeront les brevets d'apprentiſſage ci-
devant paſſés, à l'effet de quoi ceux qui
ſubſiſtent encore aujourd'hui ſeront rap-
portés auxdits Greffes pour y être enregiſtrés, auparavant qu'il puiſſe être procédé à la réception deſdits Apprentifs à la
Maîtriſe, & ne pourront pareillement les
Maîtres actuellement reçus parvenir à la
Jurande, qu'ils n'ayent fait inſinuer leurs
actes de réceptions à la Maîtriſe, & pour
faire leſdits enregiſtrements & inſinuer
leſdits actes, nous avons, du même pouvoir & autorité que deſſus, créé & érigé,

créons & érigeons en titre d'Offices, formé
héréditaires, des Greffiers des enregiftremens, pour être établis en nombre fuffi-
fant, tant dans notre bonne Ville de Paris, que dans les autres Villes & lieux de
notre Royaume où il y a Maîtrife & Jurande, & faire les enregiftremens defdits
brevets d'apprentiffage, certificats conte-
nants que les apprentifs ont fervi le temps
prefcrit pour faire leur apprentiffage, confentement que donnent les Jurés de la réception à la maîtrife, élection des Jurés,
Syndics ou autres Officiers, & réception
d'iceux, le tout ainfi & en la forme ci-
deffus prefcrite, jouiront les pourvus defdits Offices de foixante mille livres de
gages effectifs, que nous leur avons attribués, & en outre des droits ci-après,
fçavoir dans notre bonne Ville & fauxbourgs de Paris, pour l'enregiftrement &
infinuation de chacun defdits actes dans
les corps & communautés de la premiere
claffe vingt livres ; pour ceux de la feconde,
quinze liv. ; pour ceux de la troifieme,
dix livres ; & pour la quatrieme, fix livres feulement, le tout fuivant les rôles
defdites claffes, qui ont été arrêtés en
notre Confeil : les Marchands & Maîtres
de la premiere claffe, dans les Villes où
il y a Parlement, Chambre des Comptes
& Cour des Aydes ou Bureau des Finances, & autres principales Villes de notre
Royaume, quinze livres ; ceux de la deuxieme claffe dix livres ; ceux de la troifieme, fix livres ; & ceux de la quatrieme
trois livres : Les Marchands & Maîtres de
la premiere claffe des Villes où il y a Préfidial,

fidial ,Bailliage , Sénéchauffée , dix livres
chacun , ceux de la deuxieme fix livres,
ceux de la troifieme quatre livres , & ceux
de la quatrieme deux livres : Les Marchands & Maîtres des corps & communautés de la premiere claffe des autres
moindres Villes & Bourgs clos où il y
aura Maîtrife & Jurande , fix liv. chacun,
ceux de la deuxieme quatre livres , ceux
de la troifieme trois livres , & ceux de la
quatrieme une livre dix fols , le tout fuivant les rôles qui ont été arrêtés en notre
Confeil pour la diftribution defdites Villes , en conféquence de notredit Edit du
mois de Mars 1691. Voulons que les Greffiers faffent à l'avenir les diligences néceffaires pour obliger les Jurés & autres
qui auront manié les deniers des communautés , à en rendre compte annuellement
pardevant les Officiers à qui la connoiffance en appartient. Seront toutes perfonnes reçues à acquérir lefdits Offices ,
& en pourront faire pourvoir en notre
Grande Chancellerie , fur les quittances
du Tréforier de nos revenus cafuels.
Voulons qu'il foit procédé à leur réception auxdits Offices fur lefdites provifions , par les Juges & Officiers à qui la
connoiffance du fait d'arts & métiers appartient. Ordonnons en outre qu'il foit
laiffé un fonds dans nos Etats de la fomme
de foixante mille livres de gages effectifs
que nous avons attribués auxdits Officiers,
pour être répartie entr'eux , à proportion
de la Finance qu'ils nous payeront pour
l'acquifition defdits Offices , & pour donner à ceux qui en feront pourvus les

S

moyens d'y vacquer avec affiduité, nous
leur avons accordé l'exemption de tutelle, curatelle, nomination à icelles, loge-
ment de gens de guerre, collecte de tailles,
du fervice de la Milice pour eux & pour
leurs enfans, & de toutes autres charges
publiques; ne pourront les Acquéreurs defdits Offices être taxés à l'avenir pour raifon d'iceux, foit pour confirmation d'hérédité, fupplément de finance ou autrement, dont nous les avons dès à préfent
déchargés & difpenfés, déchargeons &
difpenfons : Permettons auxdits Acquéreurs d'emprunter les fommes dont ils auront befoin pour payer la finance defdits
Offices, & de les affecter & hypothéquer
pour fûreté d'icelle, fans qu'il foit befoin
d'en faire d'autres mentions dans la quittance de finance, mais feulement dans
les contrats ou obligations qu'ils feront à
cet effet. Si DONNONS EN MANDEMENT à
nos amés & féaux Confeillers les Gens
tenans notre Cour de Parlement, Chambre des Comptes & Cour des Aydes à
Paris, que notre préfent Edit ils ayent à
faire lire, publier & regiftrer, même en
temps de vacation, & le contenu en icelui
garder & obferver felon fa forme & teneur, ceffant & faifant ceffer tous troubles
& empêchemens qui pourroient y être
mis ou donnés, nonobftant tous Edits,
Déclarations, Réglemens & autres chofes
à ce contraires, auxquelles nous avons
dérogé & dérogeons par le préfent Edit;
aux copies duquel, collationnées par l'un
de nos amés & féaux Confeillers Secrétaires, voulons que foi foit ajoutée comme

à l'original ; Car tel est notre plaisir , & afin que ce soit chose ferme & stable à toujours , nous y avons fait mettre notre scel. Donné à Versailles , au mois d'Août , l'an de grace mil sept cent quatre. *Signé* LOUIS. Et plus bas : Par le Roi , PHELIPPEAUX. Visa. PHELYPPEUX. Vu au Conseil , CHAMILLART , & scellé du grand sceau de cire verte.

Regiſtré , oui & ce requérant le Procureur-Général du Roi , pour être exécuté selon ſa forme & teneur , ſuivant l'Arrêt de ce jour. A Paris , en Parlement , le 24 Novembre 1764. Signé DONGOIS.

DÉCLARATION DU ROI.

Portant Réglement , & ordonne que toutes les marchandiſes de l'état de Gantier ſeront portées au Bureau deſdits Gantiers.

Du 12 Décembre 1705.

LOUIS par la grace de Dieu , Roi de France & de Navarre ; à tous ceux qui ces préſentes Lettres verront ; ſalut : Par notre Edit d'Août mil ſept cent un , nous avons ordonné que tous les Officiers de notre Royaume dont les Offices ſont héréditaires ou en ſurvivance , demeureroient maintenus & confirmés dans l'hérédité , à la charge de nous payer par chacun d'eux les ſommes pour leſquelles ils ſeroient compris dans les rôles qui ſeroient arrêtés à cet effet , & les deux ſols pour

livres d'icelles , qui leur tiendront lieu
d'augmentation de finance ; & par Arrêt
de notre Conseil du onze Juillet 1702 ,
nous avons ordonné que cedit Edit seroit exécuté à l'égard des communautés
& Officiers , tant de Judicature qu'autres,
qui ont fait réunir à leur corps & communauté des Offices , droits ou taxations
héréditaires , nonobstant la prétention où
ils étoient de n'être point dans le cas de
cette confirmation ; en conséquence desquels Edit & Arrêt, les Maîtres & Gardes
de la communauté des Maîtres & Marchands Gantiers-Parfumeurs de notre bonne Ville de Paris ont été employés pour
neuf mille trois cents trente-quatre liv.
& les deux sols pour livres, à cause des
Offices de Syndic, Jurés, & d'Auditeurs
des comptes de leur communauté , créés
ès années 1691 & 1694 , dont nous leur
avons ci-devant accordé la réunion ; &
comme par autre Edit du même mois de
Juillet 1702, nous avons créé pour chaque
corps de Marchands & communautés
d'arts & métiers de notre Royaume , un
Trésorier - Receveur & Payeur de leurs
deniers communs, lesdits Maîtres & Gardes prenant occasion de ladite taxe de confirmation d'hérédité , laquelle ils auroient
prétendu toujours ne pas devoir ; mais voulant en cela nous marquer leur soumission
& considérant qu'il ne pouvoit y avoir
rien de plus avantageux pour leur communauté que d'y réunir pareillement ledit
Office de Trésorier , avec les taxations &
droits qui y sont attachés , & les gages
tels qu'il nous plairoit d'y attribuer, ils nous

auroient très-humblement fait supplier de leur accorder ladite réunion, & de nous contenter d'une somme de quatorze mille livres de principal, & de quatorze cens livres pour les deux sols pour livre, tant pour la finance dudit Office que pour ladite taxe de confirmation d'hérédité, laquelle proposition & offre nous avons bien voulu accepter, & en conséquence avons ordonné par Arrêt de notre Conseil du 13 Mars 1703, qu'en payant par eux lesdites sommes dans certains termes, ils jouiroient du bénéfice de ladite confirmation & dudit Office de Trésorier, qui demeureroit uni & incorporé à leur communauté, avec les droits, privileges & exemptions y attribués, & de deux cens quatre-vingt livres de gages actuels & effectifs par chacun an, à commencer du premier du mois de Janvier 1703 ; même leur avons permis d'emprunter lesdites sommes en tout ou en partie, & accordé aux Prêteurs le privilege & hypotheque spécial sur ledit Office, droits & gages y attribués, pour l'exécution desquelles offres, & attendu qu'ils ne sont pas assurés de trouver à emprunter dans le Public des deniers suffisans pour les remplir, comme ils n'ont rien tant à cœur que de nous marquer leur zele & leur obéissance à nos volontés, ils croyent qu'ils seront obligés de lever par forme de prêt sur eux-mêmes, ce qui leur pourra manquer, laquelle levée ils ne peuvent faire sans notre permission ; d'ailleurs jugeant nécessaire de pourvoir à ce que les arrérages des sommes qu'ils emprunteront du Public ou qu'ils léveront par réparti-

tion soient exactement payées , enforte
qu'il puisse y avoir de temps à autre du
revenant-bon pour l'employer à l'extinction du principal , ce qui ne se peut qu'en
imposant quelques droits nouveaux , & en
se prescrivant des Réglements qui les maintiennent dans une exacte discipline , & em-
pêchent les abus qui détruisent ordinairement les communautés les mieux établies ;
ils ont pris entr'eux , sous notre bon plaisir , une délibération contenant quelques
dispositions qu'ils désireroient qu'il nous
plût autoriser : Et voulant favorablement
traiter ladite communauté des Maîtres &
Marchands Gantiers-Parfumeurs de notre
bonne Ville de Paris , leur donner des
marques de la satisfaction que nous avons
de leur obéissance , & leur faire res-
sentir les effets de notre protection ;
A CES CAUSES & autres à ce nous mouvant , après avoir fait examiner en notre
Conseil ladite délibération prise en leur
communauté, ensemble ledit Arrêt dudit
jour 13 Mars 1703 , & de notre certaine
science , pleine puissance & autorité royale,
nous avons par ces présentes signées de
notre main, conformément à notre Edit du
mois d'Août 1701, à l'Arrêt de notre Conseil du 11 Juillet 1702 & à celui du 13
Mars 1703 , maintenu & confirmé , maintenons & confirmons ladite communauté
des Maîtres Marchands Gantiers-Parfumeurs de notre bonne Ville de Paris ,
dans l'hérédité de leurs Offices de Syndic , Jurés, & d'Auditeurs de leurs comptes , dont nous leur avons ci-devant accordé la réunion ; & de la même autorité

que deſſus, avons uni & incorporé, uniſ-
ſons & incorporons à ladite communauté
l'Office de Tréſorier-Receveur & Payeur
de leurs deniers communs, créé par notre
Edit du mois de Juillet 1702, pour jouir
par eux des droits, privileges & exemptions y attribués ; & en outre, de deux
cens quatre-vingts livres de gages actuels &
effectifs par chacun an, à commencer du
premier Janvier 1703, ſans que pour raiſon dudit Office, ils ſoient, obligés de
prendre aucunes Lettres de proviſions, ni
qu'ils ſoient tenus ci-après d'aucunes taxes
de confirmation d'hérédité ni autres, dont
nous les déclarons exempts, à la charge
de payer par eux, tant pour ladite confirmation d'hérédité des Offices de Jurés &
d'Auditeurs, que pour ledit Office de
Treſorier, la ſomme de 14000 livres de
principal, ſur les quittances du Tréſorier de
nos revenus caſuels ; & en attendant l'expédition, ſur le récépiſſé de Me Jean Garnier, que nous avons chargé de ce recouvrement, ou ſes Procureurs & Commis,
portant promeſſe de les fournir, & quatorze cens livres pour les deux ſols pour
livres, ſur les quittances dudit Garnier,
leſdites deux ſommes faiſant enſemble
celle de quinze mille quatre cens livres,
payable dans les termes portés par ledit
Arrêt du 13 Mars 1703 ; à l'effet de quoi,
permettons aux Maitres & Gardes de ladite communauté de préſent en charge,
d'emprunter, conformément audit Arrêt,
ou d'impoſer, ſi fait n'a été, ſur tous les
Maîtres de ladite communauté, par forme
de prêt, le plus équitablement que faire

S iv

se pourra, la somme de quinze mille quatre cents livres, & celle de huit cens
livres, pour fournir à la dépense desdits
emprunts, suivant l'état de répartition qui en
sera arrêté par le sieur d'Argenson, Maître des Requêtes, Lieutenant Général de
Police de notre bonne Ville & Fauxbourgs
de Paris, lequel état nous entendons être
exécuté selon sa forme & teneur, & les
dénommés en icelui contraints au payement des sommes pour lesquelles ils seront
employés par les voyes & ainsi qu'il est
accoutumé pour nos deniers & affaires.
Voulons que ceux qui prêteront ayent
privilege spécial sur tous lesdits gages &
droits attribués audit Office de Trésorier :
comme aussi sur les deniers qui seront
levés par augmentation, en conséquence
des présentes, & généralement sur tous les
biens, effets & revenus de ladite communauté, & que les arrérages leur en soient
payés d'année en année, à raison du denier vingt : & pour donner moyen à ladite
communauté, non-seulement de payer annuellement lesdits arrérages, mais encore
d'acquitter de temps à autre quelque chose
sur le principal, ensorte qu'elle soit libérée le plus promptement qu'il sera possible; comme aussi pour maintenir la discipline qui doit être entr'eux, & empêcher les entreprises qui se font sur leur
profession, nous avons par ces mêmes
présentes dit, statué & ordonné, disons,
statuons & ordonnons, voulons & nous
plaît ce qui suit :

ARTICLE PREMIER.

Les Apprentifs payeront pour chaque brevet d'apprentiffage, la fomme de vingt-quatre livres, & pareille fomme pour chaque tranfport de brevet, au lieu de douze livres que l'on payoit ci-devant, lefquelles vingt-quatre livres feront payées par les Maîtres, fauf leur recours contre leurs Apprentifs, conformément à notre Déclaration du 8 Mai 1691, & il fera payé pareille fomme de vingt-quatre livres pour le droit d'ouverture de boutique, au lieu de douze liv. qui fe payoient fuivant ladite Déclaration.

II. Les fils de Maîtres nés avant la Maîtrife de leur pere, payeront chacun pour leur réception la fomme de cent cinquante livres, outre les ordinaires des fils de Maîtres nés depuis la maîtrife de leur pere.

III. Pour faciliter le payement de la fomme de quinze mille quatre cens liv. tant en principal que deux fols pour livre, tous Maîtres & Veuves de ladite communauté, tant ceux qui exercent actuellement la profeffion, que ceux qui ont renoncé à la maîtrife depuis le 21 Mars 1691, feront tenus de prêter à ladite communauté les fommes pour lefquelles ils ont été ou feront employés dans l'état de répartition dont il leur fera fait rente au denier vingt, jufqu'à l'entier & parfait rembourfement, au payement defquelles fommes ils feront contraints, comme pour nos propres deniers : & les anciens qui feront en demeure, feront privés des droits qui leur font attribués en cette qualité, & exclus de

toutes affemblées , jufqu'à ce qu'ils ayent
payé leur cotte-part , fans néanmoins
que ceux qui ont fait fignifier leur rénoncia-
tion à la communauté, depuis ladite année
1691, foient fujets à aucuns droits de vifite.

IV. Pour donner lieu à ladite communauté de trouver les fommes qu'elle eft
tenue de nous payer en exécution de nos
Edits des mois d'Août 1701, Juillet 1702,
Janvier & Août 1704, ordonnons, conformément à la délibération de ladite communauté, qu'il fera payé par chacun des
Maîtres & Veuves pour les marchandifes
étrangeres & foraines dépendantes dudit
état de Gantier-Parfumeur, lefquelles en-
treront en notre bonne ville & fauxbourgs
de Paris, & qu'ils y acheteront ; fçavoir ,
douze deniers pour chaque douzaine de
paires de gants & mitaines ; pareils douze
deniers pour chaque livre de pommade &
huile de fenteurs, & vingt-quatre deniers
pour chaque pinte d'eau & de fleur d'o-
range, lefquels droits les Maîtres Gardes
de ladite communauté percevront au profit
d'icelle, outre & par-deffus les fix deniers
qui leur font accordés pour les peines &
vacations des vifites qu'ils feront defdites
marchandifes , conformément à l'article
XXVIII des ftatuts de ladite communauté du 23 Mai 1656, & dont ils tiendront un bon & fidele regiftre pour en
rendre compte de fix mois en fix mois pardevant leurs anciens, & à la fin de leur Jurande
pardevant nos Officiers du Châtelet, ainfi
qu'il eft accoutumé : voulons qu'après le
remboursement en entier des fommes qui
ont été & feront empruntées pour notre

service par ladite communauté, en exécution de nos Edits, lesdits droits de douze
& vingt quatre deniers cessent d'être perçus; & qu'après ledit remboursement,
les droits de visites, de réceptions des
Maîtres & Apprentifs, & des ouvertures
de boutiques, soient payés comme auparavant notre Edit du mois de Mars 1691.

V. Défendons à tous particuliers d'entreprendre sur l'état & profession de Gantier-Parfumeur, ni de colporter aucunes
marchandises dépendantes dudit état, à
peine de confiscation & de trois cents livres d'amende, dont cent livres applicables à notre profit, cent livres au dénonciateur & cent livres à la communauté :
défendons à tous Maîtres de faire colporter ni de prêter leurs noms directement ni
indirectement, pour autorifer ledit colportage, ni aucune autre entreprise sur
ledit métier, sous pareille peine pour la
première fois, & en cas de récidive, d'ê-
tre déchus & privés de la Maîtrise, s'il
est ainsi ordonné par le Lieutenant-Général de Police; & ne pourront, autres
que les Maîtres de ladite communauté &
les Marchands Merciers, vendre en détail gants, mitaines, pommades, huiles
de senteurs, essences, quintessences, poudres, savonnettes & autres marchandises
& parfums dépendans dudit état des Maîtres Gantiers-Parfumeurs, auxquels seuls
appartient & est réservée la fabrication &
façon desdites marchandises.

VI. Et d'autant qu'il est du bien public
que la Police de notre bonne ville de Paris & des fauxbourgs soit uniforme &

obfervée également, permettons aux Maîtres & Gardes de ladite communauté de
faire leurs vifites dans les maifons des
Gantiers-Parfumeurs du fauxbourg Saint
Antoine, dans l'enclos du Temple, de
St Denis-de-la-Chartre, de St Jean-de-
Latran, de St Germain-des-Prés, de la
rue de Lourfine, rues adjacentes, Collé-
ges & autres lieux privilégiés ou prétendus
tels de notredite ville & fauxbourgs de
Paris, comme auffi de ceux qui exercent
ladite profeffion à titre de privilége du
Prevôt de notre Hôtel ou autrement, fans
néanmoins que lefdits Maîtres & Gardes
puiffent prétendre aucuns droits de vifite
defdits Gantiers-Parfumeurs à titres de
privilége, ni de ceux qui exercent ladite
profeffion dans les lieux privilégiés, à
moins qu'ils ne foient auffi Maîtres de
ladite communauté. Voulons, en cas que
lefdits Maîtres & Gardes trouvent des
marchandifes défectueufes, qu'ils fe pour-
voyent pardevant le Lieutenant-Général
de Police, en quelques lieux que lefdites
marchandifes ayent été faifies, fans qu'ils
puiffent être traduits ailleurs.

VII. Voulons au furplus que les ftatuts,
articles & Ordonnances concernant ladite
communauté, enfemble les Déclarations,
Arrêts & Réglemens rendus en conféquence, foient exécutés felon leur forme
& teneur, & notamment l'Arrêt de notre
Parlement de Paris du 31 Juillet 1627,
en conféquence duquel ordonnons que
conformément à icelui, à la Sentence du
2 Juillet 1690 & aux articles XXVII &
XXVIII defdits Statuts, toutes les mar-

chandifes dépendantes dudit état foient
portées au Bureau de ladite communauté,
pour y être vues & vifitées en la maniere
accoutumée ; le tout à peine de pareille
fomme applicable comme deffus. Si donnons en mandement à nos amés & féaux
Confeillers les Gens tenant notre Cour
de Parlement à Paris, que ces Préfentes
ils ayent à faire lire, publier & regiftrer,
& du contenu en icelles faire jouir & ufer
lefd. Maîtres & Marchands Gantiers-Parfumeurs de notredite ville & fauxbourgs de
Paris, felon leur forme & teneur : Car
tel eft notre plaifir ; en témoin de quoi
Nous avons fait mettre notre Scel à cefdites Préfentes. Données à Verfailles, le
douzieme jour de Décembre l'an de grace
mil fept cent cinq, & de notre Regne
le foixante-troifieme. *Signé* L O U I S. *Et
plus bas*, Par le Roi *figné* PHELYPEAUX,
& fcellées. Vu au Confeil, CHAMILLART.

*Regiftrées, oui le Procureur-Général du Roi,
pour jouir par ladite Communauté de leur effet
& contenu, & être exécutées felon leur forme &
teneur, fuivant & aux charges portées par
l'Arrêt de ce jour. A Paris, en Parlement, le
22 Février 1706. Signé DUTILLET,*

*EXTRAIT des Regiftres de Parlement,
du 22 Février 1706,*

VU par la Cour les Lettres-Patentes du
Roi, données à Verfailles le 12 Décembre 1705, fignées LOUIS, & plus
bas par le Roi, PHELYPEAUX, & fcellées

du grand fceau de cire jaune, obtenues
par les Maîtres & Gardes de la communauté des Maîtres & Marchands Gantiers-
Parfumeurs de cette ville de Paris, par
lefquelles, pour les caufes y contenues,
ledit Seigneur a confirmé les Impétrans
dans l'hérédité de leurs Offices de Syndic,
Jurés & d'Auditeurs de leurs comptes
dont ledit Seigneur leur a ci-devant accordé la réunion, a uni & incorporé à
ladite communauté l'Office de Tréforier-
Receveur & Payeur des deniers communs
d'icelle, créé par Edit du mois de Juillet
1701, pour jouir par elle des droits, priviléges & exemptions y attribués, & en
outre, de deux cents quatre-vingt livres
de gages, à commencer du premier Janvier 1703, à la charge de payer audit Seigneur, tant pour ladite confirmation d'hérédité des Offices de Jurés & d'Auditeurs,
que pour ledit Office de Tréforier, la
fomme de quatorze mille livres de principal, & quatorze cents livres pour les
deux fols pour livre. Permet ledit Seigneur
aux Maîtres & Gardes de ladite communauté qui font en charge, d'emprunter ou
d'impofer, fi fait n'a été, fur tous les
Maîtres de ladite communauté, par forme
de prêt, le plus équitablement que faire
fe pourra, lefdites deux fommes, & celle
de huit cents livres, pour fournir à la
dépenfe defdits emprunts, fuivant l'état
de répartition qui en fera arrêté par le
Lieutenant-Général de Police, lequel état
ledit Seigneur veut être exécuté felon fa
forme & teneur, & les dénommés en icelui contraints au payement des fommes

pour lesquelles ils feront employés. Veut ledit Seigneur que ceux qui prêteront, ayent privilége spécial sur les gages & droits attribués audit Office de Tréforier, comme auffi sur les deniers qui feront levés par augmentation en conféquence defdites Lettres, & généralement sur tous les biens, effets & revenus de ladite communauté, & que les arrérages leur en foient payés d'année en année, à raifon du denier vingt : & pour donner moyen à ladite communauté non-feulement de payer annuellement lefdits arrérages, mais encore d'acquitter de temps à autre quelque chofe fur le principal, enforte quelle foit libérée le plus promptement qu'il fera poffible ; comme auffi pour maintenir la difcipline qui doit être entre lefdits Impétrans, & empêcher les entreprifes qui fe font fur eux, veut que les fept articles en forme de Statuts & Réglemens inférés efdites Lettres, foient exécutés felon leur forme & teneur, & ainfi que plus au long le contiennent lefdites Lettres à la Cour adreffantes, l'Arrêt du 8 Janvier 17c6, par lequel la Cour, avant procéder à l'enregiftrement defdites Lettres, a ordonné qu'elles feront communiquées au Lieutenant-Général de Police & au Subftitut du Procureur-Général du Roi au Châtelet, pour donner leur avis, pour ce fait ; rapporté & communiqué au Procureur-Général du Roi, être ordonné ce que de raifon : l'avis dudit Lieutenant-Général & dudit Subftitut du 9 Février audit an ; les anciens Statuts de ladite communauté, les Lettres de confir-

mation d'iceux du mois de Mars 1656;
l'Arrêt d'enregiftrement d'icelles du 23
Mai audit an & la Requête préfentée par
lefdits Impétrans à fin d'enregiftrement
defdites Lettres: conclufions du Procureur-
Général du Roi; oui le rapport de Me
François Robert, Confeiller; tout confidéré :

    L A   C O U R a ordonné & ordonne que
lefdites Lettres feront enregiftrées au Greffe
d'icelle, pour jouir par ladite communauté
de leur effet & contenu, & être exécutées felon leur forme & teneur, à la charge
que les Maîtres & Gardes de ladite communauté rendront compte tous les ans de
l'emploi des deniers pardevant le Lieutenant-
Général de Police, & au Subftitut du Procureur-Général du Roi au Châtelet de Paris, & que conformément à l'article XXVII
des Statuts de ladite communauté, confirmés par Lettres-Patentes du mois de Mars
1656, enregiftrées en ladite Cour le 23
Mai audit an, les rapports des vifites qui
feront faites par lefdits Maîtres & Gardes,
& les conteftations qui pourront furvenir
en exécution des Statuts, feront portés
pardevant ledit Subftitut du Procureur-
Général du Roi, pour donner fon avis
en la maniere accoutumée, & enfuite être
procédé pardevant ledit Lieutenant-Général de Police, ainfi qu'il appartiendra. Fait
en Parlement, le 22 Février 1706. Collationné, *figné* DUTILLET.

SENTENCE

SENTENCE DE POLICE

Du 22 Novembre 1709, en faveur de la Communauté des Parfumeurs, contre le sieur Jacques Branne, de la Ville de Gand.

A TOUS ceux qui ces présentes Lettres verront : Charles-Denis de Bullion, Chevalier, Conseiller du Roi en ses Conseils, Garde de la Prevôté & Vicomté de Paris ; Salut, &c. Nous avons donné Lettres aux Parties de Pillon de leur intervention & prise de fait & cause pour Claude Lofevre ; faisant droit au principal, disons que les Statuts & Réglemens de ladite communauté, Arrêts, nos Sentences & Réglemens ci-dessus datés seront exécutés ; ce faisant, les deux ballots de gants saisis, dont est question, seront vus & visités par les Parties de Pillon, au lieu où ils sont, sans déplacer & payer aucuns droits ; ce faisant, remis ès mains dudit Branne, & être transportés en la ville de Gand, dont la Partie de Forestier sera tenue de rapporter certificat dans huitaine, & l'avons condamné aux dépens pour tous dommages & intérêts, liquidés à dix livres, non compris ces Présentes, exécutées sans préjudice de l'Appel. En témoin de ce, nous avons fait sceller ces présentes, qui furent faites & données par Messire Marc-René de Voyer d'Argenfon, Chevalier, Conseiller d'Etat Ordinaire & Lieutenant-Général de Police, tenant le Siège le Vendredi vingt-deux

T

Novembre mil sept cens neuf. *Signé par Collation.* TARDIVEAU. *Scellé le 2 Décembre* 1709. PILLON.

,SENTENCE DE POLICE

Du 28 Juillet 1711, dont les Marchands Merciers sont Appellans.

A TOUS ceux qui ces présentes Lettres verront : Charles-Denis de Bullion, Marquis de Gallardon, Conseiller du Roi en ses Conseils, Garde de la Prevôté de Paris ; salut : Sçavoir faisons, &c. PARTIES OUIES, ensemble noble homme Me. Dupré de la Grange, Avocat du Roi en ses Conclusions, lecture faite des piéces des Parties : Nous, sans que les qualités puissent nuire ni préjudicier, faisant droit sur le tout, en tant que touche la saisie faire à la requête des Maitres & Gardes de la Mercerie, des éventails qui ont été trouves chez les Parties de Pillon, attendu que lesdits éventails ne se sont point trouvés marqués des Maîtres Eventaillistes auxquels ils les ont donnés à monter, suivant l'Arrêt du Parlement de mil six cent quatre-vingt-douze ; avons à cet égard ladite saisie déclarée valable, & néanmoins pour cette fois lesdits éventails seront rendus aux Parties de Pillon, auxquelles & à tous autres Maîtres Gantiers-Parfumeurs, avons fait défense d'en débiter ni d'en exposer en vente, qu'ils ne soient marqués de la marque des Eventaillistes, auxquels enjoignons pareillement de se conformer audit Arrêt ; & à l'égard des houppes de soye

à poudrer , des boëtes de carton couvertes
de cuir rouge , des boëtes de bois pour
mettre des favonettes ou des bouteilles
d'effence, défendons auxdits Gantiers Parfumeurs d'en vendre , fi ce n'eft avec la
poudre , les favonnettes & autres chofes
de leur métier , à la charge de les acheter
des Marchands Merciers dont fera fait
mention dans les regiftres des Vendeurs &
des Acheteurs ; faifons défenfes auxdits
Gantiers-Parfumeurs d'en vendre féparément , à peine de confifcation & d'amende,
& néanmoins pour cette fois leur en avons
fait main-levée : à l'égard du vermillon
& de la cire d'Efpagne qui ont été pareillement faifis après la déclaration faite par
les Gantiers-Parfumeurs , Parties de Pillon , qu'ils les ont fabriquées chez eux ,
leur en avons fait main-levée , & en conféquence ordonnons qu'ils pourront continuer d'en faire la vente , pourvu que la
fabrique en ait été faite par eux , & non
autrement ; leur faifons défenfes d'en faire
fabriquer par d'autres , ni d'en acheter
pour la revendre, à peine de confifcation
& d'amende : quant aux fix paquets de
mouches qui ont été trouvés chez les Parties de Pillon , en avons la faifie déclarée
bonne & valable , & leur faifons défenfes & à tous autres Gantiers-Parfumeurs,
d'en vendre ni débiter , non plus que
toutes autres marchandifes de Mercerie,
même des éponges , s'ils ne les ont lavées , parfumées ou perfectionnées de leur
art ; & en ce qui concerne l'eau de fleurs
d'orange , l'eau de rofe & de la Reine
de Hongrie , & du firop de Capilaire qui

I ij

ont été trouvés dans les boutiques des
Parties de Pillon & qu'ils ont déclaré venir de Montpellier ; & d'ailleurs , fans
avoir égard à l'intervention & demande
des Maîtres & Gardes Apothicaires , fur
laquelle les Parties font mifes hors de
cour & de procès , avons la faifie qui en
a été faite à la requête des Maîtres &
Gardes de la Mercerie , déclarée bonne
& valable les bouteilles de firop de ca-
pillaire , confifquées , & néanmoins pour
cette fois , les eaux de rofes & de fleurs
d'orange & de la Reine d'Hongrie foraines, rendues aux Parties faifies , enfemble les eftaignons de cuivre qui les con-
tenoient ; leur faifons défenfes d'en vendre
ni débiter à l'avenir , à peine de confifcation & d'amendes , mais feulement de
celles qu'ils auront diftillées ou compofées par eux - mêmes , ou par leurs Apprentifs ou Compagnons , fauf à eux à
pouvoir acheter & avoir defdites eaux de
fenteur foraines , pour la compofition des
parfums qu'ils feront chez eux , à l'effet de quoi fe pourront fervir de tous
vafes & uftenfiles néceffaires , fans que
les Merciers les y puiffent troubler , &
en conféquence feront les fcellés qui ont
été appofés fur les boëtes & caffettes dans
lefquelles lefdites chofes faifies ont été
renfermées , levées & ôtées , fans aucune
defcription , & les gardiens déchargés , fur
les autres fins & conclufions refpectives
des Parties , les avons mis hors de cour,
tous dépens compenfés entre les Parties :
ce qui fera exécuté fans préjudice de l'appel ; en témoin de quoi nous avons fait

fceller ces préfentes. Ce fut fait & donné
par Meffire Marie - René de Voyer de
Paulmy d'Argenfon, Chevalier, Confeil-
lier d'Etat ordinaire, Lieutenant-Général
de Police de la Ville, Prevôté & Vicomté
de Paris, le Mardi vingt-huitieme jour
du mois de Juillet mil fept cent onze.
Collationné. *Signé* TARDIVEAU.

ARREST

DE LA COUR DE PARLEMENT,

*Contradictoire entre les Maîtres Gantiers & les
Marchands Merciers.*

Du 9 Juillet 1715.

LOUIS par la grace de Dieu Roi de
France & de Navarre, au premier
des Huiffiers de notre Cour de Parlement
ou autre notre Huiffier ou Sergent fur ce
requis, fçavoir faifons, &c. NOTREDITE
COUR, faifant droit fur le tout, fans
s'arrêter à la requête defdits Jurés & communauté defdits Maîtres Gantiers-Parfumeurs, du 26 Juillet 1712, fur les appellations interjettées tant par ledit Goupy, que
par les Maîtres & Gardes de la communauté des Marchands Merciers de cette
ville de Paris, des Sentences des 9 Juin
& 28 Juillet 1711, a mis lefdites appellations au néant, ordonne que ce dont a
été appellé fortira effet, & néanmoins feront les marchandifes & uftenfiles faifies
fur ledit Goupy, vendues à la diligence
defdits Jurés & communauté des Maîtres
Gantiers-Parfumeurs en leur bureau, en

préfence dudit Goupy, ou lui duement
appellé, & le prix en provenant rendu
audit Goupy, & en conféquence, fur la
demande defdits Maîtres & Gardes des
Marchands Merciers, portée par leur requête du 18 Janvier 1712, a mis les Parties hors de cour, & déboute lefdits Maîtres & Gardes des Marchands Merciers
des demandes par eux formées contre lefdits Rambeau & Laydier, déclare les faifies faites fur lefdits Rambault & Laydier
le 10 Avril 1713 & les procès-verbaux de
vente des Marchandifes faifies des 22 &
26 dudit mois d'Avril nuls ; fait main-
levée defdites faifies, condamne lefdits
Maîtres & Gardes des Marchands Merciers
à rendre & reftituer auxdits Rambault &
Laydier, la fomme de trente livres neuf
fols qu'ils ont retenue fur le prix defdites
marchandifes, & aux dommages & intérêts defdits Rambault & Laydier, réfultans defdites faifies & vente, que la Cour
a liquidée à cent livres ; fait défenfes auxdits Maîtres & Gardes des Marchands
Merciers de troubler lefdits Rambault &
Laydier dans leur commerce & ufage de
porter lefdites marchandifes concernant
l'état de Gantiers-Parfumeurs qu'ils font
venir en cette Ville de Paris, au Bureau
des Maîtres Gantiers-Parfumeurs, condamne lefdits Goupy & les Maîtres &
Gardes des Marchands Merciers ès amendes de douze livres, & en tous les dépens,
chacun à leur égard, defdites appellations
& demandes : Et avant faire droit fur les
oppofitions formées par lefdits Maîtres &
Gardes des Marchands Merciers, à l'exé-

cution des Arrêts des 23 Mai 1656 , 4
Juillet 1689 & 22 Février 1706 , & fur le
furplus des demandes , fins & conclufions
des Parties , ordonne que l'inftance fera
communiquée au Lieutenant-Général de
Police & au Subftitut du Procureur-Général du Roi au Châtelet de Paris , pour
donner leur avis fur lefdites oppofitions
& demandes , pour ledit avis rapporté ,
être ordonné ce qu'il appartiendra. Cependant , par provifion , feront les ftatuts
des Gantiers du 18 Mars 1656 , & la Déclaration du Roi du 12 Décembre 1705
exécutés , dépens pour ce regard réfervés.
Si te mandons , à la Requête des Jurés
& communauté des Maîtres & Marchands
Gantiers-Parfumeurs , mettre le préfent
Arrêt à dûe & entiere exécution , & en
conféquence d'icelui, faire tous exploits
requis & néceffaires ; de ce faire te donnons pouvoir. Donné en notredite Cour
de Parlement , le neuf Juillet , l'an de
grace mil fept cent quinze , & de notre
regne le foixante treize. Collationné , *figné*
GUYTROU , avec paraphe & fcellé le 27
Juillet 1715. *Signé* ARSON.

ARREST DU CONSEIL,

*Concernant les comptes des Communautés d'Arts
& Métiers.*

Du 3 Mars 1716.

SA MAJESTE' en fon Confeil a ordonné que pardevant le fieur d'Argenfon , Confeiller d'Etat & Lieutenant-Gé-

néral de Police de Paris, & les fieurs Doublet de Crouy, de Maupeou, Lefert d'Ormeffon & Legendre de St. Aubin, Maîtres des Requêtes, que Sa Majefté a commis & commet, il fera inceffamment procédé à la liquidation de toutes les fommes dûes par les communautés d'arts & métiers de Paris, foit à des Maîtres ou des Veuves de Maîtres, foit à d'autres Particuliers, & qu'à cet effet tous ceux qui fe prétendent Créanciers defdites communautés, feront tenus de repréfenter dans un mois après la fignification qui leur en fera faite du préfent Arrêt, les titres juftificatifs de leurs créances, pardevant lefdits Commiffaires, dont il fera dreffé procès-verbal, pour icelui vu & rapporté au Confeil avec leur avis, être par Sa Majefté ordonné ce qu'il appartiendra. Ordonne en outre Sa Majefté que tous les Jurés & Syndics des communautés d'arts & métiers, & autres qui ont fait la recette des deniers communs, ordinaires & extraordinaires depuis l'année 1689, feront tenus dans pareil délai d'un mois, de repréfenter pardevant lefdits fieurs Commiffaires, leurs comptes & les piéces juftificatives d'iceux, pour être pourvu à l'examen defdits comptes, employés au payement des dettes de chacune defdites communautés, ainfi qu'il fera ordonné par Sa Majefté fur l'avis defdits Commiffaires; & fera le préfent Arrêt exécuté nonobftant oppofitions ou autres empêchemens quelconques, pour lefquels ne fera différé. Fait au Confeil d'Etat du Roi

tenu

tenu à Paris, le troisieme jour de Mars 1716. Collationné, *signé* G O U I O N *avec paraphe.*

ARREST DU CONSEIL,

Concernant les comptes des Communautés d'Arts & Métiers.

Du 16 Mai 1716.

L E ROI en son Conseil, a commis & commet les sieurs de Berteuil, de la Granche, Rouillé du Coudray, Maîtres des Requêtes, pour conjointement avec le sieur d'Argenson, Conseiller d'Etat, Lieutenant-Général de Police de la Ville de Paris, les sieurs Doublet, de Crouy, de Maupeou, Lefevre d'Ormesson & le Gendre de Saint-Aubin, procéder à la liquidation des dettes desdites communautés, juger en dernier ressort les contestations qui surviendront en y procédant ; auquel effet les créanciers d'icelles seront tenus de représenter devant lesdits sieurs Commissaires les titres de créances, & les Jurés & Syndics desdites communautés & autres qui ont fait la recette de leurs deniers communs, leurs comptes depuis & compris l'année 1689, & sur les avis qui seront donnés par lesdits Commissaires sur les voies qu'ils en jugeront les plus convenables pour pourvoir au payement des dettes légitimes desdites Communautés, être par le Roi en son Conseil ordonné ce qu'il appartiendra par raison. Fait au Conseil d'Etat du Roi, tenu

V

à Paris, le seizieme jour de Mai mil sept
cent seize. Collationné, *signé* DU JARDIN
avec paraphe.

ARREST DU CONSEIL,

Concernant les comptes des Communautés d'Arts
& Métiers.

Du 19 Février 1718.

LE ROI en son Conseil, a commis &
commet les sieurs de Machault, Maître des Requêtes & Lieutenant Général
de Police, Doublet, de Crouy, de Berteuil, de Maupeou, le Gendre de Saint-
Aubin, de Berulle, Bidé de la Grandville,
de la Granche, Trianon & Rouillé du
Coudray, Maîtres des Requêtes, pour
procéder à la liquidation, si fait n'a été,
des dettes des Corps des Marchands Epiciers & Apothicaires-Epiciers de la Ville
de Paris, juger en dernier ressort au nombre de cinq, en cas d'absence des autres,
les contestations qui surviendront en y
procédant ; auquel effet les créanciers seront tenus de représenter pardevant lesdits sieurs Commissaires les titres de leurs
créances & les Gardes dudit Corps ou autres qui ont fait la recette des deniers
communs ordinaires ou extraordinaires
depuis & compris 1700, & sur les avis
qui en seront donnés par lesdits sieurs
Commissaires concernant les moyens qui
leur paroîtront les plus convenables, pour
pourvoir au payement des dettes légitimes
dudit Corps des Marchands Epiciers &

Apothicaires-Epiciers, être par le Roi en
son Conseil ordonné ce qu'il appartiendra ; & sera le présent Arrêt exécuté nonobstant oppositions ou autres empêchemens quelconques ; pour lesquelles ne sera
différé. Fait au Conseil d'Etat du Roi, tenu
à Paris le 19 Février 1718. Collationné,
signé GOUJON *avec paraphe.*

ARREST

DU CONSEIL D'ETAT DU ROI,

*Portant Reglement pour le payement des dettes
des Corps & Communautés dans tout le
Royaume.*

Du 24 Août 1720.

Extrait des Registres du Conseil d'Etat du Roi.

LE ROI desirant que les Villes &
Communautés du Royaume qui sont
gouvernées par leurs Officiers Municipaux
ne demeurent pas privées du soulagement
que des particuliers plus attentifs à leurs
intérêts personnels se procurent tous les
jours, en obtenant la réduction sur ce pied
de quoi rembourser leurs anciennes dettes ;
voulant y pourvoir, oui le rapport, le
Roi étant en son Conseil, de l'avis de
Monsieur le Duc d'Orléans, Régent, a
ordonné & ordonne :

ARTICLE PREMIER.

Qu'à commencer du premier Janvier
1721, les Villes & les Communautés du
Royaume qui sont chargées de rentes n'en
payeront les arrérages que sur le pied du

denier cinquante ; fait défenses aux Officiers Municipaux & à leurs Tréforiers &
Receveurs d'en faire le payement fur un
plus haut pied, à peine de radiation.

II. Les créanciers defdites Villes & Communautés qui voudront conferver leurs
rentes en confentant à la réduction au denier cinquante, feront tenus d'en faire
dans un mois, à compter du jour de la
publication dudit Arrêt, leurs déclarations aux fieurs Intendans & Commiffaires départis dans les Provinces ou à leurs
Subdélégués, & feront mention de la réduction par tel Notaire qu'ils voudront
choifir fur les titres de créances, de laquelle mention ils remettront une expédition au Greffe des hôtels ou maifons
communes des Villes ou aux Syndics des
Communautés qui n'ont point de maifons
communes & de greffes.

III. Faute par les créanciers defdites Villes & Communautés de confentir à la réduction de leurs créances dans le temps &
en la maniere ci-deffus ordonnée, Sa Majefté a dès-à-préfent autorifé & autorife
lefdits Officiers Municipaux & autres qui
ont l'adminiftration des affaires defdites
Villes & Communautés au denier cinquante à conftitution de rente, ou par
obligation portant intérêt dans les lieux
ou lefdites obligations font en ufage, les
fommes néceffaires pour acquitter les principaux de leurs anciennes dettes, même
pour en payer les arrérages & intérêts
en cas qu'il ne fe trouve point dans le
produit de leurs revenus des fonds fuffi-
fans pour payer lefdits arrérages & intérêts.

IV. Les nouveaux créanciers qui prêteront auxdites Villes & Communautés feront & demeureront fubrogés aux droits,
privileges & hypotheques des anciens
créanciers, qui feront rembourfés de leurs
deniers, en faifant des ftipulations & déclarations d'emploi, reprifes & ordinaires
pour acquérir la fubrogation.

V. Les propriétaires des rentes qui ne
font pas libres & qui ne font pas en état de
recevoir les rembourfemens, feront tenus
de faire ceffer dans trois mois, à compter
du jour de la publication du préfent Arrêt,
les faifies & autres empêchemens, finon &
faute de les faire ceffer dans ledit temps,
les rentes qui leur feront dues par lefdites Villes & Communautés demeureront réduites de plein droit, & les arrérages
ne leur en feront plus payés qu'au denier
cinquante, à commencer dudit jour premier Janvier 1711.

VI. Fait Sa Majefté très-expreffes défenfes aux Officiers Municipaux defdites
Villes & Communautés de rembourfer
aucunes dettes, & à leurs Receveurs &
Tréforiers d'en payer aucuns arrérages ou
intérêts, fi lefdites dettes n'ont été vérifiées par Arrêt du Confeil ou par Ordonnances des fieurs Commiffaires départis
dans les Provinces, auffi à peine de radiation des payemens; enjoint à ceux qui fe
prétendent créanciers defdites Villes &
Communautés dont les créances n'ont
point été vérifiées, de faire procéder à la
vérification de leurfdites créances dans le
même temps de trois mois, après laquelle
vérification faite, leurs rentes feront rédui-

V iij

tes, ou ils feront rembourfés ainfi qu'il eft
ci-deffus ordonné.

VII. Fait pareillement Sa Majefté défenfes auxdits Officiers Municipaux de
faire aucuns emprunts pour rembourfer
celles des dettes defdites Villes & Communautés à l'acquittement defquelles il a
été pourvu par Arrêt du Confeil, foit par
impofitions, établiffement d'octrois ou
autrement, ni d'accepter la réduction des
arrérages & intérêts defdites dettes, voulant que lefdites Villes & Communautés
en foient totalement libérées, fuivant les
Arrêts qui ont été rendus à cet effet. Fait
au Confeil d'Etat du Roi, Sa Majefté y
étant, tenu à Paris, le vingt-quatrieme
jour d'Août mil fept cent vingt. *Signé*
Phelyppeaux.

LETTRES PATENTES,

Portant confirmation des Priviléges de l'Hôpital.
de la Trinité à Paris, & l'explication des
intentions de Sa Majefté fur la qualité d'en-
fans de Maîtres & Maîtreffes, par les Jurés
des Communautés de ladite Ville, eft dit que
les enfans de ladite Trinité ne pourront être
reçus qu'à vingt-cinq ans accomplis.

Données à Paris, au mois de Juillet 1720.

Regiftré le 23 Août 1721.

LOUIS par la grace de Dieu, Roi
de France & de Navarre : à tous pré-
fents & à venir ; Salut, &c. A ces causes,
fçavoir faifons, que defirant, à l'imita-
tion des Rois nos Prédéceffeurs, faire tout

ce qu'il nous fera possible pour perpétuer
& entretenir une institution si sainte & si
charitable ; de l'avis de notre très-cher &
très-amé oncle le Duc d'Orléans, petit-
fils de France, Régent ; de notre très-
cher & amé oncle le Duc de Chartre, premier Prince de notre sang ; de notre très-
cher & très-amé cousin le Duc de Bourbon;
de notre très-cher & très-amé cousin le
Comte de Charollois ; de notre très-cher
& très-amé cousin le Prince de Conty,
Princes de notre Sang ; de notre très-cher
& très-amé oncle le Comte de Toulouse,
Prince légitimé, & autres Pairs de France,
Grands & Notables Personnages de notre
Royaume, nous avons lesdits Privileges,
Statuts & Réglements plus à plein spéci-
fiés & déclarés esdites Lettres, Déclarations & Arrêts intervenus sur iceux, con-
tinué & approuvé, & de notre grace spéciale, pleine puissance & autorité royale,
continuons, confirmons & approuvons
par ces présentes, signées de notre main,
voulons & nous plaît qu'ils soient exécutés selon leur forme & teneur, pour en
jouir par lesdits Gouverneurs & Administrateurs des pauvres enfans dudit Hôpital de la Trinité & leurs successeurs,
tout ainsi qu'ils ont bien & duement joui
& usé par le passé, jouissent & usent encore à présent ; faisons défenses à tous nos
Juges & Officiers de contrevenir auxdits
statuts & privileges, ni de contraindre
les Compagnons dudit Hôpital qui sont
reçus à la Maîtrise, de faire aucuns frais
& banquets, de payer aucunes choses de
leurs réceptions, ni de prendre d'autres

V iv

Lettres que celles de notre Prevôt de
Paris : fuivant les anciens privilèges &
libertés à eux octroyés de tout temps en
faveur dudit Hôpital de la Trinité , même
de comprendre icelui aux taxes de francs-
fiefs & nouveaux acquêts , & de la même
autorité que deſſus , nous avons dit & déclaré , diſons & déclarons par ces préſentes que notre intention eſt & a été que
les enfans , garçons & filles dudit Hôpital ,
qui auront appris un métier en icelui ,
ſoient réputés comme fils & filles de Maîtres
& de Maîtreſſes ; enjoignons très-expreſſément aux Jurés des communautés d'arts
& métiers de faire jouir de la qualité ,
droits , prérogatives & privilèges d'enfans de Maîtres & de Maîtreſſes , ceux
& celles deſdits enfans de l'Hôpital de
la Trinité qui auront appris un métier en
icelui , & déſireront parvenir à la Maîtriſe , ainſi qu'il leur eſt accordé par la
Déclaration du 15 Novembre 1652 , à
peine contre les Jurés qui ſeront refuſants,
de trois cens livres d'amende applicables
audit Hôpital ; voulons néanmoins que
leſdits enfans , tant garçons que filles , ne
puiſſent ſe préſenter à la Maîtriſe en ladite
qualité de fils ou de filles de Maîtres &
de Maîtreſſes , qu'ils n'ayent atteint l'âge
de vingt-cinq ans accomplis , & en juſti-
fiant que depuis leur apprentiſſage fait
dans ledit Hôpital , ils ont vacqué ſans
diſcontinuer à l'exercice de leur art & métier ; n'entendons toutefois que l'interrup-
tion de quelques mois , même d'une année entière & conſécutive puiſſe leur nuire
ni préjudicier , laquelle juſtification ſera

faite par lefdits enfants, pardevant nôtre
Prevôt de Paris, foit par de fimples certificats des Maîtres & Maîtreffes chez lefquels ils auront travaillé depuis leur apprentiffage; à Paris ou dans les Provinces, foit par les atteftations des Juges fu-
périeurs des lieux où ils auront vacqué,
& en payant feulement par lefdits enfants
les droits ordinaires & accoutumés, dûs
par lefdits enfants de Maîtres & Maîtreffes; n'entendons auffi qu'il puiffe être
reçu en ladite qualité d'enfants de Maîtres & de Maîtreffes qu'un feul garçon ou
une feule fille dudit Hôpital par chacun
an, en chacune communauté, & feront
tenus les Jurés d'icelles, préférer par chacun an celui ou celle defdits enfants dont
le brevet d'apprentiffage fera le plus ancien, & qu'au furplus, ladite Déclaration du 15 Novembre 1632 foit exécutée
felon fa forme & teneur, en ce qui n'y
eft point dérogé par ces préfentes, particulierement en ce qui concerne la réception des Compagnons qui auront l'inftruc-
tion defdits enfants, à quoi n'entendons
rien changer ni innover. Si donnons en
Mandement à nos amés & féaux Confeillers, les Gens tenans notredite Cour
de Parlement à Paris, Chambre des
Comptes & Cour des Aydes & Monnoyes, Prevôt dudit lieu ou fon Lieutenant & autres Officiers & Jufticiers qu'il
appartiendra, que ces préfentes ils faffent
regiftrer, & du contenu en icelles ils
faffent, fouffrent & laiffent jouir lefdits
Gouverneurs & Adminiftrateurs dudit Hôpital, leurs fucceffeurs & tous autres

qu'il appartiendra, pleinement, paisiblement & perpétuellement, cessant & faisant cesser tous troubles & empêchemens
à ce contraires; Car tel est notre plaisir,
& afin que ce soit chose ferme & stable
à toujours, nous avons fait mettre notre
scel à cesdites présentes, sauf en autres
choses notre droit à l'autrui en toutes.
Donné à Paris, au mois de Juillet, l'an
de grace mil sept cent vingt-un, & de notre
regne le sixieme. *Signé* L O U I S. Et plus
bas : *Par le Roi*, LE DUC D'ORLÉANS
Régent présent, PHELIPPEAUX. *Visa*,
DAGUESSEAU. (Pour confirmation des
privileges de l'Hôpital de la Trinité à
Paris). Et scellé du grand Sceau de cire
verte en lacs de soie rouge & verte.

*Registrées, oui, le Procureur-Général du
Roi, pour jouir par ledit Hôpital, les Maîtres, Gouverneurs & Administrateurs d'icelui
& leurs successeurs, de leur effet & contenu;
& être exécutées selon leur forme & teneur,
suivant l'Arrêt de ce jour. A Paris, en
Parlement, le 23 Août 1721. Signé* GIL-
BERT.

A R R E S T

DE LA COUR DE PARLEMENT,

*Portant enregistrement des Lettres-Patentes de
Juillet 1721.*

Extrait des Registres de Parlement.

VU par la Cour les Lettres-Patentes
du Roi, données à Paris au mois de
Juillet 1721, signées L O U I S: *Et plus*

bas; Par le Roi, le Duc d'Orléans Régent, PHELYPPEAUX. Et fcellées en lacs de
foye du grand fceau de cire verte, &c.
La Cour ordonne que lefdites Lettres-
Patentes feront enregiftrées au Greffe d'i-
celle, pour jouir par ledit Hôpital, les
Maîtres, Gouverneurs & Adminiftrateurs
d'icelui, & leurs fuccefleurs, de leur effet
& contenu, & être exécutés felon leur
forme & teneur. Fait en Parlement le 23
Août 1721. *Collationné, figné* GILBERT.

ARREST DU CONSEIL,

*Concernant les Comptes des Communautés d'Arts
& Métiers.*

Du 4 Août 1722.

Extrait des Regiftres du Confeil d'Etat.

SA MAJESTE étant en fon Confeil, & de l'avis de Monfieur le Duc
d'Orléans Régent, a fubrogé & fubroge
au fieur Baudry le fieur d'Argenfon, Maître des Requêtes & Lieutenant-Général
de Police, & a commis & commet les
fieurs Tathouet, Aubert de Tourny,
Mandat, de Bonnel, Pinon d'Avor, Lefevre de Caumartin, d'Ombreval, Camus
de Pontcarré, Dujardin Meliand, &
Dodard, Maîtres des Requêtes, pour,
conjointement avec les fieurs Lallemand,
Levignon & de Fontanille, auffi Maîtres
des Requêtes, ci-devant nommés par Sa
jefté, procéder, fi fait n'a été, à la liquidation des dettes defdites communautés
d'arts & métiers de Paris, & à l'examen

& révifion de leurs comptes depuis l'année 1689, juger en dernier reffort , au
nombre de cinq au moins, en cas d'abfence des autres, les conteftations qui fur-
viendront en y procédant, auquel effet les
Créanciers d'icelles communautés feront
tenus de repréfenter devant lefdits fieurs
Commiffaires les titres de leurs créances,
& les Jurés & Syndics defdites communautés, & autres qui ont fait la recette
de leurs deniers communs , leurs comptes
depuis & y compris l'année 1689; & fur
les avis qui leur feront donnés par lefdits
fieurs Commiffaires fur les voyes qu'ils
jugeront les plus convenables pour pourvoir au payement des dettes légitimes defdites communautés, être par Sa Majefté
le fieur de Grofmenil, nommé par l'Arrêt
du 29 Août 1719, continuera les fonctions
de Greffier en ladite Commiffion. Fait au
Confeil d'Etat du Roi , Sa Majefté y
étant, tenu à Verfailles le quatrieme jour
d'Août mil fept cent vingt-deux. *Signé*
PHELYPPEAUX avec paraphe.

*Enregiftré au Greffe de la Commiffion , pour
être exécuté felon fa forme & teneur. A Paris,
ce trentieme jour d'Août mil fept cent vingt-
deux.* Signé GROSMENIL. *Avec paraphe.*

SENTENCE DE POLICE

Du 4 Avril 1724, qui déclare la faisie faite
par les Peauffiers fur un Marchand & Maître
Gantier nulle , & maintient les Gantiers dans
le droit d'acheter toutes fortes de peaux à la
Halle , & défenfes aux Peauffiers de troubler
les Gantiers.

A Tous ceux qui ces préfentes Lettres
verront : Gabriel-Jérôme de Bullion,
Chevalier Comte d'Efclimont , Meftre-de-
Camp du Régiment de Provence Infan-
terie , Confeiller du Roi en fes Confeils ,
Prevôt de Paris; falut : Sçavoir faifons ,
&c. PARTIES OUIES , enfemble noble
homme Maître Barbery de Saint Coufter ,
Confeiller , Avocat du Roi en cette Cour,
en fes conclufions , fans que les qualités
puiffent nuire ni préjudicier , nous avons
les faifies en queftion faites par les Parties
de Frouard déclarées nulles; faifons main-
levée d'icelles ; ce faifant , ordonnons que
les chofes faifies feront rendues aux Parties
faifies , à ce faire tous Gardiens contraints,
même par corps; à cet effet recevons les
Jurés Gantiers Parties intervenantes , en
conféquence , difons que les Parties de
Pillon feront maintenues dans le droit d'a-
cheter à la Halle tous les cuirs néceffaires
à leur profeffion ; faifons défenfes aux
Parties de Frouard de les troubler , &
condamnons les Parties de Frouard aux
dépens envers toutes les Parties ; ce qui
fera exécuté nonobftant & fans préjudice
de l'appel ; en témoin de quoi nous avons

fait sceller ces présentes, qui furent faites
& données par Messire Nicolas-Jean-Bap-
tiste Ravot, Chevalier, Seigneur d'Ombreval, Conseiller du Roi en ses Conseils,
Maître des Requêtes ordinaires de son
Hôtel, Lieutenant-Général de Police au
Châtelet de Paris, tenant le Siège le Mardi
vingt-cinq Avril mil sept cent vingt-
quatre. *Signé* TARDIVEAU. *Collationné*,
HUBERT. CAQUET, *Greffier. Scellé le* 3
Mai 1724. *Signé* BOYARD.

ARREST DU CONSEIL,

*Concernant les dettes des Communautés d'Arts
& Métiers.*

Du 21 Septembre 1724.

SA MAJESTE' étant en son Conseil
a ordonné & ordonne que les Arrêts
ci-dessus datés seront exécutés selon leur
forme & teneur, & que lesdits Commissaires y nommés connoîtront & jugeront
souverainement & en dernier ressort, au
nombre de sept au moins, en cas d'absence des autres, toutes les contestations
& matieres qui devront être jugées au
Criminel, circonstances & dépendances,
dont l'instruction sera faite par eux en la
Chambre de l'Audience des Requêtes de
l'Hôtel, à la requête du sieur Vaultier
son Procureur en la Commission, nommé
par l'Arrêt du 6 Octobre 1722, leur
attribuant à cet effet toute Cour, Jurisdiction, & connoissance d'icelles interdisant à toutes ses Cours & autres Juges;

qu'au surplus lesdits sieurs Commissaires
continueront la liquidation desdites dettes,
l'examen & revision desd. comptes. & jugeront les contestations qui y surviendront
souverainement & en dernier ressort, conformément auxdits Arrêts , depuis & compris l'année 1716 , jusques & compris la
présente année 1724 , Sa Majesté leur en
attribuant à cet effet un nouveau pouvoir , en faisant défenses aux Parties de
se pourvoir ailleurs que devant les sieurs
Commissaires , sur peine de nullité , cas-
sations de procédures & trois mille liv.
d'amende ; & Sa Majesté a au surplus ordonné que Maître Antoine Grosmenil continuera les fonctions de Greffier dans ladite commission ; & seront , pour l'exécution du présent Arrêt , toutes Lettres-
Patentes nécessaires expédiées. Fait au
Conseil d'Etat du Roi, Sa Majesté y étant ,
tenu à Fontainebleau le vingt-unieme
Septembre mil sept cent vingt-quatre. *Signé*
PHELYPPEAUX.

*Le présent Arrêt a été lu à l'Audience tenante
en la Chambre des Requétes de l'Hôtel , & enregistré au Greffe de la Commission. Oui ce requérant le Procureur-Général du Roi , pour
être exécuté selon sa forme & teneur. A Paris,
le treizieme jour de Janvier mil sept cent vingt-
cinq.* Signé GROSMENIL.

LETTRES PATENTES,

Qui établissent une Commission pour juger en dernier ressort toutes les matieres criminelles résultantes de l'examen des comptes de révision des Communautés.

Du 21 Septembre 1724.

LOUIS, par la grace de Dieu, Roi de France & de Navarre : A nos amés & féaux les sieurs Ravot d'Ombreval, Conseiller en nos Conseils, Maître des Requêtes ordinaire en notre Hôtel, Lieutenant-Général de Police de notre bonne ville de Paris, de Vanolles, Méliand, le Peletier, de Beaupré, Choppin d'Arnouville, Canaye, Prevôt de St Cyr, Mailhard, de Balsoze, de Vogny, Jubert de Bouville, Arnault de Boucy & Berthelot, aussi Conseillers en nos Conseils, Maîtres des Requêtes ordinaires de notre Hôtel ; salut : Par l'Arrêt, dont l'extrait est ci-dessous attaché sous le contre-scel de notre Chancellerie, ce jourd'hui rendu en notre Conseil d'Etat, nous y étant, nous avons commis pour connoître, instruire & juger souverainement & en dernier ressort, au nombre de sept au moins, en cas d'absence des autres, toutes les matieres qui devront être portées au criminel, en procédant à l'examen & révision des comptes des communautés d'arts & métiers de la Ville & fauxbourgs de Paris, en exécution des Arrêts de notre Conseil y datés, circonstances & dépendances, dont l'instruction en sera par nous

faite

faite en la Chambre de l'Audience des
Requêtes de notre Hôtel, à la requête
& diligence de notre Procureur en la
Commission, pour être par vous rendus
tels Arrêts préparatoires, interlocutoires
& définitifs qu'il appartiendra ; A CES
CAUSES, Nous vous mandons & ordonnons par ces Présentes, signées de notre
main, d'exécuter ledit Arrêt selon sa
forme & teneur, & de rendre aux Parties
bonne & brieve justice, vous en attribuant
à cet effet toute Cour, Jurisdiction &
connoissances nécessaires ; Commandons
au premier notre Huissier ou Sergent sur
ce requis, de signifier ledit Arrêt à tous
ceux qu'il appartiendra, à ce qu'ils n'en
ignorent & ayent à y déférer & obéir ;
de ce faire lui donnons pouvoir, commission & mandement spécial, & de faire
en outre pour l'entiere exécution dudit
Arrêt & de tous ceux que vous rendrez
en conséquence, tous exploits, assigna-
tions, sommations & tous autres Actes
de Justice que besoin sera, sans pour ce
demander autre Commission. Car tel est
notre bon plaisir. Donné à Fontainebleau,
le vingt-unieme jour de Septembre mil
sept cent vingt-quatre, & de notre regne
le douzieme. *Signé* LOUIS. *Et plus bas :*
Par le Roi, PHELYPPEAUX. Et scellé du
grand Sceau de cire jaune.

Les Présentes Lettres-Patentes ont été lues,
l'Audience tenante en la Chambre des Requêtes
de l'Hôtel & enregistrées au Greffe de la Com-
mission ; Oui ce requérant le Procureur-Général
pour être exécutées selon leur forme & teneur.

X

A Paris , ce treizieme jour de Janvier mil sept cent vingt-cinq. Signe GROSMENIL.

LETTRES PATENTES

Portant confirmation des Marchands & Artisans privilégiés suivant la Cour , sous la charge du Prevôt de l'Hôtel & Grand Prevôt de France.

Du 29 Octobre 1725.

LOUIS , par la grace de Dieu, Roi de France & de Navarre, à tous ceux qui ces préfentes Lettres verront ; falut : Les Marchands & Artifans privilégiés fuivant la Cour nous ont fait repréfenter qu'ils ont été créés & établis par les Rois nos prédécefleurs , à l'effet de procurer l'abondance des vivres , marchandifes , denrées & autres commodités néceffaires à leur fuite , & qu'il leur a été accordé divers droits , privileges , immunités & exemptions, pour leur faciliter les moyens d'y fatisfaire , chacun dans leur état , ainfi qu'il paroît par les Edits des Rois Louis XII , Lettres-Patentes de François I, du 19 Mars 1543 , d'Henri IV , du 16 Septembre 1606 , & de Louis XIII. du 30 Novembre 1636 & du dernier Mars 1640 , par l'Edit de Louis XIV. du 24 Juillet 1659 ; par le brevet du 20 Janvier 1658. Lettres-Patentes & de Surrannation du 25 Juillet 1660 & 29 Février 1672. Enfemble un Arrêt du Confeil d'Etat du 8 Juin 1672 , enregiftré au Grand Confeil le 22 du même mois de Juin , & d'autant qu'au préjudice de ces Edits, Déclarations, Lettres-Patentes & Arrêts, ils pourroient être troublés dans leurs privileges, droits, immunités & exemptions, par les Maîtres & Gardes & Jurés de notre bonne Ville de Paris, fous prétexte qu'ils n'ont pas nos Lettres de confirmation, ils nous ont très-humblement fait fupplier de les leur accorder. A ces causes & autres à ce nous mouvant, de l'avis de notre Confeil, qui a vu lefdits Edits, Déclarations, Lettres-Patentes, Arrêts & Réglements des 19 Mars 1543, Mai 1603, 16 Septembre 1606, Décembre 1604, Janvier 1613, & 24 Juillet 1659, Août 1666, 28 Août 1676 28 Août 1709, 30 Juin 1674, 18 Juin & premier Septembre 1723, & de notre certaine fcience, pleine puiffance & autorité royale, defirant, à l'exemple des Rois nos prédéceffeurs, que notre Cour & fuite foient pourvues de toutes les provifions & commodités néceffaires, nous avons par ces préfentes, fignées de notre main, confirmé & confirmons lefdits Marchands & Artifans dans leurs privileges, & afin de prévenir tous procès & incidents entr'eux & les corps des Marchands & Artifans de notre bonne Ville de Paris, & autres de notre Royaume, nous avons voulu déclarer nos intentions fur la maniere dont lefdits privileges feront exécutés, & en fixer le nombre, conformément auxdits Edits, Déclarations, Brevets, Lettres-Patentes & Arrêts y attachés, avec l'état defdits Marchands & Artifans, fous le contrefcel de notre Chancellerie, fans que, fous quelque prétexte que ce foit, il puiffe à l'avenir

être augmenté ou diminué ; & attendu la
d fficulté qui s'est trouvée jusqu'à présent
d'avoir en notre Cour & suite le nombre de
dix Drapiers privilégiés créés par les Edits
des Rois nos prédecesseurs, nous avons
agréé & agréons l'offre à nous faite par
le corps des Marchands Drapiers de notre
bonne Ville de Paris, de tenir à notre
suite deux des leurs suffisamment fournis
d'étoffes nécessaires à l'assortissement de
leur commerce, au moyen de quoi le
Prevôt de notre Hôtel ni ses successeurs ne
pourront à l'avenir, sous quelque prétexte
que ce puisse être, nommer à aucun privilege de Drapier, dérogeant à cet effet
à tous Edits, Déclarations, Arrêts & autres choses à ce contraires, pour par lesdits privilégiés énoncés audit état, jouir
de tous lesdits privileges, exemptions &
immunités à eux attribués par les Rois nos
prédécesseurs, notamment du droit de
lôtie aux foires & marchés, bureaux &
lieux de lotissement, aux ventes avec les
Marchands & Maîtres de communauté,
& de faire généralement tout ce que lesdits Marchands & Maîtres ont droit de
faire de leurs états & métiers, sans néanmoins que lesdits Privilégiés puissent s'as-
socier avec aucun autre Marchand, soit
François ou étranger, ni faire aucune
marchandise par commission, ou prêter
directement ni indirectement leurs noms,
à peine de déchéance de leurs privileges,
& confiscation de leurs marchandises ;
nous avons maintenu & maintenons le
Prevôt de notre Hôtel & Grand Prevôt
de France, dans le droit de connoître en

premiere inftance, à la charge d'appel en
notre Grand Confeil, de tout ce qui concerne les privileges défdits Marchands.&
Artifans de notre Cour & fuite; faifons
défenfes à tous autres Juges d'en con-
noîttre, à toutes perfonnes de les traduire
ailleurs, pour raifons de leurs privileges,
ouvrages, Marchandifes, & afin d'établir
pour toujours l'ordre & la difcipline dans
tous les corps des Marchands & Artifans
de notre Cour & fuite, nous avons ordonné & ordonnons : premierement, pour
prévenir que l'ignorance ne s'introduife
parmi eux, que ceux qui dorénavant
voudront être pourvus defdits privileges,
feront tenus de faire expérience, conformément à l'Arrêt du Confeil d'Etat du
8 Juin 1672, en préfence de notre Procureur en la Prevôté de notre Hôtel, ou
du Syndic de leur communauté, dont
fera dreffé acte par le Greffier de ladite
Prevôté, fur un regiftre qui à cet effet
fera cotté & paraphé par notredit Procureur, le tout conformément à ce qui
s'obferve & fe pratique dans les corps
& communautés de notre bonne Ville de
Paris ; que lefdits Privilégiés feront pareillement tenus de faire enrégiftrer au
Greffe de la Prevôté de notre Hôtel leurs
Lettres, vingt-quatre heures après l'ob-
tention, & ne jouiront de leurs privileges
que du jour de l'entregiftrement & de la
fignification qu'ils en auront fait faire au
bureau des Maîtres & Gardes ou Jurés
de notre bonne Ville de Paris, comme
auffi feront tenus de décorer leurs boutique & établis de tapis fleurdélifés, &

chargés de la devife ordinaire de la Prevôté de l'Hôtel, pour qu'ils puiffent être
reconnus & diftingues des autres Marchands & Artifans, & que d'autres n'ufur-
pent point la qualité de privilégiés, feront
des élections de Syndics chacun dans leur
Communauté, conformément aux Réglemens de la Prevôté de notre Hôtel & le
nombre des vifites preferit par iceux, nous
avons permis & permettons aux Maîtres
& Gardes & Jurés de notre bonne Ville
de Paris de faire en icelle la vifite chez
lefdits Marchands & Artifans de notre
Cour & fuite, pour examiner s'il ne fe
paffe point de contraventions chez eux,
fi leurs ouvrages font de bonne conftruc-
tion, & de les faifir s'ils les trouvent en
contravention, en prenant néanmoins l'ordonnance du Lieutenant Général de notre
Hôtel à Paris, ou de celui qui exercera
en fa place, & en cas de refus dudit Lieutenant ou de celui qui exercera en fon abfence, conftaté par un procès-verbal figné
de deux témoins ; permis auxdits Maîtres
& Gardes ou Jurés de fe retirer pardevers
notre Procureur au Châtelet, pour par
lui être nommé tel Commiffaire qu'il s'a-
vifera, à l'effet d'affifter les Maîtres &
Gardes ou Jurés dans les vifites qu'ils voudront faire chez lefdits privilégiés, en fe
faifant cependant dans l'un & dans l'autre
cas, affifter d'un Officier de la Prevôté &
du Syndic des Privilégiés, & fur les conteftations qui naîtront defdites vifites &
faifies, les Parties s'y pourvoiront en premiere inftance en la Prevôté de notre Hôtel, & par appel en notre Grand-Confeil :

enjoignons au Prevôt de notre Hôtel de
faire mettre chaque année au Greffe de sa
Jurifdiction un état contenant les noms,
qualités, demeure & réfidence des Marchands & Artifans privilégiés, dont il fera
délivré un extrait fans frais aux Maitres
& Gardes & Jurés de chaque corps &
communauté chacun pour ce qui les concerne ; feront au furplus lefdits Marchands & Artifans en ce qui ne fera pas,
comme dit eft, de leur commerce, fujets
à la police générale de Paris, dont nous
interdifons la connoiffance au Prevôt de
notre Hôtel ; n'entendons néanmoins y af-
fujétir ceux qui pourroient habiter dans les
maifons & lieux compris dans les Edits,
Déclarations, Lettres-Patentes, Arrêts &
Réglemens fur ce intervenus ; lefquels
Edits, Déclarations, Lettres-Patentes, Arrêts & Réglemens nous avons, en tant que
befoin feroit, autorifé & confirmé, auto-
rifons & confirmons par ces Préfentes ;
faifons défenfes à toutes perfonnes d'y
contrevenir, à peine de mille livres d'a-
mende & de plus grande peine s'il y échoit.
Si DONNONS EN MANDEMENT à nos amés
& féaux Confeillers, les Gens tenant
notre Grand-Confeil, que ces Préfentes
ils ayent à faire regiftrer, & le contenu
en icelles exécuter felon fa forme & teneur,
Car tel eft notre bon plaifir ; en témoin de
quoi nous avons fait mettre notre fcel à ces
Préfentes. Donné à Fontainebleau, le vingt-
neuvieme jour d'Octobre l'an de grace mil
fept cent vingt-cinq, & de notre regne
le onzieme. *Signé* LOUIS. Et plus bas,
Par le Roi, PHELIPPEAUX. Et fcellé.

Enregiftrées és-Regiftres du Grand-Conseil du Roi pour être exécutées felon leur forme & teneur, fuivant l'Arrêt dudit Confeil de ce-jourd'hui douzieme jour de Novembre 1725.

Signé LA MOLIERE.

ARREST

DU GRAND-CONSEIL DU ROI,

Qui ordonne l'enregiftrement defdites Lettres-Patentes.

LOUIS par la grace de Dieu Roi de France & de Navarre, à tous ceux qui ces préfentes Lettres verront ; falut : Sçavoir faifons, comme par Arrêt de ce-jourd'hui donné en notre Grand-Confeil ; vû par icelui l'Etat dont la teneur enfuit :

Etat des Marchands & Artifans privilégiés fuivant la Cour, qui font fous la charge & à la difpofition du Prevôt de notre Hôtel & Grand Prevôt de France, fuivant les Edits, Déclarations, Brevets, Lettres-Patentes des 19 Mars 1543, 13 Septembre 1606, 30 Novembre 1636, 31 Mars 1640, 24 Juillet 1640, 20 Janvier 1658, 20 Juillet 1659, 25 Juillet 1660 & 29 Février 1672.

Deux Marchands Drapiers du Corps des Drapiers de Paris, à la place des dix Drapiers privilégiés, fçavoir :

Huit créés par le Roi François I, par fa Déclaration du 19 Mars 1543.

Deux autres augmentés par le Roi Louis XIV, fuivant fes Brevets & Lettres-Patentes des 20 Janvier 1658 & 25 Juillet 1660.

vingt-

Vingt-huit Merciers.

Vingt créés par François I.

Quatre autres augmentés par le Roi Henri IV, fuivant fa Déclaration du 15 Septembre 1606.

Deux autres augmentés par le Roi Louis XIII, fuivant fa Déclaration du 31 Mars 1640.

Deux autres augmentés par Louis XIV, fuivant fes Brevets & Lettres patentes fuf-datés.

Vingt-huit Tailleurs-Chauffetiers-Pourpointiers.

Treize créés par François I.

Onze d'augmentés par Henri IV.

Deux par Louis XIII.

Deux par Louis XIV.

Dix Pelletiers.

Six créés par François I.

Deux d'augmentés par Louis XIII.

Deux par Louis XIV.

Dix Fourbiffeurs.

Trois par François I.

Trois d'augmentés par Henri IV.

Deux par Louis XIII.

Deux par Louis XIV.

Douze Selliers.

Six créés par François I.

Deux d'augmentés par Henri IV.

Deux par Louis XIII.

Deux par Louis XIV.

Cinq Eperonniers.

Trois créés par François I.

X

Deux d'augmentés par Louis XIV.

Seize Cordonniers.

Six créés par François I.
Six d'augmentés par Henri IV.
Deux par Louis XIII.
Deux par Louis XIV.

Dix Lingers.

Trois créés par François I.
Trois d'augmentés par Henri IV.
Deux par Louis XIII.
Deux par Louis XIV.

Vingt Bouchers.

Douze créés par François I.
Huit d'augmentés par Louis XIV, suivant sa Déclaration du 24 Juillet 1659.

Trente Rôtisseurs-Poulaillers-Poissonniers.

Vingt-deux créés par François I.
Deux d'augmentés par Henri IV.
Deux par Louis XIII.
Deux par Louis XIV.

Vingt - cinq Marchands de vin tenant assiettes.

Créés par François I.

Douze Marchands de vin en gros & en détail.

Créés par le même Roi.

Quatorze Proviseurs de foin, paille & avoine.

Dix créés par François I.
Deux par Henri IV.
Deux par Louis XIV.

Douze Fruitiers-Verduriers.

Huit créés par François I.

Trois d'augmentés par Henri IV.
Deux par Louis XIV.

Huit Apothicaires.

Trois créés par François I.
Trois d'augmentés par Henri IV.
Deux par Louis XIV.

Douze Carreleurs de souliers.

Neuf créés par François I.
Un augmenté par Henri IV.
Deux par Louis XIV.

Dix Pâtissiers.

Six créés par Henri IV.
Deux d'augmentés par Louis XIII.
Deux par Louis XIV.

Douze Boulangers.

Huit par Henri IV.
Deux d'augmentés par Louis XIII.
Deux par Louis XIV.

Huit Gantiers-Parfumeurs.

Quatre créés par Henri IV.
Deux d'augmentés par Louis XIII.
Deux par Louis XIV.

Dix-huit Chaircuitiers.

Six créés par Henri IV.
Huit par Louis XIII.
Deux par Louis X I V, par Edit de
1659.
Deux autres par ses Lettres patentes de
1660.

Dix Chandeliers.

Six créés par Henri IV.

Deux d'augmentés par Louis XIV.
Deux par le même Roi.

Sept Corroyeurs - Baudeyeurs.

Trois créés par Henri IV.
Deux d'augmentés par Louis XIII.
Deux par Louis XIV.

Quatre Libraires.

Deux par Henri IV.
Deux d'augmentés par Louis XIV.

Huit Brodeurs.

Six créés par Henri IV.
Deux d'augmentés par Louis XIV.

Dix Passementiers.

Six créés par Henri IV.
Deux d'augmentés par Louis XIII.
Deux par Louis XIV.

Six Verriers-Fayanciers.

Deux créés par Henri IV.
Deux d'augmentés par Louis XIII.
Deux par Louis XIV.

Huit Tapissiers-Teinturiers.

Quatre créés par Henri IV.
Deux d'augmentés par Louis XIII.
Deux par Louis XIV.

Quatre Plumassiers.

Deux créés par Henri IV.
Deux d'augmentés par Louis XIV.

Six Chirurgiens-Barbiers.

Quatre créés par Henri IV.
Deux d'augmentés par Louis XIV.

Six Quincaillers.

Quatre créés par Henri IV.
Deux d'augmentés par Louis XIV.

Six Découpeurs-Egratigneurs.

Quatre créés par Henri IV.
Deux d'augmentés par Louis XIV.

Six Epiciers-Confituriers.

Deux créés par Henri IV.
Deux d'augmentés par Louis XIII.
Deux par Louis XIV.

Huit Couturiers.

Quatre créés par Henri IV.
Deux d'augmentés par Louis XIII.
Deux par Louis XIV.

Six Fripiers.

Quatre créés par Henri IV.
Deux d'augmentés par Louis XIV.

Sept Chapeliers.

Trois créés par Henri IV.
Deux d'augmentés par Louis XIII.
Deux par Louis XIV.

Quatre Horlogers.

Deux créés par Henri IV.
Deux d'augmentés par Louis XIV.

Quatre Orfévres.

Deux créés par Henri IV.
Deux d'augmentés par Louis XIV.

Huit Ravaudeurs de bas soie & d'Eſtam.

Six créés par Henri IV.

Y iij

Deux d'augmentés par Louis XIV.

Quatre Parcheminiers.

Deux créés par Henri IV.
Deux d'augmentés par Louis XIV.

Quatre Vertugadiers.

Deux créés par Henri IV.
Deux d'augmentés par Louis XIV.

Seize Cuisiniers Traiteurs pour faire festins.

Six créés par Henri IV.
Six autres créés par Louis XIII, par Lettres patentes du 30 Novembre 1636.
Deux autres d'augmentés par le même Roi, par Edit du 31 Mars 1640.
Deux par Louis XIV.

Dix Violons ou Joueurs d'instrumens.

Huit créés par Henri IV.
Deux créés par Louis XIV.

Six Armuriers.

Quatre créés par Henri IV.
Deux autres par Louis XIV.

Huit Arquebusiers.

Quatre créés par Henri IV.
Deux autres d'augmentés par Louis XIII.
Deux autres par Louis XIV.

Quatre Menuisiers.

Deux créés par Henri IV.
Deux d'augmentés par Louis XIV.

Quatre Peintres.

Deux créés par Henri IV.
Deux d'augmentés par Louis XIV.

Quatre Graveurs-Doreurs-Damasquineurs.

Deux créés par Henri IV.
Deux d'augmentés par Louis XIV.

Maîtrises créées par Louis XIV, suivant les Lettres patentes du 25 Juillet 1660.

Deux Charrons.
Deux Serruriers.
Deux Plombiers.
Deux Tondeurs de drap.
Deux Tireurs d'or.
Deux Teinturiers.
Deux Papetiers.
Deux Papetiers-Colleurs.
Deux Paveurs.
Deux Vergetiers-Raquetiers.
Deux Potiers de terre.
Deux Potiers d'étain.
Deux Batteurs d'or.
Deux Charpentiers.
Deux Courtiers de change.
Deux Peigniers-Tabletiers.
Deux Maréchaux.
Deux Tonneliers.
Deux Couvreurs.
Deux Vinaigriers.
Deux Cordiers-Filassiers.
Deux Opérateurs.
Deux Bourreliers.
Deux Bahutiers.
Deux Vitriers.
Deux Bonnetiers.
Deux Vendeurs de pain-d'épices.
Deux Fondeurs.
Deux Maçons.

Y iv

Deux Chauderonniers.
Deux Gaîniers.
Deux Eventailliftes.
Deux Eguilletiers.
Deux Lapidaires.
Deux Bourfiers-Gibeciers.
Deux Miroitiers.
Deux Imprimeurs en Taille-douce.
Deux Peauffiers-Teinturiers en laine.
Deux Relieurs.
Deux Epingliers.
Deux Amidonniers.
Deux Ouvriers en bas & autres ouvra-
ges au métier.
Deux Mégiffiers.
Deux Taillandiers.
Deux Limonadiers-Diftillateurs.
Deux Boiffeliers.
Deux Patenôtiers.
Deux Liniers-Chanvriers.
Deux Chiffonniers - Crieurs de vieilles
ferrailles.
Deux Braffeurs en bierre.
Deux Sculpteurs.
Deux Couteliers.
Deux Tanneurs.

Imprimé d'un Edit de François Premier,
portant création & augmentation de plufieurs Marchands & Artifans fuivans la
Cour, dénommés & fixés par ledit Edit,
avec affranchiffement & exemption de
tous les droits d'Aydes, &c. & attribution
de toute Jurifdiction au Prevôt de l'Hôtel
en premiere inftance, & par appel en
notredit Grand Confeil, du 19 Mars 1543.

Imprimé d'une Déclaration de Henri IV.
portant confirmation des priviléges créés
par les Rois Louis XII. & François I.
avec confirmation de leurs droits & privileges, & attribution de Jurifdiction au
Prevôt de l'Hôtel, du 16 Septembre 1606.
Copie collationnée d'une Déclaration de
Louis XIII. portant création & augmentation de fix Cuifiniers potagers,
pour avec les anciens, faire nombre de
douze, du 30 Nov. 1636 Copie d'une
Déclaration de Louis XIII., qui confirme les anciens privileges & droits y attribués, & en augmente le nombre en
chacun des corps & métiers, aux mêmes
droits & privileges que les anciens, du
dernier Mars 1740. Copie collationnée
des Edits de Louis XIV. portant création de huit Marchands de vin en gros
& en détail, de feize Marchands Cabaretiers, de huit Bouchers & de huit Chaircuitiers, à la charge que la premiere difpofition d'iceux appartiendra au Roi, &
qu'après icelle il y fera pourvu par le
Grand Prevôt, avec faculté d'excercer
leur commerce & de vendre leurs marchandifes dans la ville de Paris & autres du Royaume, le Roi préfent ou
abfent, du 24 Juillet 1659. Copie collationnée du don fait par Louis XIV. au
fieur Maréchal Dupleffis Praflin, de deux
Privileges en chacun des corps, arts &
métiers y dénommés, & de tels autres
qu'ils puiffent être, du 20 Janvier 1658.
Enfuite font les Lettres-Patentes adreffées à notredit Grand Confeil, pour l'en-

regiftrement du fufdit Brevet, du 25 Juillet 1660. Enfuite font les Lettres de Surrannation pour l'enregiftrement dudit Brevet & defdites Lettres du 29 Février 1672.
Enfuite eft un Arrêt du Confeil d'Etat,
rendu fur l'oppofition des Maîtres & Gardes Jurés de Paris, du Subftitut de notre
Procureur - Général au Châtelet, qui
ordonne qu'il fera procédé par notredit Grand Confeil, à l'enregiftrement pur
& fimple defdites Lettres, du 8 Juin
1672. Enfuite font des Lettres de Juffion
à notredit Grand-Confeil, du 9 Juin 1672,
& enfuite l'Arrêt de notredit Confeil, qui
ordonne l'enregiftrement defdits Brevêt &
Lettres-Patentes du 22 Juin 1672. Lettres
par nous accordées aux Marchands & Artifans privilégiés fuivant la Cour, par
lefquelles nous confirmons lefdits Marchands Artifans dans leurs privileges ;
& afin de prévenir tous procès & incidents entr'eux & les corps des Marchands & Artifans de la Ville de Paris &
autres de notre Royaume, nous avons
voulu déclarer nos intentions fur la maniere dont lefdits privileges feront exercés, & en fixer le nombre auxdits Edits,
Déclarations, Brevets, Lettres-Patentes,
Arrêts attachés fur le contre-fcel, avec
l'Etat defdits Marchands & Artifans, fans,
fous quelque prétexte que ce foit, ne puiffe
être augmenté ni diminué, ainfi qu'il eft
plus au long énoncé auxdites Lettres, &
nous avons ordonné que les Parties fe
pourvoiront en premiere inftance en la
Prevôté de l'Hôtel, & par appel, en notred.

Grand Conseil; lesdites Lettres à notre
dit Conseil adressantes aux fins d'enregistrement, & le contenu en icelles faire
exécuter selon sa forme & teneur. Donné
à Fontainebleau, le 29 Octobre 1725. *Signé*
LOUIS. *Et plus bas.* Par le Roi PHE-
LYPPEAUX, avec grille & paraphe ; &
scellées du grand Sceau de cire jaune, &
contre-scellées ; & autres piéces attachées
sous le contre - scel : requête présentée
à notredit Grand Conseil, par notre très-
cher & bien amé Louis de Bouschet,
Chevalier Comte de Montforau, Marquis
de Sourches & du Bellay, Lieutenant Général de nos armées, Conseiller d'Etat,
Prevôt de notre Hôtel & Grand Prevôt de
France, tendante à ce qu'il plaise à notredit Conseil ordonner que lesdites Lettres-
Patentes de Confirmation des Marchands
& Artisans privilégiés suivant la Cour,
par nous accordés le 29 Octobre dernier.
Signé LOUIS. *Et plus bas.* Par le Roi.
PHELIPPEAUX, & scellées du grand sceau
de cire jaune, seront regiltrées ès regiltres
de notredit Grand-Conseil, pour être exécutées selon leur forme & teneur. *Signé*
BRISSART ; conclusions de notre Procureur-Général : Icelui notredit Grand-Conseil a ordonné & ordonne que lesdites
Lettres-Patentes de confirmation des Marchands & Artisans privilégiés suivans la
Cour, du 29 Oct. dernier 1725, seront en-
regiltrées ès regiltres de notredit Conseil,
pour être exécutées selon leur forme &
teneur. Si donnons en mandement au premier des Huissiers de notredit Grand-Conseil, en ce qui est exécutoire en notredite

Cour & fuite, & hors d'icelle, au premier notredit Huiffier ou autre notre Huiffier ou Sergent fur ce requis, qu'à la requête dudit fieur de Boufchet de Mont-
foreau, Prevôt de notre Hôtel & Grand
Prevôt de France, le préfent Arrêt vous
mettiez à due & entiere exécution de point
en point, felon fa forme & teneur, nonobftant oppofitions ou appellations quelconques, pour lefquelles & fans préjudice
d'icelle ne voulons être différé ; & outre,
faire pour l'entiere exécution des préfentes tous exploits & autres actes de Juftice requis & néceffaires ; de ce faire te
donnons pouvoir, fans pour ce demander
placet ni paréatis. Donné en notre Confeil,
le douzieme jour du mois de Novembre,
l'an de grace mil fept cent vingt-cinq, &
de notre regne le onzieme. Collationné
par le Roi, à la relation des Gens de fon
Grand Confeil. *Signé* LA MOLIERE.

*Collationnés aux originaux en parchemin,
par nous Ecuyer, Confeiller, Secrétaire du
Roi, Maifon & Couronne de France & de
fes Finances.*

ARRET DU PARLEMENT,

*Qui défend aux Perruquiers de vendre aucunes
marchandifes de l'Etat de Gantier.*

Du 18 Mai 1726.

LOUIS par la grace de Dieu, Roi
de France & de Navarre : Au premier
des Huiffiers de notre Cour de Parlement
ou autre Huiffier ou Sergent fur ce re-

quis , ſçavoir faiſons , &c. NOTREDITE
COUR , faiſant droit ſur le tout , ſans
s'arrêter à l'oppoſition formée par la communauté des Barbiers-Perruquiers à l'Arrêt de la Cour du vingt deux Février mil
ſept cent ſix , portant enrigiſtrement de
la Déclaration du Roi du 12 Décembre
1705 , dont ils ſont déboutés , ayant égard
à l'oppoſition formée par les Maîtres &
Gardes de la communauté des Gantiers-
Parfumeurs aux arrêts de la Cour des 17
Août 1674 & 28 Avril 1718 , portant
enregiſtrement des Status & Lettres-Patentes du Roi obtenus par la communauté
des Barbiers-Perruquier , les 14 Mars 1674
& 28 Avril 1718 , en ce que par l'Article
XXVIII. deſdits Statuts du 14 Mars 1674
& par l'Article LX. des Statuts du 8
Avril 718 , il a été permis aux Barbiers-
Perruqiers de vendre & débiter dans
leurs boutiques des poudres & opiats pour
les dects , des ſavonnettes , pommades ,
& autres ſenteurs & eſſences , & des Pâtes
à laver les mains , & généralement tout ce
qui eſt propre à l'ornement & propreté
du cops humain ; & faiſant droit ſur ladite opoſition & ſur les demandes reſpec-
tives eſdits Gantiers-Parfumeurs & deſdits Brbiers-Perruquiers , portées par leurs
requês & exploits des 17 & 18 Juillet
1719 15 Avril , 3 & 14 Août 1713 , a
maintnu & gardé leſdits Maîtres Gan-
tiers-hrfumeurs dans le droit de faire
ſeuls l fabrication & façon des marchandiſes e gants & mitaines , pâtes , huiles
de ſeteurs , eſſences , quinteſſences , poudres , avonnettes & autres marchandiſes

& parfums dépendans dudit état des Gantiers & Parfumeurs, & de vendre & débiter au Public lefdites marchandifes ;
permet aux Barbiers-Perruquiers de faire
fabriquer chez eux des poudres, favonnettes, opiats, effences, quinteffences,
pâtes à laver les mains, pâtes de fenteurs
& autres parfums propres & convenables
pour l'ornement, propreté & netteté du
corps humain, pour leur ufage particulier feulement, & pour être employés &
confommés dans leurs boutiques & maifons, fans qu'il leur foit permis d'en pouvoir vendre & débiter à aucun Maître
Barbier-Perruquier ni aucune autre perfonne, pour quelque caufe & fous quelque
prétexte que ce foit, ni même d'en faire
étalage à leur boutique & enfeigne, à
peine de confifcation & de trois cens liv.
d'amende, & à la charge que nuldefdits
Mes. Barbiers-Perruquiers ne poura faire
façonner & fabriquer lefd. poudres favonnettes, opiats, pâtes, effences, & autrs marchandifes de parfums, s'il ne ait un
exercice ouvert & actuel de la préfeffion
de Barbier-Perruquier : fur le furlus des
demandes, fins & conclufions des Parties,
les a mis hors de Cour & de Procès,
condamne lefdits Jurés & communauté
des Maîtres Barbiers-Perruquiers en la
moitié des dépens, l'autre moitié com-
penfée. Si mandons mettre le préfer Arrêt
à exécution, de ce faire dornons puvoir.
Donné en notre Cour de Parlement, le
dix-huit Mai, l'an de grace mil Decenu
vingt-fix, & de notre regne le ozieme.
Par la Chambre, YSABEAU. *Collationné*
D'HAUTEVILLE.

ARRET DU CONSEIL,

Qui évoque les différentes contestations des Communautés des Arts & Métiers.

Du 14 Septembre 1728,

Extrait des Registres du Conseil d'Etat.

LE Roi s'étant fait représenter l'Arrêt rendu en son Conseil le 3 Mars 1716, par lequel Sa Majesté a ordonné que pardevant le Sieur d'Argenson, Conseiller d'Etat, Lieutenant Général de Police de la Ville de Paris, & les Sieurs Doublet, de Crouy, de Maupeou, Lefevre, d'Ormesson & Legendre de Saint-Aubin, Maîtres des Requêtes qu'Elle a commis, il sera procédé à la liquidation de toutes les sommes dues par les Communautés d'arts & métiers de Paris, &c. SA MAJESTE' ETANT EN SON CONSEIL, a évoqué & évoque à Soi & à son Conseil les contestations mues & à mouvoir au sujet des nouveaux droits que les Aspirans à la Maîtrise, Apprentifs & Apprentissages des Corps & Communautés d'arts & métiers de la Ville de Paris, payent à leur Communauté pour leur réception à la Maîtrise & Apprentissage, circonstances & dépendances, & icelles a renvoyées & renvoie devant les Sieurs Commissaires nommés par Sa Majesté par l'Arrêt du 3 Mars 1716, & autres rendus en conséquence, leur en attribuant à cet effet toute Cour, Jurisdiction, & connoissance d'icelles interdisant à toutes ses au-

tres Cours & Juges; fait Sa Majesté défenses aux Parties de se pourvoir ailleurs
que devant lesdits Sieurs Commissaires
pour raison de ce, à peine de nullité,
cassation de procédures, dépens, dommages & intérêts; comme aussi Sa Majesté
fait dès à présent défenses aux Jurés des
Communautés, dont les dettes sont entierement acquittées, de percevoir les
nouveaux droits qui leur ont été attribués
à l'occasion desdites dettes, à peine de
concussion; ordonne que dans deux mois,
à compter du jour de la publication du
présent Arrêt, les Jurés en charge de
toutes les Communautés d'arts & métiers
de la Ville & fauxbourgs de la Ville de
Paris, seront tenus, à peine de mille liv.
d'amende, de remettre entre les mains du
Procureur Général de la Commission les
Edits, Déclarations & Arrêts qui ont établi lesdits nouveaux droits, ensemble les
états de tous les emprunts, payemens &
remboursemens par eux faits, pour être
examinés par lesdits Sieurs Commissaires,
&, sur l'avis, être par Sa Majesté ordonné ce qu'il appartiendra. Fait au Conseil d'Etat du Roi, Sa Majesté y étant,
tenu à Fontainebleau le quatorziéme jour
de Septembre mil sept cent vingt - huit.
Signé, PHELYPPEAUX, avec paraphe.

*Le présent Arrêt a été lu & enregistré au
Greffe de la Commission; ouï ce requerant le
Procureur Général au Roi, le Bureau tenant,
pour être exécuté selon sa forme & teneur. A
Paris le vingt-deuxiéme jour de Septembre mil
sept cent vingt-huit.* Signé, GROMESNIL,
avec paraphe.

SENTENCE

SENTENCE DE POLICE

Du 4 Février 1729, qui déclare la saisie sur un Peaussier bonne & valable.

A Tous ceux qui ces présentes Lettres verront; Gabriel Jérôme de Bullion, Chevalier, Comte d'Esclimont, Conseiller du Roi en ses Conseils, Prévôt de Paris; Salut, &c. Parties ouïes, Nous avons la saisie faite sur la Partie de Bonnefoy de deux douzaines de paires de gants de peau de daim, déclaré bonne & valable; ce faisant, avons lesdits gants confisqués au profit des Parties de Regnard; faisons défenses à ladite Partie de Bonnefoy de récidiver; la condamnons en dix livres de dommages & intérêts, dix livres d'amende, & en tous les dépens, ce qui sera exécuté sans préjudice de l'appel. En témoin de ce, Nous avons fait sceller ces présentes. Ce fut fait & donné par Messire René Herault, Seigneur de Fontaine-l'Abbé, Conseiller du Roi en ses Conseils d'État & privé, Lieutenant Général de Police de la Ville, Prévôté & Vicomté de Paris, tenant le Siége le vendredi quatre Février mil sept cent vingt-neuf. Collationné. *Signé*, TARDIVEAU. Scellé. *Signé*, DOYARD.

SENTENCE DE POLICE,

Du 8 Avril 1729, qui déclare la saisie sur un Bourfier bonne & valable.

A Tous ceux qui ces préfentes Lettres verront ; Gabriel-Jerôme de Bullion, Chevalier, Comte d'Efclimont, Confeiller du Roi en fes Confeils, Prévôt de Paris; Salut. Savoir faifons, que fur la Requête faite en Jugement devant Nous en la Chambre de Police au Châtelet de Paris, par Me. Armand Regnard, le jeune, Procureur des Maîtres & Gardes de la Communauté des Maîtres & Marchands Gantiers - Parfumeurs de la Ville & Fauxbourgs de Paris, Demandeurs aux fins de leur exploit contenant faifie du 19 Janvier dernier, faite en vertu de notre Ordonnance du 13 Octobre précédent, par Chardin, Huiffier à cheval en cette Cour & Prévôté, à ce que la faifie faite fur le ci-après nommé, à la requête des Demandeurs, de trente-cinq paires de gants, qu'il vendoit & débitoit chez lui fans titre ni qualité, fuivant qu'il eſt établi par le procès verbal qui en a été dreſſé par Me. de la Jarrie, Commiffaire au Châtelet, ledit jour 19 Janvier dernier, fût déclarée bonne & valable ; en conféquence lefdites marchandifes faifies confifquées au profit des Demandeurs, avec dépens, dommages & intérêts ; & pour la contravention aux Statuts & Reglemens de la Communauté des Demandeurs, condamne en telle

amende qu'il plairoit arbitrer, avec défenfes de plus récidiver à l'avenir, fous
plus grande peine, affifté de Me. Duret,
leur Avocat, contre Me. Letourneau,
Procureur de Simon-Paul Prevôt, Marchand, Maître Bourfier à Paris, Défendeur défaillant : Ouï ledit Me. Duret en
fon Plaidoyer ; & pour vertu dudit défaut de Nous donné contre ledit Me.
Letourneau audit nom, non comparant,
ni autre pour lui duement appellé, lecture
faite des procès-verbaux & affignation
fufdatés, & de l'avenir à cejourd'hui,
Nous avons la faifie faite à la requête
des parties de Duret fur celles de Letourneau, défaillant, déclaré bonne & valable ; ce faifant, difons que les marchandifes de gants faifies feront & demeureront confifquées au profit defdites parties
de Duret ; faifons défenfes à ladite partie
de Letourneau de récidiver, fous plus
grande peine ; & pour la contravention,
la condamnons en vingt livres de dommages & intérêts envers les parties de
Duret, en dix livres d'amende & aux
dépens, ce qui fera exécuté nonobftant &
fans préjudice de l'appel, & foit fignifié.
En témoin de ce, Nous avons fait fceller
ces préfentes. Ce fut fait & donné par
Meffire René Herault, Chevalier, Seigneur de Fontaine-l'Abbé, Confeiller d
Roi en fes Confeils d'Etat & privé, Lieutenant Général de Police de la Ville,
Prévôté & Vicomté de Paris, tenant le
Siége le vendredi huit Avril mil fept
cent vingt-neuf. Collationné. *Signé*
Cuiret. Et fcellé. *Signé*, DOYARD.

SENTENCE DE POLICE,

Du 22 Juillet 1729, qui ordonne l'exécution de celle du 8 Avril dernier.

A Tous ceux qui ces présentes Lettres verront, Gabriel-Jerôme de Bullion, Chevalier, Comte d'Efclimont, Meftre de Camp du Régiment de Provence, Infantèrie, Confeiller du Roi en fes Confeils, Prévôt de la Ville, Prévôté & Vicomté de Paris: Salut. Savoir faifons, que fur la Requête faite en Jugement devant Nous à l'Audience de la Chambre de Police du Châtelet de Paris, par Me. Armand Regnard, le jeune, Procureur des Maîtres & Gardes en charge de la Communauté des Maîtres Gantiers-Parfumeurs à Paris, Demandeurs en exécution de la Sentence du 8 Avril dernier, Défendeurs à la Requête verbale d'oppofition à icelle, fignifiée le 2 Mai fuivant, & encore Défendeurs aux défenfes & moyens de nullité, fignifiés le 5 dudit mois de Mai, Demandeurs, fuivant les Réponfes fignifiées à iceux le 5, affiftés de Me. Duret leur Avocat, contre Me. Letourneau, Procureur de Paul Prevôt, Marchand Bourfier à Paris, Défendeur & Oppofant, fuivant la Requête verbale fufdatée, affifté de Me. Delorme fon Avocat. Parties ouïes, lecture faite des piéces, fans que les qualités puiffent nuire ni préjudicier, Nous avons la partie de Delorme débouté de fon oppofition, ordonnons que notre précédente Sentence

fera exécutée felon fa forme & teneur,
avec dépens. En témoin de ce, Nous
avons fait fceller ces préfentes, qui furent faites & données par Meffire René
Herault, Chevalier, Seigneur de Fontaine-l'Abbé & autres lieux, Confeiller
du Roi en fes Confeils d'Etat, & Honoraire en fon Grand-Confeil, Lieutenant Général de Police de la Ville, Prévôté & Vicomté de Paris, tenant le Siége
le vendredi vingt-deux Juillet mil fept
cent vingt-neuf. Collationné. *Signé*, TAR-
DIVEAU. Et fcellé, *figné*, DOYARD.

ARRET DU CONSEIL,

*Qui ordonne que dans deux mois pour tout
délai les Syndics Jurés feront tenus de remettre au fieur Auboin leurs comptes, à
peine de mille livres d'amende.*

Du 28 Mars 1730.

Extrait des Regiftres du Confeil d'Etat.

LE ROI s'étant fait repréfenter en
fon Confeil les Arrêts rendus en icelui les 3 Mars 1716 & 14 Septembre
1728, par le premier defquels Sa Majefté
a entr'autres chofes ordonné qu'il feroit
procédé par les fieurs Commiffaires de
fon Confeil nommés par lefdits Arrêts,
à la liquidation des dettes des communautés des arts & métiers de la ville &
fauxbourgs de Paris, à l'effet de quoi
les créanciers defdites communautés feroient tenus de repréfenter dans un mois
pardevant lefdits fieurs Commiffaires,

leurs titres de créances, dont il seroit par
eux dreſſé procès-verbal , pour, icelui
vu & rapporté au Conſeil avec leur avis,
être par Sa Majeſté ordonné ce qu'il
appartiendroit ; & par le deuxiéme, Sa
Majeſté a ordonné que dans deux mois,
à compter du jour de la publication
dudit Arrêt, les Jurés en charge de toutes les communautés d'arts & métiers
de la ville & fauxbourgs de Paris, ſeroient tenus, à peine de mille livres
d'amende, de remettre entre les mains du
Procureur Général de ladite commiſſion
les états de tous les emprunts, payemens
& rembourſemens par eux faits, pour
être examinés par leſdits ſieurs Commiſſaires, &, ſur leur avis, être par Sa
Majeſté ordonné ce qu'il appartiendroit.
Cependant Sa Majeſté eſt informée que
la plupart des créanciers & des Jurés deſdites communautés n'ont point encore ſatisfait aux diſpoſitions de ces deux Arrêts,
ni aux Ordonnances que leſdits ſieurs
Commiſſaires ont rendues les 17 Mars
1723 & 7 Septembre 1726, pour en ac-
célérer l'exécution ; en ſorte qu'il n'a pas
été poſſible juſqu'à préſent de prendre
aucun arrangement pour parvenir au rembourſement des dettes deſdites communautés ; & comme le refus que font leſdits Jurés de repréſenter leſdits états, &
leſdits créanciers leurs titres de créances,
non-ſeulement fait un tort conſidérable
auxdites communautés, mais peut être
regardé comme une déſobéiſſance aux ordres de Sa Majeſté, Elle a jugé qu'il ſeroit néceſſaire d'agir avec ſévérité contre

ceux qui perfifteroient encore dans un
refus auffi condamnable ; à quoi voulant
pourvoir : Ouï le rapport du fieur Orry,
Confeiller ordinaire au Confeil Royal,
Contrôleur Général des Finances ; le Roi
en fon Confeil, a ordonné & ordonne
que dans deux mois, pour toute préfixion & délai, à compter du jour de la
publication du préfent Arrêt, les Syn-
dics-Jurés en charge des communautés
des arts & métiers de la ville & fauxbourgs de Paris, feront tenus, à peine
de mille livres d'amende, chacun de remettre ès mains du fieur Aubouin, Procureur Général en cette partie, les états
de tous les emprunts, payemens & rembourfemens faits par eux ou leurs prédéceffeurs, depuis l'année 1689 jufqu'à préfent, lefquels états feront fignés par eux,
& certifiés véritables, & contiendront
l'origine & la caufe defdites créances, les
dates & les principaux d'icelles, les quittances des payemens d'arrérages & des
rembourfemens des capitaux, avec les
noms & furnoms & qualités des créanciers originaires, & de ceux fur la tête
defquels lefdites créances ont paffé fuc-
ceffivement ; comme auffi que dans ledit
temps de deux mois tous les créanciers
defdites communautés feront tenus de
remettre ès mains de Me. Gromefnil,
Greffier des Commiffions extraordinaires
du Confeil, leurs titres de créances pour
être par lui enregiftrés fur le champ, &
fans frais, dans un regiftre qu'il tiendra
à cet effet, & être enfuite lefdits titres
remis auxdits créanciers, mention préa-

lablement faite fur iceux dudit enregiftrement pour ledit regiftre; enfemble lefdits états vus & examinés par lefdits
fieurs Commiffaires, &, fur leur avis,
être par Sa Majefté ordonné ce qu'il appartiendra; & faute par lefdits Syndic &
Jurés en charge de remettre ès mains dudit fieur Aubouin lefdits états dans la
forme & le délai ci-deffus, Sa Majefté
ordonne qu'à la requête, pourfuite &
diligence dudit fieur Aubouin, lefdits
Syndic & Jurés en charge feront contraints au payement de ladite fomme de
mille livres par toutes voies dues & raifonnables, même par corps; comme auffi,
faute par lefdits créanciers de faire enregiftrer leurs titres de créances, ainfi
qu'il eft ci-deffus ordonné, Sa Majefté
veut que lefdits créanciers foient privés
de leurs arrérages échus & qui écherront jufqu'audit jour d'enregiftrement,
defquels arrérages lefdites communautés
feront & demeureront déchargés en vertu
du préfent Arrêt; en forte que lefdits
créanciers qui feront enregiftrer leurs titres après le délai de deux mois, ne pourront exiger defdites communautés le payement de leurs arrérages qu'à compter du
jour de l'enregiftrement feulement; au
furplus, Sa Majefté fait très-expreffes
inhibitions & défenfes auxdits Syndic &
Jurés en charge de payer aucuns arrérages des rentes dues aux créanciers defdites communautés, dont les titres n'auront point été enregiftrés au Greffe de
ladite Commiffion; comme auffi de rembourfer aucuns capitaux defdites créances,

ces , fans une Ordonnance à cet effet defdits fieurs Commiffaires, le tout à peine de radiation dans leurs comptes des fommes qui auroient été payées au préjudice defdites défenfes. Veut Sa Majefté que lefdites Ordonnances ne puiffent être accordées aux anciens *Syndics* & *Jurés*, à leurs veuves, enfans, héritiers ou ayans caufe, qu'après que leurs comptes de Jurande auront été revus & examinés par lefdits fieurs Commiffaires, & les débets d'iceux entierement acquittés : enjoint auxdits fieurs Commiffaires de tenir la main à l'exécution du préfent Arrêt, lequel fera lu, publié & affiché par-tout où befoin fera, & exécuté nonobftant oppofitions ou empêchemens quelconques, dont, fi aucuns interviennent, Sa Majefté s'en réferve la connoiffance à Soi & à fon Confeil, icelle interdifant à toutes fes Cours & Juges. Fait au Confeil d'Etat du Roi, tenu à Verfailles le vingt-huitiéme jour de Mars mil fept cent trente. Collationné. Signé, GOU-JON, avec paraphe.

Aa

SENTENCE DE POLICE

Du 16 Juin 1730, qui condamne Pierre-Jerôme Bony, Maître & Marchand Gantier-Parfumeur, à payer six livres pour une année des droits dus à ladite Communauté, échue le premier Juillet 1729, & continuer l'année qui écherra au premier Juillet prochain 1730, & ainsi continuer à l'avenir.

A TOUS ceux qui ces présentes Lettres verront : Gabriel-Jerôme de Bullion, Chevalier, Comte d'Esclimont, Conseiller du Roi en ses Conseils, Prevôt de Paris ; salut : Sçavoir faisons que sur la Requête faite en Jugement devant nous en la Chambre de Police du Châtelet de Paris, par M. Armand Regnard le jeune, Procureur du sieur Paul de la Porte, Marchand Gantier-Parfumeur à Paris, ancien Syndic & Garde de sa communauté ; Demandeur aux fins de la Requête verbale du 26 Mai dernier, tendante à fin de confirmation de l'Avis de Monsieur le Procureur du Roi, du vingt-trois dudit mois de Mai, & autres fins y portées, avec dépens, contre M. Cahours Procureur de Pierre-Hierôme Bony, Maître & Marchand Gantier-Parfumeur à Paris, Défendeur à la Requête verbale susdatée, assisté de M. Delabrosse son Avocat. Parties ouies, lecture faite des piéces, Nous condamnons la Partie de Delabrosse à payer à celle de Regnard en sa qualité de Syndic de sa communauté, la somme de six livres en deniers ou quittances va-

lables , pour l'année du droit royal due
à ladite communauté , échue au premier
Juillet dernier ; enfemble à payer ès mains
du Syndic de préfent en charge de ladite
communauté pareille fomme de fix livres
pour l'année dudit droit , qui échera au
premier Juillet prochain à fon échéance,
& ainfi continuer à l'avenir ; à l'effet de
quoi avons l'avis du Procureur du Roi
du vingt - trois Mai dernier confirmé ,
pour être exécuté felon fa forme & teneur ;
condamnons ladite Partie de Delabroffe
aux dépens , ce qui fera exécuté nonobftant & fans préjudice de l'appel ; En témoin de ce , nous avons fait fceller ces
préfentes. Ce fut fait & donné par Meffire René Herault , Chevalier , Seigneur
de Fontaine-Labbé , Confeiller du Roi en
fes Confeils d'Etat & Privé , Lieutenant
Général de Police de la Ville , Prevôté &
Vicomté de Paris , tenant le Siége le Vendredi feize Juin mil fept cent trente. Collationné , *figné* TARDIVEAU. Et fcellé, *figné*
DOYARD.

ARREST

Du Conseil d'Etat du Roi,

Qui ordonne l'exécution de ceux des 24 Août 1720 & 15 Décembre 1722, concernant la réduction des rentes dues par les Villes & Communautés au denier cinquante.

Du 17 Février 1730.

Extrait des Regiſtres du Conſeil d'Etat.

VU au Conſeil d'Etat du Roi l'Arrêt rendu en icelui le 27 Avril 1728, ſur la requête des Maires, Echevins, corps & communauté des habitans de la Ville de la Rochelle, &c. Oui le rapport du ſieur Orry, Conſeiller d'Etat ordinaire au Conſeil Royal, Contrôleur-Général des Finances. Le Roi en ſon Conſeil a ordonné & ordonne que les Arrêts du Conſeil des 24 Août 1720 & 15 Décembre 1722, portans réglement pour le paye-ment des arrérages & intérêts deſdites communautés, ſeront exécutés ſelon leur forme & teneur, & en conſéquence, ſans avoir égard à la Sentence du Juge Conſer-vateur des privileges de l'Univerſité de Poitiers, du 13 Mars 1727, ni à l'Arrêt par dé-faut du Parlement de Paris, du 20 Janv. 1728, ni à tout ce qui s'en eſt ſuivi, a ordonné & ordonne que les arrérages de la rente au principal de cinq mille livres dûs audit Pierre Leduc par le corps & communauté des habitans de la Ville de la Rochelle, ne ſeront payés, à compter depuis le pre-

mier Janvier 1721 , que fur le pied du
denier cinquante ; fait Sa Majesté défenses
aux Officiers municipaux & aux Trésoriers & Receveurs de ladite ville & communauté , de faire le payement desdits arrérages fur un pied plus haut , à peine de
reddition contre les comptables, & de restitution contre ledit Leduc. Enjoint Sa Majesté au fieur Bignon , Intendant & Commissaire départi en la Généralité de la Rochelle , de tenir la main à l'exécution du
présent Arrêt. Fait au Conseil d'Etat du
Roi , tenu à Versailles le treizieme jour
du mois de Février mil sept cent trente-
un. Collationné. *Signé* DEVOUGNY. *Signifié*
le vingt-huit du même mois à Me. Pinault.

LOUIS , par la grace Dieu , Roi de
France & de Navarre : à notre amé & féal
Conseiller en nos Conseils , Maître des
requêtes ordinaire de notre Hôtel , le fieur
Bignon , Intendant & Commissaire départi ,
pour l'exécution de nos Ordres en la Généralité de la Rochelle ; salut : Nous vous
mandons & enjoignons de tenir la main
à l'exécution de l'Arrêt dont l'extrait est
attaché sous le contre-scel de notre Chancellerie , cejourd'hui rendu en notre Conseil d'Etat pour les causes y contenues ;
commandons au premier notre Huissier
ou Sergent fur ce requis de signifier ledit
Arrêt à tous ceux qu'il appartiendra , à
ce qu'aucun n'en ignore , & de faire en
outre pour son entiére exécution , à la
requête des Maire & Echevins de la Ville
de la Rochelle y dénommés , tous commandemens , sommations & autres actes

& exploits néceſſaires, ſans autre permiſ-
ſion. Car tel eſt notre plaiſir. Donné à
Verſailles, le treizieme jour de Février,
l'an de grace mil ſept cent trente-un, &
de notre regne le ſeizieme. *Signé*. Par le
Roi en ſon Conſeil. *DEVOUGNY*. Et ſcellé
le 22 Mars 1731, du Grand Sceau de cire
jaune.

*Collationné par nous Ecuyer, Conſeiller du
Roi, Maiſon, Couronne de France & de ſes
Finances.*

ARREST DU CONSEIL,

*Qui évoque à ſon Conſeil toutes les conteſtations
des Communautés touchant les comptes.*

Du 24 Février 1733.

Extrait des Regiſtres du Conſeil d'Etat.

LE ROI s'étant fait repréſenter en ſon
Conſeil les Arrêts rendus en icelui les
3 Mars & 16 Mai 1716, 19 Février 1718,
20 Février & 21 Septembre 1724, 9 Septembre 1725 14 Septembre 1728, 28 Mars
1730, par leſquels Sa Majeſté auroit ſuc-
ceſſivement commis & ſubrogé les ſieurs
Lieutenants-Généraux de Police, & à préſent le ſieur Hérault, Conſeiller d'Etat,
Lieutenant-Général de Police, avec les
autres Commiſſaires nommés par Sa Majeſté, pour procéder en dernier reſſort
à la liquidation des dettes des communautés d'arts & métiers de la ville de Paris, & à l'examen & reviſion des comptes
des Jurés deſdites communautés, depuis

l'année 1689, pour juger pareillement en
dernier reſſort les conteſtations qui ſur-
viendront à ce ſujet, circonſtances &
dépendances, &c. Oui le rapport du
ſieur Orry, Conſeiller d'Etat & ordinaire au Conſeil Royal, Contrôleur-
Général des Finances. LE ROI étant en
ſon Conſeil a évoqué & évoque à ſoi &
ſon Conſeil, les conteſtations nées &
à naître au ſujet des réceptions des Maîtres ſans qualité dont les Jurés font recette dans les comptes que Sa Majeſté a
ſoumis à la reviſion des ſieurs Commiſſaires qu'elle a nommés à cet effet, & a
icelles circonſtances & dépendances renvoyé & renvoye devant leſdits ſieurs Commiſſaires, leur en attribuant à cet effet
toute Cour, Juriſdiction & connoiſſance,
d'icelle interdiſant à toutes ſes Cours &
Juges. Fait au Conſeil d'Etat du Roi, Sa
Majeſté y étant, tenu à Marly le vingt-
quatrieme jour de Février mil ſept cent
trente-trois. *Signé* PHELYPPEAUX. Avec
paraphe.

Enregiſtré au Greffe de la Commiſſion, en
execution du Jugement du Bureau de ce jourd'hui,
pour être exécuté ſelon ſa forme & teneur, ce
requérant le Procureur-Général du Roi en icelle.
A Paris, le onzieme jour de Mars mil ſept
cent trente-trois. Signé GROSMENIL. Avec
paraphe.

ORDONNANCE DE POLICE,

Du premier Juillet 1734, *portant défenses à tous Marchands en gros & en détail de distribuer aucuns billets pour annoncer la vente de leurs marchandises.*

SUR ce qui nous a été remontré par le Procureur du Roi que malgré les Réglemens de Police qui font défenses très-expresses à tous les Marchands de courir les uns sur les autres pour le débit de leurs marchandises , ni d'user d'aucun artifice pour surprendre les acheteurs , &c. Nous ordonnons que les anciens Réglemens de Police seront exécutés selon leur forme & teneur, & en conséquence faisons itératives & très-expresses inhibitions & défenses à tous Marchands en gros & en détail de cette Ville , Fauxbourgs & Banlieue de Paris , de courir les uns sur les autres pour le débit de leurs marchandises , leur défendons notamment de répandre ni autrement distribuer aucuns billets pour en annoncer la vente , & ce sous quelque prétexte que ce soit , le tout à peine de trois cens livres d'amende pour la premiere contravention , & de fermeture de leurs boutiques en cas de recidive ; disons que notre présente Ordonnance sera inscrite sur les registres des corps & communautés de cette ville , enjoignons particulierement aux Gardes de la Draperie & de la Mercerie , de veiller à l'exécution d'icelles pour ce qui concerne les Six Corps. Ce fut fait & donné par Nous René Hérault ,

Chevalier, Seigneur de Fontaine-Labbé & de Vaucresson, Conseillier d'Etat Lieu-tenant-Général de Police de la Ville, Pre-vôté & Vicomté de Paris, le premier Juill. mil sept cent trente-quatre. *Signé* HE-RAULT. MOREAU. PELLERIN, Greffier.

ARREST

DE LA COUR DE PARLEMENT,

Qui, en confirmant les Sentences rendues en la Chambre de Police du Châtelet de Paris, concernant l'inobservation des Dimanches & des Fêtes, ordonne que les Ordonnances, Arrêts & Réglemens concernant l'inobserva-tion desdits jours de Dimanches & de Fêtes, feront exécutées selon leur forme & teneur ; & en conséquence, fait défenses à tous Mar-chands & autres personnes, de quelque état & qualité qu'elles soient, de faire aucun commerce, exposer en vente, ni vendre même dans les lieux prétendus privilégiés aucunes marchandises les Dimanches & Fêtes an-nuelles & solemnelles.

Du 18 Décembre 1734.

LA COUR, faisant droit sur les ap-pellations respectivement interjettées par les Parties, a mis & met lesd appella-tions & ce dont a été appellé au néant ; Emendant, déclare les saisies faites sur les Parties de Milley bonnes & valables, & néanmoins, par grace, pour cette fois seulement, & sans que le présent Arrêt puisse tirer à conséquence, ordonne que

les marchandifes faifies fur les parties de
Milley leur feront rendues & reftituées ;
à ce faire les parties de Regnard contraintes ; quoi faifant, dépens compenfés :
faifant droit fur le réquifitoire du Procureur Général du Roi, ordonne que les
Ordonnances, Arrêts & Réglemens feront exécutés felon leur forme & teneur ;
en conféquence, fait défenfes à tous Marchands & autres perfonnes de quelque
état & qualité qu'elles foient, d'expofer
en vente, ni vendre même dans les lieux
prétendus privilégiés aucunes marchandifes les Dimanches & Fêtes annuelles &
folemnelles : ordonne que le préfent Arrêt fera imprimé, lu, publié & affiché
par-tout où befoin fera. Fait en Parlement le dix-huit Décembre mil fept cent
trente-quatre. Signé, DUFRANC.

EDIT DU ROI,

*Portant fuppreffion des deux Offices de Tréfo-
riers-Payeurs des Gages des Corps & Communautés d'arts & métiers de Paris, & des
deux Offices de Contrôleurs.*

Du mois de Décembre 1734.

LOUIS, par la grace de Dieu, Roi
de France & de Navarre ; à tous préfens & à venir : Salut, &c. A ces caufes,
& autres à ce nous mouvant, de notre certaine fcience, pleine puiffance & autorité royale, nous avons par le préfent
Edit perpétuel & irrévocable fupprimé &
fupprimons les deux Offices de Tréfo-

riers-Payeurs des gages des corps & communautés d'arts & métiers, & d'Officiers à bourse commune de notre bonne Ville & Généralité de Paris, & les deux Offices de Contrôleurs desdits Tréforiers, à commencer au premier Janvier 1731; ordonnons que le sieur Eftamelin, Payeur ancien mi-triennal desdits gages, & le sieur Hamel, pourvu desdits Offices de Contrôleurs, feront remboursés de leurs finances principales & des deux sols pour livre par eux payés pour le prix desdits Offices, avec le prêt & droit d'annuel qu'ils ont payés pour les années 1731 & 1732, attendu qu'ils ont été privés de la jouissance de leurs Offices pour lesdites deux années, ensemble des intérêts au denier vingt des sommes qui se trouveront leur être dues depuis le jour de leur dépossession jusqu'à leur actuel & parfait remboursement, sur les deniers destinés au payement des gages des corps & communautés d'arts & métiers de notre bonne ville & fauxbourgs de Paris, pour les années 1731, 1732, & suivantes; en cas d'insuffisance, suivant la liquidation qui en sera faite, sur laquelle les Receveurs Généraux de nos Finances & Gabelles, ou autres Payeurs, feront tenus de remettre auxdits sieurs Eftamelin & Hamel, qui leur en donneront leurs quittances comptables, les fonds desdit gages jusqu'à concurrence du montant de ladite liquidation, en justifiant par ledit sieur Eftamelin de l'appurement de ses comptes, lesquelles quittances feront passées & allouées dans les comptes desdits Receveurs

Généraux des Finances & Gabelles , fans
difficulté ; & quant à l'Office alternatif
& mi-triennal de Payeur defdits gages ,
dont le fieur Deftrehan eft décédé titu-
laire, avons furfis à pourvoir au rembourfement des comptes du fieur Deftrehan à
la Chambre ; & pour indemnifer les corps
& communautés d'arts & métiers de notre bonne ville & fauxbourgs de Paris ,
du remboursement ci-deffus , nous leur
avons attribué & nous leur attribuons la
jouiffance des droits de fix livres pour
chaque réception à la Maîtrife , & pareille fomme de fix livres pour chaque
ouverture de boutique ou exercice de profeffion , qui avoient été attribués auxdits
Offices , à commencer du premier Janvier 1731 , jufqu'à concurrence de la fomme que chaque corps & communauté
aura payé pour fa part de ce rembourfement , fauf, après ledit remboursement ,
à être par nous ordonné ce qu'il appartiendra fur la continuation ou fuppreffion
defdits droits, defquels , tant qu'ils fubf-
fifteront , les Maîtres & Gardes , Syndics
& Jurés defdits corps & communautés
d'arts & métiers , feront tenus , à compter annuellement par bref état , defdits
droits dans les formes ordinaires ; & à
l'égard de tous les autres droits portés
par l'Edit du mois de Juin 1710 , ils demeureront éteints & fupprimés ; comme
de fait , nous les éteignons & fupprimons
par notre préfent Edit. Si donnons en
mandement à nos amés & féaux Confeillers les Gens tenant notre Cour de
Parlement , Chambre des Comptes &

Cour des Aydes à Paris, que le préſent
Arrêt ils aient à faire lire, publier &
regiſtrer, & le contenu en icelui garder,
obſerver ſelon ſa forme & teneur, nonobſtant tous Edits, Déclarations, Arrêts
& autres choſes à ce contraires, auxquels
nous avons dérogé & dérogeons par notre préſent Edit, lequel ſera publié &
affiché par-tout où beſoin ſera. Car tel
eſt notre plaiſir; & afin que ce ſoit choſe
ferme & ſtable à toujours, nous y avons
fait mettre notre ſcel. Donné à Verſailles
au mois de Décembre l'an de grace mil
ſept cent trente-quatre. Signé, LOUIS.
Et plus bas : par le Roi. Signé, PHELIP-
PEAUX. Viſa, CHAUVELIN. Vu au Conſeil, ORRY. Et ſcellé du grand ſceau de
cire verte en lacs de ſoie rouge & verte.

*Regiſtré, ouï ce requérant le Procureur Gé-
néral du Roi, pour être exécuté ſelon ſa forme
& teneur, & être les comptes des droits de
ſix livres attribués aux corps & communautés
d'arts & métiers de cette Ville & Fauxbourgs,
Banlieue & Généralité de Paris, pour chaque
réception à la Maîtriſe, & pareille ſomme de
ſix livres auſſi à eux attribués pour chaque
ouverture de boutique, ou exercices de profeſſion à eux attribués par le préſent Edit rendu
devant le Lieutenant Général de Police de cette
ville de Paris pour les communautés d'arts &
métiers de cettedite ville, & devant les Lieutenans Genéraux de Police des autres lieux,
pour les corps & communautés d'arts & métiers
deſdits autres lieux, & par appel en la Cour,
ſuivant l'Arrêt de ce jour. A Paris, en Parlement, le quinze Janvier mil ſept cent trente-
cinq. Signé, DUFRANC.*

ARREST

DU CONSEIL D'ETAT DU ROI,

Qui commet le fieur Barraffy pour faire le recouvrement des fommes qui feront impo-fées pour la Capitation fur les Communautés d'Arts & Métiers de la Ville & Fauxbourgs de Paris, à commencer de l'année 1737, & continuer les années fuivantes, au lieu & place du fieur de Pontcharoft, qui demeu-rera feulement chargé de ce qui refte à re-couvrer de ladite Impofition, depuis & com-pris 1726 jufques & compris 1736.

Du 20 Novembre 1736.

Extrait des Regiftres du Confeil d'Etat.

LE ROI étant informé que les occu-pations du fieur Brochet de Pont-charoft ne lui permettent plus de donner toute fon attention au recouvrement de la Capitation des communautés d'arts & métiers de la ville de Paris, dont il a été chargé par Arrêt du Confeil du 25 Mars 1726, & étant néceffaire de commettre à fa place : Vu ledit Arrêt ; ouï le rapport du fieur Orry, Confeiller d'Etat & ordinaire au Confeil Royal, Contrôleur Général des Finances, Sa Majefté étant en fon Con-feil, a commis & commet le fieur Bar-raffy, Secrétaire de Sa Majefté, pour faire, au lieu & place du fieur Brochet de Pontcharoft, le recouvrement des fom-mes qui feront impofées pour la Capi-tation fur les communautés d'arts & mé-

tiers de la ville & fauxbourgs de Paris,
à commencer de l'année prochaine 1737,
& continuer les années fuivantes ; à l'effet
de quoi elle l'a fubrogé audit fieur de
Pontcharoft , qui demeurera feulement
chargé de ce qui refte à recouvrer de ladite impofition, depuis & compris 1726 ,
jufques & compris la préfente année 1736,
dont il rendra compte conformément audit Arrêt du 25 Mars 1726. Veut Sa
Majefté que ledit fieur Barraffy foit tenu
de remettre les deniers de fa recette ès
mains du fieur Boucot, fur les ordres du
fieur Herault , Confeiller d'Etat , Lieutenant Gépéral de Police , devant lequel
ledit fieur Barraffy fera tenu de compter
de fon recouvrement , Sa Majefté le dif-
penfant d'en compter ailleurs. Permet Sa
Majefté audit fieur Herault de paffer audit
fieur Barraffy , dans la dépenfe de fes
comptes , les mêmes appointemens qui
ont été réglés pour le fieur Brochet, enfemble les autres dépenfes qu'il jugera néceffaires ; au moyen de quoi il ne pourra
prétendre aucune remife fur les deniers
de fa recette. Fait au Confeil d'Etat du
Roi , Sa Majefté y étant , tenu à Verfailles le vingtième jour de Novembre
mil fept cent trente-fix. Signé , PHELIP-
PEAUX.

René Herault , Chevalier , Seigneur de
Fontaine-l'Abbé & de Vaucreffon , Confeiller d'Etat, Lieutenant Général de Police de la Ville , Prévôté & Vicomté de
Paris.

VU l'Arrêt du Confeil ci-deffus : nous
ordonnons qu'il fera lu , publié & affiché

par-tout où befoin fera, pour être exécuté felon fa forme & teneur, à ce que
perfonne n'en ignore. Fait à Paris le vingt-
trois Février mil fept cent trente - fept.
Signé, HERAULT.

ARREST DU CONSEIL,

*Concernant la liquidation des dettes des Com-
munautés d'Arts & Métiers.*

Du 7 Décembre 1739.

Extrait des Regiftres du Confeil d'Etat.

L E ROI s'étant fait repréfenter en fon
Confeil l'Edit du mois de Mars 1691,
portant création des Offices de Gardes
des corps des Marchands, & de Jurés des
communautés d'arts & métiers, fuppreffion du droit domanial dans lefdits corps
& communautés, & rétabliffement du
droit royal au profit de Sa Majefté, &c.
Le Roi étant en fon Confeil, a ordonné
& ordonne que pardevant le fieur Herault, Confeiller d'Etat, Lieutenant Général de Poliee, & les autres Commiffaires nommés par Sa Majefté pour la liquidation des dettes, l'examen & la revifion des comptes des communautés d'arts
& métiers de la ville & fauxbourgs de
Paris, il fera inceffamment procédé à
la liquidation de toutes fommes dues
par les corps des Marchands Pelletiers-
Fourreurs, Bonnetiers, Marchands de
draps, Orfevres & Merciers, ou veuves
des Marchands defdits corps, foit particuliers; à l'effet de quoi, les Gardes en
charge

charge tenus de remettre chacun à leur
égard, dans un mois pour toute préfixion
de délai , à compter du jour de la signification du présent Arrêt, entre les mains du
Procureur Général de Sa Majesté en cette
partie, à peine de mille liv. d'amende contre chacun d'eux , les états de tous les emprunts , payemens & remboursemens faits
par eux ou leurs prédécesseurs , depuis
l'année 1689 jusqu'à présent, lesquels états
seront signés & par eux certifiés véritables ,
& contiendront l'origine & la cause desdites créances , les dates & les principaux
d'icelles , les quittances des payemens d'arrérages & des remboursemens des capitaux , avec les noms , surnoms & qualités
des créanciers originaires , & de ceux sur
la tête desquels lesdites créances ont passé
successivement ; comme aussi , que dans
trois mois , à compter du jour de la signification du présent Arrêt , tous les créanciers seront tenus de remettre ès mains
de Me. Gromesnil , Greffier des Commissions extraordinaires du Conseil , leurs
titres de créances , pour être par lui enregistrés sur le champ , & sans frais , dans
un registre qu'il tiendra à cet effet , &
être ensuite lesdits titres remis auxdits
créanciers , mention préalablement faite
sur iceux dudit enregistrement , pour ledit registre , ensemble lesdits états vus &
examinés par lesdits sieurs Commissaires ,
& , sur leur avis , être par Sa Majesté
ordonné ce qu'il appartiendra ; & faute
par lesdits Gardes en charge de remettre
ès mains du sieur Procureur Général lesdits états dans la forme & délai ci-dessus ,

B b

Sa Majesté ordonne qu'à la requête, pour-
suite & diligence dudit sieur Procureur
Général, lesdits Gardes en charge desdits
corps des Marchands Pelletiers-Fourreurs,
Bonnetiers, Marchands de draps, Orfévres & Merciers, seront contraints, chacun à leur égard, au payement de ladite
somme de mille livres; comme aussi,
faute par lesdits créanciers de faire en-
registrer leurs titres de créances, ainsi
qu'il est ordonné, Sa Majesté veut que
lesdits créanciers soient privés de leurs
arrérages échus & qui écherront jusqu'au
jour desdits enregistremens, desquels arrérages lesdits corps seront & demeureront déchargés en vertu du présent Arrêt, ainsi & de la même maniere qu'il
en a été usé à l'égard des créanciers des
communautés d'arts & métiers, ordonne
en outre Sa Majesté que dans ledit délai
d'un mois lesdits Gardes seront tenus de
remettre entre les mains dudit Procureur
Général de la Commission les comptes
de l'administration des deniers communs
desdits corps ordinaires & extraordinaires, depuis & y compris 1700 jusqu'à présent, ensemble les piéces justificatives
d'iceux, les registres, titres, papiers &
renseignemens étant en leur possession,
qui pourroient servir à l'intelligence desdits comptes, pour être lesdits comptes
revus, clos & arrêtés par lesdits sieurs
Commissaires sur les conclusions du Procureur Général de la Commission, & les
contestations qui pourroient survenir,
tant sur la liquidation desdites dettes,
que sur l'arrêté & appurement desdits

comptes , être par leſdits ſieurs Commiſſaires jugées ſouverainement & en dernier reſſort ; Sa Majeſté leur attribuant ,
à cet effet, en tant que beſoin eſt ou ſeroit , toute cour, juriſdiction & connoiſſance , & icelle interdiſant à toutes ſes
Cours & Juges ; & ſera le préſent Arrêt
exécuté nonobſtant oppoſition ou autres
empêchemens quelconques, pour leſquels
ne ſera différé. Fait au Conſeil d'Etat du
Roi , Sa Majeſté y étant , tenu à Verſailles le ſept Décembre mil ſept cent
trente-neuf. Signé , PHELYPPYAUX , avec
paraphe.

Je requiers pour le Roi que le préſent
Arrêt ſoit regiſtré au Greffe de la Commiſſion , pour être exécuté ſelon ſa forme
& teneur. Signé, FEYDEAU DE MARVILLE.

*Le préſent Arrêt a été lu , le Bureau tenant ,
& enregiſtré au Greffe de la Commiſſion , ce
requérant le Procureur Général du Roi en icelle ,
en exécution du Jugement de cejourdhui , pour
être exécuté ſelon ſa forme & teneur. A Paris
ce neuviéme jour de Décembre mil ſept cent
trente-neuf. Signé , GROSMESNIL , avec paraphe.*

SENTENCE DE POLICE

*Du 20 Mars 1739 , qui fait défenſes à tous
Maîtres Gantiers de faire la commiſſion des
marchandiſes.*

A TOUS ceux qui ces préſentes Lettres verront, Gabriel-Jérôme de Bullion , Chevalier , Comte d'Eſclimont, Seigneur de Wideville, Deſpierres, Marcil ,

Moulainville & autres lieux, Maréchal
des Camps & Armées du Roi, son Conseiller en tous ses Conseils, Prévôt de
Paris, &c. Parties ouïes, lecture faite des
pièces, sans que les qualités puissent nuire
ni préjudicier ; nous recevons les parties
de Sandrier & de Duret opposantes à
notre Sentence ; en conséquence, déchargeons les Parties de Duret & celles de
Sandrier de la demande de celle de Frouard ;
& faisant droit sur la requête de la partie
de Sandrier, faisons très-expresses défenses & inhibitions à la partie de Frouard,
& à tous autres Marchands Gantiers, de
faire la commission, à peine de confiscation des marchandises, la partie de Frouard
condamnée en tous les dépens ; & sera
notre présente Sentence lue, publiée &
affichée par-tout où besoin sera, ce qui
sera exécuté nonobstant & sans préjudice
de l'appel. En témoin de ce, nous avons
fait mettre & apposer le scel de ladite
Ville, Prévôté & Vicomté de Paris, &
ces présentes qui furent faites & données
audit Châtelet de Paris par Messire René
Herault, Conseiller du Roi en ses Conseils, Lieutenant Général de Police de ladite Ville, Prévôté & Vicomté de Paris,
tenant le siége le vendredi vingt Mars mil
sept cent trente-neuf. Signée & scellée.
Et plus bas est écrit, signifiée à Mes.
Lemée & Mauger, à domicile, le 24 Avril
mil sept cent trente-neuf.

ARREST DU CONSEIL,

Qui ordonne que les Comptables qui sont en demeure de se conformer à l'Arrêt du 20 Mars 1731, seront tenus de s'y conformer dans le délai préfix d'un mois.

Du 9 Février 1740.

Extrait des Registres du Conseil d'Etat.

LE ROI s'étant fait représenter en son Conseil les Arrêts rendus en icelui les 3 Mars 1716, 14 Septembre 1728, & 28 Mars 1730, &c. Ouï le rapport du sieur Orry, Conseiller d'Etat & ordinaire au Conseil Royal, Contrôleur des Finances, Sa Majesté étant en son Conseil, a ordonné & ordonne que les communautés d'arts & métiers de la ville & fauxbourgs de Paris, qui sont en demeure de satisfaire aux dispositions de l'Arrêt du Conseil du 28 Mars 1730, seront tenus de s'y conformer dans un mois pour toute préfixion & délai, à compter du jour de la signification qui leur en sera faite du présent Arrêt; à l'effet de quoi les Syndics, Jurés ou Receveurs desdites communautés actuellement en charge, seront tenus, à peine de mille livres d'amende, chacun de remettre ès mains du sieur Feydeau de Marville, Maître des Requêtes, Lieutenant Général de Police, & Procureur Général de Sa Majesté en cette partie, les états de tous les emprunts, payemens & remboursemens faits par eux ou leurs prédécesseurs depuis l'année 1689 jusqu'à

préfent, lefquels états feront fignés par
eux, & certifiés véritables, contiendront
l'origine & la caufe defdites créances,
les dates & les principaux d'icelles, les
quittances des payemens d'arrérages & de
rembourfemens des capitaux, avec les
noms, furnoms & qualités des créanciers
originaires, & de ceux fur la tête defquels lefdites créances ont paffé fucceffi-
vement ; comme auffi, que dans le délai
de deux mois tous les créanciers defdites
communautés feront tenus de remettre ès
mains de Me. Gromefnil, Greffier de la
Commiffion, leurs titres de créances pour
être par lui enregiftrés fur le champ &
fans frais, & être enfuite lefdits états remis auxdits créanciers, mention préalablement faite fur iceux dudit enregiftrement ; & faute par lefdits Syndics, Jurés
ou Receveurs en charge de remettre ès
mains du fieur Procureur Général lefdits
titres, dans la forme & délai ci-deffus,
Sa Majefté ordonne qu'à la requête du
fieur Feydeau de Marville, pourfuite &
diligence du fieur de Balleroy, que Sa
Majefté a commis & commet à cet effet,
les Syndics, Jurés ou Receveurs en charge
feront contraints folidairement au payement de ladite fomme de mille livres par
toutes voies dûes & raifonnables, même
par corps ; comme auffi, faute par lefdits
créanciers de faire enregiftrer leurs titres
de créances, ainfi qu'il eft ci-deffus ordonné, Sa Majefté veut que lefdits créanciers foient privés de leurs arrérages échus
& qui écherront jufqu'au jour dudit enregiftrement, defquels arrérages lefdites

communautés feront & demeureront déchargées en vertu du préfent Arrêt. Veut pareillement Sa Majefté que tous les comptes defdits Syndics, Jurés ou Receveurs, continuent d'être remis ès mains du fieur Procureur Général de la Commiffion, pour être revus & examinés, &, fur fes conclufions, être jugés par lefdits fieurs Commiffaires comme par le paffé, fans que les Syndics, Jurés ou Receveurs en charge puiffent être difpenfés de ladite remife & revifion, fous tel prétexte que ce foit, pas même fous celui que la liquidation & le payement des dettes de leur communauté auroient été entierement faits, & qu'à la requête du fieur Procureur Général du Roi de la Commiffion, pourfuite & diligence dudit fieur de Balleroy, il foit procédé au recouvrement des débets defdits comptes prouvés par lefdits fieurs Commiffaires, & les deniers remis entre les mains du fieur Gromefnil, Greffier de la Commiffion, pour être employés au payement des dettes defdites communautés, ainfi qu'il appartiendra. Et fera le préfent Arrêt exécuté nonobftant oppofitions ou empêchemens quelconques, dont, fi aucuns interviennent, Sa Majefté s'en réferve la connoiffance à Elle & à fon Confeil, icelle interdifant à toutes fes Cours & autres Juges. Fait au Confeil d'Etat, Sa Majefté y étant, tenu à Marly le neuviéme jour de Février mil fept cent quarante. Signé.

Enregiftré au Greffe de la Commiffion ce requérant le Procureur Général du Roi en

itelle, en exécution du Jugement du Bureau
de cejourd'hui, pour être exécuté selon sa forme
& teneur. A Paris ce dix-sept Février mil sept
cent quarante. Signé, GROMESNIL, avec
paraphe.

SENTENCE DE POLICE

Du 22 Juin 1740, qui défend à tous Marchands, Veuves de Marchands, Maîtres,
ou Veuves de Maîtres de cette ville de Paris, de prêter leurs noms & louer leurs Maîtrises directement ou indirectement à qui que
ce soit, & sous quelque prétexte que ce puisse
être.

A TOUS ceux qui ces présentes Lettres
verront ; Gabriel-Jérôme de Bouillon,
Chevalier, Comte d'Esclimont, Seigneur
du Wideville & autres lieux, Maréchal
des Camps & Armées du Roi, son Conseiller en ses Conseils, Prevôt de Paris ;
Salut, &c. DISONS que les Statuts, Ordonnances, Arrêts, Sentences & Réglemens de Police concernant les corps des
Marchands & communautés d'arts & métiers de la Ville & Fauxbourgs de Paris,
seront exécutés selon leur forme & teneur :
en conséquence, faisons très - expresses
inhibitions & défenses à tous Marchands,
veuves de Marchands, Maîtres ou veuves
de Maîtres des corps & communautés
d'arts & métiers, de prêter leurs noms,
leurs maîtrises directement ni indirectement à qui que ce soit, pour quelques
causes & sous quelques prétextes que ce
puissent être : Ordonnons que dans huitaine

taine pour toute préfixion & délai à
compter du jour de la publication de la
présente Sentence , les particuliers sans
qualité qui tiennent des magasins, boutiques & échoppes, ou font profession de
Marchands ou de Maîtres dans la Ville &
Fauxbourgs de Paris, sous des noms de
Marchands ou Maîtres, veuves de Marchands ou Maîtres desdits corps ou communautés, en vertu de baux ou conven-
tions , soit verbales ou par écrit, seront
tenus de fermer leurs boutiques, magasins
ou échoppes, à peine de 50 livres d'amende
contre chacun des contrevenants, au payement de laquelle ils seront contraints par
corps , & de saisie des marchandises &
ustensiles servant auxdites professions,
sauf à eux de se retirer par devers les Maîtres ou Gardes des corps & Jurés des
communautés, pour être admis dans lesdits
corps & communautés, s'il y écheoit ; &
dans ledit cas être présentés par lesdits
Gardes & Jurés au Procureur du Roi,
pour être par lui reçus & enregistrés sur
ses Registres, & leur faire prêter le serment devant lui en tel cas requis, & leur
être ensuite les Lettres de Marchands ou
Maîtres délivrées par le Greffier en la
maniere ordinaire & accoutumée : Faisons
défense aux Maîtres & Gardes des corps
des Marchands, & aux Syndics & Jurés
des communautés d'arts & métiers , de
souffrir qu'aucuns particuliers sans qualité
s'établissent , tiennent boutiques, magasins
ou échoppes, & fassent la profession de Marchands ou Maîtres dans la Ville & Fauxbourgs de Paris, sans avoir été par eux admis.

C c

dans ladite qualité , & préfentés au Procureur du Roi pour être par lui reçus , enregiftrés fur fes Regiftres , qu'ils n'ayent prêté
ferment pardevant le Procureur du Roi , &
que les Lettres de Marchands ou de Maîtres ne leur ayent été délivrées par le
Greffier , à peine par lefdits Gardes ,
Syndics & Jurés , d'en répondre en leurs
propres & privés noms , d'être déchus de
la qualité de Gardes , Syndics & Jurés
pour la premiere fois , même de celle de
Marchands ou Maîtres en cas de récidive ,
& d'être condamnés chacun en 50 livres
d'amende , au payement de laquelle ils
feront contraints par corps : Ordonnons
que notre préfente Sentence fera à la diligence du Procureur du Roi , lue , publiée ,
imprimée & affichée dans les lieux &
carrefours accoutumés , même dans tous les
Bureaux des corps des Marchands & communautés d'arts & métiers de la Ville &
Fauxbourgs de Paris , & par tout où befoin
fera , & fignifié à fa requête aux Gardes
defdits corps , & aux Syndics & Jurés
defdites communautés , enregiftré fur leurs
Regiftres ; Enjoignons à chacun defdits
Gardes , Syndics & Jurés d'y tenir la main
fous les peines y portées , & de remettre
un certificat dudit enregiftrement , & un
catalogue par eux certifié véritable ; de
tous les Marchands , veuves de Marchands ,
Maîtres & veuves de Maîtres de leurs
corps & communauté , dans huitaine au
Procureur du Roi : ce qui fera exécuté
nonobftant oppofitions ou appellations
quelconques ; & fans préjudice d'icelle ,
en témoin de quoi nous avons fait fceller

ees préfentes, qui furent faites & jugées
par nous Juge fufdit, le vingt-deux Juin
mil fept cent quarante. Collationné. Signé,
CUIRET.

SENTENCE DE POLICE,

*Du 23 Juin 1740, qui ordonne que dans trois
jours après la fignification de la préfente
Sentence, les Particuliers faifant profeffion
de quelques arts, métiers & marchandifes
qui ont été admis à la Maîtrife par les
Gardes - Jurés des Corps & Communautés
de cette Ville & Fauxbourgs, fans avoir
été reçus, ni pris Lettres du Procureur du Roi, feront tenus de prêter ferment, & prendre de lui des Lettres de Maîtrife, à peine d'amende & fermeture de
boutique.*

A TOUS ceux qui ces préfentes Lettres
verront ; Gabriel-Jerome de Bullion,
Chevalier, Comte d'Efclimont, Seigneur
de Wideville & autres lieux, Maréchal
des Camps & Armées du Roi, Confeiller
en fes Confeils, Prevôt de Paris. Salut, &c.
NOUS, oui fur ce le Procureur du Roi,
ordonnons que dans trois jours pour toute
préfixion & délai à compter de la fignification de la préfente Sentence, les particuliers faifant profeffion de quelques arts,
métiers & marchandifes, établis en corps
de communautés, & qui ont été admis à
la Maîtrife par les Gardes & Jurés feulement, fans avoir été reçus, ni pris Lettres
du Procureur du Roi, feront tenus de
prêter ferment par devant lui, & prendre

Cc ij

Lettres de Maîtrise, sinon & à faute de ce faire, leur faisons très-expresses inhibitions & défenses de faire fonctions de Maîtres; ordonnons que la boutique qu'ils tiennent ouverte sera fermée, & en cas de contraventions, condamnons les contrevenans en 30 livres d'amende, au payement de laquelle ils seront contraints par corps, comme aussi faisons défenses aux Gardes & Jurés desdits, corps & communautés de donner permission à aucuns particuliers d'exercer leurs professions, & de tenir boutiques, magasins ou échoppes, sous prétexte qu'ils sont entrés en payement de partie des droits dus pour parvenir à la Maîtrise, sans avoir auparavant présenté lesdits particuliers au Procureur du Roi pour prêter serment devant lui, & qu'il leur ait fait délivrer des Lettres de Maîtrise, à peine de pareille somme de 30 livres d'amende contre lesdits Gardes & Jurés, au payement de laquelle ils seront contraints par corps; leur enjoignons sous les peines y portées de tenir la main, chacun en droit soi, à l'exécution de la présente Sentence, laquelle sera lue, publiée, imprimée & affichée dans tous les carrefours accoutumés, même signifiée à la requête & diligence du Procureur du Roi aux Gardes & Jurés de chacun des corps & communautés d'arts & métiers de cette Ville & Fauxbourgs de Paris; ce qui sera exécuté nonobstant oppositions ou appellations quelconques, & sans préjudice d'icelles, en témoin de quoi nous avons fait sceller ces présentes, qui furent faites & données par nous Juge susdit le vingt-trois

Juin mil sept cent quarante. Collationné.
Signé CUIRET.

ARREST

DU CONSEIL D'ETAT DU ROI,

Concernant le privilege qu'ont les Maîtres reçus dans les Communautés de Paris, de s'établir dans les autres Villes du Royaume, en vertu de leurs Lettres de Maîtrises, à la réserve de la Ville de Rouen.

Du 23 Janvier 1742.

Extrait des Regiftres du Conseil d'Etat.

VU par le Roi en son Conseil, les Requêtes & Mémoires respectivement présentés par Louis-Benjamin Vimont du Taillis, Maître Coutelier de Paris, établi à Falaize d'une part, & les Maîtres Couteliers de ladite Ville de Falaize, d'autre part, &c. LE ROI EN SON CONSEIL, a ordonné & ordonne que l'Edit du mois de Décembre 1581. & l'Arrêt du Conseil du 28 Août 1719. ensemble l'Ordonnance du Lieutenant de Police de Falaize du 12 Mai 1739. seront exécutés selon leur forme & teneur. En conséquence permet Sa Majesté audit Louis-Benjamin Vimont du Taillis, Maître Coutelier de la Ville de Paris, de s'établir tant dans ladite Ville de Falaize que dans telles autres Villes & lieux du Royaume que bon lui semblera, à l'exception de la Ville de Rouen, pour y tenir boutique ouverte & exercer sa profession de Maître Coutelier, ainsi que les autres

Cc iij

Maîtres defdites Villes, fans être tenu de
faire de chef-d'œuvre, ni de payer aucuns
droits de réception ; faifant Sa Majefté
défenfes, tant auf lits Maîtres Couteliers
de la Ville de Falaize, qu'à tous autres, de
l'y troubler, à peine de trois cens livres
d'amende, & de tous dépens, dommages
& intérêts. Fait au Confeil d'Etat du Roi,
tenu à Verfailles le vingt-troifieme jour du
mois de Janvier mil fept cent quarante-
deux. Collationné. Signé, DE VOUGNY :
Avec paraphe.

LOUIS par la grace de Dieu Roi de
France & de Navarre ; Dauphin de Vien-
nois, Comte de Valentinois & Dyois,
Provence, Forcalquier & Terres adjacentes : Au premier notre Huiffier ou
Sergent fur ce requis, Nous te mandons
& commandons que l'Arrêt dont l'extrait
eft ci-attaché fous le contre-fcel de notre
Chancellerie, ce jourd'hui rendu en notre
Confeil d'Etat pour les caufes y contenues,
tu fignifies à tous qu'il appartiendra, à ce
qu'aucuns n'en ignorent ; & fais en outre
pour fon entiere exécution, à la Requête
de Louis-Benjamin Vimont du Taillis,
Maître Coutelier de Paris établi à Falaize,
y dénommé, tous commandemens, fommations, défenfes y portées, fur les peines
y contenues, & autres Actes & Exploits
néceffaires, fans autres permiffions, nonobftant clameur de Haro, Chartre Nor-
mande, & autres Lettres à ce contraires.
Voulons qu'aux copies dudit Arrêt & des
préfentes collationnées par l'un de nos amés
& féaux Confeillers-Sécretaires, foi foit
ajoutée comme aux originaux : Car tel eft

notre plaifir. Donné à Verfailles le vingt-
troifieme jour de Janvier l'an de grace
mil fept cent quarante-deux, & de notre
regne le vingt-feptieme : par le Roi Dauphin , Comte de Provence en fon Confeil.
Signé , DE VOUGNY , avec grille & paraphe. Scellé le trois Février mil fept cent
quarante-deux : Avec paraphe.

   Collationné aux Originaux , par Nous
Ecuyer , Confeiller-Sécretaire du Roi, Mai-
fon , Couronne de France & de fes Finances.

ARREST DU PARLEMENT,

Qui ordonne que les Marchands Forains , ou
  leurs Commiffionnaires , feront tenus de faire
  conduire directement les marchandifes au Bu-
  reau des Maîtres Gantiers , fous balle & fous
  corde , & de juftifier de Lettres de voiture ,
  pour conftater le jour & le moment de leur
  arrivée.

Du 19 Juin 1743.

LOUIS par la grace de Dieu, Roi de
France & de Navarre , au premier
Huiffier de notre Cour de Parlement, ou
autre Huiffier ou Sergent fur ce requis , &c.
APPERT , Conclufions de notre Procureur
Général , tout confidéré , NOTREDITE
COUR , faifant droit fur le tout , fans
s'arrêter à l'intervention & demande defdits François, Compagnon , Moriffet &
Levaucher , Syndics & Gardes en charge
de la communauté des Maîtres & Marchands Gantiers Parfumeurs de Paris,
portée par Requête du 3 Mars 1742, ni à
celle de Jean-Baptifte Bertrand du premier

Août audit an , dont ils font déboutés ,
ayant aucunement égard aux demandes de
Blaife-Charles Boullay & Jean - Baptifte
Dulac , & aux interventions & demandes
d'Etienne Raimond , Honoré Joannis ,
Antoine Artaud , Etienne Niel , Alexandre
Camatte , Antoine Maffot , André & Do-
minique Fayes , a mis & met les appellations , & ce dont a été appellé , au néant :
Emendant , décharge lefdits Boullay , Dulac & Raimond des condamnations contre
eux prononcées ; ordonne que l'article
XXVII. des Statuts defdits Gantiers de
Paris , fera exécuté ; ce faifant , que les
marchandlfes foraines de l'état de Gantiers
Parfumeurs , ne feront vendues ni délivrées
à aucun Maître Gantier , que préalablement elles n'ayent été portées & dépofées
dans le Bureau de ladite communauté des
Maîtres Gantiers , pour y être vifitées &
loties , & les droits payés conformément
audit article XXVII , & qu'enfuite les
Syndics & Gardes en charge feront tenus
de remettre aux Marchands forains ou à
leurs Commiffionnaires , le prix des marchandifes loties & vendues , & leur rendre
celles non loties ni vendues , qui feront
reftées dans le Bureau , & ce dans la huitaine après le lotiffement ; en conféquence
condamne Corneille Bouillé , François
Blanchard , Louis Picard , Germain Boutry , Jean-Pierre Demouchy & François
Coudroyer dit Olivier , folidairement &
par corps à payer audit Boulay la fomme
de 652 livres 8 fols 9 deniers pour le reftant
du prix provenant des marchandifes dont
eft queftion , qui ont été loties & vendues.

au Bureau de ladite communauté, avec les
intérêts d'icelle, à compter du jour de sa
premiere demande, jusqu'à l'actuel payement, & à lui rendre & restituer le restant
des marchandises qu'il a portées au Bureau,
visite préalablement faite d'icelle par l'ancien Garde de ladite communauté, pour
constater si elles sont recevables & en état
d'être vendues, sinon & en cas de dépé-
rissement depuis qu'elles sont restées au
Bureau, de lui en payer le prix, suivant
l'estimation qui en sera faite par ledit ancien Garde, eu égard à ce que lesdites
marchandises pouvoient valoir au temps
qu'elles ont été portées audit Bureau,
comme aussi condamne lesdits Bouillé,
Demouchy, Coudroyer dit Olivier &
Blanchard, solidairement & par corps, à
payer audit Dulac la somme de 440 livres
10 sols, & les intérêts d'icelle, à compter
du jour de sa premiere demande, jusqu'à
l'actuel payement; ordonne en outre que
les Marchands forains pourront adresser
leurs Marchandises à tel Marchand Gantier
de Paris, ou autre Commissionnaire que
bon leur semblera à la charge néanmoins
par lesdits Commissionnaires de faire conduire directement lesdites marchandises au
Bureau de ladite communauté des Gantiers;
sous bale & sous corde, & d'y représenter
la lettre de voiture, pour constater le jour
& le moment de leur arrivée, à l'effet
d'être, lesdites marchandises, visitées,
loties, enregistrées & vendues, conformément auxdits Statuts, & le prix, ensemble
le restant desdites marchandises, remis au
Marchand forain, ou à son Commission-

naire; fur le furplus des autres demandes, fins & conclufions, met les Parties hors de Cour, condamne lefdits Bouillé, Blanchard, Picard, Boutry, Demouchy, & Coudroyer dit Olivier, chacun à leur égard, en tous les dépens, tant des caufes principales, qu'appellations, interventions & demandes envers lefdits Boullay, Dulac & Raimond, & envers lefdits Joannis & conforts, même en ceux faits contre ledit Bertrand, condamne auffi lefdits Syndics & Gardes en charge de ladite communauté des Gantiers aux dépens de leur intervention & demande. Et fera le préfent Arrêt imprimé & tranfcrit fur les Regiftres de ladite communauté. Si mandons, mettre le préfent Arrêt à due, pleine & entiere exécution felon fa forme & teneur; de ce faire te donnons plein & entier pouvoir. Donné en notredite Cour de Parlement, le dix-neuvieme jour de Juin l'an de grace mil fept cent quarante - trois, & de notre Regne le vingt-huitieme. Collationné par Michelin. Par la Chambre. Signé, YSABEAU : Scellé & fignifié.

ARREST DU PARLEMENT,

Qui confirme la Sentence de Police du 8 Mai 1744, & qui déclare bonne & valable la faifie faite fur un Colporteur.

Du 15 Juillet 1744.

LOUIS par la grace de Dieu, Roi de France & de Navarre, au premier des Huiffiers de notre Cour de Parlement ou autre Huiffier ou Sergent fur ce requis;

favoir, faifons, &c. Après que Cahoirs,
Avocat de Lalande, & Bazin, Avocat des
Jurés de la communauté des Maîtres
Gantiers, ont été ouis, enfemble Joly de
Fleury pour notre Procureur-Général :
NOTREDITE COUR reçoit Gaillard, l'une
des parties de Bazin, partie intervenante,
lui donne acte de l'emploi de fa Requête
pour moyen d'intervention, donne acte
aux parties de Bazin de la déclaration
portée par la Requête de la partie de
Cahoirs du 9 Juillet préfent mois; au
principal, faifant droit fur l'appel, fans
s'arrêter aux Requêtes de la partie de
Cahoirs, dont elle l'a débouté, a mis &
met l'appellation au néant; ordonne que
ce dont eft appel fortira fon plein & entier
effet; en conféquence maintient & garde
les parties de Bazin dans le droit de
fabriquer feules, vendre & débiter toutes
fortes de poudres compofées d'amidon &
de féves, parfumées & non parfumées, &
généralement toutes fortes de poudres fervant a poudrer ou à la propreté du corps :
Fait défenfe à la partie de Cahoirs, & à
tous autres, de plus à l'avenir fabriquer,
vendre ni débiter aucunes poudres de quelqu'efpece que ce foit, ni aucune autre
marchandife du commerce des parties de
Bazin, fous telle peine qu'il appartiendra;
condamne la partie de Cahoirs en l'ameade
de douze livres, & en tous les dépens des
caufes d'appel, d'intervention & demande
pour tous dommages & intérêts. Si mandons au premier des Huiffiers de notre
Cour de Parlement, ou autre Huiffier ou
Sergent fur ce requis, mettre le préfent

Arrêt à entiere exécution, felon fa forme
& teneur, de ce faire donnons plein pouvoir. Fait en Parlement le quinze Juillet
1744. Collationné & figné.

EDIT DU ROI

*Portant création d'Infpecteurs & Contrôleurs
des Maîtres & Gardes dans les Corps des
Marchands, & des Infpecteurs & Contrôleurs
des Jurés dans les Communautés d'Arts &
Métiers du Royaume.*

*Avec le Tarif des droits qui feront payés par
les cent dix-neuf Communautés de Paris,
du 19 Février 1745.*

L OUIS, par la grace de Dieu, Roi
de France & de Navarre. A tous préfens & à venir, Salut, &c.

*TARIF des droits que le Roi en fon Confeil
veut & ordonne être payés par chaque année, à commencer du mois d'Avril prochain, en exécution de l'Edit du préfent
mois, par les Marchands & Artifans de
tous les Corps & Communautés des Villes
& Bourgs où il y a Maîtrife & Jurande
dans toute l'étendue du Royaume, aux Infpecteurs & Contrôleurs des Maîtres & Gardes des Corps defdits Marchands & des Jurés des Communautés d'Artifans, créés par
ledit Edit.*

VILLE ET FAUXBOURGS DE PARIS.

Corps des Marchands.

Les Drapiers payeront chacun quinze liv.

Les Epiciers, Apothicaires, fix liv.
Les Merciers, trois liv.
Les Orfévres, fix liv.
Les Bonnetiers, trois liv.
Les Pelletiers-Fourreurs, trois liv.

Arts & Métiers.

Affineurs-Départeurs d'or & d'argent, fix l.
Armuriers-Héaumiers, une liv.
Arquebufiers, une liv.
Aiguilletiers, une liv.
Broffiers-Vergetiers, une liv.
Batteurs d'or, trois liv.
Boulangers, trois liv.
Bouchers, fix liv.
Bouquetiers, dix fols.
Bourreliers, deux liv.
Boyaudiers, une liv.
Balanciers, une liv.
Boiffeliers, une liv.
Braffeurs, vingt-quatre liv.
Brodeurs, une liv.
Bourfiers, une liv.
Barbiers & Perruquiers, deux liv.
Boutonniers-Paffementiers, une liv.
Cordonniers, une liv. dix fols.
Chirurgiens, trois liv.
Crieurs de vieux fer, une liv. dix fols.
Chaudronniers, une liv. dix fols.
Coffretiers-Malletiers, une liv.
Ceinturiers, deux liv.
Couvreurs, quatre liv.
Chaircuitiers, fix liv.
Charrons, quatre liv.
Cloutiers, une liv.
Cartiers-Papetiers, trois liv.
Couturieres, une liv.

Corroyeurs , cinq liv.
Cuifiniers-Traiteurs , trois liv.
Charpentiers , huit liv.
Cordiers - Criniers , une liv. dix fols.
Chapeliers , fix liv.
Chandeliers, trois liv. dix fols.
Cardeurs, une liv.
Chaînetiers , une liv.
Couteliers , deux liv. dix fols.
Doreurs, une liv. dix fols.
Découpeurs , une liv.
Eperonniers, une liv. dix fols.
Epingliers-Eguilletiers-Alainiers , une liv.
Eventaillistes , une liv. dix fols.
Ecrivains , une liv. dix fols.
Fayanciers-Emailleurs , deux liv. dix f.
Fourbiffeurs , une liv. dix fols.
Faifeurs d'inftrum. de Mufique , trois l. dix f.
Fabriquans d'étoffes d'or & d'arg. trois l.
Frippiers , trois liv.
Fruitiers-Orangers , trois liv.
Foulons , une liv. dix fols.
Filaffiers , une liv.
Fondeurs , une liv. dix fols.
Gaîniers , une liv.
Grainiers & Grainieres , deux liv.
Graveurs fur métaux , une liv.
Gantiers-Poudriers-Parfumeurs , quatre l.
Horlogers , trois liv.
Imagers-Graveurs , une liv. dix fols.
Imprimeurs en Taille-douce , une liv.
Jardiniers , une liv.
Libraires Imprimeurs , cinq liv.
Lingeres , une liv. dix fols.
Limonadiers , quatre liv.
Lapidaires , une liv.
Layetiers , une liv.

Marchands de vin , quatre liv.

Maçons , deux liv.

Maîtres à danfer , une liv.

Mégiffiers , une liv.

Maîtres en fait d'armes , une liv. dix f.

Miroitiers , trois liv.

Menuifiers , deux liv.

Maréchaux , cinq liv.

Nattiers , une liv.

Oifeliers , une liv.

Plumaffiers-Panachers , quatre liv.

Plombiers , huit liv.

Paumiers , une liv. dix fol.

Peauffiers , trois liv.

Paveurs , cinq liv.

Potiers d'étain , trois liv.

Pâtiffiers , quatre liv.

Potiers de terre , une liv.

Peintres-Sculpteurs , une liv.

Papetiers-Colleurs , une liv.

Patenôtriers-Bouchonniers , une liv.

Pain-d'Epiciers , une liv.

Parcheminiers , une liv. dix fols.

Poiffonniers d'eau douce , une liv.

Relieurs , une liv.

Rôtiffeurs , quatre liv.

Savetiers , une liv.

Selliers-Carroffiers , quatre liv. dix fols.

Serruriers , une liv. dix fols.

Sages-Femmes , une liv. dix fols.

Tapiffiers , trois liv.

Tireurs d'or , quatre liv.

Tonneliers , une liv. dix fols.

Tourneurs , une liv.

Taillandiers , une liv.

Tondeurs de draps , trois liv.

Tailleurs d'habits, une liv. dix fols.

Tanneurs, neuf liv.

Tiffiers-Rubaniers, une liv.

Teinturiers du grand teint, neuf liv.

Teinturiers en foie, laine & fil, trois liv.

Teinturiers du petit teint, deux liv. dix f.

Tabletiers, une liv. dix fols.

Tifferands, une liv.

Vanniers, une liv.

Vinaigriers, trois liv.

Vitriers, deux liv. dix fols.

Vuidangeurs, une liv. dix fols.

Dans les villes de Lyon, Rouen, Caen, Bordeaux, Bayonne, Montauban, Touloufe, Montpellier, Marfeille, Aix, Grenoble, Dijon, Metz, Befançon, Nantes, Rennes, Saint-Malo, Tours, Angers, le Mans, Poitiers, Orléans, Châlons, Reims, Troyes, Amiens, Soiffons, Arras, Dunkerque, Lille, Valenciennes, Moulins, Riom, Clermont, Limoges & la Rochelle, fera payé par chacun de ceux qui exerceront les arts & profeffions ci-deffus, les deux tiers des droits ci-deffus réglés pour la ville & fauxbourgs de Paris.

Dans les autres villes & lieux où il y a Évêché, Baïlliage, Sénéchauffée, Préfidial, Eleftion, Grenier à Sel, ou autres Jurifdiftions royales, fera payé moitié des droits ci-deffus réglés pour ladite ville & fauxbourgs de Paris.

Ceux qui exerceront plufieurs fortes de commerces, négoces ou profeffions, ne feront tenus de payer qu'un feul droit fur le pied le plus fort.

Fait

Fait & arrêté au Conseil royal des Finances, tenu à Versailles le seizieme jour de Février mil sept cent quarante-cinq. Signé, L O U I S. Et plus bas : P H E L I P-P E A'U X.

ARREST DU CONSEIL,

Portant réunion au Corps & Communauté des Maîtres, Marchands Gantiers-Parfumeurs de la ville & fauxbourgs de Paris, des Offices d'Inspecteurs & Contrôleurs de leur Communauté.

Du 16 Juin 1745.

SUR la Requête présentée au Roi en son Conseil par les Gardes en charge & la Communauté des Maîtres Marchands Gantiers-Parfumeurs de la ville & fauxbourgs de Paris, contenant que par Edit du mois de Février 1745, Sa Majesté ayant créé des Offices d'Inspecteurs & Contrôleurs des communautés d'arts & métiers, avec faculté de les réunir, la finance de ces Offices pour la communauté des Supplians auroit été fixée, suivant le rôle arrêté au Conseil, à la somme de 32000 livres, les Supplians ont fait leur soumission pour la réunion desdits Offices, &c. Le Roi en son Conseil a agréé & reçu la soumission faite par les Maîtres Marchands Gantiers-Parfumeurs de la ville & fauxbourgs de Paris, de payer la somme de 32000 livres pour la réunion des seize Offices créés dans leur communauté par l'Edit du mois de Février 1745 ; en conséquence, a ordonné

D d

& ordonne qu'en payant ladite somme
de 32000 livres, dans les termes énoncés
dans ladite soumission, lesdits Offices
d'Inspecteurs & Contrôleurs seront & de-
meuront réunis à lad. communauté, pour,
par elle, jouir des gages, droits & prérogatives attribués auxdits Offices, sans
que lad. communauté soit tenue de payer
les deux sols pour livre de ladite somme,
dont sa Majesté lui fait don & remise;
permet Sa Majesté à ladite communauté,
pour lui faciliter le payement de la finance
desdits Offices, d'emprunter lad. somme
de 32000 livres, d'affecter & hypothéquer au profit de ceux qui prêteront leurs
deniers, dont les noms seront employés
dans la quittance de finance, les gages &
droits attribués auxdits Offices, ensemble
ses autres biens & revenus, & de passer
à cet effet tous contrats de constitution
nécessaires. Veut Sa Majesté, conformément à la délibération de la communauté
du 19 Mai dernier, que dans le cas où
la communauté ne trouveroit pas à emprunter les sommes nécessaires pour le
payement de la finance desdits Offices,
les Maîtres & Veuves qui exercent actuellement la profession, soient tenus de
prêter à ladite communauté les sommes
pour lesquelles ils seront employés dans
le rôle de répartition qui sera fait par
les Jurés & Anciens, & arrêté par le sieur
Lieutenant Général de Police, dont il
leur sera fait rente au denier vingt, jusqu'à l'entier & parfait remboursement,
au payement desquelles sommes ils seront
contraints comme pour les propres de-

niers & affaires de Sa Majefté ; & pour
mettre ladite communauté en état de fe
libérer, & de rembourfer par la fuite les
fommes qu'elle aura empruntées, lui permet fa Majefté de continuer de recevoir
tous les ans deux Maîtres fans qualité,
moyennant la fomme de 500 livres, non
compris les droits ordinaires & accoutumés, & de percevoir, lors de chaque réception, pour le droit domanial, 40 liv.
au lieu de 30 livres, à l'exception des fils
de Maîtres, qui ne le payeront que fur
le pied de 30 livres ; ordonne en outre
Sa Majefté que les droits d'ouverture de
boutique fe payeront fur le pied de 48
livres, au lieu des 6 livres portées par
l'Edit du mois de Février dernier ; qu'il
fera payé pour chaque brevet d'apprentiffage, ou tranfport de brevet, la fomme de 36 livres au lieu de celle de 24
livres, lefquelles 36 livres feront payées
par les Maîtres, fauf leur recours contre
les Apprentifs ; que les fils de Maîtres, nés
avant la Maîtrife de leur pere, payeront
pour leur réception la fomme de 200 liv.
au lieu de celle de 150 livres, outre les
droits ordinaires ; que les Jurés hors de
l'élection continueront de payer chacun
la fomme de 150 livres ; comme auffi
qu'il fera payé à l'avenir, par chaque
Maître ou Veuve, pour droit de vifite,
8 liv. au lieu des 4 liv. portées par ledit
Edit ; au payement duquel droit ils feront contraints en vertu du préfent Arrêt,
fans qu'il foit befoin d'affignation, ni de
Sentence de condamnation. Veut Sa Majefté que les deniers qui proviendront des

réceptions & autres droits, soient employés au payement des rentes constituées, & au rachat de portion des principaux, à mesure qu'il y aura des fonds,
sans que, sous quelque prétexte que ce
soit, ils puissent être divertis ni employés
à autres usages, ni saisis par aucun autre
créancier de la communauté présent & à
venir, jusqu'à l'entier remboursement desdites rentes, tant en principaux qu'arrérages ; à l'effet de quoi, les Jurés successivement en charge seront tenus d'en compter tous les six mois, ainsi que des gages
& droits attribués auxdits Offices réunis.
Veut en outre Sa Majesté que les arrérages des rentes de ceux des Maîtres qui
auront prêté à la communauté, ne puissent être saisis ni arrêtés, sous prétexte
de la révision de leurs comptes, dérogeant
en tant que besoin, & pour ce regard
seulement, à l'Arrêt du Conseil du 28
Mars 1730. Fait au Conseil d'Etat du Roi,
tenu au Camp sous Tournay, le seizième
jour de Juin mil sept cent quarante-cinq.
Collationné. Signé, DE VOUGNY.

DÉCLARATION DU ROI,

En faveur de ceux qui ont prêté ou qui prête-
ront leurs deniers aux Corps & Commu-
nautés d'arts & métiers, pour l'acquisition
& réunion des Offices d'Inspecteurs & Con-
trôleurs créés par Edit du mois de Février
dernier.

Donnée au Camp de Leuse le 3 Juillet 1745.

LOUIS, par la grace de Dieu, Roi de
France & de Navarre. A tous ceux qui
ces présentes Lettres verront, Salut, &c.
A CES CAUSES & autres, à ce nous mouvant, de l'avis de notre Conseil, & de
notre grace spéciale, pleine puissance &
autorité royale, nous avons dit & ordonné, disons & ordonnons par ces présentes signées de notre main, voulons &
nous plaît, que ceux qui ont prêté, ou qui
prêteront leurs deniers, soit aux corps des
Marchands, ou aux communautés d'arts &
métiers, pour l'acquisition & réunion des
offices d'Inspecteurs & Controlleurs créés
par notre Edit du mois de Février dernier, ayent non-seulement privilege, hypotheque spécial sur lesdits Offices, gages
& droits y attribués, mais encore sur tous
les droits que nous avons accordés, ou que
nous pourrons accorder par la suite auxdits corps & communautés, en faveur
desdites réunions : voulons pareillement
que les arrérages des rentes, qui auront
été constituées pour raison desdits emprunts, soient & demeurent exemptes de

la retenue du dixieme, ordonné être levé
par notre Déclaration du 29 Août 1741,
à l'effet de quoi mention en fera faite dans
les contrats d'emprunts. Permettons en
outre aufdits corps & communautés de
reconftituer fous les mêmes conditions,
lorfque la néceffité ou le bien de la communauté l'exigera. Si DONNONS EN MAN-
DEMENT à nos amés & féaux Confeiliers,
les Gens tenant notre Cour de Parlement
à Paris, que ces préfentes ils ayent à faire
lire, publier & regiftrer, & le contenu en
icelles garder, obferver felon fa forme &
teneur, nonobftant tous Edits, Déclarations, & autres chofes à ce contraires,
aufquels nous avons dérogé, & dérogeons
par ces préfentes aux copies defquelles collationnées par l'un de nos amés, féaux
Confeillers-Sécretaires : voulons que foi
foit ajoutée comme à l'original. Car tel eft
notre plaifir ; en témoin de quoi nous
avons fait mettre notre feel à cefdites
préfentes. Donné au Camp de Leuze le
troifieme jour de Juillet, l'an de grace
mil fept cent quarante-cinq, & de notre
regne le trentieme. Signé LOUIS, & plus
bas, par le Roi. PHELIPPEAUX. Vu au
Confeil, ORRY, & fcellé du grand Sceau
de cire jaune.

*Régiftrées ouï ce Requérant, le Procureur
Général du Roi, pour être exécutée felon fa
forme & teneur, fans approbation des Arrêts
du Confeil énoncés, qui n'auroient été revêtus
de Lettres-Patentes régiftrées en la Cour, fuivant
l'Arrêt de ce jour. A Paris en Parlement le
vingt-fept Juillet mil fept cent quarante-cinq.
Signé, DUFRANC.*

SENTENCE DE POLICE

Du 26 Novembre 1745 , qui déclare valable la saisie faite sur le sieur Marquet , Marchand Gantier de Vendôme , de plusieurs marchandises.

A Tous ceux qui ces présentes Lettres verront, Gabriel-Jerôme de Bullion, Chevalier , Comte d'Esclimont, Prévôt de Paris : Salut , &c. Nous disons que les Statuts, Sentences, Arrêts & Réglemens de Police concernant la communauté des Parties de Regnard, feront exécutés selon leur forme & teneur, & en conséquence avons la saisie faite sur le défaillant déclarée bonne & valable , ce faisant, disons que les marchandises & ustensiles saisis , feront vendus en leur Bureau en la maniere accoutumée , & demeureront acquis & confisqués au profit desdites Parties de Regnard, & faisons défenses audit défaillant de ne plus à l'avenir entreposer des marchandises de la profession desdites Parties de Regnard , & pour la contravention commise par le défaillant , le condamnons en vingt livres de dommages-intérêts envers lesdites Parties de Regnard, en cent sols d'amende & aux dépens , ce qui fera exécuté nonobstant & sans préjudice de l'appel , & soit signifié. En témoin de ce nous avons fait sceller ces présentes ; fait & donné par Monsieur DE MARVILLE, Lieutenant Général de Police de la Ville de Paris y tenant le Siege , le Vendredi vingt-six Novembre

mil sept cent quarante-cinq. Collationné.
Signé, LAFONTAINE, & scellé le six Dé-
cembre mil sept cent quarante-cinq.
Signé SAUVAGE.

*Le huit Décembre mil sept cent quarante-cinq
ladite Sentence a été signifiée audit Marquet à
Paris, parlant à sa personne, par DE LA
HAYE, Huissier à cheval.*

ARRET DU PARLEMENT,

*Rendu en faveur des Peaussiers contre les Mar-
chands Merciers, qui confirme une Sentence
de Police du 29 Mars 1746.*

NOTREDITE COUR faisant droit sur le
tout, sans s'arrêter aux Requêtes &
demandes de Thomas-Jean Bellepaume, ni
aux interventions & demandes des Maîtres
& Gardes du corps des Marchands Merciers, ayant égard aux Requêtes des Jurés
& communautés des Marchands, Maîtres
Peaussiers, a mis & met les appellations
au néant, ordonne que ce dont a été
appellé, sortira son plein & entier effet:
condamne ledit Bellepaume & lesdits Maîtres & Gardes du corps des Marchands
Merciers ès amendes de douze livres;
permet auxdits Jurés Peaussiers de faire
imprimer le présent Arrêt, lequel sera
transcrit sur les Registres des deux communautés, aux frais & dépens desdits
Merciers; sur le surplus des autres demandes, fins & conclusions, met les Parties hors de Cour; condamne en outre
ledit Bellepaume & lesdits Maîtres &
Gardes du corps des Marchands Merciers,
chacun

chacun à leur égard, en tous les dépens des caufes d'appel, intervention & demande envers lefdits Jurés Peauffiers, même en ceux réfervés; mandons mettre le préfent Arrêt à exécution, de ce faire te donnons pouvoir. Donné en notre Cour de Parlement, le quatre Septembre, l'an de grace mil fept cent quarante fept, & de notre regne le trente-troifieme. Collationné. Signé, LE SEIGNEUR. Par la Chambre. Signé, YSABEAU. SOCQUET, Procureur.

ARREST

DU CONSEIL D'ETAT DU ROI,

Qui condamne le fieur Collet & fa femme, fe difant Fourbiffeurs privilégiés fuivant la Cour, à opter dans huitaine l'un des deux états de Mercier ou Fourbiffeur; & qui, faute par ledit Collet de faire fon option, l'a référé aux Jurés Fourbiffeurs.

Du 27 Septembre 1747.

SUR la Requête préfentée au Roi en fon Confeil par les Jurés en charge de la communauté des Maîtres Fourbiffeurs de Paris, contenant, que quoique par différens Arrêts & Réglemens, & par les loix & ufages du commerce, il foit expreffément défendu à tous particuliers d'exercer deux profeffions différentes, tant par eux que par leur femme, dans la Ville & Fauxbourgs de Paris, &c. Ouï le rapport du fieur Machault, Confeiller ordinaire au Confeil Royal, Contrôleur Général des

E e

Finances : Sa Majesté en son Conseil, a ordonné & ordonne que dans huitaine, à compter du jour de la signification qui sera faite du présent Arrêt à François-Joseph Collet & sa femme ; ledit Collet & sa femme seront tenus d'opter laquelle des deux professions de Marchand Mercier ou de Maître Fourbisseur, ils entendent exercer, sans que ladite option faite ils puissent s'immiscer de fabriquer ou vendre aucuns ouvrages ou marchandises que ceux dépendans de la profession qu'ils auront conjointement adopté pour les deux, à peine de confiscation desdites marchandises, & de mille livres d'amende : Veut Sa Majesté que faute par lesdits Collet & sa femme de faire leur option dans ledit délai de huitaine, elle soit référée aux Jurés Fourbisseurs, auxquels il sera loisible de faire fermer la boutique de Fourbisseur occupée par Collet. Fait au Conseil d'Etat du Roi tenu à Versailles le vingt-septieme jour du mois de Septembre mil sept cent quarante-sept. Signé. DE VOUGNY, avec paraphe.

ARREST DU CONSEIL,

Qui ordonne l'exécution de celui du 27 Septembre 1747.

TOUT consideré : Ouï le rapport du sieur de Machault, Conseiller ordinaire du Conseil Royal, Contrôleur Général des Finances : Sa Majesté en son Conseil, sans s'arrêter à l'opposition formée par François-Joseph Collet à l'exécution de l'Arrêt du Conseil du 27 No-

vembre 1747, ni aux fins & conclusions
prises par ses Requêtes, dont Sa Majesté
l'a débouté & déboute, & a ordonné &
ordonne que ledit Arrêt du Conseil du
27 Septembre 1747, sera exécuté selon sa
forme & teneur, & cependant en l'interprêtant en tant que besoin est ou seroit;
Ordonne que dans le cas où ledit Collet
opteroit en faveur de la qualité de Marchand Mercier, il sera tenu de quitter &
renoncer sans délai aux métier & profession de fourbisseur, lui accordant néanmoins par grace, & sans tirer à conséquence, un délai de trois mois pour se
défaire des marchandises de Fourbisserie
qui se trouveroient actuellement dans sa
boutique, & le délai de trois mois pour
se défaire des marchandises de Mercerie,
s'il préfère la profession de Fourbisseur à
celle de Mercier; lui fait défenses, dans
l'un & l'autre cas, ainsi qu'à sa femme,
de s'immiscer dans l'exercice, la vente &
la fabrique d'aucuns ouvrages, autres que
ceux dépendans de la profession qu'il auroit optée, à peine de confiscation desdits
ouvrages, & de mille livres d'amende;
déclare néanmoins Sa Majesté n'entendre
par le présent Arrêt préjudicier aux droits
& prérogatives prétendus par le corps des
Marchands Merciers sur le fait de leur
commerce; condamne ledit François-Joseph Collet au coût & levée du présent
Arrêt. Fait au Conseil d'Etat du Roi,
tenu à Marly le vingt-trois Janvier mil
sept cent quarante-huit. Collationné. Signé, DEVOUGNY, avec paraphe. En
marge est écrit: Reçu vingt-six sols pour

le contrôle du coût du préfent Arrêt, ce premier Fevrier mil fept cent quarante-huit. Signé, DE VERNON.

Mc. CHALLAYE, Avocat.

ARREST DU CONSEIL,

Qui déboute Jean-Baptifte Lalande & Jacques Tapie de leurs fins & conclufions prifes par leur Requéte, & ordonne que l'Arrêt du Parlement du 19 Mai 1747 fera exécuté.

Du 6 Février 1748.

SUR la Requête préfentée au Roi en fon Confeil par Jean-Baptifte Lalande, & Jacques Tapie, Marchands Forains, contenant que la perfécution qu'ils effuient de la part des Jurés de la communauté des Maîtres Gantiers ‑ Parfumeurs de la ville & fauxbourgs de Paris, les oblige de recourir à l'autorité & à la juftice de Sa Majefté, à l'occafion d'un Arrêt du Parlement de Paris, qui renferme en foi des difpofitions, en même temps les plus contraires aux Ordonnances, Arrêts & Réglemens, & d'ailleurs les plus injuftes au fonds. Par cet Arrêt, qui eft du 19 Mai dernier, le Parlement, fans s'arrêter à l'appel des Supplians, ni à leurs requête & demande, dont il les a déboutés, & faifant droit fur celle des Jurés Parfumeurs, les a maintenus & gardés dans le droit & poffeffion de fabriquer, vendre & débiter feuls toutes fortes de poudres compofées d'amidon & de féves, parfumées & non parfumées, & généralement toutes fortes de poudres fervant à poudrer, ou à la propreté du corps; a fait défenfes aux Supplians, & à tous autres, de plus à l'avenir fabriquer, vendre ni débiter aucune poudre, de quelque efpece qu'elle foit, ni aucune autre marchandife du commerce des Maîtres Parfumeurs, fous telles peines qu'il appartiendra, & a condamné les Supplians en l'amende & en tous les dépens des caufes d'appel & demandes. Avant d'expofer à Sa Majefté les moyens folides que les Supplians ont à employer contre cet Arrêt, ils obferveront fommairement dans le fait que les Jurés de la communauté des Maîtres Parfumeurs de la ville de Paris s'étant ingérés de faifir fur les Supplians quatre cents trente-cinq livres de poudre d'amidon non parfumée; favoir, trente - cinq livres fur Jean-Baptifte Lalande, & quatre cents livres fur Jacques Tapie; ont fait affigner, le 9 Mars dernier, les Supplians en la Chambre du Procureur de Sa Majefté au Châtelet de Paris, pour voir déclarer lefdites faifies bonnes & valables, & ordonner la confifcation des effets faifis au profit de leur communauté, avec amende & dépens, quoique les Supplians euffent d'excellens moyens à propofer contre ces faifies & affignations; néanmoins, avant qu'on leur eût donné le temps de fournir des défenfes, & fans avoir été contumacés par aucun Jugement, les Jurés Parfumeurs ont obtenu précipitamment deux avis du Procureur de Sa Majefté, qui, conformément à leurs conclufions, ont prononcé la validité des fai-

E e iij

fies en queftion, ont ordonné l'exécution
des Statuts, Sentences & Réglemens de
la communauté des Maîtres Gantiers-Parfumeurs, & notamment d'une Déclaration de Sa Majefté du 12 Décembre 1705;
en conféquence, que les effets faifis demeureroient confifqués au profit de ladite
communauté, avec défenfes aux Supplians
de récidiver, & condamnation aux dépens. Lefdits Supplians, par des défenfes
qu'ils ont fournies en la Chambre de Police, ont foutenu qu'ils n'étoient point en
fraude, parce que non feulement ils ne
manufacturoient point la poudre qu'on
leur avoit faifie, mais que cette forte de
marchandife fe trouvant fans aucune odeur,
n'étoit point fpécialement affectée au commerce des Gantiers-Parfumeurs, à l'exclufion de tous autres, & par conféquent les
Supplians, qui étoient Marchands Forains, pouvoient vendre de la poudre fans
odeur; qu'on ne voyoit point que les Statuts & Réglemens des Gantiers - Parfumeurs leur donnaffent la faculté de vendre de l'amidon en poudre fans odeur,
ni même toutes autres fortes de poudres
à poudrer, pourvu qu'elles fuffent fans
parfum, telles qu'étoient les poudres faifies fur les Supplians : par ces raifons, ils
ont demandé la nullité defdites faifies,
avec dépens, dommages & intérêts. Quelque fenfibles que fuffent ces moyens, cependant, par deux Sentences rendues en
la Chambre de Police du Châtelet de Paris, le même jour 21 Avril dernier, les
avis du Procureur de Sa Majefté, dont
on vient de parler, ont été confirmés avec

dépens. Les Supplians ayant interjetté appel au Parlement desdites Sentences, & ayant, par la Requête qu'ils y ont présentée le 15 Mai dernier, proposé leurs griefs, & demandé que lesdites Sentences fussent infirmées, que sans s'arrêter aux avis du Procureur de Sa Majesté, & confirmés par lesdites Sentences, les saisies faites sur les Supplians, à la requête des Jurés Gantiers Parfumeurs, fussent déclarées nulles, tortionnaires & déraisonnables, & qu'il fût ordonné que les marchandises saisies leur seroient rendues & restituées, avec dépens, dommages & intérêts. Ils espéroient que l'infirmation de ces Sentences ne souffriroit aucune difficulté; mais ils ont été étrangement surpris, quand ils ont vu prononcer la confirmation par l'Arrêt, dont les dispositions ont été rapportées au commencement de la présente Requête. Lesdits Supplians vont donc établir en peu de mots ce qu'ils ont à proposer contre cet Arrêt. Quelle est la nature de la poudre que les Jurés Gantiers-Parfumeurs ont saisie sur les Supplians? C'est de la poudre composée d'amidon, sans aucune odeur ni parfum. Or, que l'on examine attentivement les Statuts & Réglemens concernant la communauté des Parfumeurs, on n'y trouvera pas que cette sorte de marchandise soit par privilége & préférence affectée à leur commerce, à l'exclusion de tous autres; on n'y verra pas même qu'ils aient le droit de fabriquer & vendre de cette poudre d'amidon sans odeur, ni encore moins qu'ils aient la faculté d'en empêcher la vente par d'autres que par les Maîtres de leur communauté, & notamment par des Marchands Forains, tels que les Supplians, qui en ont toujours fait le débit sans aucun obstacle; par conséquent l'Arrêt du Parlement qui vient d'être rendu au préjudice des Supplians, en maintenant la communauté des Parfumeurs dans le droit & possession de fabriquer, vendre & débiter seuls la poudre composée d'amidon & de fèves, non parfumée, avec défenses aux Supplians de vendre ni débiter aucune poudre, de quelqu'espece qu'elle soit, a donc formellement contrevenu aux dispositions des Statuts & Réglemens de la communauté des Maîtres Parfumeurs, & à la Déclaration de Sa Majesté du 12 Décembre 1705, lesquels ne leur attribuent aucunement le droit de fabriquer, vendre & débiter de la poudre d'amidon sans odeur; leur qualité distincte étant celle de Parfumeurs, ils ne peuvent tout au plus prétendre que le débit de la poudre parfumée. L'Arrêt dont les Supplians se plaignent avec justice, en accordant à cette communauté un droit qu'elle n'a pas, & qu'elle ne sauroit jamais prétendre, enleve en même temps aux Supplians celui dont ils ont toujours joui paisiblement, & dans la possession duquel ils supplient très-humblement Sa Majesté de les conserver. A ces causes, requéroient les Supplians qu'il plût à Sa Majesté, sans s'arrêter à l'Arrêt du Parlement de Paris rendu contr'eux le 19 Mai dernier en faveur des Jurés de la communauté des Maîtres Gantiers Parfumeurs de la ville & fauxbourgs de Paris,

lequel fera déclaré comme non avenu ,
maintenir & garder les Supplians dans le
droit & poffeffion de vendre & débiter
toutes fortes de poudres fans odeur , &
compofées d'amidon & de fèves non parfumées , avec défenfes aux Jurés de ladite
communauté d'y troubler les Supplians ,
ni de fabriquer , vendre & débiter lefdites
fortes de poudres ; en conféquence , déclarer nulles , tortionnaires & déraifonnables
les faifies defdites poudres faites fur les
Supplians , à la requête defdits Jurés , par
procès-verbaux des 3 Octobre 1746 & 9
Mars 1747 ; ordonner que lefdites marchandifes feront rendues & reftituées aux
Supplians par lefdits Jurés ; à ce faire lefdits Jurés contraints par toutes voies dues
& raifonnables , même par corps ; quoi
faifant , ils en demeureront bien & valablement quittes & décha gés ; les condamner en outre en 300 livres de dommages & intérêts réfultans de leurs indues
vexations , ou en telle autre fomme qu'il
plaira à Sa Majefté arbitrer , & aux dépens des Supplians. Vu ladite Requête ,
enfemble la fignification de l'Arrêt du
Parlement de Paris , du 19 Mai dernier.
Ouï le rapport du fieur de Machault , Confeiller ordinaire au Confeil Royal , Contrôleur Général des Finances. Le Roi en
fon Confeil a débouté & déboute lefdits
Jean - Baptifte Lalande & Jacques Tapie
des fins & conclufions prifes par leur Requête ; en conféquence , a ordonné & ordonne que l'Arrêt du Parlement de Paris ,
du 19 Mai 1747 , fera exécuté felon fa
forme & teneur ; condamne lefdits La-

lande & Tapie au coût & levée du préfent Arrêt. Fait au Conſeil d'Etat du Roi,
tenu à Verſailles le ſix Février mil ſept
cent quarante-huit. Signé, Dɪvougny.
Collationné.

ARREST

DU CONSEIL D'ETAT DU ROI,

Concernant le payement des rentes dues par les Communautés des arts & métiers de la ville & fauxbourgs de Paris, & le rembourſement des capitaux deſdites rentes.

Du 27 Juillet 1749.

SA MAJESTE' voulant y pourvoir,
ouï le rapport du ſieur de Machault,
Conſeiller ordinaire au Conſeil Royal,
Contrôleur Général des Finances: Le Roi
étant en ſon Conſeil, a ordonné & ordonne :

ARTICLE PREMIER.

Que tous les créanciers légitimes des
communantés d'arts & métiers, dont les
titres de créances auront été enregiſtrés en
conformité de l'Arrêt du Conſeil du 28
Mars 1730, & qui auront en conſéquence
fait leurs diligences dans le temps preſcrit
par l'Ordonnance, ſeront payés des arrérages des rentes conſtituées à leurs profits,
dues & échues juſqu'à ce jour, & continueront de l'être par la ſuite ſans diſtinc-
tion de ceux qui ont été ou qui pourroient
être, eux ou leurs auteurs, comptables
pour les années antérieures à 1745, & ce

nonobſtant tous Arrêts & Jugemens qui auroient pu être rendus à ce contraires, auxquels Sa Majeſté a dérogé & déroge expreſſément par le préſent Arrêt.

I I. Ne pourront néanmoins leſdits créanciers être rembourſés des capitaux de rentes conſtituées à leur profit, qu'en vertu de Jugemens des ſieurs Commiſſaires députés pour la liquidation des dettes, l'examen & la réviſion des comptes des corps & communautés d'arts & métiers, leſquels Jugemens ſeront rendus ſur les repréſentations des titres de créances & les concluſions du Procureur Général de Sa Majeſté en ladite commiſſion, encore que leſdits créanciers fuſſent comptables pour les années antérieures à 1745.

I I I. Au cas qu'il ſurvienne des con-teſtations entre leſdits créanciers & les communautés, ſoit pour raiſon du paye-ment des arrérages des rentes à eux conſ-tituées, ſoit pour le rembourſement des capitaux; veut Sa Majeſté que leſdites conteſtations ſoient portées devant leſdits ſieurs Commiſſaires ci-deſſus nommés, pour être par eux jugées en dernier reſſort ſur les concluſions du Procureur Général de la commiſſion, Sa Majeſté attribuant de nouveau à cet effet auſdits ſieurs com-miſſaires toute Cour, Juriſdiction & con-noiſſance, icelle interdiſant à toutes Cours & Juges. Fait au Conſeil d'Etat du Roi, Sa Majeſté y étant, tenu à Compiegne le vingt ſeptieme jour de Juillet mil ſept cent quarante-neuf. Signé, DE VOYER D'ARGENSON.

Enregiſtré au Greffe, &c.

SENTENCE DE POLICE

Du o Janvier 1750, qui déclare bonne &
valable la saisie faite sur Pierre Girard,
Maître Gantier, de cent quatre vingt-dix-
neuf douzaines de paires ue gants & mitaines
défectueuses.

A Tous ceux qui ces présentes Lettres
verront, Gabriel-Jérôme de Bullion,
Chevalier, Comte d'Esclimont, Prevôt de
Paris, Salut. Parties ouïes, & ensemble
Noble Homme Mé. Moreau, Avocat
du Roi en son avis ; sans que les qualités puissent nuire ni préjudicier, nous,
faisant droit sur les demandes & contestations des Parties, avons le Procès-
verbal de visite, & le rapport dont est
question, enthériné ; en conséquence, sans
nous arrêter ni avoir égard à l'opposition
formée par la Partie de Varnier, à la
Sentence du dix Février mil sept cent
quarante-un, ni à ses demandes, non plus
qu'à celles formées, tant par le défunt
Romand pere, que par le nommé Laurent
Romand, son héritier, Partie de M. Piton,
dans lesquelles lesdites Parties de Varnier
& de Piton sont déclarées non-recevables.
Disons que les Statuts & Réglemens de la
communauté des Parties de Regnard,
seront exécutés selon leur forme & teneur ;
en conséquence avons la saisie faite sur la
Partie de Varnier, déclarée bonne & valable ; disons que les marchandises dont est
question, seront & demeureront acquises
& confisquées au profit des Parties de

Regnard ; à la repréſentation d'icelles, le gardien contraint par corps, quoi faiſant déchargé. Faiſons défenſes à la Partie de Varnier de récidiver ; & pour la contravention par lui commiſe, le condamnons en cinquante livres de dommages-intérets, & en dix livres d'amende ; & en ce qui concerne les demandes formées, tant par la Partie de Piton, que contr'elle, avons mis les Parties hors de Cour & de procès, ſauf à la Partie de Piton à ſe pourvoir pour ce qui peut lui reſter dû par la Partie de Varnier ; ladite Partie de Varnier condamnée aux dépens envers toutes les Parties, même en ceux faits par leſdites Parties de Regnard contre ladite Partie de Piton, permis aux Parties de Regnard de faire imprimer, lire, publier, & afficher notre préſente Sentence par-tout où beſoin ſera aux frais de ladite Partie de Varnier ; ce qui ſera exécuté nonobſtant & ſans préjudice de l'appel ; en témoin de ce nous avons fait ſceller ces préſentes. Ce fut fait & donné par Monſieur le Lieutenant Général de Police au Châtelet de Paris, tenant le Siége le Vendredi trente Janvier mil ſept cent cinquante.

ARREST DU PARLEMENT,

Qui décharge les ſieurs Coiffier & Roger des condamnations contr'eux prononçées.

Du 28 Août 1750.

LOUIS, par la grace de Dieu, Roi de France & de Navarre ; appert : La Cour faiſant droit ſur le tout, ſans avoir égard

aux demandes defdits Maſſot & Giroux &
de la communauté des Maîtres Gantiers-
Parfumeurs, contre leſdits Coiffier &
Roger, Vaudichon & Dubois, dont ils
ſont déboutés, ayant égard à celle deſdits
Coiffier, Vaudichon & conſots, a mis &
met l'appellation & ce dont a été appellé
au néant ; Emendant décharge leſdits
Coiffier & Roger, des condamnations
contr'eux prononcées; déclare nulles les
ſaiſies & exécution ſur eux faites; ordonne
que la main-levée proviſoire prononcée
par l'Arrêt du vingt Avril mil ſept cent
quarante-deux, demeurera définitive, à la
repréſentation, ſi fait n'a été des choſes
ſaiſies, ſeront les gardiens & dépoſitaires
contraints par corps, quoi faiſant déchargés ; condamne ladite communauté des
Marchands Gantiers-Parfumeurs, à rendre
& reſtituer auſdits Coiffier & Roger la
ſomme de huit cent quarante livres deux
ſols ſix deniers par eux payée audit Maſſot,
ſuivant la quittance du ſix Décembre mil
ſept cent quarante-deux, & les intérêts
d'icelle du jour de ladite quittance, ſauf
le recours de ladite communauté contre
ledit Giroux, même s'il n'y a deniers
ſuffiſans dans ladite communauté, à faire
ſupporter par chacun des Maîtres de ladite
communauté leur portion deſdits huit cent
quarante livres deux ſols ſix deniers &
intérêts, condamne ladite communauté
des Gantiers-Parfumeurs aux dépens des
cauſes principales d'appel & demandes
envers leſdits Coiffier, Roger, Vaudichon
& Dubois, même en ceux par eux faits
contre ledit Giroux en demandant & dé-

ŷendant & des sommations, condamne
ledit Massot aux dépens de la cause d'appel
& demande envers lesdits Coiffier, Roger,
Vaudichon & Dubois, ceux de ladite cause
d'appel & demande entre ladite communauté & ledit Massot, compensés ; condamne ledit Giroux aux dépens envers ledit
Massot, même à l'acquitter de ceux auxquels ledit Massot est condamné envers
lesdits Coiffier, Roger, Vaudichon &
Dubois, & de ceux ci-dessus compensés
entre ledit Massot & ladite communauté,
sur le surplus des autres demandes, fins &
conclusions, met les Parties hors de Cour;
Si mandons mettre le présent Arrêt à exécution suivant sa forme & teneur, de ce
faire te donnons tout pouvoir. Donné en
notredite Cour de Parlement le vingt-huit
Août l'an de grace mil sept cent cinquante,
& de notre regne le trente-sixieme. Collationné. Signé, GUILLIENNE, avec paraphe.
Plus bas, par la Chambre. Signé, Du-
FRANC. Avec paraphe.

SENTENCE DE POLICE,

*Du 7 Mai 1751, qui déclare bonne & valable
la saisie faite sur le sieur Lesage, Maître
Amidonnier.*

A Tous ceux qui ces présentes Lettres
verront, Gabriel-Jérôme de Bullion,
Chevalier, Comte d'Esclimont, Prevôt de
Paris. Salut. &c. Lecture faite des pieces &
de l'avenir à ce jour, Nous disons que les
Statuts, Sentences, Arrêts & Réglemens
de la communauté des Parties de Thie-

bart, & notamment l'article XXXIII des
Statuts de la communauté des Maîtres
Amidonniers, seront exécutés selon leur
forme & teneur ; en conséquence faisons
défenses à Lesage, Partie de Dhiris, défaillante, & à tous autres Amidonniers de
fabriquer, vendre & débiter de la poudre
à poudrer, & d'avoir chez eux aucun
talc de plâtre, & d'en mêler avec l'amidon, & pour les contraventions commises
par ladite Partie de Dhiris, déclarons la
saisie faite sur elle bonne & valable, ordonnons que les choses saisies seront &
demeureront acquises & confisquées au
profit de la communauté des Parties de
Thiebart, à l'exception néanmoins du
talc de plâtre, & de la poudre mixtionnée & mêlangée dudit talc, lesquels seront jettés à l'eau ; condamnons ladite
Partie de Dhiris en cent livres de dommages & intérêts envers ladite communauté
des Parties de Thiebart, en vingt livres
d'amende, & aux dépens. Et sera notre
présente Sentence imprimée, lue, publiée
& affichée par-tout où besoin sera, aux
frais de ladite Partie de Dhiris, & exécutée nonobstant & sans préjudice de
l'appel, & soit signifié, en témoin de ce
nous avons fait sceller ces présentes, qui
furent faites & données audit Châtelet de
Paris par Monsieur le Lieutenant Général
de Police, tenant l'Audience de la Chambre
de Police audit Châtelet, le Vendredi sept
Mai mil sept cent cinquante-un. Collationné. Signé en chef, LAMBERT. scellé,
Signé, SAUVAGE, Contrôlé. Signé,
HERAN.

ARREST

ARREST DU PARLEMENT,

Qui confirme la Sentence du 30 Janvier 1750, contre le sieur Girard, Maître Gantier.

Du 7 Septembre 1751.

LOUIS, par la grace de Dieu, Roi de France & de Navarre, au premier Huissier de notre Cour de Parlement, ou autre Huissier ou Sergent sur ce requis, &c. Appert. Notredite Cour faisant droit sur le tout, en tant que touche l'appel interjetté par Pierre Girard de la Sentence de Police du 30 Janvier 1750, sans s'arrêter à ses Requêtes de demandes contre Michel Roger, Jean-Jacques Compagnon & Jean François, dont il est débouté, a mis & met l'appellation au néant; ordonne que ce dont a été appellé sortira son plein & entier effet, condamne ledit Girard en l'amende de douze livres, & sur l'appel de la même Sentence interjetté par Laurent Romand, a mis & met l'appellation & ce dont est appel au néant, en ce que par icelle il a été mis hors de Cour sur la demande par lui formée contre ledit Girard afin de condamnation de la somme de 1480 liv. 5 sols, restant de 2655 liv. 5 sols, montant des envois faits audit Girard des marchandises de ganterie & peaux de chevres, dont est question : Emendant quant à ce, ayant égard aux demandes dudit Romand, sans s'arrêter à celle dudit Girard, dont il est débouté, condamne ledit Girard, & par corps, à payer audit Romand ladite somme de 1480 livres 5 sols, avec les

F f

intérêts d'icelle, à compter du 4 Mai 1741, jour de la demande ; fur le furplus des autres demandes, fins & conclufions des Parties, les a mis hors de Cour ; condamne en outre ledit Girard en tous les dépens des caufes d'appel & demandes envers lefdits Roger , Compagnon & François, & auffi en tous les dépens des caufes principales d'appels, & demandes envers ledit Romand, même en ceux faits les uns à l'encontre des autres, tant en demandant, défendant, que des fommations, dénonciations & contre-fommations, & en ceux réfervés ; permet à la communauté des Maîtres Gantiers de Paris de faire imprimer & afficher le préfent Arrêt à leurs frais & dépens, fi bon leur femble, & de le faire tranfcrire fur les Regiftres de ladite communauté : Si mandons mettre le préfent Arrêt à exécution. Donné en Parlement le fept Septembre, l'an de grace mil fept cent cinquante-un, & de notre Regne le trente feptieme. Collationné. Signé, LANGELE'. Par la Chambre. Signé, DUFRANC.

Signifié le 22 Octobre 1751.

ARREST DU PARLEMENT,

*Portant main-levée pour cette fois d'une saisie
faite sur le sieur Bouvier, Marchand Forain
de Grenoble, qui ordonne l'exécution des
Statuts & Réglemens, notamment ceux résultans des Sentences de Police des 30 Octobre 1674, 2 Janvier 1675, 12 Février
& 16 Juillet 1680.*

Du 17 Mars 1753.

LOUIS, par la grace de Dieu, Roi
de France & de Navarre au premier
des Huissiers de notre Cour de Parlement,
ou autre sur ce requis ; savoir faisons,
qu'entre Pierre Levêque, Jean-Baptiste
Dehoulle, Denis Bohain & Pierre Prevost,
Maîtres & Marchands Gantiers-Parfumeurs à Paris, Jurés Gardes actuellement
en charge de ladite communauté, Appellans en ladite qualité du Jugement de la
Police de Paris du vingt Janvier dernier, &c. Après que De la Borde, Avocat
des Jurés & communauté des Gantiers, &
Brüyer, Avocat de Bouvier, ont été ouïs,
ensemble Joly de Fleury pour notre Procureur Général ; Notredite Cour faisant
droit sur l'appel, a mis & met l'appellation, & ce dont est appel au néant ; Emendant, évoquant le principal & y faisant
droit, ordonne que les Statuts & Réglemens de la communauté des Gantiers de
Paris, & notamment ceux résultans des
Sentences de la Police des trente Octobre
mil six cent soixante-quatorze, deux Janvier & douze Février mil six cent soixante-

quinze , & feize Juillet mil fix cent quatre-
vingt, feront exécutés felon leur forme &
teneur fous les peines y portées , & néanmoins pour cette fois fait main-levée à la
Partie de Bruhier de la faifie fur elle faite
à la requête des Parties de De la Borde;
en conféquence ordonne que les marchandifes faifies feront rendues à ladite Partie
de Bruhier : à quoi faire tous gardiens &
dépofitaires feront contraints même par
corps, nonobftant routes oppofitions faites
ou à faire ; quoi faifant ils en demeureront
bien & valablement quittes & déchargés :
dépens entre les Parties compenfé . Si mandons mettre le préfent Arrêt à exécution.
Fait en Parlement le dix-fept Mars mil
fept cent cinquante-trois , & de notre regne
le trente-huitieme. Collationné. Et par la
Chambre. Signé , DUFRANC.

*Le deux Avril mil fept cent cinquante-trois,
fignifié & baillé copie à Me. Vial Procureur, par
nous Huiffier au Parlement , fouffigné. Signé ,
BAUCHE*.

SENTENCE DE POLICE

*Du 7 Décembre 1753 , qui déclare bonne &
valable la faifie faite fur un Marchand Bonnetier.*

A Tous ceux qui ces préfentes Lettres
verront , Guillaume-François-Louis
Joly de Fleury , Chevalier , Confeiller or-
dinaire du Roi en fon Confeil d'Etat, fon
Procureur Général , Garde de la Prévôté
& Vicomté de Paris , le Siège vacant ,
Salut. Savoir faifons , que fur la Requête

faite en Jugement devant nous à l'Audience
de la Chambre de Police, &c. contre Me·
Henry, Procureur du fieur Charles Prevoft, Marchand Bonnetier, partie faifie,
Défendeur. Parties ouïes, nous difons que
les Statuts & Réglemens des Marchands
Gantiers feront exécutés felon leur forme
& teneur; en conféquence, avons la faifie
faite à la requête des parties de Regnard
fur celle d'Henry, déclarée valable; ce faifant, difons que les chofes faifies feront &
demeureront acquifes & confifquées; favoir, moitié au profit de la communauté
defdites parties de Regnard, & l'autre
moitié au profit des quatre Jurés Gardes
qui ont fait ladite faifie, lefquels feront
remboursés de leurs faux frais, aux termes
des Réglemens. Faifons défenfes à ladite
partie d'Henry de récidiver, & à tous
Marchands Bonnetiers d'entreprendre fur
le commerce defdites parties de Regnard,
fous plus grandes peines; & pour la contravention commife par lad. partie d'Henry, la condamnons en dix livres de dommages intérêts envers ladite communauté
des parties de Regnard, & aux dépens:
ce qui fera exécuté nonobftant & fans préjudice de l'appel. En témoin de ce nous
avons fait fceller ces préfentes, faites &
données audit Châtelet par M. le Lieutenant Général de Police, tenant le fiége le
vendredi fept Décembre mil fept cent cinquante-trois. Collationnée: figné, LAFON-
TAINE. Contrôlée par Hérau, & fcellée
par Sauvage.

ARREST

DU CONSEIL D'ETAT DU ROI,

Qui ordonne que la dépense des Te Deum *de la Communauté des Maîtres & Marchands Gantiers-Parfumeurs, ne pourra excéder la somme de cent cinquante livres.*

Du 22 Juin 1756.

Extrait des Regiſtres du Conſeil d'État.

LE ROI ayant été informé que les Jurés des communautés des Marchands & Artiſans de Paris conſommoient ſouvent leurs deniers en des frais & dépenſes inutiles, au lieu de les employer à l'acquit de leurs dettes ; Sa Majeſté auroit ordonné par pluſieurs Arrêts de ſon Conſeil que les frais de bureau, de carroſſes, & autres ſemblables objets, ne pourroient excéder les ſommes fixées par chacun deſdits Arrêts ; mais comme il n'y a pas été fait mention des dépenſes que leſd. communautés ont coutume de faire à l'occaſion des *Te Deum* & réjouiſſances publiques, Sa Majeſté auroit jugé d'autant plus néceſſaire d'y pourvoir, que depuis pluſieurs années elles les ont toujours augmentées, ſoit par émulation entr'elles, ſoit dans la vue de donner de plus grandes marques de leur zèle : Et comme l'intention de Sa Majeſté n'eſt pas que l'affection même de ſes ſujets leur cauſe du préjudice, en les portant à des dépenſes trop fortes pour leurs facultés, Elle a jugé

à propos de régler celles de ce genre dans
une juste proportion. A quoi défirant
pourvoir : Ouï le rapport du fieur Pei-
renc de Moras, Conseiller d'Etat, & ordinaire au Conseil royal, Contrôleur Ge-
néral des Finances, le Roi étant en son
Conseil, a ordonné & ordonne que la dépense pour les *Te Deum* que la communauté des Gantiers-Parfumeurs fera chan-
ter ès réjouissances publiques qui seroient
faites par les Jurés comptables ou Syndic à l'avenir, sera justifiée en détail &
par des quittances, lors de la reddition des
comptes des Jurés de la communauté des
Gantiers-Parfumeurs; & ne pourra excéder la somme de cent cinquante livres.
Enjoint Sa Majesté aux sieurs Commissaires du Bureau établi pour la liquidation
des dettes des corps & communautés, &
la révision de leurs comptes, & au sieur
Lieutenant Général de Police, de tenir
la main, chacun en droit soi, à l'exécution du présent Réglement, qui sera registré en ladite Commission, & transcrit
sur le regiftre de ladite communauté,
pour être exécuté selon sa forme & teneur. Fait au Conseil d'Etat du Roi, Sa
Majesté y étant, tenu à Versailles le vingt-
deuxiéme jour du mois de Juin mil sept cent
cinquante-six. Signé, M. P. DE VOYER
D'ARGENSON.

SENTENCE DE POLICE,

Du 23 Juillet 1756, qui ordonne que les Marchands Merciers qui cumulent deux états, seront tenus d'opter.

A Tous ceux qui ces préfentes Lettres verront, Salut, &c. Parties ouïes, lecture faite de leurs piéces, enfemble noble Homme Me. Thiroux de Crône, Avocat du Roi, en fes conclufions, nous avons les parties de Defmoulins reçues parties intervenantes, fans avoir égard à leur intervention, déboutons les parties de Saint-Julien de leur demande en homolcgation, de la délibération de la communauté, fans s'y arrêter, difons que les parties de Thiebart feront tenues, dans deux mois, à compter de la fignification de notre préfente Sentence, d'opter de la qualité de Mercier ou de celle de Tabletier; les parties de Saint-Julien tenues de veiller à l'exécution de notre Sentence, finon les parties de Delabroffe autorifées à la faire exécuter par les parties de Thiebart; fur le furplus des demandes, renvoyons les parties hors de Cour; les parties de Defmoulins, Thiebart & Saint-Julien condamnées aux dépens envers les parties de Delabroffe, les dépens compenfés entre les autres parties; ce qui fera exécuté nonobftant & fans préjudice de l'appel, & foit fignifiée. En témoin de ce, &c. le vendredi vingt-trois Juillet mil fept cent cinquante-fix. Collationnée, fignée & fcellée.

ARREST

SENTENCE DE POLICE

Rendue fur les Conclufions de Meffieurs les Gens du Roi,

Qui déclare valables les faifies faites à la requête des Marchands Gantiers-Parfumeurs fur plufieurs Particuliers inconnus, &c.

Du 22 Avril 1746.

A TOUS ceux qui ces préfentes Lettres verront, Gabriel-Jerôme de Bullion, Chevalier, Comte d'Efclimont, Prévôt de Paris, Salut. Savoir faifons, que fur la Requête faite en Jugement devant nous à l'Audience de la Chambre de Police du Châtelet de Paris, &c. Et après avoir entendu Me. Moreau, premier Avocat du Roi en fes Conclufions, Nous difons, que les Statuts & Réglemens de la communauté des Parties de Regnard feront exécutés felon leur forme & teneur : ce faifant, avons les faifies dont eft queftion, déclarées bonnes & valables ; en conféquence, difons que lefdites marchandifes feront & demeureront acquifes & confifquées au profit des Parties de Regnard ; faifons défenfes aufdits inconnus, & à tous autres particuliers fans qualité, de ne plus à l'avenir entreprendre fur la profeffion defdites Parties de Regnard, colpotter, vendre & débiter des marchandifes de leur profeffion par les rues, à peine d'emprifonnement, faifie, confifcation de marchandifes, dommages, intérêts & amende ; & fera la préfente Sentence

G g

imprimée, lue, publiée & affichée, pour être exécutée nonobstant & sans préjudice de l'appel ; en témoin de ce nous avons fait sceller ces présentes, Fait & donné par Monsieur de Marville, Lieutenant Général de Police de la Ville de Paris, y tenant le Siége le Vendredi vingt-deux Avril mil sept cent quarante-six. Collationné. Signé, LAFONTAINE, & scellé le 7 Mai 1745. Signé, SAUVAGE.

STATUTS & Réglemens de la Communauté des Maîtres Amidonniers-Cretonniers de la Ville & Fauxbourgs de Paris.

APPERT ce qui suit : Extrait.

ARTICLE XXXIII.

LES Maîtres Amidonniers vendront les amidons seulement bruts & en grains sortant de leur propre fabrique & non d'autres, & non en poudre, sans pouvoir avoir aucun outil ou ustencile propre à réduire l'amidon en poudre, sous quelque prétexte que ce puisse être, sans que le présent Article puisse préjudicier au droit qu'ont les Marchands Epiciers d'acheter dans Paris & de vendre dans leurs magasins ou boutiques, tant en gros qu'en détail, toutes sortes d'amidons, de telles fabriques qu'ils puissent être, comme aussi au droit qu'ils ont d'en faire venir, tant du dedans que du dehors du Royaume, & de les vendre & distribuer en gros & en détail. Conclusions du Procureur Général du Roi ; Ouï le rapport de Me. Louis-

François Simonnet, Conseiller : Tout considéré, la Cour ordonne que lesdites Lettres-Patentes, & lesdits Statuts en trente-
neuf Articles, attachés sous le contre-scel
desdites Lettres, seront regiſtrés au Greffe
d'icelle, pour jouir par les Impétrans, &
ceux qui leur succéderont en ladite communauté, de l'effet & contenu en iceux,
& être exécutés selon leur forme & teneur,
& seront compris sous les termes des Articles VIII & XII faisant mention des
frais ordinaires de réception, les droits de
l'Hôpital Général qui seront payés avant
la réception de la Maîtrise, dont les Jurés
demeureront responsables, sans approbation d'aucuns Maîtres ou lieux privilégiés,
comme aussi sans préjudicier aux droits du
Subſtitut du Procureur Général du Roi,
par rapport aux contestations qui se doivent
porter en première instance devant lui,
sauf à se pourvoir en la Chambre de Police,
en confirmation ou infirmation de son avis,
& sauf l'appel en la Cour du Lieutenant
Général de Police. Fait en Parlement le
douze Janvier mil sept cent quarante-six.
Collationné. Signé, DELAVAUD, avec
paraphe. Signé, DUFRANC, avec
paraphe.

ORDONNANCE DE POLICE,

Concernant les fonctions & les droits des Emballeurs, Forts & Gardes de la Douane.

Du 14 Décembre 1753.

SUR ce qui nous a été remontré par le Procureur du Roi, qu'à l'occasion des fonctions & des droits des Emballeurs, il s'est élevé des contestations qui pourroient déranger le service public, s'il n'y étoit par nous pourvu. A ces causes nous faisant droit sur le réquisitoire du Procureur du Roi, ordonnons :

ARTICLE PREMIER.

Que l'Edit de création des Offices d'Emballeurs du mois de Juillet 1705, les Statuts annexés audit Edit, l'Arrêt du Conseil du 29 de la même année, ensemble les Arrêts du Conseil du 28 Septembre 1700, & 7 Septembre 1702, seront exécutés selon leur forme & teneur.

II Pourront les Marchands, Bourgeois & autres faire emballer toutes sortes de meubles, hardes & marchandises dans leurs maisons seulement, & par leurs véritables domestiques, logeant, mangeant & couchant chez eux, sans qu'ils puissent faire faire lesdits emballages par tous autres, pour quelque cause & sous quelque prétexte que ce soit, sous les peines & conformément à ce qui est prescrit par l'Edit de 1705.

III. Nul Officier de la communauté

ne pourra achetter aucunes fournitures
nécessaires à l'emballage que des Receveurs
& Tréforiers de la communauté, à peine
par les Officiers contrevenans, d'être in-
terdits & privés de leurs fonctions ; savoir,
pour la première fois pendant huit jours,
la seconde pendant trois mois , & pour
la troisieme pendant un an , sans préjudice néanmoins aux Marchands & Bourgeois de pouvoir achetter lesdites fournitures où bon leur semblera , lesquelles
en ce cas lesdits Officiers Emballeurs
seront tenus d'employer sans difficulté lorsqu'ils se serviront d'eux pour leurs emballages.

I V. Défendons auxdits Officiers Emballeurs de recevoir d'autres & plus grands
droits que ceux portés par le Tarif arrêté
au Conseil le 21 Juillet 1705, & annexé
à l'Edit du même mois de Juillet, à peine
de restitution du quadruple, de deux cent
livres d'amende pour la première fois , &
d'être poursuivis extraordinairement en
cas de récidive.

V. Et pour que le Public puisse connoître les droits qu'il doit payer pour
chaque emballage, & que les Officiers
Emballeurs n'aient aucun prétexte pour
rien exiger au-delà, disons que ledit Tarif
sera imprimé, publié & affiché à la suite
de notre présente Ordonnance dans les
Bureaux de la Douanne & de la rue des
Lombards, aux portes desdits Bureaux de
cette Ville & Fauxbourgs, & par-tout
ailleurs où besoin sera : ce fut fait &
donné par nous Nicolas-René Berrier,

Chevalier, Conseiller d'Etat, Lieutenant
Général de Police, Prévôté & Vicomté de
Paris, le quatorzieme Décembre mil sept
cent cinquante-trois. VIMONT, Greffier.

TARIF des droits que le Roi en son Conseil
veut & ordonne étre payés, pour les peines
& salaires des Emballeurs de la ville, faux-
bourgs & banlieue de Paris, Forts & Gar-
des de la Douane, créés en titre d'Offices,
& formés héreditaires par Edit du présent
mois de Juillet mil sept cent cinq.

POUR la peine d'emballer un bahu,
malle ou ballot, dont les deux font la
charge d'un cheval ou mulet, pour chaque ballot, dix sols.

Pour emballer une balle de tapisserie,
mercerie ou imprimerie, une livre.

Pour une balle de draperie, serge ou
camelot, dont chaque fond contient cinq
pieces, pour chaque fond, huit sols.

Pour un grand coffre de quatre à cinq
pieds de longueur & plus, quinze sols.

Pour une bannette, douze sols.

Pour la peine de ranger & accommoder
les marchandises dans les tonnes moyennes
de la grandeur d'un muid, dix sols.

Pour les plus grandes à proportion, en
sorte qu'il ne sera payé au plus qu'une liv.

Pour la façon de corder une caisse,
coffre, corde, tonne & valise, huit sols.

Pour charger, lier & garroter un chariot, dans le cas où ils ont droit de le faire
pour sortir Paris, deux livres.

Pour charger, lier & garroter une cha-

rette ou fourgon, auſſi pour aller dehors,
& dans le cas ci-deſſus, une livre dix ſols.

Pour transporter de la Douanne chez les
Marchands ou autres, un ballot d'un cent
péſant & au-deſſous, ſept ſols.

Pour pareil transport d'un ballot au-
deſſus de cent juſqu'à cinq cens, quatorze
ſols.

Pour un ballot au-deſſus de cinq cens
juſqu'à telle peſanteur qu'il puiſſe aller, une
livre huit ſols.

Pour le transport dans les Quartiers
éloignés qui ſont les Portes Saint Martin
& Saint-Antoine, & les Quartiers au-
delà de la riviere, d'augmentation ſur les
droits ci-deſſus pour chaque cent, deux
ſols.

Pour la décharge de chaque chariot dans
l'enclos de la Douanne, une livre dix ſols.

Pour pareille décharge d'une charette,
fourgon ou hacquet tiré par deux chevaux,
une livre.

Fait & arrêté au Conſeil Royal des
Finances, tenu à Verſailles le vingt-unieme
jour de Juillet mil ſept cent cinq. Collationné & ſigné en l'original, RANCHIN,
avec paraphe.

Nota. Les ballots de cent & au deſſous
qui ſeront apportés au Bureau des Gantiers,
neuf ſols.

Un ballot au-deſſus de cent juſqu'à cinq
cens porté audit Bureau, ſeize ſols.

Un ballot de cinq cens & au-deſſus
porté audit Bureau, une livre dix ſols.

SENTENCE DE POLICE

CONTRADICTOIRE,

*Qui déclare bonne & valable la saisie faite sur
la veuve Bailly, Marchande Merciere, avec
défenses à ladite Veuve & à tous autres Marchands Merciers de fabriquer aucunes marchandises de l'Etat des Maîtres Gantiers-
Poudriers-Parfumeurs de Paris.*

Du 18 Janvier 1754.

A Tous ceux qui ces préfentes Lettres
verront : Guillaume-François-Louis
Joly de Fleury, Chevalier, Confeiller
d'Etat, Procureur Général, Garde de la
Prévôté & Vicomté de Paris, le Siege
vacant, Salut. Savoir faifons, que fur la
Requête faite en Jugement devant nous,
à l'Audience en la Chambre de Police du
Châtelet de Paris, &c. Parties ouies, nous
avons la faifie dont eft queftion, déclarée
bonne & valable; en conféquence, difons
qu'à la réferve des marchandifes faifies,
& dont la main-levée provifoire a été par
nous ci-devant ordonnée, & qui demeurera définitive, les autres marchandifes &
uftenciles auffi faifis, demeurés à la garde
des Parties de Regnard, feront & demeureront confifqués; favoir, moitié au profit
de la communauté des Parties de Regnard,
& l'autre moitié au profit des quatre Jurés
de la communauté qui ont fait la faifie,
& qui feront rembourfés de leurs faux
frais : le tout aux termes de notre Sentence

de Réglement du 12 Mai 1747, & Arrêt confirmatif du 22 Juillet audit an. Faisons défenses à la Partie de D'hiris & à tous autres Marchands Merciers, de plus à l'avenir fabriquer aucunes marchandises dépendantes de l'état & profession des Parties de Regnard ; condamnons la Partie de D'hiris aux dépens ; ce qui sera exécuté nonobstant & sans préjudice de l'appel, & soit signifié : En témoin de quoi, nous avons fait sceller ces présentes, qui furent faites & données par Monsieur Nicolas-René Bertier, Chevalier, Conseiller d'Etat, Lieutenant Général de Police au Châtelet de Paris, y tenant le Siege le Vendredi dix-huit Janvier mil sept cent cinquante-quatre. Collationné. Signé, LAFONTAINE. Scellé le 26 Janvier audit an. Signé, SAUVAGE. Signifiée à Me. d'Hiris le 28 Janvier 1754. Signé, THIBERT.

SENTENCE DE POLICE

Contre Nicolas Lemoine & sa femme.

Du 22 Février 1754.

A Tous ceux qui ces présentes Lettres verront, Guillaume-François Louis Joly de Fleury, Chevalier, Conseiller ordinaire du Roi en son Conseil d'Etat, son Procureur Général, Garde de la Prevôté & Vicomté de Paris, le Siege vacant. Salut. Savoir faisons, que sur la requête faite en Jugement devant nous à l'Audience de la Chambre de Police au Châtelet de Paris, &c. Nous disons que les Statuts &

Réglemens de la communauté des Parties de Regnard seront exécutés ; ce faisant , déclarons valable la saisie faite à leur requête sur les Parties de Desjeux ; ordonnons que les marchandises saisies seront vendues au Bureau desdites Parties de Regnard ; sur le prix qui en proviendra , sera prélevé vingt-quatre livres par forme de confiscation , dont moitié au profit des quatre Jurés qui ont fait ladite saisie , lesquels seront remboursés de leurs faux frais , & ce au terme de la Sentence de Réglement du 12 Mai 1747 , confirmé par Arrêt du 22 Juillet suivant : Disons que par grace, & sans tirer à conséquence , le surplus dudit prix sera rendu auxdites Parties de Desjeux , auxquelles faisons défenses de récidiver sous plus grandes peines , & à tous autres de ne point faire ni entreprendre sur la profession desdites Parties de Regnard ; condamnons lesdites Parties de Desjeux aux dépens , lesquels seront aussi prélevés sur le prix de ladite vente , & sera la présente Sentence imprimée , lue , publiée , & affichée par-tout où besoin sera à leurs frais : ce qui sera exécuté nonobstant & sans préjudice d'appel : en témoin de ce , nous avons fait sceller ces présentes , faites & données par Messire Nicolas-René Berryer , Chevalier , Conseiller d'Etat , Lieutenant Général de Police audit Châtelet , tenant le Siege , le vingt-deux Février mil sept cent cinquante-quatre. Collationné. Signé , MESNARD, pere, & en chef, DE LA FONTAINE.

SENTENCE DE POLICE,

Qui défend au sieur Harmel & à tous autres de cumuler deux Professions.

Du 5 Juillet 1754.

A Tous ceux qui ces présentes Lettres verront, Guillaume-François-Louis Joly de Fleury, Chevalier, Conseiller ordinaire du Roi en son Conseil d'Etat, son Procureur Général, Garde de la Prevôté & Vicomté de Paris, le Siege vacant: Salut. Savoir, faisons que sur la Requête faite en Jugement devant nous à l'Audience de la Chambre de Police du Châtelet de Paris, &c. Parties ouïes, sans que les qualités puissent nuire ni préjudicier, nous recevons la Partie de Cormier intervenante en l'Instance d'entre les Parties d'Henri & Rousseau; faisant droit sur les demandes respectives des Parties, ordonnons que les Arrêts du Conseil d'Etat du Roi & de son Grand-Conseil des 17 Juin 1681, & 15 Juillet 1701, ensemble les Réglemens & Statuts de la communauté des Parties de Henri seront exécutés selon leur forme & teneur; faisons défenses à la Partie de Rousseau, & à tous autres particuliers sans qualité d'y contrevenir, & de plus à l'avenir entreprendre sur la profession des Parties d'Henri, & de cumuler, soit dans les lieux privilégiés ou ailleurs, deux professions; déclarons bonnes & valables les deux saisies en contraventions faites sur la Partie de Rousseau des mar-

chandifes de gants dont il s'agit, & pour
la contravention par lui commife ; le condamnons en quarante livres de dommages-
intérêts, dont la moitié au profit de la
communauté, & l'autre moitié au profit
des Jurés Parfumeurs, & néanmoins attend-
du la foumiffion faite par la Partie de
Rouffeau de fe faire recevoir Maître Parfumeur ; difons que les marchandifes faifies
le 30 Mai dernier feront remifes à ladite
Partie de Rouffeau, & les fcellés appofés
fur celles faifies le 11 de ce mois, brifés,
fans qu'il foit befoin de les faire recon-
noître par le Commiffaire qui les a appofés,
après toutefois que la Partie de Rouffeau
fe fera fait recevoir à ladite Maîtrife en
payant par elle les droits ordinaires, enfemble les frais & faux frais occafionnés
par lefdites deux faifies, conformément à
fa foumiffion, fuivant l'état qu'en fournira le Juré comptable en charge, & en
faifant expérience de fa capacité, dont fera
dreffé procès-verbal en préfence des Jurés
Maîtres-Gardes & anciens, à laquelle Maîtrife la communauté des Maîtres Parfumeurs fera tenue de l'admettre à la premiere fommation, pour éviter le dépérif-
fement des marchandifes faifies, fans que
cela puiffe tirer à conféquence ; mais pour
cette fois feulement : au furplus les Arrêts
du Confeil d'Etat du Roi, du 3 Juin 1701,
& 7 Novembre 1724, exécutés felon leur
forme & teneur ; condamnons la Partie de
Rouffeau en tous les dépens, ce qui fera
exécuté nonobftant & fans préjudice de
l'appel : en témoin de ce nous avons fait
fceller ces préfentes, faites & données par

Me. Nicolas-René Berryer, Chevalier, Conseiller d'Etat, Lieutenant Général de Police audit Châtelet, tenant le Siege, le Vendredi cinq Juillet mil sept cent cinquante-quatre. Collationné par MENARD, signé, LA FONTAINE, scellé par SAUVAGE, contrôlé par HERAN.

ARRET DU PARLEMENT,

Donné aux Messagers.

Du 3 Février 1755.

LOUIS, par la grace de Dieu, Roi de France & de Navarre, au premier Huissier de notre Cour de Parlement, ou autre notre Huissier ou Sergent sur ce requis; savoir faisons, que vû par notredite Cour la Requête présentée, &c. Notredite Cour ordonne commission être délivrée aux Supplians pour faire assigner en icelle qui bon leur semblera aux fins de leur Requête, & cependant par provision, ordonne que l'article vingt-sept des Statuts de la communauté des Supplians, Arrêts & Déclarations de nous susdatés, seront exécutés selon leur forme & teneur; à cet effet, permet aux Supplians de faire imprimer & afficher par-tout où besoin sera le présent Arrêt, même de le faire signifier à tous les Messagers de la Ville de Paris: Si mandons mettre le présent Arrêt à exécution. Donné en notredite Cour de Parlement le trois Février l'an de grace mil sept cent cinquante-cinq, & de notre regne le quarantieme. Collationné. LUTTON, par la Chambre. Signé, DUFRANC, &

scellé le dix - neuf Février mil sept cent cinquante-cinq. Signé, MOCQUET.

ARREST

DU GRAND-CONSEIL DU ROI,

Qui ordonne l'exécution d'un Arrêt de réglement dudit Grand - Conseil, du 27 Juin 1747, qui faisoit défenses d'exercer & cumuler plusieurs Professions ensemble, même dans les lieux privilégiés ; & attendu la contravention commise audit Arrêt par René-François Brichet, demeurant dans l'enclos de Saint-Jean de-Latran, il est condamné en vingt livres d'amende envers le Roi, & il lui est fait défenses d'exercer cumulativement deux Professions.

Du 19 Avril 1755.

LOUIS par la grace de Dieu, Roi de France & de Navarre : A tous ceux qui ces présentes Lettres verront; Salut. Savoir faisons, comme par Arrêt cejourd'hui donné en notre Grand-Conseil, entre nos amés les Syndic, Jurés & Gardes en charge de la Communauté des Maîtres Gantiers-Poudriers-Parfumeurs de la ville, fauxbourgs & banlieue de Paris, &c. Nodit Grand - Conseil a reçu la partie de Brunet partie intervenante, donne acte à la partie de Taboué de la déclaration faite par les parties de Cardon, qu'ils ne contestent point le privilége de l'Ordre de Malthe; en conséquence, maintient la partie de Taboué dans l'exercice dudit pri-

vilége dans l'enclos de Saint-Jean-de-La-
tran ; donne pareillement acte aux parties
de Cardon de la déclaration de celle de
Brunet, qu'il opte la profession de Parfumeur pour l'exercer feule : ce faifant, déclare définitive la main - levée provifoire
des marchandifes faifies en la boutique de
la partie de Brunet ; ordonne que l'Arrêt
de réglement de notredit Confeil, du 7
Juin 1747, fera exécuté ; en conféquence,
fait défenfes à lad. partie de Brunet d'exercer cumulativement deux professions ; &
pour la contravention commife audit Arrêt, faifant droit fur les conclufions de
notre Procureur Général, condamne lad.
partie de Brunet en vingt livres d'amende
envers nous, aux frais & coûts des procès-
verbaux de faifie, & en tous les dépens ;
permet auxdites parties de Cardon de faire
imprimer & afficher le préfent Arrêt jufqu'à concurrence de cent exemplaires, aux
frais & dépens de ladite partie de Brunet.
Si donnons en mandement au premier des
Huifliers de notredit Confeil, en ce qui
eft exécutoire en notredite Cour, & fuite
& hors d'icelle, au premier notredit Huiffier, ou autre notre Huiffier ou Sergent
fur ce requis, qu'à la requête defdits Syndic, Jurés & Gardes en charge de la communauté des Maîtres & Marchands Gantiers-Poudriers-Parfumeurs de la ville,
fauxbourgs & banlieue de Paris, le préfent Arrêt il mette à due & entiere exécution, de point en point, & felon fa
forme & teneur, nonobftant oppofitions ou
autres empêchemens généralement quelconques, pour quoi & fans préjudice def-

quels ne fera différé ; & en outre , faire ,
pour l'entiere exécution des préfentes ,
tous exploits, fignifications & autres actes de Juftice requis & néceffaires. De ce
faire te donnons pouvoir , fans pour ce
demander vifa , placet ni paréatis , & nonobftant toutes lettres à ce contraires. Donné en notred. Confeil , à Paris, le dix-neu-
viéme jour du mois d'Avril l'an de grace mil
fept cent cinquante-cinq , & de notre régne le quarantiéme. Collationné par le
Roi , à la relation des Gens de fon Grand-
Confeil. Signé, VERDUC.

ARREST PROVISOIRE

Entre les Merciers & les Gantiers.

Du 3 Mai 1755.

LOUIS, par la grace de Dieu, Roi
de France & de Navarre, au premier
des Huiffiers de notre Cour de Parlement,
autre Huiffier ou Sergent fur ce requis:
Savoir faifons, &c. Conclufions de notre
Procureur Général: Ouï le rapport dudit
Confeiller. Tout confidéré, notredite Cour
reçoit les Maîtres & Gardes du Corps des
Marchands Merciers de cette ville de Paris, parties intervenantes, leur donne acte
de leur prife de fait & caufe defdits Jolly
& Couturier; reçoit pareillement les Maîtres & Marchands des corps & communauté des Gantiers-Poudriers-Parfumeurs
de cette ville de Paris, parties intervenantes; leur donne acte de leur prife de fait
& caufe defdits Grandpierre , Vanier, Leroux & Dumas, Jurés en charge de ladite
                              communauté

communauté ; comme auffi , reçoit Jean-
Baptifte Petitrieux partie intervenante ,
donne acte auxdits Maîtres Gantiers de la
déclaration portée par leur Requête du 9.
Avril dernier , qu'ils n'ont jamais exigé
aucun droit de vifite fur les marchandifes
envoyées à la deftination des Marchands
Merciers , qu'ils les ont toujours vues &
vifitées gratuitement , & de ce qu'ils entendent toujours continuer leur vifite fur
le même pied ; en conféquence , ordonne ,
par provifion , & fans préjudice des droits
des parties au principal , que notre Déclaration du 12 Décembre 1705 , regiftrée
en notredite Cour le 22 Février 1706 , &
l'Arrêt de notredite Cour du 9 Juillet
1715 , feront exécutés ; permet auxdits
Jolly & Couturier de retirer du Bureau
des Jurés Gantiers les Ballots des marchandifes dont eft queftion , arrivées à
leur adreffe , en déchargeant le regiftre
dudit Bureau , après avoir été vifitées ; &
pour faire droit fur le fond des conteftations d'entre les parties , les renvoie devant le Lieutenant Général de Police & le
Procureur du Roi au Châtelet , pour donner leur avis , en exécution de l'Arrêt
dudit jour 9 Juillet 1715 ; déclare le préfent Arrêt commun avec ledit Petitrieux ,
dépens réfervés. Si mandons , mettre le
préfent Arrêt à exécution. De ce faire donnons tout pouvoir. Donné en notre Parlement le trois Mai l'an de grace mil fept
cent cinquante-cinq , & de notre régne le
quarantiéme. Collationné. Signé , LESEI-
GNEUR. Par la Caambre, figné, DUFRANC.

ARREST

Entre les Gantiers & Merciers, qui ordonne par provision que les marchandises seront visitées.

Du 11 Octobre 1755.

L OUIS, par la grace de Dieu, Roi de France & de Navarre, au premier Huissier de notre Cour de Parlement, ou autre Huissier ou Sergent sur ce requis : Savoir faisons, que sur le rapport fait à notredite Cour par Me. Claude Tudert, Conseiller en icelle, du procès-verbal fait par Me. François Benigne du Troussier, Conseiller, le 22 Septembre dernier, contenant les comparutions de Me. Pierre-Jean de Delaborde, Procureur de Nicolas Leroux, Guillaume Coeffier, & Alain-Melchior Godefrin, Maîtres Gantiers-Parfumeurs & Jurés en charge, &c. Ouï le rapport dudit Conseiller. Tout considéré, Notredite Cour renvoie les parties à l'Audience, à la huitaine, avec nos Gens; & cependant, par provision, sans préjudice du droit des parties au principal, & sans tirer à conséquence, ordonne que les marchandises en question seront rendues auxdits Joly, Butard & Pelletier, visite préalablement faite au désir de l'Arrêt du 3 Mai dernier, en affirmant par eux devant ledit Conseiller Rapporteur, que lesdites marchandises leur appartiennent, & qu'ils les ont fait venir pour leur compte, le tout conformément à l'Arrêt du 13 Septembre 1586, tous dépens réservés. Si

Mandons; mettre le préfent Arrêt à exécution. Fait en Parlement le 11 Octobre l'an de grace 1755, & de notre régne le quarantiéme. Collationné. Signé, LANGELE'. Par la Chambre, figné, DUFRANC.

ARREST CONTRADICTOIRE.

Entre les Marchands Gantiers & les Merciers, qui ordonne, par provifion, que les marchandifes feront portées au Bureau, en fe conformant à l'Arrêt de 1586.

Du 25 Octobre 1755.

LOUIS, par la grace de Dieu, Roi de France & de Navarre; au premier Huiffier de notre Cour de Parlement, ou autre Huiffier ou Sergent fur ce requis: Savoir faifons, &c. Notredite Cour reçoit les intervenans parties intervenantes; & faifant droit fur le référé renvoyé à l'Audience par l'Arrêt du 11 Octobre 1755, ayant aucunement égard aux requêtes & demandes de toutes les parties, & faifant droit fur les conclufions de notre Procureur Général, ordonne par provifion, & en attendant le Jugement du fond des conteftations renvoyées pardevant le Lieutenant Général de Police & le Subftitut de notre Procureur Général au Châtelet, pour donner leur avis, fuivant & ainfi qu'il eft porté en l'Arrêt du 3 Mai 1755, que l'Arrêt de notredite Cour du 13 Septembre 1586, celui du 31 Juillet 1627, la Déclaration du 11 Décembre 1705, regiftré le 22 Février 1706, l'Arrêt de notredite Cour du 9 Juillet

Hh ij

1715, enfemble celui du 3 Mai 1755, feront exécutés felon leur forme & teneur ; ce faifant, qu'après les vifites ordonnées par lefdits Arrêts & ladite Déclaration, les marchandifes de gants feront remifes aux Marchands Merciers, en faifant apparoir par eux icelles marchandifes leur appartenir, tant par les lettres de voitures, que par les feuilles du regiftre des Voituriers ou Meffagers publics, comme auffi les étiquettes des ballots ou paquets écrits & contre-fignés de la marque des Marchands, defquels ils auront acheté lefdites marchandifes de gants, même en fe purgeant par ferment, fi befoin eft, & qu'il foit ainfi ordonné à la requifition defdits Jurés-Gantiers, fans que néanmoins, fous prétexte des difpofitions ci-deffus, en ce qui regarde les lettres de voitures, feuilles des regiftres des Meffagers publics, lefdits Merciers puiffent être tenus de repréfenter les lettres miffives qui pourroient leur être adreffées ; en conféquence, ordonne que les parties de Delaborde feront tenues de remettre aux parties de Doucet les marchandifes de gants qui peuvent fe trouver en leur Bureau, & qui font par eux réclamées, en fe conformant, tant par les parties de Doucet, que par celles de Delaborde, aux difpofitions du préfent Arrêt ; fur le furplus des demandes des parties, les met hors de Cour, dépens compenfés. Si mandons, mettre le préfent Arrêt à exécution. Fait en Parlement le 25 Octobre l'an de grace 1755, & de notre régne le quarante-uniéme. Collationné. Signé,

DE SOUBSLEMOUTIER. Par la Chambre, figné, DUFRANC.

ARREST DU PARLEMENT,

En faveur de Nicolas. Leroux, Syndic, Guillaume Coiffier & Alain-Melchior Godefrin, tous Jurés de la Communauté des Maîtres Gantiers-Poudriers-Parfumeurs, qui attribue à la Chambre de la Police du Châtelet de Paris la connoiffance de toutes les affaires qui peuvent s'élever entre ladite Communauté & les Marchands Forains.

Du 2 Juin 1756.

LOUIS, par la grace de Dieu, Roi de France & de Navarre, &c. Après que Delaborde, Avocat defdits Leroux & Confors, a demandé la réception de l'appointement avifé contradictoirement au Parquet, avec Auvray, Avocat de Girard, Paporet, Avocat de Dumas, & Lemoine, Avocat de Grandpierre, paraphé de Seguier pour notre Procureur Général, & fignifié à Regnaud, Monnaye, Semen & Bridou, Procureurs en notredite Cour ; ordonne que l'appointement fera reçu, & fuivant icelui, reçoit les Parties de Delaborde oppofantes à l'Arrêt par défaut ; faifant droit au principal, a mis & met les appellations & ce dont eft appel au néant ; émendant, renvoie les Parties, tant fur les demandes formées au Confulat de Paris, que fur toutes celles formées en notredite Cour pardevant le Lieutenant Général de Police du Châtelet de Paris, dépens réfervés. Si mandons, mer-

tre le préfent Arrêt à exécution. Donné
en Parlement le deuxiéme jour de Juin
l'an de grace mil fept cent cinquante-fix.
Et de notre régne le quarante‑uniéme.
Collationné. Signé, DE SOUBSLEMOUTIER.
Par la Chambre, figné, DUFRANC.

*Sentence des Juge & Confuls, conforme à l'Arrêt
ci‑deffus, du 18 Juin 1756.*

LEs Juge & Confuls des Marchands,
établis par le Roi notre Sire à Paris,
à tous ceux qui ces préfentes Lettres verront, Salut. Savoir faifons, que fur le
différend mû, & pendant pardevant nous,
entre le fieur Thomas, Marchand Gantier, demeurant à Grenoble, pourfuite &
diligence du fieur Poiffaillolie, Bourgeois
de Paris, fon fondé de procuration, demeurant à Paris rue Saint Martin, au
coin de celle Grenier-Saint-Lazare, demandeur, comparant en perfonne, d'une
part, &c.

Nous, après avoir ouï lefdites parties
comparantes comme deffus, en leurs demandes & défenfes, lecture faite dudit
Jugement fufdaté, avons vu l'Arrêt du
2 du préfent mois; renvoyé & renvoyons
les parties devant le Juge qui en doit connoître, pour y procéder par les voies, &
ainfi que de raifon, dépens réfervés; &
feront ces préfentes exécutées felon leur
forme & teneur, nonobftant oppofitions
ou appellations quelconques, & fans préjudice d'icelles, pour lefquelles ne fera
différé. En témoin de ce, nous avons fait
mettre notre fcel à ces préfentes. Donné
à Paris le vendredi 18 Juin 1756. Colla-

tionné. Signé, CHARLES DUVAL pour absence. Scellé le 28 Juin 1756 Signé, COUCHEAU, avec paraphe.

REPRESENTATIONS qui ont été faites le 24 Mars 1760, au sujet de l'Impôt sur l'amidon & la poudre à poudrer.

Du 24 Mars 1760.

PREMIER POINT DE VUE.

LA communauté des Maîtres & Marchands Gantiers-Poudriers-Parfumeurs de Paris a très-humblement représenté que cette imposition sur l'amidon & la poudre à poudrer, intéresse essentiellement le bien public, & la partie principale du commerce de ladite communauté : deux motifs puissans pour mériter l'attention de la Magistrature.

Cette imposition attaque le bien public sur deux points de vue également importans.

Pour fabriquer un amidon bon & sain, il ne doit être composé que des issues de farine, ce qu'on appelle vulgairement recoupettes ; ces issues dans les années abondantes ne sont point employées à faire le pain, elles sont uniquement destinées à la fabrique de l'amidon ; ce dernier objet est considérable. De sorte que le bled produit deux avantages, sa partie la plus pure sert à la nourriture des peuples & ses parties grossieres servent à la propreté, conséquemment à la conservation de la santé de ces mêmes peuples.

Mais dans les années de calamité &
diſette, les Magiſtrats toujours attentifs
à la ſubſiſtance des peuples, veillent à ce
que ces parties groſſieres ſoient travaillées
& employées à la nourriture. Ils défendent
la fabrication de l'amidon ; parce que dans
l'ordre économique, la ſubſiſtance doit
avoir le pas ſur la propreté. Pour lors,
dans ces temps critiques, & qui ne ſont
que momentannés, l'ancien amidon ſe
conſomme ; mais l'on n'en fabrique pas de
nouveau.

Mettre une impoſition ſur l'amidon,
ou ſur la partie groſſiere du bled, ce qui
eſt la même choſe, elle deviendra néceſ-
ſairement plus chere que la farine ; en
effet, ſi l'impoſition a lieu, la livre de
poudre commune ne pourroit ſe vendre
au-deſſous de huit ſols, ou qu'avec un
boiſſeau de farine qui peſe douze livres
environ, & ne vaut que trente ſols au
plus, on peut faire douze livres de poudre
à deux ſols ſix deniers la livre : Enfin, il
eſt néceſſaire d'obſerver que neuf communautés emploient & conſomment de l'amidon, & que la plupart dans le cas de
l'impoſition pourront y ſuppléer par de la
farine : Premier inconvénient.

Il en réſulte de ces deux faits une con-
ſéquenne bien ſimple, c'eſt que la partie
groſſiere du bled deſtinée à la fabrique de
l'amidon, & qui fait la poudre légere &
volatille, ſera entierement négligée, &
que l'on conſommera pour la propreté &
pour faire une poudre lourde & péſante
une forte portion de la partie la plus pure
du bled, qui doit être conſervée précieu-
ſement

fement pour la nourriture des peuples :
Deuxieme inconvénient.

SECOND POINT DE VUE.

Paris eft inondé de gens fans aveu, fans
qualité, qui garniffent les lieux privilégiés ; ces gens fe répandent tous les jours
dans la Ville, ils colportent & vendent au
préjudice de la communauté des Poudriers,
& fans fupporter aucunes charges, une
quantité immenfe de poudre ; cette troupe
déja affez difpofée à falfifier la poudre,
s'y trouvera contrainte par la cherté des
amidons, fi l'impôt a lieu, ils en feront
avec les balayûres de moulins, qui font
toujours compofées de corps mal-propres ;
ils en compoferont avec le talc du plâtre,
& autres mauvaifes drogues, qui occa-
fionnent des démangeaifons : preuve certaine du danger qu'il y a de fe fervir de
pareilles matieres, qui mordent & corro-
dent la chair, deffechent le cheveu dans fa
racine, & le font tomber.

L'impofition intéreffe la partie principale du commerce de la communauté des
Poudriers.

Les Amidonniers, aux termes de l'Article XXXIII de leurs Statuts, n'ont
droit de vendre leur amidon que brut &
en grains.

La feule communauté des Poudriers a
le droit de fabriquer, pulvérifer & vendre
la poudre ; ce travail exact les met en état
de connoître la mixtion qu'il pourroit y
avoir dans l'amidon. La Déclaration du
Roi de 1705, & les Arrêts de la Cour,
& Arrêts du Confeil de 1744, 1747 &

I i

1748 , leur assurent principalement ce droit; les Jurés de la communauté des Poudriers veillent attentivement lors de leurs visites à découvrir les mixtions qui pourroient se faire : en 1751 ils firent chez le nommé Lesage, Maître Amidonnier, une saisie considérable de poudre qui se trouva mixtionnée, ce qui le constituoit doublement en faute, & par Sentence contradictoire du 7 Mai 1751, la saisie fut déclarée bonne & valable, il fut ordonné que la poudre saisie seroit jettée à l'eau.

1°. Le nouvel impôt laisse en proie à chaque instant à une multitude infinie de Commis de toutes especes, la maison de chacun des Maîtres des neuf communautés qui emploient l'amidon ; ces Commis passent toujours les bornes de leurs missions, & souvent celles de la décence & de la bienséance , par leurs recherches indiscrettes ; le détail de ces vexations porté au pied du Trône en 1748, détermina Sa Majesté à en arrêter le cours, en supprimant l'imposition qu'il lui avoit plu d'ordonner sur la poudre.

2°. Les deux inconvéniens qui blessent le bien public, réfléchissent singulierement sur la communauté des Poudriers, déja chargée d'un grand nombre de pauvres Maîtres, dont beaucoup se font retirés dans les Hôpitaux, & plusieurs sont sur le point de s'y rendre.

3°. L'incendie qui a consumé la communauté des Poudriers le 14 Septembre 1758, a encore altéré chaque membre de la communauté en particulier ; cependant,

malgré ces calamités publiques & particu-
lieres, la communauté des Poudriers, après
les derniers efforts, a payé les sommes
que Sa Majesté lui a demandées : un nouvel impôt acheveroit la ruine de cette in-
fortunée communauté.

Nota. En considération de ces représen-
tations, l'impôt n'a pas eu lieu.

ARREST DU PARLEMENT,

*Servant de Réglement entre les Communautés
des Maîtres & Marchands Gantiers-Poudriers-Parfumeurs, & des Maîtres Vinai-
griers-Distillateurs de la ville, fauxbourgs
& banlieue de Paris.*

Du 14 Août 1756.

LOUIS, par la grace de Dieu, Roi
de France & de Navarre, au premier
Huissier de notre Cour de Parlement, ou
autre Huissier ou Sergent sur ce requis;
Savoir faisons, qu'entre les Jurés en char-
ge de la communauté des Vinaigriers-
Verjutiers - Moutardiers - Distillateurs &
Vendeurs d'eau - de - vie de la ville de
Paris, Appellans de Sentence rendue en la
Chambre de Police du Châtelet de la mê-
me ville, aux fins de l'Arrêt de notredite
Cour, & exploits des 6 & 8 Janvier 1753,
& Demandeurs en Requête du 10 Mars
suivant; Jean Dulac, Maître Parfumeur
à Paris, & les Syndic & Jurés-Gardes en
charge de la communauté des Marchands
Parfumeurs de la ville & fauxbourgs de
Paris, Intimés, Défendeurs d'autre part;
& entre Jean Dulac, Marchand Parfu-

meur, Demandeur en Requête du 31 Janvier 1754, d'une part; & ladite communauté des Vinaigriers, d'autre part; & entre Martin Jérôme Boiservoise, Bourgeois
de Paris, Demandeur en Requête du 5 Février 1756, & Défendeur, d'une part;
& le sieur Jean Dulac, Parfumeur, Défendeur & Demandeur en Requête du 6
du même mois de Février, d'autre part;
& entre les Syndic, Jurés Gardes en charge
de la communauté des Maîtres & Marchands Gantiers - poudriers - parfumeurs,
Appellans de la Sentence intervenue en la
Chambre de Police du Châtelet de Paris
le 29 Décembre 1752, aux chefs-qui lui
font préjudice, Demandeurs en Requête
du 16 Avril 1753, d'une part; & les Syndic, Gardes en charge & Jurés de la communauté des Maîtres Vinaigriers & Vendeurs d'eau - de - vie, Intimés & Défendeurs, d'autre part; & entre ladite communauté des Gantiers - poudriers - parfumeurs, Demandeurs en Requête du 16
Juin 1756, d'une part; & les Jurés &
Gardes en charge de la communauté des
Gantiers, les Syndic & communauté desdits Vinaigriers, & ledit Jean Dulac,
Marchand Parfumeur, Défendeurs, d'autre part; & entre les Jurés-Gardes de la
communauté des Maîtres, Marchands
Gantiers-poudriers-parfumeurs, Demandeurs en Requête du 2 Juin 1756, d'une
part; & lesdits Maîtres Vinaigriers-Ver-
jutiers-Moutardiers, Défendeurs, d'autre
part. Vu par notredite Cour la Sentence
rendue en la Chambre de Police, du 29
Décembre 1752, dont est appel, contra-

diftoirement rendue entre les parties, par
laquelle les Syndic, Jurés, Gardes en
charge de la communauté des Maîtres
Parfumeurs, font reçus parties intervenantes; faifant droit fur leur intervention,
ils ont été maintenus & gardés dans le
droit de faire vendre, débiter feuls, à
l'exclufion des Marchands Vinaigriers, les
eaux de fenteur & les vinaigres parfumés
fervans à l'ufage des bains & de la toilette
feulement, fans néanmoins qu'ils puiffent
faire ni fabriquer aucun vinaigre; défenfes ont été faites aux Maîtres Vinaigriers
d'en faire vendre ni débiter qui foit par-
fumé, & qui ne foit pas à l'ufage de la
table; en conféquence main-levée eft faite
à Jean Dulac de la faifie faite fur lui,
que les marchandifes faifies lui feroient
rendues; à l'effet de quoi les Marchands
Vinaigriers feroient tenus, à la première
fommation, de faire procéder à la levée
des fcellés appofés fur les marchandifes,
finon permis à Dulac de les lever, brifer
& ôter. Les Marchands Vinaigriers ont
été pareillement maintenus dans le droit
de faire des vinaigres ou fimples, ou compofés, fervans à l'ufage de la table feulement, tous dépens compenfés entre les
parties; & feroit ladite Sentence infcrite
fur les regiftres des deux communautés;
ce qui feroit exécuté nonobftant & fans
préjudice de l'appel. Requête defdits Jurés
du 10 Mars 1753, tendante à ce que fans
s'arrêter aux Requêtes & demandes formées en caufe principale, tant par ledit
Dulac, Marchand Gantier-parfumeur,
que par les Syndic & Jurés en charge de

la communauté des Gantiers & Parfumeurs, dans lesquelles ils seroient déclarés
non - recevables, ou dont en tout cas ils
seroient déboutés, mettre l'appellation &
ce dont est appel au néant ; émendant, ils
fussent maintenus & gardés dans le droit
& possession de faire, à l'exclusion des
Gantiers, dudit Dulac & de tous autres,
toutes especes de vinaigres servans tant à
la table, qu'aux bains, toilettes & autres
usages ; faire défenses à lad. communauté
des Poudriers & Parfumeurs, audit Dulac
& à tous autres, de faire, vendre ni débiter aucuns vinaigres d'odeur, ni autres,
à peine de confiscation & d'amende, la
saisie faite sur ledit Dulac le 21 Décembre
1750 déclarée bonne & valable ; il fût
déclaré pareillement acquis & confisqué
à leur profit les marchandises de vinaigre
sur lui saisies ; le condamner en l'amende
& aux dommages-intérêts ; le condamner
pareillement, ainsi que lad. communauté
des Marchands Gantiers, en tous les dépens, tant des causes principales, que
d'appel & demande ; il fût ordonné que
l'Arrêt qui interviendroit seroit publié &
affiché par-tout où il appartiendroit, &
inscrit, tant sur les registres de leur communauté, que sur celui des Gantiers. Arrêt du 21 Mars 1753, d'appointement au
Conseil en droit & joint. Production des
Gantiers parfumeurs. Causes d'appel des
Vinaigriers, du 24 Octobre 1754. Réponses de Dulac du 27 Février 1755. Requête des Gantiers du 5 Juillet, employée
pour contredits contre la production des
Vinaigriers. Contredits des Vinaigriers du

12 Décembre. Contredits de production
dudit Dulac, du 14 Janvier 1756. Requête & demande dudit Dulac, du 30
Janvier, tendante à ce que les Vinaigriers
fuffent condamnés en 3000 liv. de dommages-intérêts, & aux dépens, au bas de
laquelle eft l'Ordonnance de notred. Cour,
qui a réfervé à y faire droit en jugeant.
Autre du 31, à ce qu'en confirmant la
Sentence, défenfes fuffent faites auxdits
Vinaigriers de vendre & débiter aucune
liqueur parfumée, fous le prétexte de la
dénomination impropre & frauduleufe de
vinaigre, & notamment de celui qualifié
contre la pefte, fous les peines de droit,
les Vinaigriers condamnés aux dépens;
au bas de laquelle eft l'Ordonnance en
droit & joint. Production nouvelle dudit
Dulac, du 31 Janvier 1756. Requête &
demande de Boifervoife, du 5 Février
1756, tendante à ce qu'il fût reçu partie
intervenante en l'inftance d'entre lui & la
communauté des Vinaigriers; faifant droit
fur fon intervention, il fût ordonné qu'il
fût déchargé de la garde des fcellés appofés chez le fieur Dulac; & faifant droit,
les Vinaigriers ou ledit Dulac condamnés
à lui payer les frais de garde, à compter
du 21 Décembre 1750 jufqu'au 19 Janvier 1755, qu'ils ont été taxés à raifon
de 3 liv. par jour, avec dépens. Requête
& demande dudit Dulac, du 6, employée
pour défenfes, & tendante à ce qu'il lui
fût donné acte de ce qu'il fommoit, &
dénonçoit aux Vinaigriers ladite intervention; & où notred. Cour fe détermineroit
à adjuger audit Boifervoife des frais de

garde , en ce cas condamner les Vinaigriers à payer lefdits frais de garde , &
aux dépens ; tant en demandant , défendant , que de la fommation & dénoncia-
tion. Arrêt du 7 Février., qui a reçu l'intervention, & appointé les parties en droit
& joint. Production des parties. Requête
& demande des Gantiers , du 16 Avril
1753 , afin d'être reçus Appellans ; émendant , il fût ordonné que ladite Sentence
feroit affichée ; au furplus , leurs conclufions leur fuffent adjugées. Arrêt du 23
Mars 1756 , d'appointement au Confeil en
droit & joint. Production des parties. Requête des Gantiers , du 29 Mai fuivant,
employée pour caufe d'appel & production. Requête des Vinaïgriers , du 28 Juil.
employée pour fins de non-recevoir contre l'intervention & demande de Boifervoife , enfemble pour écritures & production , & tendante à ce qu'il fût déclaré
non-recevable dans ladite intervention &
demande , avec dépens ; & où notredite
Cour feroit la moindre difficulté , en ce
cas acte lui fût donné de ce qu'aux rifques de Boifervoife il fommoit & dénonçoit lefd. intervention & demande ; tant
à Dulac , qu'aux Parfumeurs , & contre-
fommoit à Boifervoife ladite intervention;
en conféquence ledit Dulac & lefdits Parfumeurs fuffent condamnés à les acquitter
des condamnations qui pourroient intervenir contr'eux , au profit dudit Boifervoife ; dans tous les cas , ceux qui fuc-
comberoient fuffent condamnés aux dépens ; au bas de laquelle Requête eft l'Ordonnance en jugeant. Autre defdits Vinai-

griers, employée pour fins de non-recevoir, & production, en exécution de
l'Arrêt du 23 Mars 1756, tendante à ce
qu'il plût à notred. Cour déclarer les Parfumeurs non-recevables dans leur appel
& demande, avec amende & dépens,
même en ceux réfervés par l'Arrêt du 23
Mars; au bas de laquelle Requête eft
l'Ordonnance en jugeant. Requête des Vinaigriers, du 30 Mai 1756, employée pour
Réponfes aux fins de non-recevoir. Requête des Gantiers, employée pour Réponfes & défenfes contre lefdites demandes, tendante à ce que lefdits Vinaigriers
fuffent déclarés non-recevables; en conféquence acte leur fût donné de ce qu'ils
leur contre-fommoient l'intervention du
fieur Boifervoife, & leur propre demande;
en conféquence ils fuffent condamnés aux
dépens; & où notredite Cour ne jugeroit
pas à propos d'adjuger à cet égard les fins
& conclufions par eux prifes, en ce cas
leur donner acte de ce qu'ils contre-fommoient audit Boifervoife fa propre intervention & demande, enfemble la demande
par eux formée contre lui, & ledit Boifervoife condamné vis-à-vis d'eux en tous
les dépens; au bas de laquelle eft l'Ordonnance en droit & joint. Autre du 16
Juin, tendante à ce qu'ils fuffent reçus
parties intervenantes; faifant droit fur
icelle, acte leur fût donné de ce qu'ils
adhéroient aux conclufions par eux prifes
par les Syndics de leur communauté; en
conféquence, en ce qui concerne l'appel
des Vinaigriers, l'appellation fût mife au
néant, avec amende, les recevoir Appel-

lans de ladite Sentence; faifant droit fur l'appel, l'appellation fût mife au néant, & les Vinaigriers condamnés en la totalité des dépens des caufes principales envers toutes les parties ; il fût ordonné que ladite Sentence & l'Arrêt à intervenir feroient imprimés, lus, publiés & affichés aux frais defdits Vinaigriers. Arrêt du 4 Juillet, qui reçoit les Gantiers Parties intervenantes & Appellans, & appointe les parties au Confeil & en droit & joint. Requête de Boifervoife, employée pour défenfes contre ladite intervention, la demande & requête des Gantiers employées pour caufes d'appel & production. Autre dudit jour, employée pour production tant fur l'intervention & demande defdits Gantiers, que fur la demande dud. Dulac, portée par fa Requête du 18 Juin. Requête des Vinaigriers, du 13 Juillet, employée pour réponfes des caufes d'appel des Parfumeurs, fins de non-recevoir, avertiffemens, tendante à ce que fans s'arrêter à l'intervention des Gantiers, ils fuffent déclarés non-recevables dans leur appel, ou en tout cas l'appellation fût mife au néant, avec amende & dépens ; au bas de laquelle Requête eft l'Ordonnance en jugeant. Requête des Gantiers, du 15 Juillet, tendante à ce que les Vinaigriers fuffent condamnés en tous les dépens, même en ceux réfervés par les différens Arrêts; au bas de laquelle eft l'Ordonnance en jugeant. Requête des Gantiers, employée pour contredits. Production nouvelle des Parfumeurs, du 5 Juillet 1756. Requête dudit Boifervoife, du 12 Février dernier, employée pour contredits contre la production de Dulac. Requête dudit Dulac, employée pour défenses à ladite demande. Requête de Boiservoife, employée pour contredits contre la production des Vinaigriers. Requête des Parfumeurs, employée pour contredits contre la production de Dulac, fuivant l'Arrêt du 24 Mai 1753. Requête des Parfumeurs, employée pour réponfes auxdites caufes d'appel dudit Dulac, du 19 Juillet. Requête des Gantiers, employée pour contredits contre la production des Vinaigriers, en exécution de l'Arrêt du 21 Mai. Autre Requête des Gantiers, employée pour défenfes à celle des Vinaigriers. Requêtes dudit Dulac, l'une du 16   , employée pour défenfes à la Requête des Gantiers, du 26, & l'autre tendante à ce que les Vinaigriers fuffent condamnés en tous les dépens, même en ceux réfervés par l'Arrêt du premier dudit mois; au bas de laquelle Requête eft l'Ordonnance en jugeant. Requête des Gantiers, employée pour défenfes à celle des Vinaigriers, du 29, employée pour défenfes à celle dudit Dulac. Requête dudit Dulac, du 14 Août, employée pour contredits contre la production defdits Parfumeurs, du 13 dudit mois. Conclufions de notre Procureur Général: tout joint & confidéré. Notredite Cour, faifant droit fur le tout, a mis & met les appellations refpectivement interjettées & ce dont a été appellé au néant; émendant, maintient & garde la communauté des Maîtres Vinaigriers au

droit & poſſeſſion de faire, compoſer &
débiter ſeuls toutes eſpeces de vinaigres
ſervant à l'uſage de la table, même de
faire entrer dans la compoſition des autres
vinaigres des odeurs & parfums, à la
charge par eux d'acheter des Maîtres Gantiers - poudriers - parfumeurs les parfums
dont ils auront beſoin pour la compoſition deſdits vinaigres ; à l'effet de quoi
leſdits Maîtres Vinaigriers ſeront tenus de
faire inſcrire les achats des fournitures
qu'ils prendront chez leſdits Parfumeurs,
ſur leurs livres de commerce ; permet
auxd. Maîtres Gantiers-parfumeurs d'appliquer toutes ſortes de parfums aux vinaigres ſervant à la toilette & aux bains
ſeulement, même au vinaigre pour la
peſte, & à celui des quatre voleurs, &
de les vendre & débiter concurremment
avec les Maîtres Vinaigriers, auſſi à la
charge par eux d'acheter deſdits Maîtres
Vinaigriers tous les vinaigres qu'ils y feroient entrer ; & à cet effet, de faire écrire
leurs achats & fournitures ſur les livres
de commerce deſd. Vinaigriers, déclare nulle
la ſaiſie faite ſur Jean Dulac, en fait pleine
& entiere main - levée ; en conſéquence,
ledit de Boiſervoiſe, gardien, demeurera
bien & valablement déchargé de la garde
des choſes ſaiſies ; condamne leſdits Jurés & Maîtres Vinaigriers à payer audit de Boiſervoiſe la ſomme de 100 livres,
à laquelle notredite Cour a fixé & liquidé
ſes frais de garde, & aux dépens faits par
ledit Boiſervoiſe, tant contre leſdits Vinaigriers, que contre ledit Dulac, tous
autres dépens des cauſes principales, d'ap-

pel , intervention & demandes, compenfés ; ordonne que le préfent Arrêt fera
infcrit fur les regiftres defdites communautés, imprimé & affiché à leurs frais
refpectifs , fi bon leur femble ; fur le furplus de toutes les autres demandes, fins
& conclufions des parties , les a mis hors de
Cour. Si mandons, mettre le préfent Arrêt
à exécution, felon fa forme & teneur.
Donné en Parlement le quatorze Août l'an
de grace mil fept cent cinquante-fix , &
de notre regne le quarante-unieme. Collationné. Signé, DE SOUBSLEMOUTIER. Par
la Chambre , figné, DUFRANC. Et plus
bas, figné, CUERIN le jeune.

SENTENCE DE POLICE,

Contre le fieur Gonel , Marchand Forain de Graffe.

Du 29 Décembre 1751.

A Tous ceux qui ces préfentes verront,
Alexandre de Segur , Chevalier ,
Seigneur de Franc & autres lieux, Prévôt
de Paris : Salut. Savoir faifons , que fur
la Requête faite en Jugement devant nous
à l'Audience de la Chambre de Police du
Châtelet de Paris , par Me. Cormier ,
Procureur des Sieurs Maîtres & Gardes
en charge & communauté des Marchands
Parfumeurs de Paris, demandeurs aux fins
de l'Exploit du neuf du préfent mois ,
fait par Bureau , Huiffier , contrôlé le
dix , & préfenté & contrôlé le dix-neuf
dudit mois, tendant aux fins y contenues ,
& à ce que la faifie faite à leur requête

par Procés-verbal de Bureau , Huiſſier,
du neuf dudit préſent mois de Décembre,
d'une caiſſe de bois de ſapin remplie de
quarante-quatre pots de livres de pommade
au jaſmin , une autre caiſſe entamée contenant quatre - vingt - quatorze pots de
quarts de pommade d'orange jaune , &
autres marchandiſes détaillées audit Procès-
verbal ; ſoit délarée bonne & valable ; en
conſéquence leſdites marchandiſes acquiſes
& confiſquées au profit de ladite communauté , & à ce que défenſes ſoient faites à
tous Marchands Forains de plus à l'avenir
contrevenir aux Réglemens de ladite communauté , & de reſter plus de quinze jours
dans Paris à vendre leurs marchandiſes en
gros , & non en détail, & à ce que le
Jugement à intervenir ſoit lu , publié &
affiché par-tout où beſoin ſera , & autres
fins y contenues , avec dépens , défendeurs
anx écritures du dix-ſept du préſent mois,
ſuivant celles du dix-huit , aſſiſtés de Me.
Charlos , Avocat, contre Me. Perrin,
Procureur du ſieur Gonel , Parfumeur à
Graſſe en Provence , & Marchand Forain
en cette Ville de Paris , défendeur à
l'Exploit ſuſdaté , ſuivant les écritures
ſuſdatées , & encore défendeur à celles du
dix-huit : Parties ouies , ſans que les qualités puiſſent nuire ni préjudicier : Nous
diſons que les Statuts , Arrêts & Réglemens concernans la communauté des Parfumeurs de Paris ſeront exécutés ſelon leur
forme & teneur ; en conſéquence , avons
la ſaiſie des marchandiſes dont eſt queſtion,
faite ſur la partie de Perrin , déclaré
bonne & valable : Diſons que leſdites mar-

chandifes tranfportées au Bureau de ladite
communauté, y feront lotties entre les
Maîtres d'icelle, & vendues en la maniere
accoutumée ; & cependant pour cette fois
feulement & fans tirer à conféquence, le
prix en provenant remis à ladite partie de
Perrin ; comme auffi faifons défenfes à
ladite partie de Perrin, & à tous Marchands Forains de refter dans Paris plus
de quinze jours pour y vendre leurs
marchandifes en gros & en détail ; &
pour la contravention commife par ladite
partie de Perrin, la condamnons en dix
livres de dommages-intérêts envers ladite
communauté. Sur le furplus des demandes
des parties, les mettons hors de Cour ;
condamnons ladite partie de Perrin aux
dépens ; ce qui fera exécuté nonobftant &
fans préjudice de l'appel ; en témoin de ce
nous avons fait fceller ces préfentes, qui
furent faites & données par Monfieur le
Lieutenant Général de Police, le Mardi
vingt-neuf Décembre mil fept cent foixan-
te-un. Collationnée. Signé, LAFONTAINE,
fcellée le 7 Janvier 1762. Signé, SAUVAGE.
Contrôlée le 9 Janvier 1762.

DÉLIBÉRATION,

*Pour, à la pluralité des voix, faire choix de
Procureurs au Parlement & au Châtelet.*

Du 18 Mai 1762.

L'AN 1762, le Mardi 18 Mai à deux
heures de relevée en l'affemblée générale de la communauté des Marchands
Gantiers-Poudriers-Parfumeurs de la Ville,

Fauxbourgs & Banlieue de Paris, tenue
en son Bureau rue Thibautodé, Paroisse
de Saint-Germain-l'Auxerois: Nous Louis
Mayon, Ecuyer, Conseiller du Roi, Substitut de Monsieur le Procureur Général,
nous serions transporté en ladite assemblée,
dans laquelle nous aurions fait entendre le
sujet de notredit transport, & exhibé des
Arrêts rendus entre les Syndic, Jurés
Maîtres & Gardes en charge de la communauté desdits Maîtres & Marchands
Gantiers-Poudriers-Parfumeurs, & Jean-
Baptiste Dulac, Margane, Roger, Paul
Delaporte, Oran, Geslin, Gaillard pere,
Leroy, Mezierre, Marchands Parfumeurs,
membres d'icelle, & autres, le 24 d'Avril
dernier, par laquelle avant de faire droit sur
la contestation pendante & indécise en ladite Cour, sur la révocation ci-devant faite
par délibération de ladite communauté,
des 21 & 28 Août 1760, des personnes de
Me. Delaborde, Procureur en la Cour, &
de Me. Regnard, Procureur au Châtelet,
& constitution en leur lieu & place de
Me. Bourgeois le jeune, Procureur en la
Cour, & de Maître Cormier, Procureur
au Châtelet, à l'effet d'occuper & agir
chacun à leur égard dans les affaires de
ladite communauté, il auroit été ordonné
la convocation & nouvelle assemblée de
ladite communauté, à l'effet de procéder
en notre présence à la nomination & choix
de nouveaux Officiers, si elle le trouvoit
convenable & à propos, soit des anciens
soit de ceux depuis nommés, à l'effet d'as-
surer & déterminer définitivement son
choix d'entre lesdits. Mes. Delaborde,
Regnard,

Regnard, Bourgeois le jeune & Cormier,
pour Procureurs & Officiers de ladite communauté, & par lesdits sieurs François
Baudouin, Robert Chapeau, Pierre Amabert & Pierre-Claude Drogat, Syndics
Jurés, Maîtres & Gardes en charge de
ladite communauté, auroit été dit, qu'à
l'effet de ladite assemblée ils auroient fait
signifier ledit Arrêt de la Cour par exploit
du dix-sept Mai présent mois au domicile
desdits sieurs Roger, Dulac, Marganne,
Delaporte, Oran, Geslin, Gaillard pere,
Leroy, Mezierre, avec sommation de se
trouver cejourd'hui en la présente assemblée, pour laquelle ils auroient pareillement envoyé des billets de convocation
circulaires à tous les membres de ladite
communauté, en la forme & maniere accoutumée : pourquoi la matiere mise en
délibération en notre présence, ladite
communauté composée des anciens, modernes & jeunes, ont nommé unanimement Me. Marquet, Avocat au Parlement, pour toutes les affaires pendantes
au Parlement, & continuent Me. Delaborde pour Procureur, qui a été élu à
la quantité & au nombre de quarante
voix, ledit Me. Bourgeois le jeune n'ayant
eu que vingt neuf voix, & en outre ladite
communauté a choisi Me. Gary, Avocat
au lieu & place de Me. Charlos pour
suivre les affaires pendantes au Châtelet,
concernant ladite communauté, lequel
Me. Gary a eu trente-huit voix, & Maître
Charlos trente-une, & pour Procureur au
Châtelet Maître Cormier au lieu & place
de Me. Regnard, qui n'a eu que trente-

K k

trois voix, & ledit Me. Cormier trente-
sept, laquelle communauté promet avouer
les Officiers par elle ci-deſſus choiſis.
Fait au Bureau de ladite communauté
généralement aſſemblée, tenue en préſence
de nous Subſtitut ſuſdit, & ſouſſigné avec
toutes les parties, le jour & an que deſſus,
ont ſigné les anciens, modernes & jeunes.

Enregiſtré par le Procès-verbal du 1ʒ
Septembre 1762, ſur le Regiſtre des délibérations.

ARREST

DE LA COUR DE PARLEMENT,

Qui homologue la Délibération du 18 Mai
1762, & ordonne entr'autres choſes que toute
Délibération, pour être valable, ſera ſignée
de vingt cinq anciens Jurés & Gardes, outre
& indépendamment des quatre Jurés & Gar-
des en exercice.

Du 17 Juillet 1762.

LOUIS, par la grace de Dieu, Roi de
France & de Navarre, au premier
Huiſſier de notre Cour de Parlement, ou
autre notre Huiſſier ou Sergent ſur ce requis: Savoir faiſons, &c. Notredite Cour
reçoit leſdites parties de Marguet & de
Legouvé parties intervenantes, faiſant
droit ſur les interventions, au principal,
ayant aucunement égard aux requêtes &
demandes des parties, reçoit les parties de
Marguet, Garry & Legouvé oppoſantes
aux délibérations dont eſt queſtion ; faiſant
droit ſur leurs oppoſitions, déclare leſdites

délibérations nulles & de nul effet ; homologue la délibération du 18 Mai dernier ; en conféquence ordonne que les
Avocats & Procureurs agréés & conftitués
par ladite délibération, feront chargés des
affaires de ladite communauté ; fait défenfes aux Jurés & Gardes de fe fervir
d'autres Officiers ; donne acte à la partie
de Fay de la déclaration par elle faite
qu'elle ne prenoit aucune part dans ladite
conteftation pendante en notredite Cour
entre lefdites parties de Marguet, Garry,
Legouvé & Babille, fur fa révocation, &
de ce qu'elle étoit prête, & offroit de
remettre tous les titres & papiers appartenans à ladite communauté ; en conféquence condamne ladite partie de Fay, de
fon confentement, à remettre aufdites
parties de Marguet tous les titres, papiers
& procédures appartenans à ladite communauté, en lui en donnant bonne &
valable décharge, & lui payant tous les
frais par elle bien & légitimement faits,
fuivant la taxe qui en fera faite en notredite Cour à l'amiable, finon, en la manière
ordinaire & accoutumée ; faifant droit fur
les conclufions de notre Procureur Général,
le reçoit oppofant à l'Arrêt du 22 Juillet
1747, en ce que par icelui il eft ordonné
que toute délibération, pour être valable,
fera figrée au moins de trente anciens &
des quatre Gardes & Jurés en charge ; en
conféquence interprétant, en tant que de
befoin, ledit Arrêt, ordonne que toute
délibération, pour être valable, fera fignée
feulement de vingt-cinq anciens, outre &
indépendamment des quatre Jurés & Gar-

des en place, dans le cas où il ne s'agira
que d'administration, exécution de Réglemens, ou contraventions à iceux, & dans
les autres cas que la communauté entiere
sera convoquée pour former la délibération, à la pluralité des voix, tant des
anciens, des modernes & jeunes, en la
maniere accoutumée; & au surplus ordonne
que ledit Arrêt du 22 Juillet 1747, sera
exécuté selon sa forme & teneur; à cet
effet que tous ceux qui seront mandés
esdites assemblées convoquées par billets
circulaires, ainsi qu'il est d'usage, au
moins vingt-quatre heures avant celle indiquée pour procéder à lad. délibération,
seront tenus de s'y trouver, sinon, en cas
d'absence ou de légitime empêchement,
qu'ils feront notifier au Bureau de ladite
communauté avant l'heure indiquée pour
procéder à ladite délibération, & ce, à
peine de trente sols d'amende contre les
contrevenans, & pour chaque contravention; à l'effet de quoi sera fait mention,
à la fin des délibérations, des noms de
ceux qui ayant été convoqués, ne s'y feroient pas trouvés, ou n'auront pas envoyé
notifier une cause légitime, contre lesquels
ladite amende sera encourue de droit, pour
être touchée & reçue par les Jurés & Gardes
en charge, qui seront tenus d'en faire le
recouvrement, & d'en compter envers
ladite communauté, à peine d'en répondre
en leurs propres & privés noms; tous
dépens entre les parties compensés, desquels même de leurs faux-frais elles seront
néanmoins remboursées par la communauté, & sur les premiers deniers qui

rentreront dans ſes coffres ; à quoi faire
les Jurés & Gardes en place, ès noms,
ſeront tenus & contraints par toutes voies
dues & raiſonnables : quoi faiſant, ils en
demeureront bien & valablement quittes
& déchargés, & les quittances qui leur
en ſeront données, à eux allouées dans
leurs comptes : ordonne que le préſent Arrêt
ſera regiſtré ſur le Régiſtre de ladite communauté, qu'il ſera imprimé, & qu'il en
ſera affiché un exemplaire au Bureau de
ladite communauté. Si mandons mettre le
préſent Arrêt à pleine & entiere exécution ;
de ce faire, donnons pouvoir. Donné en
notredite Cour de Parlement le dix-ſept
Juillet l'an de grace mil ſept cent ſoixante-
deux, & de notre régne le quarante-
ſeptiéme. Collationné. Signé, SANCEY,
avec paraphe. Et plus bas, par la Chambre,
DUFRANC. Plus bas encore eſt écrit : Le 6
Août 1762, ſignifié & baillé copie à
Mes. G. GAULLIER, MORISE, BRIDOU,
R. DE FRANIR, COLLOT, LAMY &
BOURGEOIS le jeune, par nous Huiſſier
en Parlement. Signé, BEAUDOUIN. Ledit
Arrêt ſcellé le 14 Août 1762. Signé,
GAUDIN, avec grille & paraphe. DE LA
BORDE.

SENTENCE DE POLICE,

Qui déclare bonne & valable la faifie faite fur le fieur Joly & autres Intéreffés à la Manufacture de Corbeil.

Du 10 Septembre 1762.

A Tous ceux qui ces préfentes Lettres verront, Salut. Savoir faifons, que fur la Requête faite en Jugement devant nous à l'Audience de la Chambre de Police du Châtelet de Paris, par Me. Cormier, Procureur des fieurs Syndics Jurés en charge de la communauté des Maîtres Gantiers - Parfumeurs de cette Ville de Paris, faififfant, &c. Parties ouies, fans que les qualités puiffent nuire ni préjudicier, Nous, après qu'il en a été délibéré fur les pieces & doffiers des parties, difons que les Statuts & Réglemens de la communauté des Parfumeurs de cette Ville, & notamment les Articles II, XV, XXV, XXVII, XXX & XXXI defdits Statuts, feront exécutés felon leur forme & teneur ; en conféquence , déclarons bonne & valable la faifie de deux cents vingt-huit paires de gants , faite à la requête des Jurés de ladite communauté fur lefdits Intéreffés en la manufacture des buffles de Corbeil, par procès-verbal du 23 Septembre 1761 ; difons que lefdites marchandifes feront vendues au Bureau de la communauté des parties de Cormier , en la maniere accoutumée, pour des deniers provenans de ladite vente, la

moitié être acquife à la communauté, &
l'autre moitié rendue aux parties de Perrot ; faifons défenfes, fous plus grande
peine, auxdites parties de Perrot, & à
tous autres, de plus à l'avenir vendre &
débiter à Paris, ou dans leur Bureau, des
marchandifes de la profeffion des Maîtres
Gantiers, & condamnons lefdites parties
de Perrot aux dépens. Et fera la préfente
Sentence exécutée nonobftant oppofitions
& fans préjudice de l'appel. En témoin
de quoi nous avons fait fceller ces préfentes données par M. le Lieutenant Général de Police, au Châtelet de Paris,
tenant le fiége le vendredi 10 Septembre
1762. Collationnée, fignée, fcellée &
fignifiée.

DÉCLARATION DU ROI,

Portant défenfes aux Corps & Communautés
de Marchands & Artifans du Royaume,
d'emprunter, fans y avoir été autorifés par
des Lettres patentes.

Donnée à Verfailles le 2 Avril 1763.

L OUIS, par la grace de Dieu, Roi
de France & de Navarre : A tous
ceux qui ces préfentes Lettres verront,
Salut, &c. A ces caufes, de l'avis de
notre Confeil & de notre certaine fcience, pleine puiffance & autorité royale,
nous avons dit, déclaré & ordonné, &
par ces préfentes fignées de notre main,
difons, déclarons & ordonnons, voulons
& nous plaît que tous les corps & com-
muautés de Marchands & Artifans de

nôtre Royaume, tels qu'ils foient, ne puiffent emprunter aucune fomme directement ni indirectement, ni s'obliger, fous quelque forme & prétexte que ce puiffe être, fans y avoir été autorifés par nos Lettres-patentes enregiftrées en nos Cours en la maniere accoutumée. Si donnons en mandement à nos amés & féaux Confeillers les Gens tenant notre Cour de Parlement à Paris, que ces préfentes ils aient à faire lire, publier & enregiftrer, & le contenu en icelles garder & obferver felon leur forme & teneur, nonobftant tous Edits, Déclarations, Arrêts, Lettres-patentes & autres chofes à ce contraires, auxquels nous avons dérogé par cefdites préfentes, aux copies defquelles collationnées par l'un de nos amés & féaux Confeillers-Secrétaires, voulons que foi foit ajoutée comme à l'original. Car tel eft notre plaifir. En témoin de quoi nous avons fait mettre notre fcel à cefdites préfentes. Donnée à Verfailles le deuxiéme jour d'Avril l'an de grace mil fept cent foixante-trois, & de notre regne le quarante-huitiéme. Signé, LOUIS. Et plus bas, par le Roi, PHELYPPEAUX. Vu au Confeil, BERTIN. Et fcellée du grand fceau de cire jaune.

Regiftrée le fept Septembre mil fept cent foixante-trois. Signé, DUFRANC.

JUGEMENT

*JUGEMENT de M. le Lieutenant Général
de Police, Commissaire du Conseil en cette
partie.*

Du 8 Mai 1764.

NOus, Commissaire susdit, en vertu
du pouvoir à nous donné par Sa Majesté par les Arrêts du Conseil, disons que
les Edits, Déclarations du Roi & Arrêts
de son Conseil, Ordonnances & Réglemens de Police, concernant la perception
du droit sur les suifs & chandelles, feront
exécutés selon leur forme & teneur, en
conséquence, déclarons bonne & valable
la saisie faite le 6 Septembre 1763, à la
requête du sieur Prevost, sur le sieur Coeffier, de quinze livres de suif de rognons
de moutons en branches, acquises & confisquées au profit dudit Prevost ; ordonnons qu'à lui en faire la représentation,
ou à lui en payer la juste valeur, ledit
Coeffier sera contraint par corps ; quoi
faisant, déchargé : faisons défenses audit
Coeffier de ne plus à l'avenir acheter aucun suif de rognons de mouton en branches, ni aucun autre, de quelqu'espece
que ce soit, sans avoir préalablement ac-
quitté les droits ; lui faisons pareillement
défenses de plus à l'avenir s'opposer à la
visite des Commis dudit Prevost ; comme
aussi d'employer la violence, & d'attrou-
per du monde contr'eux, & ce, sous telle
peine qu'il appartiendra ; lui enjoignons,
& à tous autres, de souffrir la visite des
Commis toutes les fois qu'ils seront dans

la nécessité d'en faire, pour constater les achats qu'il aura pu faire ; & pour la contravention commise par ledit Coeffier, le condamnons, par grace, pour cette fois seulement, & sans tirer à conséquence, à trente livres d'amende, & aux dépens, que nous avons liquidés à 43 livres 15 sols, y compris la signification à Procureur de notre présent Jugement, lequel sera imprimé, publié & affiché au nombre de cinquante exemplaires, aux frais dudit Coeffier. Fait à Paris en notre Hôtel le 8 Mai 1764. Signé, DE SARTINE.

ORDONNANCE DE POLICE,

Concernant l'observation des Dimanches & des Fêtes.

Du 8 Juin 1764.

SUR ce qui nous a été remontré par le Procureur du Roi, qu'il a reconnu par les rapports qui nous ont été faits depuis quelque temps à notre Audience de la Chambre de Police, contre plusieurs particuliers de différentes professions, qui travailloient les jours de Dimanches & Fêtes, & contre les Cabaretiers ou Maîtres de jeux de paume, qui recevoient du monde chez eux pendant les heures du Service divin ; que le précepte de la sanctification du Dimanche & des Fêtes, & de la cessation du travail, n'est point observé ; qu'il est du devoir de son ministere de nous faire connoître les progrès d'un abus qui n'est pas moins contraire aux loix de l'Etat qu'à celles de l'Eglise ; que l'on voit certains ouvriers travailler

dans leur boutique les jours prohibés auffi
ouvertement que les jours ordinaires ; que
ces défordres méritent d'autant plus notre
attention , qu'il y a lieu de craindre qu'ils
ne fe multiplient tous les jours de plus en
plus par le mauvais exemple & par la cu-
pidité ; qu'il croit devoir nous propofer
de renouveller les difpofitions des anciens
Réglemens fur l'obfervation des Dimanches & des Fêtes, & la ceffation de toute
œuvre fervile, afin que la crainte des peines qu'ils prononcent retienne ceux que
le refpect pour la Religion & la crainte
du fcandale ne retiendroient pas. A ces
caufes, requiert qu'il y foit par nous pourvu : fur quoi faifant droit fur le requifi-
toire du Procureur du Roi, ordonnons
que les Arrêts du Parlement, Ordonnances & Réglemens de Police, concernant
l'obfervation des Dimanches & des Fêtes,
feront exécutés felon leur forme & teneur.
En conféquence,

ARTICLE PREMIER.

Faifons défenfes à tous Mâçons, Charpentiers, & autres Ouvriers & Artifans
de la Ville, fauxbourgs, banlieue, Prévôté & Vicomté de Paris, de travailler
à aucuns ouvrages de leur profeffion, à
tous Marchands & Négocians de faire
aucun commerce & débit de marchandifes
les Dimanches & Fêtes ; leur enjoignons
de tenir leurs boutiques & magifins exactement fermés, à peine de deux cents liv.
d'amende pour chaque contravention, dont
les Maîtres feront refponfables pour leurs
Garçons, Ouvriers & Domeftiques.

II. Faifons pareillement défenfes à tous Portes faix & gens de journée, de travailler de leur vacation, & à tous Chartiers & Voituriers de faire aucunes voitures & charrois les jours de Dimanches & Fêtes, à peine de cent livres d'amende, de confifcation tant des marchandifes qui feroient portées ou voiturées, que des charrettes, chevaux, harnois & traîneaux qui ferviroient à tranfporter lefd. marchandifes.

III. Ne pourront les particuliers, bourgeois & habitans de cette ville employer leurs domeftiques ni aucuns artifans, ouvriers, gens de journées & voituriers, à des œuvres ferviles les jours de Dimanches & Fêtes, à peine d'en répondre en leur propre & privé nom, des amendes qu'ils auroient encourues, & fous telles autres peines qu'il appartiendra.

IV. Défendons à tous Marchands Merciers, Clincaillers, Revendeurs & Revendeufes, à tous Marchands de livres & d'images, & aux Colporteurs, d'étaler & expofer en vente aucuns livres, images & eftampes, ni aucunes fortes de marchandifes de mercerie & clincaillerie au coin des rues, dans les places publiques & fur les quais, à peine de faifie, confifcation des marchandifes expofées en vente un Dimanche ou un jour de Fête, & cent livres d'amende; pourront même les contrevenans être arrêtés & emprifonnés, en cas de récidive.

V. Ne pourront les Marchands de vin, Limonadiers, Vendeurs de biere & d'eau-de-vie, ouvrir leurs cabarets & boutiques les jours de Dimanches & Fêtes pen-

dant les heures du Service divin ; leur
enjoignons , & à tous Maîtres de jeux de
paume & de billard de refuser l'entrée de
chez eux à ceux qui se présenteront pour
y boire ou pour y jouer , à peine de trois
cents liv. d'amende pour la premiere contravention , & de fermeture de boutiques ,
jeux de paume & de billard , en cas de récidive.

VI. Défendons à tous Maîtres à danser,
Cabaretiers, Traiteurs, & autres, de tenir chez eux des assemblées & salles de
danse les jours de Dimanches & Fêtes,
& à tous Joueurs de violon & d'instrumens de s'y trouver, à peine de cinq cents
livres d'amende contre chacun des contrevenans, & en outre confiscation des instrumens de musique.

VII. Mandons aux Commissaires au
Châtelet, & enjoignons aux Officiers de
Police de tenir la main à l'exécution de
notre présente Ordonnance ; enjoignons
pareillement aux Huissiers du Châtelet,
qui auront été nommés dans les distribu-
tions qui sont faites en leur Communauté
chaque semaine, de se rendre chez les
Commissaires auprès desquels ils auront
été distribués, pour les accompagner dans
leur police. Et sera notre présente Ordonnance lue, publiée & affichée par-tout où
besoin sera, à ce que personne n'en prétende cause d'ignorance.

Ce fut fait & donné par Messire Antoine Raimond Jean-Gualbert Gabriel de
Sartine, Chevalier, Conseiller du Roi
en ses Conseils, Maître des Requêtes ordinaire de son Hôtel, Lieutenant Général

de Police de la Ville, Prévôté & Vicomté
de Paris, le huit Juin mil sept cent soixante-
quatre. Signé, DE SARTINE. MOREAU.
SIFFLET DE BERVILLE, Greffier.

*L'Ordonnance ci-dessus a été lue & publiée à
haute & intelligible voix, à son de trompe &
cri public, & affichée le 20 Juin 1764.*

SENTENCE DE POLICE,

*Qui déclare bonne & valable la saisie faite sur
le nommé Jean-Toussaint Graldain Dufresne,
Marchand Epicier.*

Du 31 Août 1764.

A Tous ceux qui ces présentes Lettres
verront, &c. Nous disons que les
Statuts, Arrêts & Réglemens de la communauté des Maîtres Gantiers-Poudriers-
Parfumeurs de la ville de Paris, seront exécutés selon leur forme & teneur, notamment l'article V de la Déclaration du 12
Décembre 1705 ; en conséquence, déclarons la saisie faite sur la partie de Leroux
bonne & valable, & les Marchandises
saisies confisquées moitié au profit de la
communauté, & l'autre au profit des Jurés qui ont fait ladite saisie ; faisons défenses à ladite partie de Leroux, & à
tous autres, de plus à l'avenir vendre,
sans qualité, débiter, colporter ni faire
colporter des marchandises de la profession des parties de Lesueur ; & pour l'avoir
fait, la condamnons en 300 liv. d'amende,
dont cent livres applicables au profit du
Roi, cent livres au profit de la commu-

nauté , & cent livres au dénonciateur , le tout aux termes de ladite Déclaration ; ordonnons que notre présente Sentence sera imprimée & affichée par-tout où besoin sera , aux frais de la partie de Leroux , que nous condamnons en tous les dépens : ce qui sera exécuté nonobstant oppositions & sans préjudice de l'appel ; & soit signifiée. En témoin de ce , nous avons fait sceller ces présentes , données par M. le Lieutenant Général de Police le vendredi 31 Août 1764. Collationnée , signée , scellée le 8 Septembre 1764 par

Signifiée & baillé copie à Me. Leroux, Procureur, à domicile, le 7 Septembre 1764.

SENTENCE SUR DÉLIBÉRÉ,

Qui ordonne l'exécution de la Sentence du 31 Août 1764.

Du 6 Septembre 1765.

A Tous ceux qui ces présentes Lettres verront ; Alexandre de Segur , Chevalier , Seigneur de Franc & autres lieux , Conseiller du Roi en ses Conseils , Prévôt de Paris ; Salut. Savoir faisons , que sur la Requête faite en Jugement devant nous à l'Audience de la Chambre de Police du Châtelet de Paris , par Me. Cormier , Procureur des Jurés en charge de la communauté des Maîtres & Marchands Gantiers-Poudriers-Parfumeurs de Paris , saisissans & demandeurs au principal , en exécution de la Sentence du 31 Août 1764 , défendeurs à la requête verbale du 6 du même mois , & à la demande en nullité de la

dite faifie formée par autre requête du 11
dudit mois, fuivant les fins de non-recevoir du 27 Septembre 1764, & 6 Février
de la préfente année ; contre Me. Leroux,
Procureur du fieur Jean - Touffaint Graldain Dufrefne, Marchand Epicier à Paris,
& Directeur de la Gazette de Commerce,
ayant un Bureau établi rue Montmartre,
vis-à-vis la rue Saint-Marc, partie faifie,
oppofant & défendeur. Parties ouïes, fans
que les qualités puiffent nuire ni préjudicier, nous, après qu'il en a été délibéré
fur les pièces & doffiers des parties, difons que les Statuts & Réglemens de la
communauté des parties de Cormier, notamment l'article V de la Déclaration du
Roi de 1705, feront exécutés felon leur
forme & teneur ; en conféquence, déclarons bonne & valable la faifie faite par
les parties de Cormier fur celle de Leroux le 11 Août 1764, des favonettes,
fultans, & autres marchandifes, feront &
demeureront confifquées au profit des parties de Cormier, pour être vendues en la
maniere ordinaire & accoutumée, & la
moitié du prix en provenant être dépofée
dans le coffre de la communauté, l'autre
moitié partagée entre les quatre Gardes
en charge, aux termes des Sentence &
Arrêt des 12 Mai & 27 Juillet 1747 ; faifons défenfes à la partie de Leroux de récidiver, & de plus à l'avenir entreprendre
fur le commerce & profeffion des parties
de Cormier ; & pour l'avoir fait, la condamnons en 60 livres de dommages-intérêts envers les parties de Cormier ; fur le
furplus des demandes, mettons les parties

hors de Cour, & condamnons la partie
de Leroux aux dépens ; à l'effet de quoi,
déboutons la partie de Leroux de son opposition à notre Sentence du 31 Août 1764,
laquelle sera exécutée selon sa forme &
teneur : ce qui sera exécuté nonobstant
& sans préjudice de l'appel. En témoin
de ce, nous avons fait sceller ces présentes, données par M. le Lieutenant Général de Police, tenant le siége le vendredi
6 Septembre 1765. Collationnée, contrôlée lesdits jour & an.

DÉLIBÉRATION

*De la Communauté des Maîtres & Marchands
Gantiers-Poudriers Parfumeurs de la Ville,
Fauxbourgs & Banlieue de Paris.*

Du 7 Novembre 1765.

L'AN mil sept cent soixante-cinq, le mardi sept Novembre, quatre heures de relevée, la communauté des Maîtres & Marchands Gantiers-Poudriers Parfumeurs de
la ville, fauxbourg & banlieue de Paris,
étant assemblée en son Bureau, sis rue
Thibautodé, Paroisse de Saint Germain
l'Auxerrois, par billets de convocation,
&c. Tout consideré, la communauté a
donné & donne pouvoir aux Jurés, Maîtres, Gardes & Syndic de présent en
charge, & à ceux à venir, de lever des
expéditions des principaux titres de la
communauté, notamment les trente-deux
articles des Statuts, l'Arrêt du Parlement
du 23 Mai 1656, qui a enregistré lesdits
trente - deux articles ; la Déclaration du

Roi du 12 Décembre 1705, enregiſtrée le 22 Février 1706; l'Arrêt du Parlement du 9 Juillet 1715; celui du 19 Mai 1725; celui du 19 Mai 1745; & l'Arrêt du Conſeil d'Etat du 6 Février 1748, qui ordonne l'exécution dudit Arrêt du 19 Mai 1745: donne pareillement pouvoir de faire imprimer cent exemplaires des Statuts, Sentences, Edits & Arrêts concernant la communauté, & ſera remis à chaque Maître un exemplaire deſdits Statuts; & a donné & donne auſſi pouvoir aux Jurés, Maîtres & Gardes & Syndic de préſent en charge, & à venir, de faire tout ce qui conviendra pour parvenir à obtenir des Lettres-patentes de Sa Majeſté, qui confirment leſdits trente-deux articles des Statuts, & maintiennent la communauté dans tous ſes droits. Pour que cette Délibération puiſſe avoir ſon exécution, elle ſera homologuée au Parlement, d'autant qu'il s'agit de lever des expéditions d'Arrêts du Parlement; & il ſera alloué à ceux de préſent en charge, ou à venir, tous les frais & faux frais qu'il ſera néceſſaire pour l'exécution de la préſente Délibération, qui a été unanimement approuvée & ſouſcrite par tous les ſouſſignés. Signés, C. Bouillé. Dutroulleau. Chatrouſſat. Amabert. D. Bohains. Coudroyer - Olivier. Oran. Truffot. Gaillard. Lorphevre. Drogat. Bocquillon. J. Dulac. Vanier. Godefrin. Baudouin. Blondeau, L. Aubineau. Leroux. Grandpierre. Dulac. Chouillou. Vaudoyer. Compagnon. Delaporte, Levauché. Compagnon. Dumay & Cardin. Au-deſſus eſt écrit : Contrôlé à Paris le 14

Novembre 1765. Reçu treize fols. Signé,
LANGLOIS.

ORDONNANCE DU ROI,

*Qui fait défenfes à tous Artiftes & Ouvriers,
établis dans l'étendue du Royaume, d'en
fortir fans être munis de paffeports.*

Du 19 Novembre 1765.

DE PAR LE ROI.

SA MAJESTE' étant informée qu'il
fe fait, de temps à autre, diverfes émi-
grations d'artiftes & ouvriers François,
féduits par le faux appas d'une fortune
plus affurée qu'on leur offre dans les pays
étrangers : Et jugeant convenable au bien
de fes fujets d'en arrêter le cours, Sa Majefté a fait & fait très-expreffes inhibitions
& défenfes à tous artiftes & ouvriers,
établis dans l'étendue de fon Royaume,
d'en fortir, pour quelque caufe & fous
quelque prétexte que ce foit, s'ils ne font
munis de paffeports en bonne forme, qui
limitent le temps que devra durer leur
abfence, & en déduifent les motifs, à
peine d'être pourfuivis extraordinairement,
& punis fuivant la rigueur des Ordonnances, qui défendent aux fujets de Sa
Majefté de fortir du Royaume fans fa
permiffion : Et en les renouvellant en tant
que befoin feroit, veut & ordonne que
tous les artiftes & ouvriers François qui
contreviendront à la préfente Ordonnance,
foient & demeurent déchus pour toujours
de la Maîtrife, à l'égard de ceux qui fe-

ront membres de communautés d'arts &
métiers; & en outre, d'être irrévocable-
ment privés, eux & leurs femmes, de
tous les priviléges dont jouiffent ou ont
droit de jouir les regnicoles, & autres qui
leur font affimilés. Mande & ordonne Sa
Majesté à tous Gouverneurs, Lieutenans
Généraux, Intendans & Commiffaires départis dans fes Provinces & Généralités,
& au fieur Lieutenant Général de Police
de la Ville, Prévôté & Vicomté de Paris,
aux Commandans & Majors des Places,
Capitouls, Jurats, Maires & Echevins,
& à tous fes Officiers & Jufticiers qu'il
appartiendra, de tenir la main, chacun
en droit foi, à l'exécution de la préfente
Ordonnance, laquelle fera lue, publiée &
affichée par-tout où befoin fera, à ce qu'on
n'en prétende caufe d'ignorance. Fait à
Fontainebleau le dix neuf Novembre mil
fept cent foixante-cinq. Signé, LOUIS.
Et plus bas, PHELYPPEAUX.

ANTOINE-RAYMOND-JEAN-GUALBERT-
GABRIEL DE SARTINE, Chevalier, Con-
feiller du Roi en fes Confeils, Maître des Re-
quêtes ordinaire de fon Hôtel, Lieutenant Gé-
néral de Police de la Ville, Prévôté & Vi-
comté de Paris.

Vu l'Ordonnance du Roi ci deffus, nous
ordonnons qu'elle fera exécutée felon fa forme
& teneur; & à cet effet, imprimée, lue, pu-
bliée & affichée dans cette ville & fauxbourgs,
& par-tout ailleurs où befoin fera, à ce qu'au-
cun n'en ignore. Fait à Paris le vingt-cinq
Novembre mil fept cent foixante-cinq. Signé,
DE SARTINE.

SENTENCE DE POLICE,

Qui déclare bonne & valable la saisie faite sur le sieur Campagnac, Marchand Boursier à Paris.

Du 13 Décembre 1765.

A Tous ceux qui ces présentes Lettres verront; Alexandre de Segur, Chevalier, Seigneur de Franc & autres lieux, Prévôt de Paris : Salut. Savoir faisons, que sur la Requête faite en Jugement devant nous à l'Audience de la Chambre de Police du Châtelet de Paris, &c. Parties ouïes, sans que les qualités puissent nuire ni préjudicier. Nous disons que les Statuts, Arrêts & Réglemens de ladite communauté seront exécutés; & en conséquence avons la saisie de la paire de gants & de quatre paires de rebras dont est question déclaré bonne & valable, lesquels demeurent confisqués au profit de la communauté; condamne la partie de Mopinot aux dépens pour tous dommages-intérêts; ce qui sera exécuté nonobstant & sans préjudice de l'appel. En témoin de ce nous avons fait sceller ces présentes, données par M. le Lieutenant Général de Police le vendredi 13 Décembre 1765. Collationnée, signée, scellée le 23 Décembre 1765, & signifiée & baillé copie à Me. Desmarquet, Procureur-Avocat, le 23 desdits mois & an.

ARREST DU PARLEMENT,

Rendu sur les Conclusions de M. le Procureur Gé. néral, au rapport de M. l'Abbé de Sahuguet, confirmatif des Sentences rendues au profit de la Communauté des Maîtres Horlogers de Paris, contre deux Ouvriers Horlogers de la Trinité.

Du 4 Février 1766.

NOtredite Cour, faisant droit sur le tout, a mis & met les appellations au néant; ordonne que ce dont a été appellé sortira son plein & entier effet ; condamne les Gouverneurs & Administrateurs de l'Hôpital de la Trinité à Paris, & les nommés Ripert & Elie, Ouvriers Horlogers, en l'amende de douze livres, &, chacun à leur égard, en tous les dépens des causes d'appel & demandes envers la communauté des Horlogers de Paris ; &, faisant droit sur les Conclusions de notre Procureur Général, ordonne qu'aucun de ceux qui font profession d'un métier qui peut s'exercer dans l'intérieur de l'Hôpital de la Trinité, ne pourra gagner Maîtrise qu'en instruisant dans ledit Hôpital, le temps porté par les Statuts de chaque communauté ; qu'à l'égard de ceux dont le métier ne peut s'exercer dans l'intérieur dudit Hôpital, il en sera usé comme par le passé. Si mandons mettre le présent Arrêt à exécution. Donné en Parlement le 4 Février l'an de grace 1766, & de notre règne le cinquante - unième. Collationné. Signé, LANGELE'. Par la Cham-

bre , figné , DUFRANC. Plus bas eft écrit,
le 25 Février 1766 , fignifié & baillé copie
à Me. Chevalier, Procureur, en fon domicile , parlant à fon Clerc , par nous
Huiffier fouffigné. Signé , LIEDOT.

SENTENCE DE POLICE,

Qui déclare bonne & valable la faifie faite fur
le nommé Lelievre , Domeftique fans condi-
tion.

Du 28 Février 1766.

A Tous ceux qui ces préfentes Lettres
verront , Alexandre de Segur, Chevalier, Seigneur de Franc & autres lieux,
Confeiller du Roi en fes Confeils, Prevôt
de Paris, Salut. Savoir faifons , que fur la
Requête faite en Jugement devant nous à
l'Audience de la Chambre de Police du
Châtelet de Paris , &c. contre le fieur
Pierre Lelievre, Domeftique fans condition, & Catherine Legrand fa femme,
elle Coëffeufe , & faifant fans qualité le
commerce de Parfumeur, parties faifies ,
défendeurs & défaillans. Ouï ledit Me.
Damiens en fon plaidoyer, & par vertu
du défaut de nous donné contre lefdits
défaillans non comparans, ni Procureur
pour eux duement appellé; Lecture faite
des pieces , nous difons que les Statuts,
Sentences , Arrêts & Réglemens de la
communauté des Parfumeurs feront exécutés felon leur forme & teneur; en conféquence déclarons la faifie faite fur les
défaillans bonne & valable; difons que les

marchandifes de poudre & de pommade
y énoncées feront & demeureront confifquées ; favoir , moitié au profit de ladite
communauté . & l'autre moitié au profit
defdits Jurés qui ont fait la faifie , aux
termes de notre Sentence du 12 Mai 1747,
& Arrêt confirmatif d'icelle du 22 Juillet
fuivant ; faifons défenfes aux défaillans de
plus à l'avenir vendre & débiter fans qualité des marchandifes de la profeffion des
parties de Damiens ; pour l'avoir fait ,
condamnons les défaillans en vingt livres
de dommages-intérêts , dont moitié au
profit de ladite communauté , & l'autre
moitié à celui defdits Jurés , conformément auxdites Sentences & Arrêt , & notre
préfente Sentence fera imprimée & affichée
par-tout où befoin fera , au nombre de trois
cens exemplaires , aux frais des défaillans
que nous condamnons aux dépens. Ce qui
fera exécuté nonobftant & fans prejudice
de l'appel , & foit fignifié ; en témoin de
quoi nous avons fait fceller ces préfentes,
qui furent faites & données par Monfieur
le Lieutenant Général de Police au Châtelet de Paris, y tenant le fiege le vingt-
huit Février mil fept cent foixante-fix.
Collationnée , fignée, fcellée & fignifiée
le 7 Mars, 1766.

SENTENCE

SENTENCE DE POLICE

Qui ordonne l'exécution de celle du 28 Février précédent.

Du 11 Avril 1766.

A Tous ceux qui ces préfentes Lettres verront, Alexandre de Segur, Chevalier, Seigneur de Franc, Conſeiller du Roi en tous ſes Conſeils, Prevôt de Paris, Salut. Savoir faiſons, que ſur la Requête faite en Jugement devant nous à l'Audience de la Chambre de Police du Châtelet de Paris, &c. Parties ouies, nous avons, la partie de Deblaireau ; reçue oppoſante à l'exécution de nôtre précédente Sentence ſur les dommages-intérêts & affiches, mettons les parties hors de Cour ; diſons que le ſurplus de nôtre Sentence ſera exécutée ſelon ſa forme & teneur, avec dépens. Ce qui ſera exécuté nonobſtant & ſans préjudice de l'appel, & ſoit ſignifié ; en témoin de ce nous avons fait ſceller ces préſentes, faites & jugées par Monſieur le Lieutenant Général de Police, tenant le Siége le Vendredi onze Avril mil ſept cent ſoixante ſix. Collationnée, ſcellée & ſignifiée le 29 Avril 1766.

❧

DÉCLARATION DU ROI,

Concernant les *Poids* & *Mesures*.

Donnée à Verfailles le 16 Mai 1766.

LOUIS, par la grace de Dieu, Roi de France & de Navarre, à tous ceux qui ces préfentes Lettres verront, Salut, &c. A ces caufes & autres, à ce nous mouvant, de l'avis de notre Confeil, & de notre certaine fcience, pleine puiffance & autorité royale, nous avons dit, déclaré & ordonné, & par ces préfentes fignées de notre main, difons, déclarons & ordonnons, voulons & nous plaît, qu'à la diligence de notre Procureur Général, il foit inceffamment envoyé au Châtelet de Paris, & aux Bailliages & Sénéchauffées de Beauvais, Sens, Dreux, Amiens, Saint-Quentin, Soiffons, Arras, Boulogne, Calais, Orléans, Chartres, Villefranche en Beaujollois, la Rochelle, Poitiers, Clermond-Ferrand, Riom, Limoges, Châteauroux. Bourges, Tours, Blois, Angers, le Mans, Laval, Cholet, Reims, Troyes, Sedan & Bar-le-Duc, des étalons matrices de la livre poids de marc, de la toife de fix pieds de Roi, & de l'aune mefure de Paris, avec les divifions de chacun defdits poids & mefures, pour être lefdits poids & mefures dépofés aux Greffes defdits Bailliages & Sénéchauffées, à la requête des Subftituts de notredit Procureur Général efdits Siéges, duquel dépôt il fera dreffé Procès-verbal en leur

préfence par les Officiers defdits Siéges.
Si donnons en mandement à nos amés &
feaux Confeillers, les Gens tenant notre
Cour de Parlement à Paris, que ces préfentes ils aient à faire lire, publier &
regiftrer, & le contenu en icelles garder,
obferver, & exécuter felon leur forme &
teneur; aux copies collationnées par l'un
de nos amés & féaux Confeillers-Secrétaires, voulons que foi foit ajoutée comme
à l'original. Car tel eft notre plaifir; en
témoin de quoi nous avons fait mettre
notre fcel à cefdites préfentes. Donné à
Verfailles le feizieme jour du mois de May,
l'an de grace mil fept cent foixante-fix,
& de notre Régne le cinquante-unieme.
Signé, LOUIS, & plus bas; par le Roi,
PHELIPPEAUX. Vu au Confel, DE L'AVER-
DY, & fcellé du grand Sceau de cire
jaune.

Regiftrée le 27 Juin 1766. Signé, DUFRANC.

Mm ij

ORDONNANCE

DU BUREAU DES FINANCES

DE LA GÉNÉRALITÉ DE PARIS,

Qui fait défenfes à tous Particuliers d'étaler aucunes marchandifes, de quelque efpece que ce foit, fur le quai Pelletier, & autres quais & ponts de cette ville, fous peine de confifcation defdites marchandifes, & d'amende.

Du 27 Février 1767.

DE PAR LE ROI.

LES PRESIDENS-TRÉSORIERS DE FRANCE, Généraux des Finances, & Grands Voyers en la Généralité de Paris.

ENtre le Procureur du Roi, demandeur aux fins de l'exploit du 23 Février préfent mois, fait par Henry, premier Huiffier ordinaire du Roi au Bureau des Finances & Chambre du Domaine, &c. Nous, après avoir entendu les parties en leurs demandes & défenfes, ordonnons que les défendeurs, chacun en droit foi, feront tenus de retirer dans vingt-quatre heures, leurs étalages de deffus le quai Pelletier & trottoir dudit quai, à peine de confifcation des marchandifes, & d'amende. Et faifant droit fur les conclufions verba'es du Procureur du Roi, ordonnons l'exécution des Ordonnances & Réglemens concernant la Voirie; en conféquence, faifons défenfes à tous particuliers d'étaler aucune marchandife, de quelqu'espece que ce soit, sur le quai Pelletier, & autres quais & ponts de cette Ville, sous peine de confiscation desdites marchandises, & d'amende : Et afin que personne ne prétende cause d'ignorance de la présente Ordonnance, nous ordonnons qu'elle sera imprimée, lue, publiée & affichée par-tout où besoin sera dans cette Ville, & exécutée nonobstant oppositions ou appellations quelconques, & sans y préjudicier. Fait au Bureau des Finances de la Généralité de Paris, le vingt-sept Février mil sept cent soixante-sept. Collationné. Signé, BATISSIER, MASSON, POYRIER, LE COUTEULX DE VERTRON, JOURDAIN, MUSNIER DE DARVAULT, HEBERT DE HAUTECLAIRE. Et plus bas, par mesdits Sieurs, ISSALY.

EDIT DU ROI,

Concernant les Arts & Métiers, par lequel Sa Majesté a ordonné qu'il y auroit douze Compagnons reçus Maîtres dans chaque Communauté.

Donné à Marly au mois de Mai **1767.**

LOUIS, par la grace de Dieu, Roi de France & de Navarre : A tous présens & à venir, Salut, &c. A ces causes & autres, à ce nous mouvant, de l'avis de notre Conseil, & de notre certaine science, pleine puissance & autorité royale, nous avons par le présent Edit perpétuel & irrévocable, dit, statué & ordonné, disons, statuons & ordonnons ;

voulons & nous plaît, qu'il soit par nous
accordé à ceux desdits Compagnons, ou
aspirans à la Maîtrise, qu'il nous plaira
choisir, des Brevets ou Lettres de privileges qui leur tiendront lieu desdites Maîtrises, & que nous créons à cet effet;
savoir, douze en chacun des corps d'arts
& métiers de notre bonne Ville de Paris;
huit dans chacune des Villes où il y a
Cour Supérieure; quatre dans celles où il
y a Présidial, Bailliage ou Sénéchaussée,
& deux dans toutes les autres Villes &
lieux où il y a Jurande, de l'effet desquels
Brevets ou Lettres de priviléges, ils jouiront, en se faisant par eux recevoir, sans
être tenus de payer aucuns frais de réception, ni des formalités du chef-d'œuvre, apprentissage & compagnonage, dont nous les
avons dispensés & dispensons : ordonnons,
à l'égard de ceux qui exercent des Professions d'arts & métiers, ou autres qui
intéressent le commerce, & qui ne seront
point encore de Jurande, qu'ils seront
tenus de se conformer aux Edits & Réglemens, & notamment à ceux des mois de
Décembre 1597, Mars 1673, Décembre
1691, & Février 1745. Enjoignons à nos
Juges de Police, & aux Juges Seigneuriaux ayant la Jurisdiction de la Police,
d'y tenir la main. Si donnons en mandement à nos amés & féaux Conseillers, les
Gens tenant notre Cour de Parlement à
Paris, que notre présent Edit ils aient à
faire lire, publier & régistrer, & le contenu en icelui garder, observer & exécuter
selon sa forme & teneur, nonobstant tous
Edits, Déclarations, Arrêts, Réglemens,

& autres chofes à ce contraires, auxquels nous avons dérogé & dérogeons, par le préfent Edit, aux copies duquel colla-tionnées par l'un de nos amés & féaux Conſeillers - Secrétaires, voulons que foi foit ajoutée comme à l'original : car tel eſt notre plaiſir ; & afin que ce foit choſe ferme & ſtable à toujours, nous y avons fait mettre notre ſcel. Donné à Marly, au mois de Mai, l'an de grace mil ſept cent ſoixante-ſept, & de notre regne le cinquante-deuxieme. Signé, LOUIS, & plus bas, par le Roi, PHELIPPEAUX. Viſa; LOUIS. Vû au Conſeil, DE L'AVERDY. Et ſcellé du grand ſceau de cire verte en lacs de ſoie rouge & verte.

Regiſtré le 19 Juin 1767. Signé, DUFRANC.

LETTRES-PATENTES

DU ROI,

Portant Réglement concernant les Brevets ou Lettres de priviléges créés en chacun art & métier, par Edit de Mars 1767, & les pri-viléges, droits, franchifes & libertés dont jouiront les acquéreurs, tant François, qu'Etrangers.

Données à Verſailles le 23 Juin 1767.

LOUIS, par la grace de Dieu, Roi de France & de Navarre, à nos amés & féaux Conſeillers, les Gens tenant notre Cour de Parlement à Paris, Salut. Nous étant fait repréſenter en notre Conſeil l'Edit du mois de Mars, par lequel nous aurions ordonné qu'il ſeroit accordé à ceux

des Compagnons & afpirans de chacun
art & métier qu'il nous plairoit choifir,
des Brevets ou Lettres de privileges qui
leur tiendroient lieu de Maîtrife ; favoir,
douze en chacun art & métier de Paris;
huit dans chacune des Villes où il y a
Cour Supérieure ; quatre dans celles où il
y a Préfidial, Bailliage ou Sénéchauffée, &
deux dans toutes les autres Villes & lieux
où il y a Jurande, de l'effet defquels Brevets ou Lettres de privileges, ils jouiroient, en fe faifant par eux recevoir,
fans être tenus de payer aucuns frais de
réception, ni des formalités de chef-
d'œuvre, apprentiffage, compagnonage,
dont nous les aurions difpenfé, & voulant
mettre lefdits Compagnons & afpirans en
état de jouir de l'avantage de notre Edit,
& en affurer l'exécution, en prévenant
toutes les difficultés qui pourroient furvenir, fous prétexte que nous ne nous
ferions pas fuffifamment expliqué par notre
Edit fur la nature des frais de réception,
dont nous entendons que lefdits Compagnons & afpirans demeurent difpenfés,
& fur les droits, franchifes, libertés &
priviléges dont ils doivent jouir en vertu
defdits Brevets, & defirant en même-
temps, dans l'intention où nous fommes,
d'employer tous les moyens qui peuvent
contribuer à rendre le commerce de notre
Royaume de plus en plus floriffant, favorifer les étrangers qui s'y font habitués,
ou qui pourroient s'y habituer, & les
mettre à portée d'y demeurer, enfuite de
s'y etablir & d'y mettre à profit leur in-
duftrie; à quoi nous avons pourvu par
l'Arrê

l'Arrêt cejourd'hui rendu en notre Conseil
d'Etat, nous y étant, & pour l'exécution
duquel nous aurions ordonné que toutes
Lettres nécessaires seroient expédiées. A
ces causes, de l'avis de notre Conseil, qui
a vu ledit Arrêt, dont l'expédition est ci-
attachée sous le contre-scel de notre Chancellerie, & conformément à icelui, nous
avons ordonné, & par ces présentes signées
de notre main, ordonnons ce qui suit :

ARTICLE PREMIER.

Ceux des Compagnons & Aspirans qui
seront admis auxdits Brevets ou Lettres de
privileges créées en chacun art & métier par
notre Édit du mois de Mars dernier, payeront à nos Receveurs casuels la finance qui
sera fixée par les rôles qui seront arrêtés en
notre Conseil ; voulons que sur la quittance de finance qui leur sera délivré par
le Trésorier desdits revenus casuels duement contrôlée, & qui leur tiendra lieu
de Brevets, ils soient incontinent reçus &
installés sans difficultés par les Baillifs &
Sénéchaux ou autres Juges qu'il appartiendra, & qu'ils jouissent desdites Maîtrises avec tels semblables droits, franchises, libertés & privileges, dont jouissent les autres Maîtres & Jurés desdits
métiers, sans être tenus de faire aucun
chef-d'œuvre ou expérience, ni subir aucun examen, payer banquets, droits de
Confrairie & de boëte, ni aucuns autres
droits tels qu'ils puissent être, que les
Jurés de chaque métier ont accoutumé
de prendre & faire payer à ceux qui veulent
être reçus Maîtres, dont nous entendons

N n

qu'ils en demeurent difpenfés & exceptés.

II. Pourront les pourvus defdits Brevets ou porteurs de quittances de finance en tenant lieu, enfuite de leur réception en la maniere portée par le précédent Article, mettre & tenir fur les rues & en tels lieux & endroits que bon leur femblera, étaux, ouvroirs, & boutiques garnies d'outils & autres chofes néceffaires pour l'ufage & exercice de leurs métiers, tout ainfi & de même maniere que les autres Maîtres ayant fait chef-d'œuvre & expérience ; voulons en outre qu'ils foient appellés en toutes les affemblées & vifites, qu'ils puiffent être Gardes & Jurés defdits métiers, & qu'ils jouiffent, & après leurs décès leurs veuves & enfans, des mêmes facultés, privileges, franchifes & libertés, dont jouiffent & ont droit de jouir les anciens Maîtres Jurés, fans aucune diftinction ni différence, en contribuant par eux aux charges de la communauté, tout ainfi que les autres Maîtres.

III. Ordonnons que les étrangers qui font réfidans dans notre Royaume, ou qui pourront s'y habituer, feront admis à lever lefdits Brevets & Lettres de privileges, & que ceux qui en feront pourvus & qui auront été reçus ; feront & demeureront exempts du droit d'aubaine, & jouiront de tous les privileges, droits, franchifes, & libertés attachées auxdits Brevets, ainfi que nos fujets naturels & regnicoles ; entendons qu'ils puiffent réfider dans notre Royaume, leur commerce, art & métier y tenir, & poffeder tous les biens, meubles & immeubles qu'ils pourront avoir

acquis ou acquérir ci-après, ou qui leur
feroient donnés, légués ou délaiffés, en
jouir, ordonner & difpofer par tefta-
ment & ordonnance de derniere volonté,
donation entre vifs ou autrement, ainfi
que de droit, leur fera permis; voulons pareillement qu'après leur décès leurs enfans
nés & à naître en légitime mariage, héritiers ou autres, puiffent leur fuccéder,
pourvu qu'ils foient regnicoles, tout ainfi
que les vrais originaires, & qu'ils puiffent
fuccéder à leurs parens demeurant dans le
Royaume, de même que s'ils étoient ori-
ginairement natifs d'icelui, renonçons en
conféquence à leur égard à tous droits
d'aubaine & autres, & fans que pour
raifon de ce ils foient tenus de nous payer
ni aux Rois nos fucceffeurs, aucune finance
ni indemnité, dont nous leur faifons don
& remife; entendons néanmoins que les
étrangers pourvus defdits Brevets, & leurs
enfans nés hors du Royaume, ne puiffent
fous prétexte des exemptions & franchifes
portées par le préfent Article, être admis
à aucunes charges, offices ou emplois, qui
ne peuvent être poffédés que par nos fujets
naturels, qu'au préalable ils n'aient obtenu des Lettres de naturalité, & qu'elles
n'aient été enregiftrées en la maniere accoutumée.

IV. Ordonnons au furplus que notre
Edit du mois de Mars dernier fera exécuté felon fa forme & teneur. Si vous
mandons que ces préfentes vous ayez à
faire lire, publier & enregiftrer, & le
contenu en icelles, enfemble ledit Arrêt
exécuter felon fa forme & teneur, nonobf-

tant toutes chofes à ce contraires ; car tel eft
notre plaifir. Donné à Verfailles le vingt-
troifieme jour du mois de Juin , l'an de
grace mil fept cent foixante-fept , & de
notre Regne le cinquante - deuxieme.
Signé , LOUIS , & plus bas , par le Roi ,
PHELYPPEAUX , & fcellé du grand Sceau
de cire jaune.

Regiftré le 6 Juillet 1767. Signé , YSABEAU.

ARREST

DU CONSEIL D'ETAT DU ROI,

En interprétation de l'Arrêt du 23 Août dernier.

Du 13 Septembre 1767.

LE ROI ayant , par l'Arrêt de fon
Confeil du 23 Août dernier , ordonné
ce qu'il a eftimé néceffaire pour les profeffions d'arts & métiers , & autres qui
intéreffent le commerce de détail , & qui
ne font pas en Jurande dans fa bonne ville
de Paris , foit par rapport au maintien du
bon ordre & de la police , foit par rapport aux brevets qui feroient expédiés , le
tout conformément à ce qui eft prefcrit
par les Edits de Décembre 1581 , Avril
1597 , & Mars 1673 , dont l'exécution a
été ordonnée par fon Edit du mois de Mars
dernier , concernant les arts & métiers ; Sa
Majefté auroit jugé à propos de fe faire
repréfenter un état des diverfes profeffions
& métiers énoncés en l'Arrêt de fon Confeil du 23 Aout dernier , à l'effet de fixer
la finance des brevets , qui doit être une

fois payée , aux termes dudit Arrêt; Elle
auroit reconnu qu'autant qu'il étoit essen-
tiel pour le bon ordre d'exiger également
de tous ceux qui font profession de commerce de marchandises & denrées, d'arts
& métiers de toutes fortes, fans aucune
exception, de fe faire connoitre par un
enregistrement, foit au Greffe de la Police, foit à celui de l'Hôtel de fa bonne
ville de Paris, fuivant la nature des professions , & des Jurisdictions ; autant il
étoit de fa bonté de ne pas fixer la finance
pour plusieurs métiers, dont l'objet est
trop peu important & trop peu médiocre :
à quoi voulant pourvoir. Ouï le rapport
du fieur de l'Averdy, Conseiller ordinaire
au Conseil royal, Contrôleur Général des
Finances. Le Roi étant en fon Conseil ,
a ordonné & ordonne que la finance qui
fera payée une fois feulement par ceux qui
exercent ou exerceront dans fa bonne ville
de Paris les professions , arts & métiers
qui ne font point en Jurande , demeurera
fixée conformément à l'Edit annexé au
préfent Arrêt, & qu'il ne fera payé aucun
droit pour les réceptions, fauf les frais
d'expédition du Greffe, aux termes des
Réglemens, Sa Majesté dérogeant à cet
égard à l'article III dudit Arrêt; & qu'à
l'égard des professions, arts & métiers qui
ne font point compris audit état de fixation, ceux qui les exercent ou exerceront
feront difpenfés de payer aucune finance,
en, par eux, fe faifant fimplement enregiftrer au Greffe de la Police, ou à celui
de l'Hôtel de fa bonne ville de Paris, chacun en droit foi , fuivant l'ordre des pro-

N n iij

.feſſions & juriſdictions, auxquels enregiſ-
tremens il ſera procédé ſans frais. Et ſera
le préſent Arrêt, ſur lequel toutes Lettres
néceſſaires ſeront expédiées, imprimé, lu,
publié & affiché par-tout où beſoin ſera.
Fait au Conſeil d'Etat du Roi, Sa Majeſté
y étant, tenu à Verſailles le treize Septembre mil ſept cent ſoixante-ſept. Signé,
PHELYPPEAUX.

---

*E T A T de fixation de la finance qui ſera payée
une fois ſeulement par ceux qui exercent
dans la ville de Paris aucunes profeſſions
d'arts & métiers qui ne ſont point en Jurande,
pour, par eux, ſur la quittance qui leur ſera
expédiée, être reçus, & prêter ſerment, conformément aux Edits de Décembre 1581,
Avril 1597, & Mars 1673, ordonnés être
exécutés par celui du mois de Mars dernier,
& continuer à exercer leſdites profeſſions,
ſans pouvoir y être troublés.*

MARCHANDS de bois neuf & bois flotté,
mille livres.
Marchands de bois quarré, mille liv.
Marchands de planches, mille liv.
Marchands de bois de ſciage & déchirage
de bateaux, ſix cent liv.
Marchands Loueurs de chevaux, quatre
cent liv.
Marchands de bleds, grains, farines &
avoines ſur les quais, ports & halles,
quatre cent liv.
Marchands de foin & paille, trois cent liv.
Marchands de charbons de terre, de bois,
de tourbes, trois cent liv.
Marchands de tuiles & ardoiſes, trois
cent liv.

Marchands de biere, cidre, poiré & eaux-de-vie en détail, foixante-quinze liv.

Fabricans de tapifferies en cuir, toiles & autres étoffes peintes, dorées ou en couleurs ou de tontiffe, trois cent liv.

Fabricans de papiers deftinés à faire des tapifferies ou autres ornemens, deux cent liv.

Fabricans d'indienne, ou toiles imitant l'indienne, trois cent liv.

Faifeurs & Vendeurs de fleurs artificielles, deux cent quarante liv.

Faifeurs de modes, quatre cent liv.

Faifeurs de cire à cacheter, quatre cent liv.

Fabricans de chocolat, quatre cent liv.

Fabricans de vermicelli, quatre cent liv.

Faifeurs d'inftrumens de Mathématiques & de Phyfique, cinq cent liv.

Graveurs en taille-douce, quatre cent liv.

Les Artificiers, deux cent quarante liv.

Les Aubergiftes - Gargotiers, foixante-quinze liv.

Les Brocanteurs de toutes efpeces, deux cent cinquante liv.

Les Cylindreurs & Calandreurs, cent cinquante liv.

Les Herboriftes-Botaniftes, deux cent liv.

Les Loueurs de carroffes de remife, caleches, chaifes & cabriolets, trois cent l.

Les Tenans hôtels garnis, fix cent liv.

Les Tenans chambres garnies, trois cent l.

Les Plâtriers, cent quatre-vingt liv.

Les Treillageurs, quatre cent liv.

Les Marchands de chaux, cent cinquante l.

Les Rouliers demeurans à Paris, cent cinquante liv.

Les Agens de change & les Courtiers, de

quelque nature qu'ils foient, fuivant les états particuliers qui en feront arrêtés.

Et à l'égard des autres profeffions, arts & métiers non compris au préfent état, ceux ou celles qui les exercent ne feront tenus de payer aucune finance, mais fimplement de fe faire enregiftrer au Greffe de la Police, ou de l'Hôtel-de-Ville, pour raifon duquel enregiftrement il ne fera perçu aucuns frais.

Fait au Confeil d'Etat du Roi, Sa Majefté y étant, tenu à Verfailles le treiziéme jour de Septembre mil fept cent foixante-fept. Signé, PHELYPPEAUX.

ORDONNANCE DE POLICE,

Concernant l'étalage & colportage des marchandifes.

Du premier Juin 1768.

SUR ce qui nous a été remontré par le Procureur du Roi, que l'inexécution des Réglemens qui ont été faits pour le commerce de chacun des corps des Marchands, communautés d'arts & métiers dans cette ville, donne lieu à des abus très-crians, tant à l'intérêt defdits corps & communautés, qu'à celui de la police ; que les plaintes qui nous ont été portées fur l'objet particulier des étalages & du colportage des marchandifes par des perfonnes fans qualité, & les fraudes des colporteurs, dont un nombre de particuliers ont été les dupes, exigent de notre part la plus grande attention ; que le moyen

qui lui paroît le plus propre à faire ceſſer
ces abus, eſt de renouveller les diſpoſitions
des Réglemens qui ont été faits ſur cette
matiere de police ; & l'adminiſtration publique eſt d'enjoindre aux Gardes des corps
des Marchands, aux Syndics & Jurés des
communautés d'arts & métiers, & Officiers de Police, chacun dans ce qui peut
les regarder, de tenir la main à leur exécution, & de nous mettre à portée de
prononcer contre les contrevenans les peines que les contraventions exigeront. A
ces cauſes, il requiert qu'il y ſoit par nous
pourvu. Nous, faiſant droit ſur le requi-
ſitoire du Procureur du Roi, ordonnons
que les Statuts des corps des Marchands
& des communautés d'arts & métiers, les
Arrêts & Réglemens du Parlement, les
Sentences & Ordonnances de Police, concernant l'étalage & le colportage des marchandiſes, ſeront exécutés ſelon leur forme
& teneur ; en conſéquence,

ARTICLE PREMIER.

Faiſons défenſes à tous Particuliers, de
quelque état qu'ils ſoient, d'étaler & de
vendre aucunes marchandiſes dans les rues,
ſur les quais, ſur les ports & ſur les places
publiques de cette ville & fauxbourgs, à
peine de ſaiſie & confiſcation des marchandiſes, & de trois cents livres d'amende
pour chaque contravention.

II. Défendons pareillement, & ſous les
mêmes peines, à tous propriétaires, principaux locataires, Marchands, & autres,
ayant des maiſons & boutiques en cette

ville & fauxbourgs, de permettre ni souffrir qu'aucunes personnes n'étalent & vendent aucunes marchandises au-devant desdites maisons & boutiques, soit avec des
comptoirs, échoppes ou autrement.

III. Ne pourront les Marchands, artisans, & autres personnes, de quelque état
& condition qu'elles soient, de colporter
ou faire colporter les marchandises & autres objets dont ils font commerce dans les
rues de Paris, ou de maison en maison, à
peine de saisie desdites marchandises, de
confiscation, & de trois cents livres d'amende pour chaque contravention, de laquelle
amende les maîtres ou maîtresses seront responsables pour leurs garçons, apprentifs
ou domestiques; pourront même les gens
sans qualité être emprisonnés sur le champ,
& les gens ayant qualité être privés de leur
maîtrise, en cas de récidive.

IV. Les Marchands & artisans qu'on
aura requis pour apporter ou faire apporter des marchandises en maisons particu-
lieres, seront tenus de les apporter eux-
mêmes; & dans le cas où ils ne pourront
point les apporter eux-mêmes, ils feront
accompagner ceux qui les apporteront par
leurs apprentifs, garçons, compagnons,
serviteurs ou domestiques demeurans chez
eux, & étant à leurs gages, auxquels ils
donneront le mandat qu'ils auront reçu,
ou l'adresse de ceux auxquels ils enverront
lesdites marchandises, le tout à peine de
trois cents livres d'amende, dont les maîtres feront civilement responsables.

V. Les particuliers sur lesquels on saisira
des marchandises pour raison de colpor-

tage, feront tenus de déclarer leurs noms, qualité & demeure à la premiere requifition qui leur en fera faite ; & en cas de refus, ou qu'après leur déclaration il fera conftaté qu'ils en ont impofé, ils pourront être envoyés en prifon par le Commiffaire qui fera préfent à la faifie, lequel dreffera procès-verbal de la faifie & de l'emprifonnement, fur lequel procès-verbal de faifie & contravention il fera enfuite par nous prononcé telles peines qu'il appartiendra.

VI. Ne pourront les habitans de cette ville & fauxbourgs, de quelque qualité & condition qu'ils foient, favorifer le colportage, de quelque forte & maniere que ce puiffe être, en donnant retraite aux colporteurs, en les recevant, ou leurs marchandifes, dans leurs maifons, en s'oppofant aux faifies que les Gardes ou Jurés voudroient en faire, à peine de cinq cents livres d'amende, & de plus grande peine, s'il y échet, dont les maîtres feront refponfables pour leurs enfans, ferviteurs & domeftiques, qui auroient favorifé le colportage & donné afyle aux colporteurs; pourront même les domeftiques être emprifonnés fur le champ, en cas de violence ou rebellion, de même que les colporteurs non domiciliés.

VII. Mandons aux Commiffaires au Châtelet, & enjoignons aux Gardes des corps des Marchands, aux Syndics & Jurés des communautés d'arts & métiers, de tenir la main à l'exécution de notre préfente Ordonnance, en ce qui concerne feulement la police de leurs corps ou communautés, & aux Officiers & Archers du

Guet , Archers de Robe-courte , & autres
Officiers de Police, de leur prêter main-
forte , lorsqu'ils en feront requis ; & fera
notredite Ordonnance imprimée , lue , publiée & affichée dans cette ville & fauxbourgs , & par-tout ailleurs où besoin fera,
même infcrite fur les regiftres des délibérations des corps & communautés ; & affichée tant dans l'intérieur qu'à la porte
de leur bureau d'affemblée, à ce que perfonne n'en prétende caufe d'ignorance.

Ce fut fait & donné par nous Antoine
Raymond-Jean-Gualbert Gabriel de Sartine , Chevalier, Confeiller d'Etat, Lieutenant Général de Police de la ville , prévôté & vicomté de Paris , le premier Juin
mil fept cent foixante - huit. Signé , DE
SARTINE. MOREAU. SIFFLET DE BRE-
VILLE , Greffier.

EXTRAIT DES REGISTRES

DE PARLEMENT,

*Entre un ancien Juré , Maître & Garde & la
Communauté des Maîtres & Marchands Gantiers-Poudriers-Parfumeurs de Paris.*

Du 15 Avril 1769.

ENTRE Corneille Bouillé , Maître &
Marchand Gantier - Poudrier - Parfumeur à Paris, y demeurant, & ancien Juré
de fa communauté, demandeur en Requête
du 13 Avril, préfent mois, d'une part , &
ladite communauté des Maîtres & Marchands Gantiers Poudriers-Parfumeurs de
la ville , fauxbourgs & banlieue de Paris,

(445)

& le fieur Souverant, Marchand Gantier
& Parfumeur, demeurant à Grenoble, défendeur, d'autre part ; après que Jouha-
nin, Avocat de Bouillé, a demandé avantage : Oui Barentin, pour le Procureur-Général du Roi. La Cour a donné défaut,
& pour le profit, reçoit la partie de Jouha-
nin partie intervenante ; faifant droit au
principal, ayant aucunement égard à la
Requête & demande, ordonne que la Déclaration du 12 Décembre 1705, vérifiée
en la Cour le 22 Février 1706, fera exécutée felon fa forme & teneur ; en conféquence, fait défenfes à la communauté
des Gantiers-Parfumeurs de cette ville,
défaillante, de nommer à l'avenir un Syndic d'icelle, au préjudice de la réunion de
cette charge, à eux accordée & prononc-
cée ; ordonne que les Maîtres-Gardes de
ladite communauté feront la recette &
dépenfe d'icelle, notamment celle autori-
fée par l'article IV. de ladite Déclaration;
enjoint auxdits Maîtres-Gardes actuels de
pourfuivre, fous un mois, le recouvrement des fommes dues par les veuves de
Maîtres & Maîtres de lad. communauté,
pour marchandifes précédemment à eux
livrées au bureau d'icelle ; fait défenfes
aux Maîtres-Gardes de livrer à l'avenir,
pendant le temps de leur exercice, aucunes
des marchandifes dépofées au bureau aux
veuves de Maîtres & aux Maîtres de lad.
communauté, qui font débiteurs de partie
du prix des achats par eux faits au bureau, de plus d'un mois, à peine de demeurer garants du prix d'icelles en leur
propre & privé nom, à moins qu'ils ne

juſtifient par écrit d'un ordre contraire du Marchand propriétaire des marchandiſes, dépens compenſés. Fait en Parlement le 15 Avril 1769. Collationné. Signé, BABAUD. Par la Chambre, ſigné, YSABEAU.

Le 10 Mai 1769, ſignifié à Mes. Voſdey & Boiſte, Procureurs, par nous Huiſſier au Parlement. Signé, PEUSRET.

DÉLIBÉRATIONS

De la Communauté des Maîtres & Marchands Gantiers-Poudriers Parfumeurs de la Ville, Fauxbourgs & Banlieue de Paris.

Du 15 Septembre 1769.

L'AN mil ſept cent ſoixante - neuf, le quinze Septembre, deux heures de relevée, Meſſieurs les modernes & jeunes étant aſſemblés en leur Bureau, ſis rue Saint-Denis, Paroiſſe Saint-Jacques-la-Boucherie, par billets de convocation, en la maniere accoutumée, après avoir pris communication & entendu la lecture d'une délibération du 7 Novembre 1765, ont concerté d'unanime voix à la ſuſdite délibération, pour être exécutée ſelon ſa forme & teneur. En foi de quoi avons tous ſouſſigné & ſigné avec les Maîtres & Gardes en charge. A Paris, ces jour & an que deſſus. Signés, Bilhaul. Malivoire. Courtois. J. B. Durand. Picote. Dutroulleau. Vaudichon. Charon. Ponet. Sellier. Dames. Touvoys. Foys. Cochon. Arnauld. Dutroulleau. Dubuiſſon. Coiffier. Tremeau. Audouin. Beauclin. Elie. F. Thuillier.

Godefroy, fils. Leroy. Coiffier. Lefebvre.
Prevot. Suard. Emartel. Hugot. Lecointe.
Tremblay. Deshaye. Levaucher. J. P. Gi-
rard. Contrôlée le 20 Décembre 1769.
Reçu treize fols. Signé, LANGLOIS.

Du 13 Décembre 1769.

L'AN mil fept cent foixante-neuf, le
treize Décembre, à deux heures de
relevée, la communauté des Marchands
Gantiers-Poudriers-Parfumeurs de la ville,
fauxbourgs & banlieue de Paris, étant
affemblée en fon Bureau, fis rue Saint-
Denis, Paroiffe Saint-Jacques-la-Boucherie, par billets de convocation, en la
maniere accoutumée; fur la repréfentation
que les Jurés en charge ont faite, que la
plupart des affemblées que leurs prédéceffeurs ont faites, & qui fe font actuellement, deviennent infructueufes, en ce
que par l'Arrêt du Parlement de 1762,
il eft dit que les délibérations qui feront
faites par la communauté ne vaudront
qu'autant qu'elles feront fignées de vingt-
cinq anciens; que la plupart de ceux qui
viennent ne donnent pas le temps de délibérer, & fe retirent fans rien ftatuer ni
figner, fous prétexte qu'il ne faut pas
vingt-cinq préfens; de forte qu'il ne fera
jamais poffible de délibérer, ni de foutenir les droits de la communauté, ni des
Maîtres, fi l'on n'y remédie: c'eft pourquoi il fera néceffaire, pour rendre lefdites affemblées & délibérations fructueu-
fes, de donner à chacun des anciens qui
affifteront & qui feront préfens à la clô-

ture d'icelles ; un jeton d'argent du poids
de deux gros, deux à chaque Juré, & deux
au Doyen ; que de plus, le nombre des
anciens qui viennent auxdites assemblées,
ainsi que les Gardes en charge, n'étant pas
au fait des affaires, il seroit à propos que
le Procureur de la communauté assistât
& signât à toutes les délibérations, en lui
donnant pour honoraire quatre jetons d'argent du même poids chaque, ce qui abré-
geroit lesdites délibérations ; & lorsqu'il
s'agiroit d'appel au Parlement, que le Procureur au Parlement de ladite commu-
ment assistât de même aux délibérations,
& qu'il lui seroit pareillement donné pour
honoraire quatre jetons d'argent du même
poids ; que la difficulté de trouver désor-
mais des sujets pour remplir les places de
Jurés, en ce qu'elles devroient produire
quelque bénéfice ; elles sont au contraire
onéreuses, en ce qu'il faut payer, outre
les dépenses qui sont d'usage, une somme
de 150 livres chacun, qui se met en masse
au profit de la communauté : comme cet
usage n'a été établi que par quelques Jurés, la communauté peut consentir que
cette somme soit employée à faire un
fonds pour les honoraires à jetons ci-dessus
désignés ; que de plus, il seroit pris sur
chaque Maîtrise sans qualité une somme
de 50 livres pour contribuer au même
fonds ; qu'il seroit nécessaire que la clôture des délibérations se fît à quatre heures du soir, depuis le premier Novembre
jusqu'au premier Avril, & à cinq heures
du soir depuis le premier Avril jusqu'au
premier Novembre ; & les assemblées extraordinaires

traordinaires qui fe feront le matin, la
clôture fe fera à onze heures ; & ceux qui
viendroient après la clôture, n'auroient
aucun honoraire ; & ceux qui ne viendroient pas du tout payeroient une amende
de 10 fols chaque, pour toujours augmenter ledit fonds ; qu'il feroit tenu un
regiftre, où le Procureur & les Jurés ar-
rêteroient le nombre des Maîtres qui ne
fe feroient pas préfentés. Enfin, pour diminuer les dépenfes du dernier élu, & de
ceux qui le feront par la fuite, il ne fera
plus fêté que la Fête de Sainte Anne. Sur
quoi la matiere mife en délibération, la
communauté affemblée, après avoir examiné & refléchi fur tous les objets, a
d'une voix unanime, convenu & arrêté,
1°. que la femme de 150 liv. par chacun
des deux derniers Jurés élus, ainfi que
celles qui feront payées par les Jurés fuccefleurs, feront employées à former & à
entretenir le fonds des honoraires en jetons, qui feront diftribués aux anciens
de la communauté qui affifteront aux affemblées & délibérations, aux Procureurs
de ladite communauté, aux Jurés & au
Doyen ; favoir, un jeton d'argent du poids
de deux gros à chaque ancien, deux à chaque Juré, deux au Doyen, le tout du même poids ; 2°. que déformais le Procureur
au Châtelet de la communauté affiftera à
toutes les affemblées & délibérations qui
fe feront, fignera lefdites délibérations,
& lui fera payé pour fa vacation & honoraire quatre jetons d'argent du même
poids ci-deffus dit ; & lorfqu'il s'agira
d'appel au Parlement, le Procureur au

Parlement de la communauté affiftera auffi aux affemblées & délibérations qui feront relatives auxdits appels, & lui fera pareille. ment donné quatre jetons auffi du même poids ; 3°. qu'il fera prélevé par la fuite fur chaque Maîtrife fans qualité une fomme de 50 livres pour la contribution d'autant audit fonds de jetons ; 4°. que la clôture des affemblées & délibérations fe fera à cinq heures du foir, depuis le premier Novembre jufqu'au premier Avril, & à fix heures du foir, depuis le premier Avril jufqu'au premier Novembre ; la clôture des affemblées qui fe feront le matin, fe fera à midi, & que ceux des Maîtres qui ne fe trouveront pas préfens au moment defd clôture & acception de fignature, ne recevront aucun jeton ; 5°. qu'il fera tenu par le Juré en charge un regiftre en deux colonnes, fur l'une defquelles fera écrite la recette qu'ils feront des fommes deftinées pour ledit fonds de jetons, date par date, du jour de la perception qu'ils en feront, & fur l'autre colonne fera écrit dans le même ordre la dépenfe & l'emploi defdits fonds ; plus, un autre regiftre, fur lequel fera écrit le nom de chaque Maître ancien qui aura affifté aux fufdites délibérations, lefquels Maîtres figneront chacun la cafe où fe trouveront leurs noms, & fera arrêté & fommé en bas le nombre de fignatures & délivrance de jetons, lequel arrêté fera figné à chaque délibération par l'Officier, les quatre Jurés, & par quatre des anciens qui fe trouveront à l'affemblée.

A été encore convenu qu'au moyen que

la Fête de la Madeleine ne fera plus fêtée,
& que la célébration de ladite Fête occa-
fionnoit une dépenfe à chaque Maître de
confrérie, laquelle dépenfe n'aura plus
lieu, chaque Maître de confrérie, à commencer par ceux de la préfente année, &
ceux qui leur fuccéderont, donneront annuellement la fomme de 50 livres, pour
être remife à la maffe du fonds defdits
jetons ; & pour l'empreinte defdits jetons
lefdits Jurés en charge fe ferviront du
poinçon qui a été anciennement fait pour
lad. communauté, & donné par les fieurs
Nicolas Leroux, Guillaume Coiffier, Alain,
Melchior, Godefrin, anciens Syndics &
Maîtres & Gardes de ladite communauté ;
à l'effet de quoi ledit poinçon fera remis
par celui en la poffeffion duquel il eft,
entre les mains des Jurés, & par eux dé-
pofé dans le coffre de la communauté.

Et pour que ces préfentes puiffent avoir
leur pleine & entiere exécution, la communauté a donné & donne tout pouvoir
aux Syndic & Jurés actuels, & à leurs
fucceffeurs, de les faire homologuer tant
au Châtelet qu'au Parlement ; leur feront
alloués dans leurs comptes les frais & faux
frais néceffaires pour y parvenir ; & fi l'homologation eft néceffaire au Parlement ;
elle le fera, fans tirer à conféquence, par
le miniftere du Procureur que lefdits Syndic & Jurés choifiront.

Fait & arrêté en notre Bureau lefdits
jour, an & heure que deffus ; & ont figné
auffi, C. Bouillé. Laubineau. Levaucher.
Grandpierre. Bocquillon. Leroux. Godefrin. Gaillard l'aîné. Vanier. Dumay le

jeune. Dumay. Compagnon. Cardin. Lot-
phevre. Serve. Vaudoyer. Gailliard. Mar-
fot. Rouvier. C. Theullier. Huet. Prudhomme. Blondeau. Roger. Truffot. L.
Dulac. Compagnon. Et au - deſſous eſt
écrit : Contrôlé à Paris le 20 Décembre
1769. Reçu treize ſols. Signé, LANGLOIS.

Du 19 Décembre 1769.

L'AN mil ſept cent ſoixante-neuf, le
dix-neuf Décembre, à deux heures de
relevée, l'aſſemblée des modernes & jeunes s'étant tenue en leur Bureau, fis rue
Saint-Denis & Paroiſſe Saint Jacques-de-
la-Boucherie, par billets de convocation,
en la maniere accoutumée, & en conti-
nuant la délibération des anciens du 13
Décembre préſent mois ; & après que
communication & lecture leur ont été
faites des objets propoſés en ladite délibération, & de la délibération qui s'en eſt
enſuivie, ladite aſſemblée a été du même
avis que les anciens,

Fait & délibéré en notredit Bureau leſdits jour, an & heure que deſſus, & ont
ſigné, Marvic. Durand. Elie. Picote. Pon-
cet. Cacheleux. Levaucher. Vaudichon.
Seillier. Saliquet. Beauclin. Calteau. Audouin. Lhomme. Tremeau. F. Thuiller.
Caillouce. Baty. Bertrand. Dubuiſſon. Gou-
ley. Durand. Godefroy. Godefroy fils. Richard. F. Adancout. Contrôlé le 20 Décembre 1769. Reçu treize ſols. Signé,
LANGLOIS.

EXTRAIT

Des Minutes du Greffe de la Chambre de Police du Châtelet de Paris.

Du vendredi 22 Décembre 1769.

SUR ce qui nous a été remontré, &c.
Sur quoi ayant égard au réquifitoire
du Procureur du Roi, ordonnons que
tous les corps de Marchands & communautés d'arts & métiers de la ville de Paris, feront tenus d'avoir chacun un regiftre pour fervir à tranfcrire leurs délibéra-
rations, ainfi que les actes de réception
de Maîtres, & l'enregiftrement des brevets d'apprentiffage, lequel regiftre ils feront préalablement parapher par nous &
le Procureur du Roi, le tout fans frais :
ordonnons en outre que la préfente Sentence fera, à la requéte & diligence dudit
Procureur du Roi, fignifiée à chacun des
Gardes & Jurés actuellement en charge
defdits corps & communautés, pour qu'ils
aient à s'y conformer. Quant aux corps &
communautés, qui jufqu'à ce jour n'ont
point eu de regiftre en régle, & à l'égard
de ceux qui en ont, à nous les repréfenter & au Procureur du Roi, le tout dans
le délai de quinzaine, à compter de celui
de la fignification de notre préfente Sentence. Ce qui fera exécuté nonobftant oppofition ou appellation quelconque, &
fans y préjudicier. Ce fut fait & donné
par M. de Sartine, Chevalier, Confeiller
d'Etat, Lieutenant Général de Police au

Châtelet de Paris, les jour & an que deſſus.
Signé, VIMONT, Greffier.

*Signifié, à la requête de M. le Procureur du
Roi, aux Jurés en charge de la communauté
des Maîtres Gantiers, le 30 Décembre 1769,
par Bonnaire.*

SENTENCE CONTRADICTOIRE

*Rendue ſur Délibéré par M. le Lieutenant Gé-
néral de Police au Châtelet de Paris ; en
faveur des Jurés de la Communauté des Maîtres & Marchands Gantiers-Poudriers-Parfumeurs de la ville de Paris.*

*Contre le ſieur Vincent Chiſſlot, ſe diſant Mar-
chand Parfumeur & Diſtillateur à Montpellier, & ſa femme.*

Du 23 Novembre 1770.

A Tous ceux qui ces préſentes Lettres
verront, Anne-Gabriel-Henry Bernard, Chevalier, Marquis de Boullainvilliers, Seigneur de Paſſy & autres lieux,
Conſeiller du Roi en ſes Conſeils, Préſident
Honoraire en ſa Cour de Parlement, Prévôt de la Ville, Prévôté & Vicomté de Paris, & Conſervateur des Privileges royaux
de la même Ville, Lieutenant pour le Roi
au Gouvernement de la Province de l'Iſle de
France, Lecteur de la Chambre de Sa Majeſté, Grand-Croix, Prévôt & Maître des
Cérémonies de ſon Ordre Royal & Militaire de S. Louis. Salut : Savoir faiſons, que
ſur la Requête faite en Jugement devant
nous à l'Audience de la Chambre de Police
du Châtelet de Paris, par Me. Jean-Charles

Cormier, Procureur des Jurés de préfent en
charge de la communauté des Maîtres &
Marchands Ga tiers-Poudriers-Parfumeurs
de la Ville, Fauxbourgs & Banlieue de
Paris, &c. Parties ouies, fans que les qualités puiffent nuire ni préjudicier, nous,
après en avoir délibéré fur les piéces &
dofliers des parties mis en nos mains;
difons que les Statuts, Arrêts & Réglemens de la communauté des Marchands
Parfumeurs, feront exécutés felon leur
forme & teneur; en conféquence, déclarons bonne & valable la faifie dont eft
queftion; difons que toutes les marchandifes faifies feront vendues au Bureau de
la communauté des parties de Cormier,
en la maniere accoutumée, à l'effet de
quoi, tous gardiens & dépofitaires d'icelles
contraints, même par corps, & faire ladite
remife de toutes les marchandifes faifies,
entre les mains du Juré Comptable de
ladite communauté des Parfumeurs; quoi
faifant, de ce feront & demeureront bien
& valablement quittes & déchargés, &
néanmoins par grace, & fans tirer à conféquence, difons que le prix provenant de
ladite vente des marchandifes dont il s'agit,
fera remis auxdites parties de Cottereau;
faifons défenfes auxdites parties de Cottereau de récidiver, & de plus à l'avenir
entreprendre fur la Profeffion & le Commerce defdites parties de Cormier, & pour
leurs contraventions, condamnons lefdites
parties de Cottereau à trente livres de dommages & intérêts, & en tous les dépens,
dont lefdites parties de Cormier feront
rembourfées, & qu'elles retiendront fur les

deniers provenans de la vente dont il s'agit, ce qui fera exécuté nonobftant & fans préjudice de l'appel, & foit fignifié ; en témoin de ce nous avons fait fceller ces préfentes, qui furent faites & jugées par Monfieur Jean-Gualbert-Gabriel de Sartine, Lieutenant Général de Police au Châtelet de Paris, tenant le Siége le Vendredi vingt-trois Novembre mil fept cent foixante-dix. Collationné. Signé, MORISSET. Signé en chef, JARDIN, & fcellé le 29 dudit mois par ANFRIE.

Du 5 Janvier 1771.

PAR Ordonnance, fur référé contradictoire, rendue par Monfieur le Lieutenant Général de Police, en fon hôtel le 5 Janvier 1771. Appert mondit Seigneur Lieutenant de Police, fur le rapport à lui fait par Mabille, Huiffier-Prifeur, des conteftations mues entre les Jurés Parfumeurs de la Ville de Paris, & le fieur Chifflot & fa femme, au fujet de la vente des marchandifes faifies dont eft queftion, ordonnée par la Sentence du 23 Novembre 1770, & commencée en exécution de ladite Sentence, avons ordonné, ouïs les Procureurs des parties, que la vente defdites marchandifes feroit continuée le Lundi fept dudit mois de Janvier, & jours fuivant, dans le Bureau defdits Jurés Parfumeurs, ainfi qu'elle a été commencée, en la préfence feulement des Marchands Parfumeurs, & hors celle de tous particuliers, étrangers à leur état, dont extrait.

SENTENCE

SENTENCE

Contradictoirement rendue sur Délibéré en la Chambre de Police du Châtelet de Paris, entre les Jurés Parfumeurs de Paris & un Maître de leur Communautée.

Du 19 Juillet 1771.

A Tous ceux qui ces présentes Lettres verront, Anne-Gabriel-Henry Bernard de Boullainvilliers, Chevalier, Marquis de Boullainvilliers, Seigneur de Passy-les-Paris, Glissolles, Saint-Aubin, Vraignes & autres lieux, Conseiller du Roi en ses Conseils, Président Honoraire en sa Cour de Parlement, Prévôt de Paris : Salut. Savoir faisons, que sur la Requête faite en Jugement devant nous à l'Audience de la Chambre de Police du Châtelet de Paris, &c. Nous, après en avoir délibéré sur les piéces & dossiers mis en nos mains, faisons main-levée pure & simple à la partie de Ballé de la saisie dont est question, disons qu'elle demeurera déchargée de la garde des marchandises saisies, & néanmoins, disons que les Articles XXVII & XXVIII des Statuts de la communauté des Maîtres Gantiers-Parfumeurs, & l'Arrêt de la Cour du 31 Juillet 1627, seront exécutés selon leur forme & teneur ; ce faisant, que ladite partie de Ballé, & tous autres Parfumeurs, seront tenus à l'avenir de faire transporter au Bureau de la communauté toutes les marchandises étrangeres & foraines, & venant de dehors Paris, même celles qui pourroient leur être adreſſées en vertu de leurs mandemens ou lettres miſſives, pour être viſitées par les Jurés de la communauté, même de payer auxdits Jurés les droits de viſites deſdites marchandiſes, à raiſon de ſix deniers par douzaine de paires de gants; en conſéquence, condamnons ladite partie de Ballé à payer auxdites parties de Cormier la ſomme de trois livres quinze ſols pour le droit de viſite des cent cinquante douzaines de paires de gants dont il s'agit; condamnons en outre la partie de Ballé en tous les dépens, même en ceux de ſaiſie : ce qui ſera exécuté nonobſtant & ſans préjudice de l'appel; en témoin de quoi nous avons fait ſceller ces préſentes, qui furent faites & données par Monſieur le Lieutenant Général de Police au Châtelet de Paris, tenant le Siége le Vendredi dix-neuf Juillet mil ſept cent ſoixante-onze, Collationné. Signé, MORISSET, Signé, en chef, JARDIN; & ſcellé le 8 Août ſuivant par ANFRIE.

Signifié à Me. Ballé, Procureur dudit ſieur Delaporte, le 8 Août 1771, Signé, LEGUI-DOYER.

ARREST

DU CONSEIL D'ETAT DU ROI,

*Qui, conformément à l'Edit de Décembre 1581,
& au privilége qu'ont tous les Maîtres des
Corps & Communautés d'arts & métiers de
Paris, de pouvoir s'établir dans toutes les
villes, bourgs & lieux du Royaume, maintient le sieur Guillemot, reçu Maître Coutelier à Paris, dans le droit d'exercer ledit
métier en la ville de Thiers en Auvergne.*

Du 15 Octobre 1771.

Extrait des Regiftres du Confeil d'Etat.

VU par le Roi, en son Confeil, l'Arrêt
rendu en icelui le 11 Septembre
1770, &c. Ouï le rapport du Sieur Abbé
Terray, Confeiller ordinaire, & au Confeil Royal, Contrôleur Général des Finances, le Roi, en fon Confeil, faifant
droit fur l'Inftance, a ordonné & ordonne
que l'Article VI de l'Edit du mois de
Décembre 1581, fera exécuté felon fa
forme & teneur. En conféquence, a maintenu & maintient ledit Antoine Guillemot,
en qualité de Maître Coutelier à Paris,
dans la faculté d'exercer fon métier, tant
dans la Ville de Thiers, que dans tels autres
Bourgs & lieux du Royaume, où il voudra demeurer ; d'y fabriquer tous ouvrages
de Coutellerie énoncés dans les Statuts &
Réglemens, de la communauté des Couteliers de Paris, & d'y tenir boutique

P p ij

ouverte, pour la vente & débit defdits ouvrages, fans être tenu d'y faire aucun chef-d'œuvre, ni payer aucun droit de réception ou inftallation, & ce nonobftant tous Statuts & Réglemens locaux, à l'exécution defquels Sa Majefté le declare ne pouvoir être aftreint, à l'exception néamoins de ceux qui concernent l'emploi des matieres & la marque des ouvrages; & à la charge par ledit Guillemot de foufffrir la vifite des Jurés, Gardes, Vifiteurs de la communauté des Couteliers de Thiers ou des autres lieux où il fera fa réfidence, relativement à la Police fur les matieres & autres objets des Réglemens généraux de commerce feulement, & fans être tenu d'aucunes autres charges envers lefdits Jurés ou communauté : Donne acte Sa Majefté audit Guillemot du choix par lui fait *d'une Palme couronnée* pour la marque des ouvrages de fa Fabrique, à la charge par lui de faire enregiftrer ladite marque au Greffe de la Jurifdiction du lieu de fa réfidence. Fait défenfes aux Jurés, Gardes, Vifiteurs de la communauté des Couteliers de Thiers, & à tous autres, de troubler ledit Guillemot dans l'exercice de fon métier, & à tous Couteliers de ladite Ville de fe fervir de la marque par lui choifie, ou de la contrefaire : Condamne lefdits Maîtres Jurés, Gardes, Vifiteurs des Couteliers de Thiers folidairement en trois cent cinquante livres de dommages-intérêts envers ledit Guillemot & les Jurés de la communauté des Couteliers de Paris, & aux coûts, levée, contrôle & fignification du préfent Arrêt, lequel fera

inscrit par le premier Huissier requis, sur
le Regiltre des délibérations de la communauté des Maîtres Couteliers de Thiers;
aux frais des Jurés, Visiteurs de ladite
communauté. Fait au Conseil d'État du
Roi, tenu à Fontainebleau, le quinze Octobre mil sept cent soixante-onze. Collationné. Signé, DEVOUGNY. Contrôlé le 7
Novembre 1771, signé; LECOUTURIER.

Collationné par Nous Écuyer, Conseiller-
Sécrétaire du Roi, Maison, Couronne de France
& de ses Finances. LA BALME.

SENTENCE DE POLICE,

Rendue sur Délibéré, qui déclare les saisies faites sur quatre Marchands Forains de la ville de Grasse par les Marchands Merciers, nulles, avec défenses de troubler lesdits quatre Marchands Forains & autres dans l'usage de porter leurs Marchandises au Bureau des Gantiers, dont les Merciers sont Appellans.

Du 22 Mai 1772.

A Tous ceux qui ces présentes Lettres verront, Anne-Gabriel-Henry Bernard, Chevalier, Marquis de Boullainvilliers, Prevôt de la Ville, Prevôté & Vicomté de Paris. Salut. Savoir faisons, que sur la Requête faite en Jugement devant nous à l'Audience de la Chambre de Police du Châtelet de Paris par Me. Antoine-Memmie Moignon, Procureur des Sieurs Honoré Crespe, Honoré Maubert, Honoré Domas & Nicolas Gonnelle, tous quatre Marchands Forains Parfumeurs de la Ville de Grasse en Provence, demandeurs en exécution de l'Ordonnance rendue sur référé contradictoire par nous le 24 Décembre dernier, assistés de Me. Thorel leur Avocat. Contre Me. Delabonne, Procureur des Maîtres & Gardes du corps des Marchands Merciers de la Ville de Paris, saisissans, défendeurs & demandeurs, assistés de Me. Desmoulins leur Avocat; & Me. Cormier, Procureur des Syndics & Jurés de la communauté des Maîtres & Marchands Gantiers-Poudriers-Parfumeurs de la Ville, Fauxbourgs & Banlieue de Paris, défendeurs, intervenans & demandeurs, affiftés de Me. Damiens leur Avocat. Parties ouies, fans que les qualités puiffent nuire ni prejudicier, nous, après qu'il en a été délibéré fur les pieces & doffiers mis en nos mains, recevons celles de Cormier parties intervenantes, faifant droit fur leur intervention & au principal, difons que les Statuts, Arrêts & Réglemens de la communauté des Maîtres Gantiers-Parfumeurs, & notamment l'Arrêt de la Cour du 9 Juillet 1715, feront exécutés felon leur forme & teneur; ce faifant, difons que les Marchands forains de la Ville de Graffe, & autres qui amenent en cette Ville des marchandifes de Parfumerie, feront maintenus dans le droit & l'ufage où ils font d'apporter en tout temps dans cette Ville des marchandifes dudit commerce de Parfumeur, à la charge par eux de les apporter au Bureau des Maîtres Gantiers-Parfumeurs pour être vifitées & loties entre lefdits Maîtres Parfumeurs, en la maniere accoutumée, comme auffi de pouvoir vendre dans la quinzaine, en gros & non en détail, le furplus defdites marchandifes qui leur aura été remis par lefdits Jurés Gantiers après les lotiffemens; en conféquence, déclarons nulles les faifies faites fur lefdits Sieurs Crefpe, Domas, Gonnel & Maubert. Difons que la remife provifoire qui leur a été faite defdites marchandifes faifies en vertu de notre Ordonnance du 24 Décembre dernier, fera & demeurera définitive; ce faifant, condamnons folidairement les Parties de

P p iv

Delabonne à rendre & reſtituer à celles de
Moignon les deux mille livres qui ont été
dépoſées par ces derniers, aux termes de
notredite Ordonnance proviſoire; faiſons
défenſes aux parties de Delabonne de faire
à l'avenir de pareilles ſaiſies, & pour les
avoir faites, les condamnons en trente livres
de dommages & intérêts envers chacune deſdites parties de Moignon, & en
tous les dépens envers toutes les parties.
Ce qui ſera exécuté nonobſtant & ſans
préjudice de l'appel ; en témoin de quoi
nous avons fait ſceller ces préſentes, qui
furent faites & données par Monſieur le
Lieutenant Général de Police au Châtelet
de Paris, tenant le Siege le Vendredi vingt-
deux Mai mil ſept cent ſoixante-douze.
Collationné. Signé, JARDIN, Greffier.
Contrôlé le 28 Juillet 1772, reçu 6 livres.
Signé, JARVIN, ſcellé le 28 Juillet 1772,
reçu 35 ſols. Signé, ANFRIE. Signifié &
baillé copie à Mes. Delabonne & Cormier,
Procureurs, à domicile le 28 Juillet 1772.
Signé, LE BARBIER, Huiſſier.

SENTENCE DE POLICE,

*Portant réglement, qui déclare bonne & valable
la saisie faite sur le sieur Tissot des marchandises de gants trouvées chez lui ; ordonne que
les marchandises saisies seront vendues au Bureau de la Communauté des Marchands Parfumeurs, pour, le prix qui proviendra de
ladite vente, être remis audit sieur Tissot,
par grace, & sans tirer à conséquence ; condamne ledit sieur Tissot à payer les droits de
visite de trois cents quarante douzaines de
paires de gants qu'il avoit fait arriver à
Paris, à l'adresse de la veuve Dutroulleau,
sans les faire porter au Bureau de la Communauté ; fait défenses audit sieur Tissot, & à
tous autres Marchands Forains, de faire arriver à Paris aucunes marchandises dépendantes
de l'état de Gantier-Parfumeur, sans les faire
porter au Bureau de ladite Communauté, de
se servir du nom d'aucun Maître pour faire
arriver leurs marchandises à Paris, ni de
leur adresser les lettres de voitures ; comme
aussi fait défenses audit sieur Tissot, & à
tous autres Marchands Forains, de garder
à Paris, pendant plus de quinze jours, les
marchandises qui leur resteront après le lotissement de celles qu'ils auront fait transporter au Bureau, même de les vendre en
détail pendant ledit délai ; condamne ledit
sieur Tissot en trente livres d'amende, applicable au profit des pauvres Maîtres de ladite
Communauté, aux dépens pour tous dommages-intérêts, & en vingt-cinq livres de faux*

frais ; & ordonne que ladite Sentence sera imprimée & affichée.

Du 25 Mai 1772.

A Tous ceux qui ces préfentes Lettres verront, Anne-Gabriel-Henry Bernard, Chevalier, Marquis de Boullainvilliers, Seigneur de Paffy-les-Paris, Glifolles, Saint-Aubin, Vreignes & autres lieux, Confeiller du Roi en fes Confeils, Préfident Honoraire en fa Cour de Parlement, Prévôt de la Ville, Prévôté & Vicomté de Paris, & Confervateur des Privileges Royaux de l'Univerfité de la même Ville, Lieutenant pour le Roi au Gouvernement de la Province de l'Ifle de France, Lecteur de la Chambre de Sa Majefté, Grand-Croix, Prevôt & Maître des Cérémonies de fon Ordre Royal & Militaire de Saint-Louis. Salut, &c. Nous difons que les Statuts de la communauté des Marchands Gantiers-Parfumeurs & les Sentences, Arrêts & Réglemens rendus en fa faveur, & notamment les Articles XXVII & XXVIII defdits Statuts, l'Arrêt de la Cour du 31 Juillet 1627, l'Article VII de la Déclaration du Roi du 12 Décembre 1705, & la Sentence portant Réglement, du 16 Juillet 1680, feront exécutés felon leur forme & teneur ; en conféquence, déclarons bonne & valable la faifie faite fur la Partie de Moignon ; & néanmoins, par grace, & fans tirer à conféquence, difons que les marchandifes faifies feront vendues dans le Bureau de ladite communauté, en la maniere accou-

tumée , par Mabille , Huiffier - Prifeur ,
qu'à ce faire commettons ; pour le prix qui
en proviendra , être remis à ladite partie
de Moignon , déduction préalablement
faire des frais de vente , de ceux de la
préfente Inftance , & de vingt-cinq livres
de faux frais , aux termes de notre Sentence du 12 Mai 1747 , confirmée par
Arrêt du 20 Juillet fuivant : Difons que
les fcellés appofés fur lefdites marchandifes , feront brifés & ôtés , fans qu'il foit
befoin de reconnoiffance ; à repréfenter
lefdites marchandifes , fera le gardien
d'icelles contraint ; quoi faifant , il en demeurera bien & valablement déchargé :
condamnons ladite partie de Moignon , à
payer à celle de Damien la fomme de
huit livres dix fols pour les droits de vifite
des trois cent quarante douzaines de paires
de gants , qui étoient contenues dans la
balle que ladite partie de Moignon a fait
arriver à Paris à l'adreffe de la veuve
Dutroulleau ; faifons défenfes à ladite
partie de Moignon , & à tous autres
Marchands Forains , de plus à l'avenir
faire arriver à Paris aucunes marchandifes
dépendantes de l'état de Gantier - Parfumeur , fans les faire porter au Bureau de
ladite communauté pour y être vues &
vifitées par les Jurés , & les droits en être
payés , a raifon de fix deniers par douzaines
de paires de gants ; leur faifons pareillement défenfes de fe fervir du nom d'aucun
Maître de ladite communauté pour faire
arriver leurs marchandifes à Paris , ni de
leur adreffer les lettres de voitures : comme
auffi faifons défenfes à ladite partie de

Moignon , & à tous autres Marchands
Forains , d'entreprendre sur l'état de Gantier-Parfumeur , de garder à Paris pendant
plus de quinze jours ce qui leur restera
après le lotissement des marchandises qu'ils
auront fait transporter au Bureau de ladite
communauté , même de les vendre en
détail pendant ledit délai ; & pour l'avoir
fait , condamnons ladite partie de Moignon
en trente livres d'amende , applicable au
profit des pauvres Maîtres de ladite communauté, & en tous les dépens , même en
ceux de saisies , pour tous dommages &
intérêts : Ordonnons que notre présente
Sentence sera imprimée au nombre de
cinquante Exemplaires , & affichée dans le
Bureau de ladite communauté seulement ,
aux frais de ladite partie de Moignon , ce
qui sera exécuté nonobstant & sans préjudice de l'appel ; en témoin de ce , nous
avons fait sceller ces présentes. Données
par Monsieur le Lieutenant Général de
Police , le Vendredi vingt-cinq Mai mil
sept cent soixante - douze. Collationné.
Signé , FOURNIER , & scellée le 25 Mai,
signée , ANFRIE : signifiée à Me. Moignon,
Procureur à domicile , ledit jour 25 Mai
1772.

ARREST

DE LA COUR DE PARLEMENT,

*Qui ordonne que les Arrêts de Réglemens des
années 1526 , 26 Mars 1624 , & 29 Juillet
1745 , seront exécutés selon leur forme &*

teneur ; en conféquence , fait défenfes à tous
Marchands de vendre aucunes marchandifes ,
& à toutes perfonnes , de quelqu'état & condition qu'elles foient , de prêter argent , bijoux & autres effets aux mineurs , fans le
confentement de leur pere & mere , tuteur ou
curateur , même à ceux fe difans majeurs ,
& rapportant un extrait baptiftaire pour conftater leur majorité , à peine de nullité des
promeffes , billets & obligations , de quelque
nature qu'ils foient , de confifcation des chofes
vendues ou prêtées , & de punition corporelle , fans qu'aucuns mineurs puiffent être
réputés Marchands , pour tirer , accepter &
endoffer valablement lettres de change , ou
faire négociation de Commerce , à moins qu'ils
ne foient Marchands établis en boutique , ou
reçus Marchands ou Négocians reconnus par
certificats des principaux Négocians du lieu
de leur réfidence , dépofés au Greffe de la
Jurifdiction dudit lieu , & les expéditions
d'iceux duement légalifées du Juge Royal
des lieux.

Du 21 Août 1772.

Extrait des Regiftres du Parlement.

FAISANT droit fur les Conclufions
du Procureur Général du Roi, ordonne
que les Arrêts de Réglemens de la Cour de
l'année 1526, 26 Mars 1624 & 29 Juillet
1745 , feront exécutés felon leur forme &
teneur; en conféquence, fait défenfes à
tous Marchands de vendre aucunes marchandifes , & à toutes perfonnes de quelque état & condition qu'elles foient, de
prêter argent , bijoux & autres effets aux

mineurs fans le confentement de leurs pere
& mere, tuteur ou curateur, même à ceux
fe difans majeurs & rapportant un Extrait
Baptiftaire pour conftater leur majorité, à
peine de nullité des promeffes, billets &
obligations de quelque nature qu'ils foient,
de confifcation des chofes vendues ou pré-
tées, & de punition corporelle; ne pourront en outre aucuns mineurs être réputés
Marchands pour tirer, accepter & endoffer
valablement lettres de change, ou faire
aucunes négociations de Commerce, à
moins qu'ils ne foient Marchands établis
en boutique, ou reçus Marchands ou Négocians reconnus par certificats des principaux Négocians du lieu de leur réfidence
dépofés au Greffe de la Jurifdiction dudit
lieu, & les Expéditions d'iceux duement
légalifés du Juge Royal des lieux. Ordonne
que le préfent Arrêt fera imprimé, publié
& affiché par-tout où befoin fera, & copies
collationnées d'icelui envoyées aux Baillages, Sénéchauffées & autres Siéges du
Reffort de la Cour, au Bureau de l'Hôtel-
de-Ville, & aux différens Siéges des Jurifdictions Confulaires, pour y être lu, publié, enregiftré & exécuté felon fa forme
& teneur. Enjoint aux Subftituts du Procureur Général du Roi d'y tenir la main
& d'en certifier la Cour dans le mois. Fait
en Parlement le dix-feptieme Août mil fept
cent foixante-douze. Collationné, HUYOT.
Signé, VANDIVE.

EDIT
SERVANT DE REGLEMENT
Pour le commerce des Négocians & Marchands, tant en gros qu'en détail.

Du mois de Mars 1673.

LOUIS, par la grace de Dieu, Roi de France & de Navarre ; A tous préfens & à venir; Salut, &c.

TITRE PREMIER.
ARTICLE III.

Aucun ne fera reçu Marchand qu'il n'ait vingt ans accomplis, & ne rapporte le brevet & les certificats d'apprentiffage & du fervice fait depuis: & en cas que le contenu ès certificats ne fût véritable, l'afpirant fera déchu de la Maîtrife; le Maître d'apprentiffage qui aura donné fon certificat, condamné en cinq cents livres d'amende, & les autres certificateurs chacun en trois livres d'amende.

Si donnons en mandement à nos amés & féaux les Gens tenans nos Cours de Parlement, Chambres des Comptes, Cours des Aydes, Baillifs, Sénéchaux, & à tous autres nos Officiers, que ces préfentes ils gardent, obfervent, entretiennent, faffent garder, obferver & entretenir ; & pour les rendre notoires à nos fujets, les faffent lire, publier & regiftrer. Car tel eft notre plaifir ; & afin que ce foit chofe ferme & ftable à toujours, nous y avons fait met-

tre notre ſcel. Donné à Verſailles au mois
de Mars l'an de grace 1673, & de notre
régne le trentiéme. Signé, LOUIS. Et
plus bas, par le Roi, COLBERT. Et à côté
eſt écrit: Viſa, D'ALIGRE. Et ſcellé du
grand ſceau de cire verte ſur lacs de ſoie
rouge & verte.

Lu, publié & regiſtré, ouï & ce requérant le
Procureur Général du Roi, pour étre exécuté
ſelon ſa forme & teneur. A Paris, en Parle-
ment, le Roi y ſéant en ſon lit de Juſtice, le
23 Mars 1674. Signé, DUTILLET.

SENTENCE DE POLICE,

Qui condamne le ſieur Jacques Guerin, reçu
Marchand Gantier-Parfumeur, à la faveur
du joyeux avènement de Sa Majeſté, à payer
51 liv. 2 ſols dus à ſa Communauté, & aux
dépens, ſuivant la Déclaration du Roi du 8
Mai 1691, & les Arrêts du Conſeil des 4
Août 1696, & 30 Mars 1706.

Du 9 Février 1731.

A Tous ceux qui ces préſentes Lettres
verront; Gabriel-Jérôme de Bullion,
Chevalier, Comte d'Eſclimont, Conſeiller
du Roi en ſes Conſeils, Prévôt de Paris:
Salut. Savoir faiſons, que ſur la Requête
faite en Jugement devant nous en la Chambre du Châtelet de Paris, &c. Partie ouïe,
lecture faite des piéces, nous condamnons
la partie de Delabroſſe à payer à celle de
Duret la ſomme de 51 livres 2 ſols, à
quoi elle a reſtreint ſa demande pour les
droits dus juſqu'au mois de Juillet 1729,
avec

avec les intérêts; condamnons en outre ladite partie de Delabroffe à payer les droits échus depuis ledit jour, & ceux qui écherront par la fuite, & aux dépens: ce qui fera exécuté nonobftant & fans préjudice de l'appel. En témoin de ce, nous avons fait fceller ces préfentes. Ce fut fait & donné par Meffire René Hérault, Chevalier, Seigneur de Fontainel'Abbé, Confeiller d'Etat, Lieutenant Général de Police de la Ville, Prévôté & Vicomté de Paris, tenant le fiége le vendredi neuf Février mil fept cent trente-un. Collationnée. Signé, TARDIVEAU. Scellée. Signé, DOYARD.

SENTENCE DE POLICE,

Qui décharge les fieurs Coeffier & Roger, Syndic & Garde de la Communauté des Maîtres & Marchands Gantiers-Poudriers-Parfumeurs de la ville & fauxbourgs de Paris, de la demande formée contr'eux par le nommé Michel Thomas, Marchand à Strasbourg, en reftitution d'une fomme de 150 liv. prétendue avoir été reçue de trop par les fufnommés Syndic & Juré.

Du 28 Janvier 1741.

A Tous ceux qui ces préfentes Lettres verront; Gabriel-Jérôme de Bullion, Chevalier, Comte d'Efclimont, Prévôt de Paris, Salut, &c. Parties ouïes, fans que les qualités puiffent nuire ni préjudicier, nous avons la partie de Delabroffe déclaré non-recevable en fa demande,

Q q

dont l'avons débouté avec dépens : ce qui
sera exécuté nonobſtant & ſans préjudice
de l'appel. En témoin de ce, nous avons
fait ſceller ces préſentes. Fait & donné par
Meſſire Claude-Henry Feydeau de Marville, Conſeiller du Roi en ſes Conſeils,
Maître des Requêtes ordinaire de ſon Hôtel, Lieutenant Général de Police de la
Ville, Prévôté & Vicomté de Paris, y
tenant le ſiége le vendredi vingt Janvier
mil ſept cent quarante-un. Collationnée.
Signé, CUYRET.

Ces Piéces n'ont été recouvrées , du moins les extraits , qu'après l'impreſſion.

22 Novembre 17:6.

* Sentence qui homologue une Délibération de la Communauté des Marchands Gantiers du premier Septembre 1745.

Premier Septembre 1747.

* Sentence de Police ſur Délibéré , qui déclare bonne & valable la faiſie faite ſur le ſieur Vigier , Maître Gantier ; ordonne , par grace , que ſes marchandiſes ſaiſies lui ſeront rendues , & qu'il ſera tenu à l'avenir de faire porter celles qui lui arriveront , au Bureau de la Communauté pour être viſitées ; lui enjoint de porter honneur & reſpect aux Jurés de ſa Communauté.

12 Juillet 1748.

* Sentence qui autoriſe les Jurés & Syndic de la Communauté des Gantiers-Parfumeurs à payer à la veuve Groux , Imprimeur , pour papier & impreſſion , la ſomme de 547 livres que les comptables ſont autoriſés à porter dans leurs comptes , en en rapportant les quittances de ladite veuve Groux.

* a

11 Décembre 1750.

* Sentence qui déclare la saisie faite par
les Jurés Gantiers sur le sieur André
Compoin, Marchand Boursier, & sa
femme, bonne & valable, leur fait
défenses, & à tous autres Boursiers,
d'entreprendre sur la Communauté
des Gantiers, & les condamne aux
dépens.

12 Mars 175*.

* Sentence qui déclare la saisie faite sur
le sieur Jean-Louis Dupont, Compagnon Mâçon, faisant la profession
de Gantier sans qualité, bonne &
valable ; par grace, sans tirer à conséquence, ordonne que ses marchandises lui seront rendues, avec défenses à lui de récidiver ; le condamne à 10 livres de dommages & intérêts pour la contravention commise,
& en tous les dépens envers la Communauté des Gantiers.

26 Janvier & 3 Mars 1753.

* Deux Sentences de Police, citées dans
le procès-verbal du 18 Mai 1753
de la vente des marchandises saisies
par les Gantiers-Parfumeurs sur le
sieur Crepy, lesquelles Sentences en
avoient ordonné la confiscation &
vente, & moitié du produit d'icelle
au profit de la Communauté des

Gantiers - Parfumeurs, les frais de
vente préalablement pris & prélevés.

7 Décembre 1753.

? Sentence de Police par défaut, qui déclare les marchandises saisies sur Catherine Boucher, Colporteuse, acquises & confisquées au profit de la
Communauté des Gantiers, & fait
défenses à ladite Boucher, & à tous
autres Colporteurs, de vendre ni débiter les marchandises de Gantiers
& Parfumeurs, à peine de saisie,
confiscation, amende, dépens, dommages & intérêts, même d'empri-
sonnement.

7 Décembre 1753.

* Sentence de Police qui déclare les saisies faites par la Communauté des
Marchands Gantiers-Parfumeurs sur
quinze Particuliers inconnus, bonnes & valables; ordonne la confiscation des marchandises saisies pour
être vendues au profit de ladite Communauté; fait défenses auxd. quinze
Particuliers, & à tous autres sans
qualité, de plus à l'avenir entreprendre sur l'état de Gantier-Parfumeur,
sous peine de saisie, confiscation,
dommages & intérêts, amende &
dépens.

30 Mai & 27 Juin 1755.

*Deux Sentences de Police qui déclarent les faisies faites sur le sieur Jean-Edme-Romain de la Forest, Ecuyer, Cavalcadour de l'Académie de la Gueriniere, & Henriette Camuset, sa femme, faisant la profession de Gantier-Parfumeur, sans qualité, bonnes & valables : lesdites deux Sentences citées dans l'exécutoire du 25 Novembre 1755.

13 Juillet 1759.

* Sentence de Police qui déclare la faisie faite par les Jurés Gantiers le 20 Avril 1759, sur le sieur Guibillon, Marchand Epicier, bonne & valable, & lui fait, & à tous autres, défenses de récidiver, & le condamne aux dépens.

15 Juin 1770.

* Sentence de Police qui ordonne, entr'autres choses, que le sieur Metté sera reconnu Doyen de sa Communauté de Maîtres Couvreurs, laquelle sera tenue de le faire jouir des honneurs, prérogatives & droits attachés à cette qualité, & de l'inscrire comme Doyen en tête de la liste des Maîtres.

27 Juillet 1770.

* Sentence de Police contradictoire, qui ordonne l'exécution de celle du 15 Juin 1770.

TABLE
ALPHABETIQUE
ET INDICATIVE

De tous les Edits, Déclarations du Roi, Arrêts de son Conseil & du Parlement, Sentences, Délibérations & autres Réglemens contenus dans ce Recueil. On observera que toutes les piéces marquées d'une étoile* sont celles qui ont été incendiées le 14 Septembre 1758, dont l'on n'a pu recouvrer de copies, mais dont plusieurs se trouvent citées dans celles rapportées.

A

R r

R r ij

B

C

Ss

P

R

219

T t.

T

V

Fin de la Table.

Bibl

Philos

France. - Sta
gantiers-pou
Valade, 1772

95859

histoire, sciences de l'homme

_E SENNE-4240

la communauté des marchands
parfumeurs... de Paris.... - Paris :
p., pl., portrait de Sartine.

Fin de bobine

NF Z 43-120-3